Tradotto da
Hamza Roberto Piccardo

GOODWORD BOOKS

Copyright©2022 Hamza Roberto Piccardo

First Edition by Goodword Books 2017
Reprinted 2024

Goodword Books
A-21, Sector 4, NOIDA-201301, Delhi-NCR, India
Mob. +91-8588822672
email: info@goodwordbooks.com
www.goodwordbooks.com

CPS International
Centre for Peace and Spirituality International
1, Nizamuddin West Market, New Delhi-110013
Mob. +91-9999944119
email: info@cpsglobal.org
www.cpsglobal.org

Al-Risala Forum International
2665 Byberry Road, Bensalem, PA 19020, USA
Cell: 617-960-7156
email: cps@alrisala.org

Printed in Turkey

CONTENTO

INTRODUZIONE

Il Corano è il libro di Dio, preservato nella sua [essenza ed] interezza dal momento in cui è stato rivelato. Sebbene scritto originariamente in Arabo, lingua della Rivelazione, è oggi accessibile, grazie alle traduzioni dei suoi significati in tutte le lingue del mondo, per coloro che non hanno la conoscenza dell'Arabo.

Sicuramente nessuna traduzione potrà mai sostituire l'originale, ma essa serve per diffondere la parola di Dio anche tra i non arabofoni, quindi per raggiungere l'intera umanità.

Il Corano è in lingua Araba, ma in realtà è scritto nella lingua della natura, ovvero nella lingua in cui Dio insegnò a tutti gli esseri umani al momento della creazione. Questa Divina conoscenza donata all'essere umano [nella fase antecedente alla sua nascita] rimane poi sempre presente nella sua coscienza, ed è per questo motivo che il Corano è straordinariamente comprensibile nei cuori degli uomini universalmente; per alcuni coscientemente e per altri inconsapevolmente.

Questa realtà è stata descritta nel Corano come: 'Chiare rivelazioni nei cuori di coloro che hanno ricevuto la Conoscenza'. Il versetto poi continua dicendo che: 'Nessuno nega la Nostra rivelazione eccetto i trasgressori'(29:49)

Ciò significa che la realtà Divina, spiegata nel Corano su di un piano cosciente, pre-esiste nell'uomo a livello del subconscio. Il messaggio coranico, quindi, non è qualcosa di estraneo all'uomo, bensì l'espressione verbale di quella stessa realtà

Divina che si trova in assonanza con la natura propria dell'uomo che gli è già familiare.

Il Libro spiega questo concetto dicendo che, ogni essere umano che nasce su questa terra in realtà era già nato al momento della creazione di Adamo e Dio gli si era rivolto direttamente e gli aveva parlato.

Questo fatto è ben esplicito nel Corano: 'E quando il Signore trasse, dai lombi dei figli di Adamo, tutti i loro discendenti e li fece testimoniare contro loro stessi [disse]: "Non sono il vostro Signore?". Risposero: "Sì, lo attestiamo", [Lo facemmo] perché nel Giorno della Resurrezione non diciate: "Veramente eravamo incoscienti" (7:172)

Nel seguente versetto, il Corano fa una ulteriore menzione al dialogo tra Dio e l'uomo: 'In verità proponemmo ai cieli, alla terra e alle montagne la responsabilità [della fede] ma rifiutarono e ne ebbero paura, mentre l'uomo se ne fece carico. In verità egli è ingiusto e ignorante'. (33:72)

Il Corano, era quindi già noto all'uomo dall'inizio della creazione; esso è praticamente il dispiegarsi della mente umana. Quando la naturale indole di un uomo è ben attiva e sveglia, ovvero egli si sia salvato dall'essere plagiato [dalle menzogne di altri esseri umani o dalla propria indole], e legge il Corano, ebbene le cellule del cervello vengono attivate e si risveglia il ricordo di quel primo discorso di Dio, che è stato in qualche maniera conservato.

Se comprendiamo questo fatto, non sarà difficile capire che la traduzione del Corano è uno strumento importante per aiutare alla sua comprensione ovunque.

Se l'alleanza con Dio fu tra le prime nostre azioni, il Corano è la seconda alleanza e l'una testimonia la veridicità dell'altra. Se una persona ha poca, o addirittura nessuna conoscenza della lingua araba, non dovrebbe essere esonerato nella comprensione del Corano.

Il concetto coranico è ben chiaro, ovvero l'uomo è destinatario naturale delle la parola di Dio che diventa una realtà indispensabile anche in questi tempi moderni. La scienza del codice genetico e le scoperte dell'antropologia contemporanea supportano completamente questo punto di vista.

Il Progetto della Creazione di Dio

Ogni libro ha il suo obiettivo e quello del Corano è rendere l'uomo consapevole circa il progetto della Creazione di Dio; spiegare all'uomo perché Dio abbia creato questo mondo, quale sia lo scopo della vita sulla terra, cosa gli sia richiesto nella sua vita terrena e quello che affronterà dopo la morte.

L'uomo è una creatura eterna; quando Dio lo creò in quanto tale, divise la sua vita in due periodi: il periodo 'pre-morte', che è un tempo di prova, e il periodo 'post-morte', che sarà il momento in cui riceverà i premi o le punizioni meritate per le proprie azioni durante l'arco della vita. Questi premi saranno il paradiso eterno o l'inferno eterno.

Lo scopo del Corano è quello di rendere l'uomo consapevole di questa realtà. Questo è esattamente il tema centrale del libro Divino, che serve a guidare l'uomo durante il suo viaggio nella vita sulla terra e nella vita dopo la morte del corpo.

Sarebbe corretto dire che l'uomo è un ricercatore (di verità) sin dalla nascita. Ci sono domande che si annidano nella mente di tutti noi: Chi sono io? Qual è lo scopo della mia vita? Qual è la realtà della vita e della morte? Qual è il segreto del successo o il fallimento dell'uomo?

Leggendo il Corano, la risposta a queste domande è la spiegazione che il mondo attuale serve come un banco di prova per l'intera umanità; tutte le azioni dell'uomo durante questa vita sono un vero e proprio test. La vita nell'Aldilà sarà il luogo in cui sarà analizzato il risultato del test, preso quindi in considerazione dall'Onnipotente, cosicché qualunque essere umano riceverà nella vita dopo la morte, un premio o una punizione, commisurato alle sue azioni in questo mondo. Il segreto del successo dell'uomo è quello di capire il piano della Creazione di Dio e delinearne la vita terrena di conseguenza.

Il libro dell'Avvertimento Divino

Il Corano è un libro dell'avvertimento Divino; una combinazione di lezioni e ammonimenti, invero sarebbe ancora più appropriato chiamarlo un libro di saggezza. Esso non segue il modello tradizionale del libro didattico; infatti quando il lettore medio lo approccia e comincia a leggerlo, lo percepisce come un insieme di istruzioni frammentarie. Questa sensazione non è sbagliata, bensì la disposizione corretta del Corano.

Tale 'feed back' è proprio in conformità con la volontà di mantenere la sua forma originale, al fine di raggiungere lo scopo di trasmettere il messaggio della verità al lettore, il quale potrà trovare soddisfazione anche leggendo una sola pagina, un solo versetto o una sola riga.

Un aspetto fondamentale del Corano è il richiamo alle benedizioni concesse dal Sommo Benefattore. Le più importante di esse sono le eccezionali qualità di cui Dio ha dotato l'uomo quando lo creò. Un'altra grande benedizione è che Egli lo stabilì sulla terra, un pianeta adatto alla vita, dove l'uomo può trovare ogni cosa e strumento che sia di sua utilità e beneficio. Lo scopo del Corano è quello di garantire che, pur continuando a godere di queste benedizioni della natura, l'uomo si ricordi sempre del suo Benefattore e che ne riconosca la Sua magnificenza. In questa maniera potrà entrare nella beatitudine eterna; invece ignorando il suo Creatore verrà di fatto condotto dritto all'inferno. Il Corano è quindi il ricordo di questa realtà inevitabile.

Lo Spirito e la realizzazione di Dio

Importante sottolineare che il Corano ci dà solo principi essenziali di base, spesso ricorrendo a ripetizioni che servono per evidenziarli. Invece le indicazioni non essenziali, e le questioni formali, costituiscono una parte minore, quasi trascurabile, delle scritture. Questo fatto ha una precisa motivazione, infatti l'importanza della forma [esteriore] è del tutto secondaria nel Corano, ove vi sono i pilastri dell'Islam come prettamente importanti, che sono in effetti le linee guida fondamentali. Questo aspetto è così evidente che il suo lettore non può far altro che apprezzarlo.

La verità è che per migliorare la sua personalità, il musulmano deve porre la massima attenzione al suo spirito. Una volta che l'anima è pulita [e ben nutrita] anche la forma esteriore troverà la maniera di migliorare e quindi l'uomo sarà in armonia e in stato di perfetto benessere. L'obiettivo del Corano è quello di avviare e poi portare a compimento una rivoluzione intellettuale nell'uomo, e l'espressione usata per questa rivoluzione intellettuale è 'ma'rifah' (comprensione della verità) (5:83), del resto viene spesso sottolineata l'importanza della scoperta di questa verità e della sua realizzazione pratica.

La vera fede in Dio quindi, è quella che si realizza ad un determinato e preciso livello di codesta conoscenza e consapevolezza. Dove non c'è realizzazione di ciò, non può esserci verosimilmente nemmeno la fede.

La Parola di Dio

Quando si legge il Corano, si troverà più volte dichiarato nella maniera più naturale possibile che esso è la parola di Dio. Ciò considerato in un differente contesto, sembrerebbe un'affermazione straordinaria. Ci sono molti libri in tutto il mondo che si ritengono essere sacri, ma a ben verificare, a parte il Corano, non troviamo alcun testo religioso che si presenti esplicitamente come la parola di Dio. Questo tipo di dichiarazione, subito ben evidente, è il punto di partenza per il lettore, il quale potrà poi constatare quanto sia effettivamente un libro eccezionale, impossibile sia stato scritto da altri esseri umani.

Troviamo ricorrente nelle dichiarazioni coraniche il seguente principio: 'O uomo, è il vostro Signore, che vi si rivolge. Ascoltate le sue parole e seguitelo'.

Anche questo tipo di monito è del tutto eccezionale; questo tipo di invocazione divina così diretta non è presente in nessun altro libro, ed essa lascia un'impressione potente e duratura sul lettore, il quale sente che il suo Signore lo sta chiamando e interrogando. Il sentimento che ne deriva ci costringe a prendere le affermazioni del Corano con estrema serietà e ammettere che lo stile è straordinario nella sua unicità.

I libri scritti dagli uomini di solito hanno un contenuto disposto in ordine dalla A alla Z, [suddiviso in capitoli] secondo l'argomento trattato. Invece il Corano non segue questa logica, e potrebbe apparire senza un metodo. In realtà poi [solo leggendolo tutto] si comprende come esso sia un libro estremamente coerente, con uno stile lessicale maestoso. Durante la lettura, si percepisce forte Colui che ci sta parlando essere davvero su un alto piedistallo dal quale sta guardando verso il basso, dove siamo noi umanità intera, preoccupato per il nostro bene. Si riferisce a specifici popoli e gente del passato, ma in realtà sta parlando anche a noi [ha parlato a tutti quelli prima di noi e parlerà a tutti coloro che verranno dopo di noi].

Un aspetto particolare del Corano si nota nel fatto che in ogni momento il lettore può consultare l'Autore, porre domande e riceverne le risposte, perché lo scrittore è Dio stesso, ed un Dio vivente. Come Creatore dell'uomo, ascolta ogni domanda e risponde alla chiamata della Sua creatura.

Una Pacifica Lotta Ideologica

Coloro che vengono introdotti al Corano attraverso i mass-media, in genere hanno l'impressione che sia un libro di quella falsa idea di 'jihad', una specie di 'guerra santa' pensano. Questa idea si basa su un equivoco e chiunque poi lo legga davvero, potrà facilmente apprezzare il fatto che il suo messaggio non ha nulla a che fare con la violenza. Invece dall'inizio alla fine, promuove la pace.

Se è vero che la jihad è uno degli insegnamenti del Corano,

essa va intesa nel suo senso corretto, cioè 'lo sforzo pacifico per raggiungere Dio' [migliorando se stessi] piuttosto di qualsiasi tipo di azione violenta. Il concetto coranico del jihad si esprime nel versetto seguente: "Compi la Grande Jihad (lotta con esso vigorosamente) con l'aiuto di questo (Corano)"(25:52).

Ovviamente, il Corano non è un'arma, ma un libro che ci introduce alla concezione Divina di 'lotta pacifica' [meglio intesa come sforzo]. Il metodo di tale lotta è il seguente: 'Essi sono coloro di cui Allah bene conosce il cuore. Non badare a loro, solo esortali e di' loro qualcosa che tocchi le loro anime' (4:63).

Quindi, l'approccio auspicabile desiderato è quello che in accordo con il Corano, muove dal cuore e dalla mente. Tale approccio, indirizzando le menti umane, le soddisfa, convincendole della veridicità del testo sacro e, in breve, comporta una rivoluzione intellettuale al loro interno. Questa è la missione del Libro, e questa missione può essere effettuata solo per mezzo di argomentazioni razionali; tale obiettivo non potrebbe mai essere raggiunto usando la violenza e le armi.

E' vero che ci sono alcuni versetti che trasmettono ingiunzioni simili alla seguente: 'Combattete per la causa di Allah contro coloro che vi combattono, ma senza eccessi, ché Allah non ama coloro che eccedono'. (2:191)

Facendo riferimento a tali versetti, taluni cercano di dare l'impressione che l'Islam sia una religione di guerra e di violenza, ma ciò è totalmente falso. Tale comando si riferisce a coloro che hanno attaccato unilateralmente i musulmani. Invero questo versetto non trasmette affatto un comando generale dell'Islam.

Effettivamente il Corano non è stato rivelato nell'ordine in cui è scritto oggi. E 'stato rivelato a pezzi, ognuno dei quali in una determinata circostanza, in un arco di tempo di 23 anni. Se fosse [per esempio] diviso in anni di guerra e di pace, il periodo di pace sarebbe pari a 20 anni, mentre quello di stato di guerra solo 3 anni. Le rivelazioni nel corso di questi 20 anni di pace sono stati gli insegnamenti dell'Islam che riguardano la conoscenza di Dio, il culto, la morale, la giustizia etc.

Questa divisione di comandamenti in diverse categorie è naturale e si trova in tutti i libri religiosi. Per esempio, la Gita, il libro sacro degli indù, parla della saggezza e dei valori morali. Tuttavia, insieme a ciò, vi si trova anche l'esortazione di Krishna verso Arjuna, incoraggiandolo a combattere (Bhagavad Gita, 3:30).

Non significa però che i credenti della Gita dovrebbero scatenare guerre per tutto il tempo. Mahatma Gandhi, infatti, ed anche la sua filosofia sono ben evidentemente contro ogni violenza, così come la stessa Gita. Dunque l'esortazione alla guerra nella Gita è concessa solo in casi eccezionali in cui le circostanze non lasciano altra scelta. Ma la normale quotidianità deve essere scandita e diretta da un atteggiamento completamente scevro da qualsiasi azione violenta, come ha sempre predicato Mahatma Gandhi stesso.

Allo stesso modo, Gesù Cristo disse: ' Non pensate che io sia venuto a portare la pace sulla Terra. Non sono venuto a portare la pace, ma una spada' (Matteo, 10:34)

Ma non sarebbe giusto concludere che Cristo abbia predicato una religione di guerra e violenza, infatti tali espressioni si riferiscono esclusivamente a particolari situazioni. Cristo ha sempre insegnato valori legati alla pace, l'implementazione di un buon carattere, l'amore, l'aiuto ai poveri e bisognosi etc

Lo stesso discorso vale per il Corano. Quando il Profeta Muhammad, pace e benedizione su di lui, emigrò dalla Mecca a Medina, le tribù idolatre erano aggressive verso di lui, ma egli cercò di evitare di rispondere ai loro attacchi sforzandosi di avere pazienza e mantenere la calma, rispondendo sempre bene al male che riceveva. Tuttavia ad un certo punto fu obbligato a combattere per legittima difesa. Pertanto la legittimità di combattere dipende da queste circostanze, le quali causano le rivelazioni relative alla guerra. Questi comandi, specificamente concepiti solo in determinate circostanze, non hanno un carattere generale.

Essi non sono stati rivelati per essere validi in ogni tempo, ed infatti il Profeta è stato definito 'una misericordia per tutta l'umanità'. (21 : 107)

L'Islam è una religione di pace nel senso più completo della parola. Il Corano parla delle 'Vie della pace' (5,16). Descrive la riconciliazione essere la migliore politica (4: 128), e afferma che Dio aborrisce qualsiasi disturbo alla pace (2: 205). Non è affatto esagerato affermare che l'Islam e la violenza siano in totale contraddizione tra di loro.

Un Libro Rivelato

Il Corano è il libro di Dio, che rivelò al Profeta Muhammad, pace e benedizione su di lui. Esso non è sceso in forma di un libro completo, ma in parti, durante un periodo di 23 anni. La prima parte è stata rivelata nel 610 dC, quando il Profeta

Muhammad era alla Mecca, in seguito altre parti sono state rivelate con regolarità fino l'ultima parte nel 632 d.C. quando il Profeta si trovava a Madinah.

E' composto da 114 sure (capitoli), alcune molto lunghe altre corte, mentre il numero di versetti totali è circa 6600. Per soddisfare le esigenze della recitazione, il Corano è stato diviso in 30 parti. Queste parti sono state ordinate sotto la guida dell'Angelo Jibril, per mezzo del quale Dio ha rivelato il Corano.

Quando il Corano è stato rivelato, durante il primo quarto del VII secolo, la carta era già stata inventata. Questa carta, conosciuta come papiro, era realizzata a mano con le fibre di una particolare pianta. Ogni volta che arrivava la Rivelazione di una parte del Corano veniva scritto appunto su di un papiro che in arabo si chiama 'qirtas' (6: 7). Intanto però tutti imparavano sempre ogni versetto anche a memoria, poi lo recitavano per la preghiera, o per portare il messaggio Divino (da'wah). In questo maniera, il Corano ha continuato ad essere simultaneamente sia memorizzato che scritto [nella scrittura e forma originale] ed è stato preservato durante la vita del Profeta Muhammad.

Il terzo califfo ' Uthman ibn ' Affan, decise di raccogliere tutti i frammenti e far redigere un volume unico del quale poi face diverse copie e le mandò in diverse città, dove sono furono poi conservate nelle grandi moschee. La gente cominciò a recitarle diffusamente, ed anche prepararono altre copie identiche da diffondere. Come manoscritto continuò ad essere trascritto [senza che fosse mai stata cambiata una virgola] fino all'invenzione della stampa su carta e quindi cominciò ad essere prodotto su larga scala grazie alla rivoluzione industriale. I metodi di stampa continuarono a migliorare ed ora le copie del Corano sono diventate così comuni che si trovano in ogni casa, moschea, biblioteca e libreria. Oggi chiunque può trovare una bella copia del Corano, in qualsiasi parte del mondo.

Nel Corano si legge: 'Recita il Corano lentamente distintamente' (73: 4) e questo sta a significare anche che si deve leggere attentamente, con il giusto ritmo e con determinati toni calibrati, prestando la massima attenzione allo stile, alle regole di lettura ed al contenuto. Quando si legge in questo modo, si instaura un processo tra Corano e il suo lettore. E' proprio come parlare con Dio e il cuore del lettore inizia a rispondere ad ogni versetto. Dove vi sia menzionata la maestosità di Dio, il lettore viene fortemente influenzato dalla realizzazione della Sua grandezza.

Quando le benedizioni di Dio sono così ben elencate nel Corano, il cuore del lettore trabocca di gratitudine; quando la punizione di Dio è così ben descritta, il lettore trema nel leggerla; quando un ordine viene stabilito nel Corano, il lettore intensifica la sensazione di ubbidienza verso il suo Signore e comprende che la propria pace del cuore arriverà solo dopo la completa realizzazione di tale ordine.

Wahiduddin Khan, New Delhi, Gennaio 2009
www.mwkhan.com

L'APRENTE

[1] In nome di Allah, il Compassionevole, il Misericordioso.

[2] La lode [appartiene] ad Allah, Signore dei mondi, [3] il Compassionevole, il Misericordioso, [4] Re del Giorno del Giudizio. [5] Te noi adoriamo e a Te chiediamo aiuto. [6] Guidaci sulla retta via, [7] la via di coloro che hai colmato di grazia, non di coloro che [sono incorsi] nella [Tua] ira, né degli sviati.

SURA 2 :AL-BAQARA

LA GIOVENCA

In nome di Allah, il Compassionevole, il Misericordioso.

[1] *Alif, Lâm, Mîm.*

[2] Questo è il Libro su cui non ci sono dubbi, una guida per i timorati, [3] coloro che credono nell'invisibile, assolvono all'orazione e donano di ciò di cui Noi li abbiamo provvisti, [4] coloro che credono in ciò che è stato fatto scendere su di te e in ciò che è stato fatto scendere prima di te e che credono fermamente al- l'altra vita. [5] Quelli seguono la guida del loro Signore; quelli sono coloro che prospereranno.

[6] Quanto a quelli che non credono, a loro non fa differenza che tu li avverta oppure no: non crederanno. [7] Allah ha posto un sigillo sui loro cuori e sulle loro orecchie e sui loro occhi c'è un velo; avranno un castigo immenso.

[8] Tra gli uomini vi è chi dice: «Crediamo in Allah e nel Giorno

Ultimo!» e invece non sono credenti. [9] Cercano di ingannare Allah e coloro che credono, ma non ingannano che loro stessi e non se ne accorgono. [10] Nei loro cuori c'è una malattia e Allah ha aggravato questa malattia. Avranno un castigo doloroso per la loro menzogna. [11] E quando si dice loro: «Non spargete la corruzione sulla terra», dicono: «Anzi, noi siamo dei conciliatori!». [12] Non sono forse questi i corruttori? Ma non se ne avvedono. [13] E quando si dice loro: «Credete come hanno creduto gli altri uo- mini», rispondono: «Dovremmo credere come hanno creduto gli stolti?». Non sono forse loro gli stolti? Ma non lo sanno. [14] Quando incontrano i credenti, dicono: «Crediamo»; ma quando sono soli con i loro dèmoni, dicono: «Invero siamo dei vostri; non facciamo che burlarci di loro». [15] Allah si burla di loro, lascia che sprofondino nella ribellione, accecati. [16] Sono quelli che hanno scambiato la retta Guida con la perdizione. Il loro è un commercio senza utile e non sono ben guidati.

[17] Assomigliano a chi accende un fuoco; poi, quando il fuoco ha illuminato i suoi dintorni, Allah sottrae loro la luce e li abbandona nelle tenebre in cui non vedono nulla. [18] Sordi, muti, ciechi, non possono ritornare. [19] [O come] una nuvola di pioggia nel cielo, gonfia di tenebre, di tuoni e di fulmini: mettono le loro dita nelle orecchie temendo la morte a causa dei fulmini. E Allah accerchia i miscredenti. [20] Il lampo quasi li acceca: ogni volta che rischiara, procedono; ma quando rimangono nell'oscurità si fermano. Se Allah avesse voluto, li avrebbe privati dell'udito e della vista. In verità Allah su tutte le cose è potente .

[21] O uomini, adorate il vostro Signore Che ha creato voi e quelli che vi hanno preceduto, cosicché possiate essere timorati. [22] [Egli è] Colui che della terra ha fatto un letto e del cielo un edificiò, e che dal cielo fa scendere l'acqua con la quale produce i frutti che

sono il vostro cibo. Non attribuite consimili ad Allah ora che sapete. [23] E se avete qualche dubbio in merito a quello che abbiamo fatto scendere sul Nostro Servo, portate allora una Sura simile a questa e chiamate altri testimoni all'infuori di Allah, se siete veritieri. [24] Se non lo fate – e non lo farete – temete il Fuoco, il cui combustibile sono gli uomini e le pietre, che è stato preparato per i miscredenti. [25] E annuncia a coloro che credono e compiono il bene, che avranno i Giardini in cui scorrono i ruscelli. Ogni volta che sarà loro dato un frutto diranno: «Già ci era stato concesso!». Ma è qualcosa di simile che verrà loro dato; avranno spose purissime e colà rimarranno in eterno.

[26] In verità Allah non esita a prendere ad esempio un moscerino o qualsiasi altra cosa superiore. Coloro che credono sanno che si tratta della verità che proviene dal loro Signore; i miscredenti invece dicono: «Cosa vuol dire Allah con un simile esempio?». [Con esso] ne allontana molti, e molti ne guida. Ma non allontana che gli iniqui, [27] coloro che rompono il patto di Allah dopo averlo accettato, spezzano ciò che Allah ha ordinato di unire e spargono la corruzione sulla terra. Quelli sono i perdenti. [28] Come potete essere ingrati nei confronti di Allah, quando eravate morti ed Egli vi ha dato la vita? Poi vi farà morire e vi riporterà alla vita e poi a Lui sarete ricondotti. [29] Egli ha creato per voi tutto quello che c'è sulla terra. Poi si è rivolto al cielo e lo ha ordinato in sette cieli. Egli è l'Onnisciente.

[30] E quando il tuo Signore disse agli Angeli: «Porrò un vicario sulla terra», essi dissero: «Metterai su di essa qualcuno che vi spargerà la corruzione e vi verserà il sangue, mentre noi Ti glorifichiamo lodando- Ti e Ti santifichiamo?». Egli disse: «In verità Io conosco quello che voi non conoscete…».

[31] Ed insegnò ad Adamo i nomi di tutte le cose, quindi le

presentò agli Angeli e disse: «Ditemi i loro nomi, se siete veritieri».
[32] Essi dissero: «Gloria a Te. Non conosciamo se non quello
che Tu ci hai insegnato: in verità Tu sei il Saggio, il Sapiente».
[33] Disse: «O Adamo, informali sui nomi di tutte [le cose]». Dopo
che li ebbe informati sui nomi, Egli disse: «Non vi avevo forse
detto che conosco il segreto dei cieli e della terra e che conosco ciò
che manifestate e ciò che nascondete?». [34] E quando dicemmo agli
Angeli: «Prosternatevi ad Adamo», tutti si prosternarono, eccetto
Iblìs, che rifiutò per orgoglio e fu tra i miscredenti. [35] E dicemmo:
«O Adamo, abita il Paradiso, tu e la tua sposa. Saziatevene ovunque
a vostro piacere, ma non avvicinatevi a quest'albero ché in tal caso
sareste tra gli empi». [36] Poi Iblìs li fece inciampare e scacciare dal
luogo in cui si trovavano. E Noi dicemmo: «Andatevene via, nemici
gli uni degli altri. Avrete una dimora sulla terra e ne godrete per un
tempo stabilito». [37] Adamo ricevette parole dal suo Signore e Allah
accolse il suo [pentimento]. In verità Egli è Colui che accetta il
pentimento, il Misericordioso. [38] Dicemmo: «Andatevene via tutti
[quanti]! Se mai vi giungerà una guida da parte Mia, coloro che la
seguiranno non avranno nulla da temere e non saranno afflitti». [39] E
i miscredenti che smentiscono i Nostri segni, sono i compagni del
Fuoco, in cui rimarranno per sempre.

    [40] O figli di Israele, ricordate i favori di cui vi ho colmati e
rispettate il Mio patto e rispetterò il vostro. Solo Me dovete temere.
[41] E credete in ciò che ho fatto scendere a conferma di quello
che già era sceso su di voi e non siate i primi a rinnegarlo: non
svendete i Miei segni per un prezzo vile. E temete soltanto Me.
[42] E non avvolgete la verità di menzogna e non nascondete la verità
ora che la conoscete. [43] E assolvete all'orazione, pagate la decima
e inchinatevi con coloro che si inchinano. [44] Ordinerete ai popoli
la carità e dimenticherete voi stessi, voi che leggete il Libro? Non

ragionate dunque? [45] Cercate aiuto nella pazienza e nell'adorazione, in verità essa è gravosa, ma non per gli umili [46] che pensano che invero incontreranno il loro Signore e che invero torneranno a Lui.

[47] O Figli di Israele, ricordate i favori di cui vi ho colmati e di come vi ho favorito sugli altri popoli del mondo. [48] E temete il Giorno in cui nessun'anima potrà alcunché per un'altra, in cui non sarà accolta nessuna intercessione e nulla potrà essere compensato. Essi non saranno soccorsi. [49] E [ricordate] quando vi abbiamo liberato dalla gente di Faraone che vi infliggeva le torture più atroci!... Sgozzavano i vostri figli e lasciavano in vita le vostre femmine. In ciò vi fu un'immensa prova da [parte del] vostro Signore. [50] E quando abbiamo diviso il mare per voi, quindi vi abbiamo tratti in salvo e abbiamo annegato la gente di Faraone, mentre voi stavate a guardare. [51] E quando stabilimmo con Mosè [un patto in] quaranta notti... e voi vi prendeste il Vitello e agiste da iniqui. [52] Ma Noi vi perdonammo: forse ne sareste stati riconoscenti. [53] E quando abbiamo dato a Mosè il Libro e il Discrimine [50] : forse sarete ben guidati! [54] E quando Mosè disse al suo popolo: «O popol mio, invero vi siete fatti un grande torto prendendovi il Vitello. Pentitevi al vostro Creatore e datevi la morte : questa è la cosa migliore, di fronte al vostro Creatore». Poi Allah accolse il vostro [pentimento]. In verità Egli accoglie sempre [il pentimento], è il Misericordioso.

[55] E quando diceste: «O Mosè, noi non ti crederemo finché non avremo visto Allah in maniera evidente». E la folgore vi colpì mentre stavate guardando. [56] Poi vi resuscitammo dalla morte: forse sarete riconoscenti. [57] E vi coprimmo con l'ombra di una nuvola, e facemmo scendere su di voi la manna e le quaglie: «Mangiate queste delizie di cui vi abbiamo provvisti!». Non è a Noi che fecero torto, bensì a loro stessi. [58] E quando dicemmo: «Entrate in questa città e rifocillatevi dove volete a vostro piacimento; ma entrate dalla

porta inchinandovi e dicendo "perdono". Noi perdoneremo i vostri peccati ed aumenteremo coloro che avranno operato il bene».

⁵⁹ Ma gli empi cambiarono la parola che era stata data loro. E facemmo scendere dal cielo un castigo sugli empi, per castigare la loro perversione. ⁶⁰ E quando Mosè chiese acqua per il suo popolo, dicemmo: «Colpisci la roccia con il tuo bastone». E, improvvisamente, sgorgarono dodici fonti, e ogni tribù seppe dove doveva bere! «Mangiate e bevete il sostentamento di Allah e non spargete la corruzione sulla terra.» ⁶¹ E quando diceste: «O Mosè, non possiamo più tollerare un unico alimento. Prega per noi il tuo Signore che, dalla terra, faccia crescere per noi legumi, cetrioli, aglio, lenticchie e cipolle!». Egli disse: «Volete scambiare il meglio con il peggio? Tornate in Egitto, colà troverete certamente quello che chiedete!». E furono colpiti dall'abiezione e dalla miseria e subirono la collera di Allah, perché dissimulavano i segni di Allah e uccidevano i profeti ingiustamente. Questo perché disobbedivano e trasgredivano.

⁶² In verità coloro che credono e i giudei, nazareni o sabei, tutti quelli che credono in Allah e nell'Ultimo Giorno e compiono il bene riceveranno il compenso presso il loro Signore. Non avranno nulla da temere e non saranno afflitti.

⁶³ E quando stringemmo il Patto con voi ed elevammo il Monte: «Tenetevi saldi a quello che vi abbiamo dato e ricordatevi di quello che contiene!». Forse potrete essere timorati!

⁶⁴ Ma poi volgeste le spalle, e senza la grazia di Allah e la Sua misericordia per voi, sareste certamente stati tra i perdenti. ⁶⁵ Avrete saputo di quelli dei vostri che trasgredirono il Sabato ai quali dicemmo: «Siate scimmie reiette». ⁶⁶ Ne facemmo un terribile esempio per i loro contemporanei e per le generazioni che sarebbero seguite e un ammonimento ai timorati.

⁶⁷ E quando Mosè disse al suo popolo: «Allah vi ordina di sacrificare una giovenca!». Risposero: «Ti prendi gioco di noi?». «Mi rifugio in Allah dall'essere tra gli ignoranti.» ⁶⁸ Dissero: «Chiedi per noi al tuo Signore che ci indichi come deve essere». Rispose: «Allah dice che deve essere una giovenca né vecchia né vergine, ma di età media. Fate quello che vi si comanda!». ⁶⁹ Dissero: «Chiedi per noi al tuo Signore che ci indichi di che colore deve essere». Rispose: «Allah dice che dev'essere una giovenca gialla, di un colore vivo che rallegri la vista». ⁷⁰ Dissero: «Chiedi al tuo Signore che dia maggiori particolari, perché veramente per noi le giovenche si assomigliano tutte. Così, se Allah vuole, saremo ben guidati». ⁷¹ Rispose: «Egli dice che deve essere una giovenca che non sia stata soggiogata al lavoro dei campi o all'irrigazione, sana e senza difetti». Dissero: «Ecco, ora ce l'hai descritta esattamente». La sacrificarono, ma mancò poco che non lo facessero! ⁷² Avevate ucciso un uomo e vi accusavate a vicenda… Ma Allah palesa quello che celate. ⁷³ Allora dicemmo: «Colpite il cadavere con una parte della giovenca». Così Allah resuscita i morti e vi mostra i Suoi segni affinché possiate comprendere.

⁷⁴ Dopo di ciò i vostri cuori si sono induriti ancora una volta, ed essi sono come pietre o ancora più duri. Vi sono infatti pietre da cui scaturiscono i ruscelli, che si spaccano perché l'acqua fuoriesca, e altre che franano per il timore di Allah. E Allah non è incurante di quello che fate.

⁷⁵ Sperate forse che divengano credenti per il vostro piacere, quando c'è un gruppo dei loro che ha ascoltato la Parola di Allah per poi corromperla scientemente dopo averla compresa? ⁷⁶ E quando incontrano i credenti, dicono: «Anche noi crediamo». Ma quando sono tra loro dicono: «Volete dibattere con loro a proposito di quello che Allah vi ha mostrato, perché lo possano utilizzare contro di voi

davanti al vostro Signore? Non comprendete?». [77] Non sanno che Allah conosce quello che celano e quello che palesano?

[78] E tra loro ci sono illetterati che hanno solo una vaga idea delle Scritture sulle quali fanno vane congetture. [79] Guai a coloro che scrivono il Libro con le loro mani e poi dicono: «Questo proviene da Allah» e lo barattano per un vii prezzo! Guai a loro per quello che le loro mani hanno scritto, e per quello che hanno ottenuto in cambio. [80] E hanno detto: «Il Fuoco ci lambirà solo per pochi giorni!». Di' loro: «Avete forse fatto un patto con Allah? In tal caso Allah non manca mai al Suo patto! Dite a proposito di Allah cose di cui non sapete nulla». [81] Badate, chi opera il male ed è circondato dal suo errore, questi sono i compagni del Fuoco, vi rimarranno in perpetuità. [82] E coloro che hanno creduto e operato nel bene, sono i compagni del Paradiso e vi rimarranno in perpetuità.

[83] E quando stringemmo il patto con i Figli di Israele [dicemmo]: «Non adorerete altri che Allah, vi comporterete bene con i genitori, i parenti, gli orfani e i poveri; userete buone parole con la gente, assolverete all'orazione e pagherete la decima!». Ma dopo di ciò avete voltato le spalle, a parte qualcuno tra voi, e vi siete sottratti.

[84] E quando accettammo la vostra alleanza [vi imponemmo]: «Non spargete il sangue tra voi e non scacciatevi l'un l'altro dalle vostre case!». Accettaste il patto e ne foste testimoni. [85] E ora invece vi uccidete l'un l'altro e scacciate dalle loro case alcuni dei vostri, dandovi man forte nel crimine e nella trasgressione. E se sono prigionieri ne pagate il riscatto, quando anche solo l'espellerli vi era stato vietato. Accettate dunque una parte del Libro e ne rinnegate un'altra parte? Non c'è altro compenso per colui che agisce così se non l'obbrobrio in questa vita e il castigo più terribile nel Giorno della Resurrezione. Allah non è incurante di quello che fate.

[86] Ecco quelli che hanno barattato la vita presente con la vita futura, il loro castigo non sarà alleggerito e non saranno soccorsi.

[87] Abbiamo dato il Libro a Mosè, e dopo di lui abbiamo inviato altri messaggeri. E abbiamo dato a Gesù, figlio di Maria, prove evidenti e lo abbiamo coadiuvato con lo Spirito di Santità. Ogniqualvolta un messaggero vi portava qualcosa che vi spiaceva, vi gonfiavate d'orgoglio! Qualcuno di loro lo avete smentito e altri li avete uccisi. [88] E dissero: «I nostri cuori sono incirconcisi», ma è piuttosto Allah che li ha maledetti a causa della loro miscredenza. Tra loro sono ben pochi, quelli che credono.

[89] E quando, da parte di Allah, venne loro un Libro che confermava quello che avevano già – mentre prima invocavano la vittoria sui miscredenti – quando giunse loro quello che già conoscevano, lo rinnegarono. Maledica Allah i miscredenti. [90] A che vii prezzo hanno barattato le loro anime! Negano quello che Allah ha fatto scendere, ribelli all'idea che Allah, con la Sua grazia, faccia scendere la Rivelazione su chi vuole dei Suoi servi. Sono incorsi in collera su collera. I miscredenti avranno un castigo avvilente.

[91] E quando si dice loro: «Credete in quello che Allah ha fatto scendere», rispondono: «Crediamo in quello che è stato fatto scendere su di noi». È rinnegano il resto, anche se è la Verità che conferma quello che già avevano ricevuto. Di' loro: «E se siete credenti, perché in passato avete ucciso i profeti di Allah?». [92] E certamente Mosè vi ha recato prove evidenti. Poi, in sua assenza, vi prendeste il Vitello e prevaricaste. [93] E [ricordate] quando stringemmo il Patto con voi ed elevammo il Monte. «Tenetevi saldamente a quello che vi abbiamo dato ed ascoltate!», dissero: «Ascoltiamo ma disobbediamo». E i loro cuori, per la miscredenza, si abbeverarono al Vitello. Di' loro: «Quanto è spregevole quel che vi ordina la vostra credenza, se davvero credete!». [94] Di': «Se è

vostra la dimora finale presso Allah, escludendo tutte le altre genti, auguratevi la morte se siete veritieri!». [95] Essi non lo faranno mai, per ciò che le loro mani hanno commesso. Allah conosce bene i prevaricatori. [96] E vedrai che sono gli uomini più attaccati alla vita, persino più degli associatori. Qualcuno di loro vorrebbe vivere mille anni. Ma tutto questo non lo salverebbe dal castigo, vivesse anche quanto desidera. Allah osserva quello che fanno.

[97] Di': «Chi è nemico di Gabriele, che con il permesso di Allah lo ha fatto scendere nel tuo cuore, a conferma di quello che era venuto in precedenza, come Guida e Buona novella per i credenti; [98] chi è nemico di Allah e dei Suoi Angeli e dei Suoi messaggeri e di Gabriele e di Michele, ebbene [sappia che] Allah è il nemico dei miscredenti. [99] In verità abbiamo fatto scendere su di te segni evidenti e solo i perversi li rinnegano. [100] Ma come? Ogniqualvolta stringono un patto, una parte di loro lo infrange? In realtà la maggior parte di loro non è credente. [101] E quando giunse loro, da parte di Allah, un messaggero che confermava quello che già avevano ricevuto, alcuni di quelli a cui erano state date le Scritture, si gettarono alle spalle il Libro di Allah, come se non sapessero nulla.

[102] Prestarono fede a quel che i dèmoni raccontarono sul regno di Salomone. Non era stato Salomone il miscredente, ma i dèmoni: insegnarono ai popoli la magia e ciò che era stato rivelato ai due angeli Hârût e Mârût a Babele. Essi però non insegnarono nulla senza prima avvertire: «Badate che noi non siam altro che una tentazione: non siate miscredenti». E la gente imparò da loro come separare l'uomo dalla sua sposa, ma non potevano nuocere a nessuno senza il permesso di Allah. Imparavano dunque ciò che era loro dannoso e di nessun vantaggio. E ben sapevano che chi avesse acquistato quell'arte, non avrebbe avuto parte nell'altra vita.

Com'era detestabile quello in cambio del quale barattarono la loro anima. Se l'avessero saputo! [103] Se avessero creduto e vissuto nel timor di Allah, avrebbero avuto da Allah ricompensa migliore. Se solo avessero saputo!

[104] O voi che credete, non dite «râ'inâ» ma dite «undhurnà» e ascoltate. Gli empi miscredenti avranno un doloroso castigo. [105] Quelli della gente del Libro che sono miscredenti e gli associatori, detestano che il vostro Signore faccia scendere su di voi la Sua benevolenza. Ma Allah sceglie chi vuole per la Sua misericordia! Allah è il Padrone dell'immenso favore. [106] Non abroghiamo un versetto né te lo facciamo dimenticare, senza dartene uno migliore o uguale. Non lo sai che Allah è Onnipotente? [107] Non sai che Allah possiede il Regno dei cieli e della terra e, all'infuori di Lui, non c'è per voi né patrono né soccorritore? [108] Vorreste interrogare il vostro Messaggero come in passato fu interrogato Mosè? Sappiate che chi scambia la fede con la miscredenza, in verità si allontana dalla retta via.

[109] Tra la gente del Libro, ci sono molti che, per invidia, vorrebbero farvi tornare miscredenti dopo che avete creduto e dopo che anche a loro la verità è apparsa chiaramente! Perdonateli e lasciateli da parte, finché Allah non invii il Suo ordine. In verità Allah è Onnipotente. [110] Assolvete l'orazione e pagate la decima. E tutto quanto di bene avrete compiuto lo ritroverete presso Allah. Allah osserva tutto quello che fate. [111] E dicono: «Non entreranno nel Paradiso altri che i giudei e i nazareni». Questo è quello che vorrebbero! Di': «Portatene una prova, se siete veritieri». [112] Invece coloro che sottomettono ad Allah il loro volto e compiono il bene, avranno la ricompensa presso il loro Signore, non avranno nulla da temere e non saranno afflitti.

[113] Gli ebrei dicono: «I nazareni si basano sul nulla»; e i nazareni

dicono: «I giudei si basano sul nulla»; e gli uni e gli altri recitano il Libro. Anche quelli che non conoscono nulla parlano alla stessa maniera. Allah, nel Giorno della Resurrezione, giudicherà dei loro dissensi. [114] Chi è più ingiusto di chi impedisce che nelle moschee di Allah si menzioni il Suo nome e che, anzi, cerca di distruggerle? Costoro non potranno entrarvi se non impauriti. Per loro ci sarà ignominia in questa vita e un castigo terribile nell'altra. [115] Ad Allah appartengono l'Oriente e l'Occidente. Ovunque vi volgiate, ivi è il Volto di Allah. Allah è immenso e sapiente. [116] Dicono: «Allah si è preso un figlio». Gloria a Lui! Egli possiede tutto quello che è nei cieli e sulla terra. Tutti Gli sono sottomessi. [117] Egli è il Creatore dei cieli e della terra; quando vuole una cosa, dice «Sii» ed essa è.

[118] E quelli che non sanno nulla dicono: «Perché Allah non ci parla o perché non ci fa pervenire un segno divino?». Anche quelli che vennero prima di loro tennero simili discorsi. I loro cuori si assomigliano. Eppure abbiamo esposto con chiarezza i nostri segni a coloro che credono. [119] In verità ti abbiamo inviato come nunzio e ammonitore, e non ti sarà chiesto conto di quelli della Fornace. [120] Né i giudei né i nazareni saranno mai soddisfatti di te, finché non seguirai la loro religione. Di': «E la Guida di Allah, la vera Guida». E se acconsentirai ai loro desideri dopo che hai avuto la conoscenza, non troverai né patrono né soccorritore contro Allah. [121] Coloro che hanno ricevuto il Libro e lo seguono correttamente, quelli sono i credenti. Coloro che lo rinnegano sono quelli che si perderanno.

[122] O Figli di Israele, ricordate i favori di cui vi ho colmati e di come vi ho favorito rispetto ad altri popoli del mondo. [123] E temete il Giorno in cui nessun'anima potrà alcunché per un'altra, e non sarà accolta nessuna intercessione e nulla potrà essere compensato. Ed essi non saranno soccorsi. [124] E Abramo!… Quando il suo Signore lo provò con i Suoi ordini ed egli li eseguì, [il Signore] disse: «Farò

di te un imâm per gli uomini», «E i miei discendenti?», «Il Mio patto, disse [Allah], non riguarda quelli che prevaricano».

[125] E quando facemmo della Casa un luogo di riunione e un rifugio per gli uomini. Prendete come luogo di culto quello in cui Abramo ristette! E stabilimmo un patto con Abramo e Ismaele: «Purificate la Mia Casa per coloro che vi gireranno attorno, vi si ritireranno, si inchineranno e si prosterneranno». [126] E quando Abramo disse: «Fanne una contrada sicura e provvedi di frutti la sua gente, quelli di loro che avranno creduto in Allah e nell'Ultimo Giorno», disse [il Signore]: «E a chi sarà stato miscredente concederò un godimento illusorio e poi lo destinerò al castigo del Fuoco. Che tristo avvenire!».

[127] E quando Abramo e Ismaele posero le fondamenta della Casa, dissero: «O Signor nostro, accettala da noi! Tu sei Colui che tutto ascolta e conosce! [128] O Signor nostro, fai di noi dei musulmani e della nostra discendenza una comunità musulmana. Mostraci i riti e accetta il nostro pentimento. In verità Tu sei il Perdonatore, il Misericordioso! [129] O Signor nostro, suscita tra loro un Messaggero che reciti i Tuoi versetti e insegni il Libro e la saggezza, e accresca la loro purezza. Tu sei il Saggio, il Possente».

[130] Chi altri avrà dunque in odio la religione di Abramo, se non colui che coltiva la stoltezza nell'animo suo? Noi lo abbiamo scelto in questo mondo, e nell'altra vita sarà tra i devoti. [131] Quando il suo Signore gli disse: «Sottomettiti», disse: «Mi sottometto al Signore dei mondi». [132] Fu questo che Abramo inculcò ai suoi figli, e anche Giacobbe: «Figli miei, Allah ha scelto per voi la religione: non morite se non musulmani». [133] Forse eravate presenti quando la morte si presentò a Giacobbe ed egli disse ai suoi figli: «Chi adorerete dopo di me?». Risposero: «Adoreremo la tua divinità, la divinità dei tuoi padri Abramo e Ismaele e Isacco, il Dio unico

al quale saremo sottomessi». 134 Questa è gente del passato. Avrà quello che ha meritato e voi avrete quello che meriterete, e non dovrete rispondere della loro condotta.

135 Dicono: «Siate giudei o nazareni, sarete sulla retta via». Di': «[Seguiamo] piuttosto la religione di Abramo, che era puro credente e non associatore». 136 Dite: «Crediamo in Allah e in quello che è stato fatto scendere su di noi e in quello che è stato fatto scendere su Abramo, Ismaele, Isacco, Giacobbe e sulle Tribù, e in quello che è stato dato a Mosè e a Gesù e in tutto quello che è stato dato ai Profeti da parte del loro Signore, non facciamo differenza alcuna tra di loro e a Lui siamo sottomessi». 137 Se crederanno nelle stesse cose in cui voi avete creduto, saranno sulla retta via; se invece volgeranno le spalle, saranno nell'eresia. Ma Allah ti basterà contro di loro. Egli è Colui che tutto ascolta e conosce. 138 Questa è la tintura di Allah! Chi mai può tingere meglio che Allah? Noi Lo adoriamo. 139 Di': «Volete polemizzare con noi a proposito di Allah, Che è il nostro e vostro Signore? A noi le nostre opere e a voi le vostre! Noi ci diamo solo a Lui. 140 Vorreste forse sostenere che Abramo e Ismaele e Isacco e Giacobbe e le Tribù erano giudaizzati o nazareni?». Di': «Ne sapete forse più di Allah?». Chi è peggior empio di chi nasconde qualcosa che ha ricevuto da Allah? Ma Allah non è incurante di quello che fate. 141 Questa è gente del passato. Avrà quello che ha meritato e voi avrete quello che meriterete e non dovrete rispondere della loro condotta.

142 E gli stolti diranno: «Chi li ha sviati dall'orientamento che avevano prima?». Di': «Ad Allah appartiene l'Oriente e l'Occidente, Egli guida chi vuole sulla Retta Via». 143 E così facemmo di voi una comunità equilibrata, affinché siate testimoni di fronte ai popoli e il Messaggero sia testimone di fronte a voi. Non ti abbiamo prescritto l'orientamento se non al fine di distinguere coloro che seguono il

Messaggero da coloro che si sarebbero girati sui tacchi. Fu una dura prova, eccetto che per coloro che sono guidati da Allah. Allah non lascerà che la vostra fede si perda. Allah è dolce e misericordioso con gli uomini.

[144] Ti abbiamo visto volgere il viso al cielo. Ebbene, ti daremo un orientamento che ti piacerà. Volgiti dunque verso la Sacra Moschea. Ovunque siate, rivolgete il volto nella sua direzione. Certo, coloro a cui è stato dato il Libro, sanno che questa è la verità che viene dal loro Signore. Allah non è incurante di quello che fate. [145] Anche se tu recassi a coloro che hanno ricevuto la Scrittura, ogni specie di segno, essi non seguiranno il tuo orientamento, né tu seguirai il loro, né seguiranno gli uni l'orientamento degli altri. E se dopo che ti è giunta la scienza, seguissi i loro desideri, saresti certamente uno degli ingiusti. [146] Coloro ai quali abbiamo dato la Scrittura, lo riconoscono come riconoscono i loro figli. Ma una parte di loro nasconde la verità pur conoscendola. [147] La verità appartiene al tuo Signore. Non essere tra i dubbiosi.

[148] Ognuno ha una direzione verso la quale volgere il viso. Gareggiate nel bene. Ovunque voi siate, Allah vi riunirà tutti. In verità Allah è Onnipotente. [149] E da qualunque luogo tu esca, volgi il tuo viso verso la Santa Moschea, ecco la verità data dal tuo Signore e Allah non è disattento a quello che fate. [150] E allora, da qualunque luogo tu esca, volgi il tuo viso verso la Santa Moschea. Ovunque voi siate, rivolgetele il viso, sì che la gente non abbia pretesti contro di voi – eccetto quelli di loro che prevaricano non temeteli, ma temete Me, affinché realizzi per voi la Mia Grazia e forse sarete ben guidati. [151] Infatti vi abbiamo inviato un Messaggero della vostra gente, che vi reciti i Nostri versetti, vi purifichi e vi insegni il Libro e la saggezza e vi insegni quello che non sapevate. [152] Ricordatevi

dunque di Me e Io Mi ricorderò di voi, siateMi riconoscenti e non rinnegateMi.

[153] O voi che credete, rifugiatevi nella pazienza e nell'orazione. Invero Allah è con coloro che perseverano. [154] E non dite che sono morti coloro che sono stati uccisi sulla via di Allah, ché invece sono vivi e non ve ne accorgete. [155] Sicuramente vi metteremo alla prova con terrore, fame e diminuzione dei beni, delle persone e dei raccolti. Ebbene, da' la buona novella a coloro che perseverano, [156] coloro che quando li coglie una disgrazia dicono: «Siamo di Allah e a Lui ritorniamo». [157] Quelli saranno benedetti dal loro Signore e saranno ben guidati.

[158] Safâ e Marwa sono veramente fra i segni di Allah e non ci sarà male alcuno se coloro che fanno il Pellegrinaggio alla Casa o la Visita, correranno tra questi due [colli]. Allah sarà riconoscente a chi si sarà imposto volontariamente un'opera meritoria. Allah è grato, sapiente. [159] E coloro che dissimulano i segni e le direttive che Noi abbiamo rivelato, dopo che nel Libro chiaramente li esponemmo agli uomini… ebbene, ecco coloro che Allah ha maledetto e che tutti maledicono. [160] Invece coloro che si sono pentiti e si sono emendati… da costoro Io accetto il pentimento. Io sono Colui che accoglie il pentimento, il Misericordioso. [161] E i miscredenti che muoiono nella miscredenza, saranno maledetti da Allah, dagli angeli e da tutti gli uomini. [162] Rimarranno in questo stato in eterno e il castigo non sarà loro alleviato, né avranno attenuanti.

[163] Il vostro Dio è il Dio Unico, non c'è altro dio che Lui, il Compassionevole, il Misericordioso. [164] Nella creazione dei cieli e della terra, nell'alternarsi del giorno e della notte, nella nave che solca i mari carica di ciò che è utile agli uomini, nell'acqua che Allah fa scendere dal cielo, rivivificando la terra morta e disseminandovi animali di ogni tipo, nel mutare dei venti e nelle nuvole costrette a

restare tra il cielo e la terra, in tutto ciò vi sono segni per la gente
dotata di intelletto.

[165] E fra gli uomini vi sono coloro che attribuiscono ad Allah
degli uguali e li amano come amano Allah. Ma coloro che credono
hanno per Allah un amore ben più grande. Se gli empi potessero
vedere, [come] quando vedranno il castigo, che tutta la forza è di
Allah, e che Allah è implacabile nel castigo! [166] Quando, alla vista
del castigo, i seguiti sconfesseranno i loro seguaci, quando ogni
legame sarà spezzato, [167] diranno i seguaci: «Ah, se avessimo la
possibilità di tornare indietro! Li abbandoneremmo come ci hanno
abbandonati!». Così Allah li metterà di fronte alle loro azioni
affinché si rammarichino. Non usciranno dal Fuoco.

[168] O uomini, mangiate ciò che è lecito e puro di quel che è
sulla terra, e non seguite le orme di Satana. In verità egli è un vostro
nemico dichiarato. [169] Certamente vi ordina il male e la turpitudine
e di dire, a proposito di Allah, cose che non sapete. [170] E quando si
dice loro: «Seguite quello che Allah ha fatto scendere», essi dicono:
«Seguiremo piuttosto quello che seguivano i nostri antenati!». E
ciò anche se i loro antenati non comprendevano e non erano ben
guidati. [171] I miscredenti sono come bestiame di fronte al quale si
urla, ma che non ode che un indistinto richiamo. Sordi, muti, ciechi,
non comprendono nulla.

[172] O voi che credete, mangiate le buone cose di cui vi abbiamo
provvisto e ringraziate Allah, se è Lui che adorate. [173] In verità vi
sono state vietate le bestie morte, il sangue, la carne di porco e
quello su cui sia stato invocato altro nome che quello di Allah. E
chi vi sarà costretto, senza desiderio o intenzione, non farà peccato.
Allah è perdonatore, misericordioso. [174] Coloro che nascondono
parti del Libro che Allah ha fatto scendere e lo svendono a vil
prezzo, si riempiranno il ventre solo di fuoco. Allah non rivolgerà

loro la parola nel Giorno della Resurrezione e non li purificherà. Avranno un castigo doloroso. [175] Hanno scambiato la retta via con la perdizione e l'assoluzione con il castigo. Come sopporteranno il Fuoco? [176] Questo perché Allah ha fatto scendere il Libro con la Verità e coloro che dissentono a proposito del Libro si allontanano nello scisma.

[177] La carità non consiste nel volgere i volti verso l'Oriente e l'Occidente, ma nel credere in Allah e nell'Ultimo Giorno, negli Angeli, nel Libro e nei Profeti e nel dare, dei propri beni, per amore Suo, ai parenti, agli orfani, ai poveri, ai viandanti diseredati, ai mendicanti e per liberare gli schiavi; assolvere l'orazione e pagare la decima. Coloro che mantengono fede agli impegni presi, coloro che sono pazienti nelle avversità e nelle ristrettezze, e nella guerra, ecco coloro che sono veritieri, ecco i timorati.

[178] O voi che credete, in materia di omicidio vi è stato prescritto il contrappasso: libero per libero, schiavo per schiavo, donna per donna. E colui che sarà stato perdonato da suo fratello, venga perseguito nella maniera più dolce e paghi un indennizzo: questa è una facilitazione da parte del vostro Signore, e una misericordia. Ebbene, chi di voi, dopo di ciò, trasgredisce la legge, avrà un doloroso castigo. [179] Nel contrappasso c'è una possibilità di vita, per voi che avete intelletto. Forse diventerete timorati [di Allah]. [180] Quando la morte si avvicina a uno di voi, se lascia dei beni, gli è prescritto il testamento in favore dei genitori e dei parenti, secondo il buon uso. Questo è un dovere per i timorati. [181] E chi lo altererà dopo averlo ascoltato, ebbene il peccato grava su coloro che l'hanno alterato. Allah è audiente, sapiente. [182] Ma chi teme un'ingiustizia o un peccato da parte di un testatore, e ristabilisce la concordia, non avrà commesso peccato. Allah è perdonatore, misericordioso.

[183] O voi che credete, vi è prescritto il digiuno come era stato

prescritto a coloro che vi hanno preceduto. Forse diverrete timorati; [184] [digiunerete] per un determinato numero di giorni. Chi però è malato o è in viaggio, digiuni in seguito altrettanti giorni . Ma per coloro che [a stento] potrebbero sopportarlo , c'è un'espiazione: il nutrimento di un povero. E se qualcuno dà di più, è un bene per lui. Ma è meglio per voi digiunare, se lo sapeste! [185] È nel mese di Ramadàn che abbiamo fatto scendere il Corano, guida per gli uomini e prova di retta direzione e distinzione. Chi di voi ne testimoni [l'inizio] digiuni. E chiunque è malato o in viaggio assolva [in seguito] altrettanti giorni. Allah vi vuole facilitare e non procurarvi disagio, affinché completiate il numero dei giorni e proclamiate la grandezza di Allah Che vi ha guidato. Forse sarete riconoscenti!

[186] Quando i Miei servi ti chiedono di Me, ebbene Io sono vicino! Rispondo all'appello di chi Mi chiama quando Mi invoca. Procurino quindi di rispondere al Mio richiamo e credano in Me, sì che possano essere ben guidati. [187] Nelle notti del digiuno vi è stato permesso di accostarvi alle vostre donne; esse sono una veste per voi e voi siete una veste per loro. Allah sa come ingannavate voi stessi. Ha accettato il vostro pentimento e vi ha perdonati. Frequentatele dunque e cercate quello che Allah vi ha concesso. Mangiate e bevete finché, all'alba, possiate distinguere il filo bianco dal filo nero; quindi digiunate fino a sera. Ma non frequentatele se siete in ritiro nelle moschee. Ecco i limiti di Allah, non li sfiorate! Così Allah spiega agli uomini i Suoi segni, affinché siano timorati. [188] Non divoratevi l'un l'altro i vostri beni, e non datene ai giudici affinché vi permettano di appropriarvi di una parte dei beni altrui, iniquamente e consapevolmente.

[189] Quando ti interrogano sui noviluni rispondi: «Servono alle genti per il computo del tempo e per il Pellegrinaggio. Non è una azione pia entrare in casa dalla parte posteriore, la pietà è

nel timore di Allah. Entrate pure nelle case passando per le porte e temete Allah, affinché possiate essere tra coloro che prospereranno. [190] Combattete per la causa di Allah contro coloro che vi combattono, ma senza eccessi, ché Allah non ama coloro che eccedono. [191] Uccideteli ovunque li incontriate, e scacciateli da dove vi hanno scacciati: la persecuzione è peggiore dell'omicidio. Ma non attaccateli vicino alla Santa Moschea, fino a che essi non vi abbiano aggredito. Se vi assalgono, uccideteli. Questa è la ricompensa dei miscredenti. [192] Se però cessano, allora Allah è perdonatore, misericordioso. [193] Combatteteli finché non ci sia più persecuzione e il culto sia [reso solo] ad Allah. Se desistono, non ci sia ostilità, a parte contro coloro che prevaricano.

[194] Mese sacro per mese sacro e per ogni cosa proibita un contrappasso. Aggredite coloro che vi aggrediscono. Temete Allah e sappiate che Allah è con coloro che Lo temono. [195] Siate generosi sul sentiero di Allah, non gettatevi da soli nella perdizione, e fate il bene, Allah ama coloro che compiono il bene.

[196] E assolvete, per Allah, al Pellegrinaggio e alla Visita. Se siete impediti a ciò, [inviate] un'offerta di quel che potete e non rasatevi le teste prima che l'offerta sia giunta al luogo del sacrificio. Se però siete malati o avete un morbo alla testa, vi riscatterete con il digiuno, con un'elemosina o con offerta sacrificale. Quando poi sarete al sicuro, colui che si è desacralizzato tra la Visita e il Pellegrinaggio deve fare un sacrificio a seconda delle sue possibilità. E chi non ne ha i mezzi digiuni per tre giorni durante il Pellegrinaggio e altri sette una volta tornato a casa sua, quindi in tutto dieci giorni. Questo per chi non ha famiglia nei pressi della Santa Moschea. Temete Allah e sappiate che Allah è severo nel castigo.

[197] Il Pellegrinaggio avviene nei mesi ben noti. Chi decide di assolverlo, si astenga dai rapporti sessuali, dalla perversità e dai

litigi durante il Pellegrinaggio. Allah conosce il bene che fate. Fate provviste, ma la provvista migliore è il timor di Allah, e temete Me, voi che siete dotati di intelletto.

[198] Non sarà per nulla peccato se cercherete di guadagnarvi la Grazia del vostro Signore. Poi quando lasciate 'Arafa ricordatevi di Allah presso il Sacro Monumento. E ricordatevi di Lui, di come vi ha mostrato la Via, nonostante foste fra gli sviati. [199] Fate la marcia da dove la fanno tutti gli altri e chiedete perdono ad Allah. Allah è perdonatore misericordioso. [200] E quando avrete terminato i riti, ricordate Allah come ricordate i vostri padri e con maggior venerazione. Ci sono persone che dicono: «Signore dacci le cose buone di questo mondo!». Questi non avranno parte nell'altra vita. [201] E ci sono persone che dicono: «Signor nostro! Dacci le cose buone di questo mondo e le cose buone dell'altra vita e allontanaci dal Fuoco!». [202] Questi avranno la parte che si saranno meritati. Allah è rapido al conto. [203] E ricordatevi di Allah nei giorni contati. Ma non ci sarà peccato per chi affretta il ritorno dopo due giorni, e neppure per chi si attarda se teme Allah. Temete Allah e sappiate che sarete tutti ricondotti a Lui.

[204] Tra gli uomini c'è qualcuno di cui ti piacerà l'eloquio a proposito della vita mondana; chiama Allah a testimone di quello che ha nel cuore, quando invece è un polemico inveterato; [205] quando ti volge le spalle, percorre la terra spargendovi la corruzione e saccheggiando le colture e il bestiame. E Allah non ama la corruzione. [206] E quando gli si dice: «Temi Allah», un orgoglio criminale lo agita. L'Inferno gli basterà, che tristo giaciglio! [207] Ma tra gli uomini ce n'è qualcuno che ha dato tutto se stesso alla ricerca del compiacimento di Allah. Allah è dolce con i Suoi servi.

[208] O voi che credete! Entrate tutti nella Pace. Non seguite le tracce di Satana. In verità egli è il vostro dichiarato nemico.

[209] Ma se cadete ancora [in errore], dopo che avete ricevuto le prove, sappiate allora che Allah è eccelso, saggio. [210] Forse aspettano che Allah venga, avvolto in ombre di nuvole e con gli angeli? Ma tutto è ormai deciso ed è ad Allah che ritorna ogni cosa. [211] Chiedi ai figli di Israele quanti segni evidenti abbiamo inviato loro. Ebbene, chi altera il favore di Allah, dopo che esso gli è giunto, allora veramente Allah è violento nel castigo. [212] Ai miscredenti abbiamo reso piacevole la vita terrena ed essi scherniscono i credenti. Ma coloro che saranno stati timorati saranno superiori a loro nel Giorno della Resurrezione. Allah dà a chi vuole, senza contare.

[213] Gli uomini formavano un'unica comunità. Allah poi inviò loro i profeti in qualità di nunzi e ammonitori; fece scendere su di loro la Scrittura con la verità, affinché si ponesse come criterio tra le genti a proposito di ciò su cui divergevano. E disputarono, ribelli gli uni contro gli altri, proprio coloro che lo avevano. Eppure erano giunte loro le prove! Allah, con la Sua volontà, guidò coloro che credettero a quella parte di Verità sulla quale gli altri litigavano. Allah guida chi vuole sulla retta Via.

[214] Credete forse che entrerete nel Paradiso senza provare quello che provarono coloro che furono prima di voi? Furono toccati da disgrazie e calamità e furono talmente scossi, che il Messaggero e coloro che erano con lui gridarono: «Quando verrà il soccorso di Allah?». Non è forse vicino il soccorso di Allah?

[215] Ti chiederanno: «Cosa dobbiamo dare in elemosina?». Di': «I beni che erogate siano destinati ai genitori, ai parenti, agli orfani, ai poveri e ai viandanti diseredati. E Allah conosce tutto il bene che fate». [216] Vi è stato ordinato di combattere, anche se non lo gradite. Ebbene, è possibile che abbiate avversione per qualcosa che invece è un bene per voi, e può darsi che amiate una cosa che invece vi è nociva. Allah sa e voi non sapete.

²¹⁷ Ti chiedono del combattimento nel mese sacro. Di':
«Combattere in questo tempo è un grande peccato, ma più grave è
frapporre ostacoli sul sentiero di Allah e distogliere da Lui e dalla
Santa Moschea. Ma, di fronte ad Allah, peggio ancora scacciarne
gli abitanti. L'oppressione è peggiore dell'omicidio. Ebbene, essi
non smetteranno di combattervi fino a farvi allontanare dalla vostra
religione, se lo potessero. E chi di voi rinnegherà la fede e morirà
nella miscredenza, ecco chi avrà fallito in questa vita e nell'altra.
Ecco i compagni del Fuoco: vi rimarranno in perpetuo». ²¹⁸ In
verità, coloro che hanno creduto, sono emigrati e hanno combattuto
sulla via di Allah, questi sperano nella misericordia di Allah. Allah
è perdonatore, misericordioso.

²¹⁹ Ti chiedono del vino e del gioco d'azzardo. Di': «In entrambi
c'è un grande peccato e qualche vantaggio per gli uomini, ma in
entrambi il peccato è maggiore del beneficio!». E ti chiedono: «Cosa
dobbiamo dare in elemosina?». Di': «Il sovrappiù». Così Allah vi
espone i Suoi segni, affinché meditiate ²²⁰ su questa vita e sull'altra.
E ti interrogano a proposito degli orfani. Di': «Far loro del bene è
l'azione migliore. E se vi occupate dei loro affari, considerate che
sono vostri fratelli!». Allah sa distinguere chi semina il disordine
da chi fa il bene. Se Allah avesse voluto, vi avrebbe afflitti. Egli è
potente e saggio!

²²¹ Non sposate le [donne] associatrici finché non avranno
creduto, ché certamente una schiava credente è meglio di una
associatrice, anche se questa vi piace. E non date spose agli
associatori finché non avranno creduto, ché, certamente, uno
schiavo credente è meglio di un associatore, anche se questi vi piace.
Costoro vi invitano al Fuoco, mentre Allah, per Sua grazia, vi invita
al Paradiso e al perdono. E manifesta ai popoli i segni Suoi affinché
essi li ricordino. ²²² Ti chiederanno dei [rapporti durante i] mestrui.

Di': «Sono un danno. Non accostatevi alle vostre spose durante i mestrui e non avvicinatele prima che si siano purificate. Quando poi si saranno purificate, avvicinatele nel modo che Allah vi ha comandato». In verità Allah ama coloro che si pentono e coloro che si purificano.[223] Le vostre spose per voi sono come un campo Venite pure al vostro campo come volete, ma predisponetevi; temete Allah e sappiate che Lo incontrerete. Danne la lieta novella ai credenti!

[224] Con i vostri giuramenti non fate di Allah un ostacolo all'essere caritatevoli, devoti e riconciliatori fra gli uomini. Allah è Colui che tutto ascolta e conosce. [225] Allah non vi punirà per la leggerezza nei vostri giuramenti, vi punirà per ciò che i vostri cuori avranno espresso. Allah è perdonatore paziente. [226] Per coloro che giurano di astenersi dalle loro donne, è fissato il termine di quattro mesi. Se recedono, Allah è perdonatore, misericordioso. [227] Ma se poi decidono il divorzio, in verità Allah ascolta e conosce. [228] Le donne divorziate osservino un ritiro della durata di tre cicli, e non è loro permesso nascondere quello che Allah ha creato nei loro ventri, se credono in Allah e nell'Ultimo Giorno. E i loro sposi avranno priorità se, volendosi riconciliare, le riprenderanno durante questo periodo. Esse hanno diritti equivalenti ai loro doveri, in base alle buone consuetudini, ma gli uomini hanno maggior responsabilità. Allah è potente, è saggio.

[229] Si può divorziare due volte. Dopo di che, trattenetele convenientemente o rimandatele con bontà; e non vi è permesso riprendervi nulla di quello che avevate donato loro, a meno che entrambi non temano di trasgredire i limiti di Allah. Se temete di non poter osservare i limiti di Allah, allora non ci sarà colpa se la donna si riscatta. Ecco i limiti di Allah, non li sfiorate. E coloro che trasgrediscono i termini di Allah, quelli sono i prevaricatori. [230] Se divorzia da lei [per la terza volta] non sarà più lecita per lui finché

non abbia sposato un altro. E se questi divorzia da lei, allora non ci sarà peccato per nessuno dei due se si riprendono, purché pensino di poter osservare i limiti di Allah. Ecco i limiti di Allah, che Egli manifesta alle genti che comprendono. [231] Quando divorziate dalle vostre spose, e sia trascorso il ritiro, riprendetele secondo le buone consuetudini o rimandatele secondo le buone consuetudini. Ma non trattenetele con la forza, sarebbe una trasgressione e chi lo facesse mancherebbe contro se stesso. Non burlatevi dei segni di Allah. Ricordate i benefici che Allah vi ha concesso e ciò che ha fatto scendere della Scrittura e della Saggezza, con i quali vi ammonisce. Temete Allah e sappiate che in verità Allah conosce tutte le cose.

[232] Quando divorziate dalle vostre spose, e sia trascorso il termine, non impedite loro di risposarsi con i loro ex mariti, se si accordano secondo le buone consuetudini. Questa è l'ammonizione per coloro di voi che credono in Allah e nell'Ultimo giorno. Ciò è più decente per voi, e più puro. Allah sa e voi non sapete. [233] Per coloro che vogliono completare l'allattamento, le madri allatteranno per due anni completi. Il padre del bambino ha il dovere di nutrirle e vestirle in base alla consuetudine. Nessuno è tenuto a fare oltre i propri mezzi. La madre non deve essere danneggiata a causa del figlio e il padre neppure. Lo stesso obbligo per l'erede. E se, dopo che si siano consultati, entrambi sono d'accordo per svezzarlo, non ci sarà colpa alcuna. E se volete dare i vostri figli a balia, non ci sarà nessun peccato, a condizione che versiate realmente il salario pattuito, secondo la buona consuetudine. Temete Allah e sappiate che in verità Egli osserva quello che fate.

[234] E coloro di voi che muoiono lasciando delle spose, queste devono osservare un ritiro di quattro mesi e dieci [giorni]. Passato questo termine non sarete responsabili del modo in cui dispongono di loro stesse, secondo la buona consuetudine. Allah è ben informato

di quello che fate. [235] Non sarete rimproverati se accennerete a una proposta di matrimonio, o se ne coltiverete segretamente l'intenzione. Allah sa che ben presto vi ricorderete di loro. Ma non proponete loro il libertinaggio: dite solo parole oneste. Ma non risolvetevi al contratto di matrimonio prima che sia trascorso il termine prescritto. Sappiate che Allah conosce quello che c'è nelle anime vostre e quindi state in guardia. Sappiate che in verità Allah è perdonatore, magnanimo. [236] Non ci sarà colpa se divorzierete dalle spose che non avete ancora toccato e alle quali non avete stabilito la dote. Fate loro comunque, il ricco secondo le sue possibilità e il povero secondo le sue possibilità, un dono di cui possano essere liete, secondo la buona consuetudine. Questo è un dovere per chi vuol fare il bene. [237] Se divorzierete da loro prima di averle toccate ma dopo che abbiate fissato la dote, versate loro la metà di quello che avevate stabilito, a meno che esse non vi rinuncino o vi rinunci colui che ha in mano il contratto di matrimonio. Se rinunciate voi, è comunque più vicino alla pietà. Non dimenticate la generosità tra voi. In verità Allah osserva quello che fate.

[238] Siate assidui alle orazioni e all'orazione mediana e, devotamente, state ritti davanti ad Allah. [239] Ma se siete in pericolo, [pregate] in piedi o a cavallo. Poi, quando sarete al sicuro, ricordatevi di Allah, ché Egli vi ha insegnato quello che non sapevate. [240] Quelli di voi che moriranno lasciando delle mogli, [stabiliscano] un testamento a loro favore, assegnando loro un anno di mantenimento e di residenza. Se esse vorranno andarsene, non sarete rimproverati per quello che faranno di sé in conformità alle buone consuetudini. Allah è potente e saggio. [241] Le divorziate hanno il diritto al mantenimento, in conformità alle buone consuetudini. Un dovere per i timorati. [242] Così Allah manifesta i Suoi segni affinché possiate capire.

²⁴³ Non hai forse visto coloro che uscirono dalle loro case a migliaia per timore della morte? Poi Allah disse: «Morite!». E poi rese loro la vita. Allah è veramente pieno di grazia verso gli uomini, ma la maggior parte di loro non sono riconoscenti. ²⁴⁴ Combattete sulla via di Allah e sappiate che Allah è audiente, sapiente. ²⁴⁵ Chi fa ad Allah un prestito bello, Egli glielo raddoppia molte volte. È Allah che stringe [la mano e la] apre. A Lui sarete ricondotti.

²⁴⁶ Non hai visto i notabili dei Figli di Israele quando, dopo Mosè, dissero al loro profeta: «Suscita tra noi un re, affinché possiamo combattere sul sentiero di Allah». Disse: «E se non combatterete quando vi sarà ordinato di farlo?». Dissero: «Come potremmo non combattere sulla via di Allah, quando ci hanno scacciato dalle nostre case, noi e i nostri figli?». Ma quando fu loro ordinato di combattere, tutti voltarono le spalle, tranne un piccolo gruppo. Allah ben conosce gli iniqui. ²⁴⁷ E disse il loro profeta: «Ecco che Allah vi ha dato per re Saul». Dissero: «Come potrà regnare su di noi? Noi abbiamo più diritto di lui a regnare, e a lui non sono state concesse ricchezze!». Disse: «In verità Allah lo ha scelto tra voi e lo ha dotato di scienza e di prestanza». Allah dà il regno a chi vuole, Egli è immenso, sapiente. ²⁴⁸ E disse il loro profeta: «Il segno della sovranità sarà che verrà con l'Arca. Conterrà una presenza di pace da parte del vostro Signore, nonché quel che resta di ciò che lasciarono la famiglia di Mosè e la famiglia di Aronne. Saranno gli angeli a portarla. Ecco un segno per voi, se siete credenti».

²⁴⁹ Mettendosi in marcia con le sue truppe Saul disse: «Ecco che Allah vi metterà alla prova per mezzo di un fiume: chi ne berrà non sarà dei miei, eccetto chi ne prenderà un sorso con il palmo della mano». Tutti bevvero, eccetto un piccolo gruppo. Poi, dopo che lui e coloro che erano credenti ebbero attraversato il fiume, gli altri dissero: «Oggi non abbiamo forza contro Golia e le sue

truppe!». Quelli che pensavano che avrebbero incontrato Allah dissero: «Quante volte, con il permesso di Allah, un piccolo gruppo ha battuto un grande esercito!». Allah è con coloro che perseverano [250] E quando affrontarono Golia e le sue truppe dissero: «Signore, infondi in noi la perseveranza, fai saldi i nostri passi e dacci la vittoria sul popolo dei miscredenti». [251] E li misero in fuga con il permesso di Allah. Davide uccise Golia e Allah gli diede la sovranità e la saggezza e gli insegnò quello che volle. Se Allah non respingesse alcuni per mezzo di altri, la terra sarebbe certamente corrotta, ma Allah è pieno di grazia per le creature.

[252] Questi sono i Segni di Allah che ti recitiamo secondo verità. Invero tu sei uno degli inviati. [253] Tra i messaggeri, a taluni abbiamo dato eccellenza sugli altri. A qualcuno Allah ha parlato, e altri li ha elevati a gradi superiori. A Gesù, figlio di Maria, abbiamo dato prove chiare e lo abbiamo coadiuvato con lo Spirito puro. E se Allah avesse voluto, quelli che vennero dopo di loro non si sarebbero uccisi tra loro, dopo aver ricevuto le prove. Ma caddero nel disaccordo: alcuni credettero e altri negarono. Se Allah avesse voluto, non si sarebbero uccisi tra loro; ma Allah fa quello che vuole.

[254] O voi che credete, elargite di quello che vi abbiamo concesso, prima che venga il Giorno in cui non ci saranno più commerci, amicizie e intercessioni. I negatori sono coloro che prevaricano. [255] Allah! Non c'è altro dio che Lui, il Vivente, l'Assoluto. Non Lo prendon mai sopore né sonno. A Lui appartiene tutto quello che è nei cieli e sulla terra. Chi può intercedere presso di Lui senza il Suo permesso? Egli conosce quello chc è davanti a loro e quello che è dietro di loro e, della Sua scienza, essi apprendono solo ciò che Egli vuole. Il Suo Trono è più vasto dei cieli e della terra, e custodirli non Gli costa sforzo alcuno. Egli è l'Altissimo, l'Immenso. [256] Non c'è costrizione nella religione. La retta via ben si distingue

dall'errore. Chi dunque rifiuta l'idolo e crede in Allah, si aggrappa all'impugnatura più salda senza rischio di cedimenti. Allah è audiente, sapiente. [257] Allah è il patrono di coloro che credono, li trae dalle tenebre verso la luce. Coloro che non credono hanno per patroni gli idoli che dalla luce li traggono alle tenebre. Ecco i compagni del Fuoco in cui rimarranno in eterno.

[258] Non hai visto colui che per il fatto che Allah lo aveva fatto re, discuteva con Abramo a proposito del suo Signore? Quando Abramo disse: «Il mio Signore è Colui che dà la vita e la morte», rispose [l'altro]: «Sono io che do la vita e la morte!». E Abramo: «Allah fa sorgere il sole da Oriente, fallo nascere da Occidente». Restò confuso il miscredente: Allah non guida i popoli che prevaricano.

[259] O colui che passando presso una città in completa rovina [disse]: «Come potrà Allah ridarle la vita dopo che è morta?». Allah allora lo fece morire per cento anni, poi lo resuscitò e gli chiese: «Quanto [tempo] sei rimasto?». Rispose: «Rimasi un giorno o una parte di esso». «No, disse Allah, sei rimasto cento anni. Guarda il tuo cibo e la tua acqua, sono intatti; poi guarda il tuo asino, [Ti mostriamo tutto ciò] affinché tu divenga un segno per gli uomini. Guarda come riuniamo le ossa e come le rivestiamo di carne.» Davanti all'evidenza disse: «So che Allah è onnipotente». [260] E quando Abramo disse: «Signore, mostrami come resusciti i morti», Allah disse: «Ancora non credi?». «Sì, disse Abramo, ma [fa] che il mio cuore si acquieti.» Disse Allah: «Prendi quattro uccelli e falli a pezzi, poi mettine una parte su ogni monte e chiamali: verranno da te con volo veloce. Sappi che Allah è eccelso e saggio».

[261] Quelli che con i loro beni sono generosi per la causa di Allah, sono come un seme da cui nascono sette spighe e in ogni spiga ci sono cento chicchi. Allah moltiplica il merito di chi vuole Lui. Allah è immenso, sapiente. [262] Quelli che con i loro beni sono generosi

per la causa di Allah senza far seguire il bene da rimproveri e vessazioni, avranno la loro ricompensa presso il loro Signore, non avranno nulla da temere e non saranno afflitti. [263] Le buone parole e il perdono sono migliori deirelemosina seguita da vessazioni. Allah è Colui che non ha bisogno di nulla, è indulgente. [264] O voi che credete, non vanificate le vostre elemosine con rimproveri e vessazioni, come quello che dà per mostrarsi alla gente e non crede in Allah e nell'Ultimo Giorno. Egli è come una roccia ricoperta di polvere sulla quale si rovescia un acquazzone e la lascia nuda. Essi non avranno nessun vantaggio dalle loro azioni. Allah non guida il popolo dei miscredenti.

[265] Coloro che invece elargiscono i loro averi per la soddisfazione di Allah e per rafforzarsi, saranno come un giardino su di un colle: quando l'acquazzone vi si rovescia raddoppierà i suoi frutti. E se l'acquazzone non lo raggiunge, sarà allora la rugiada. Allah osserva quello che fate. [266] Chi di voi vorrebbe possedere un giardino di palme e vigne, dove scorrono i ruscelli e dove crescono per lui ogni specie di frutti e, colto dalla vecchiaia con i figli ancora piccoli, [vorrebbe vedere] un uragano di fuoco investirlo e bruciarlo? Così Allah vi dichiara i Suoi segni, affinché meditiate.

[267] O voi che credete, elargite le cose migliori che vi siete guadagnati e di ciò che Noi abbiamo fatto spuntare per voi dalla terra. Non scegliete appositamente il peggio, ciò che [voi] accettereste soltanto chiudendo gli occhi Sappiate che Allah è Colui che non ha bisogno di nulla, il Degno di lode. [268] Satana vi minaccia di povertà e vi ordina l'avarizia, mentre Allah vi promette il perdono e la grazia, Allah è immenso, sapiente. [269] Egli dà la saggezza a chi vuole. E chi riceve la saggezza, ha ricevuto un bene enorme. Ma si ricordano di ciò solo coloro che sono dotati di intelletto.

[270] Quali che siano i beni che darete in elemosina, o i voti

che avete fatto, Allah li conosce. E per gli iniqui non ci saranno soccorritori. [271] Se lasciate vedere le vostre elargizioni, è un bene; ma è ancora meglio per voi, se segretamente date ai bisognosi; [ciò] espierà una parte dei vostri peccati. Allah è ben informato su quello che fate. [272] Non sta a te guidarli, ma è Allah che guida chi vuole. E tutto quello che darete nel bene sarà a vostro vantaggio, se darete solo per tendere al Volto di Allah. E tutto quello che darete nel bene vi sarà restituito e non subirete alcun torto. [273] [Date] ai poveri che sono assediati per la causa di Allah, che non possono andare per il mondo a loro piacere. L'ignorante li crede agiati perché si astengono dalla mendicità. Li riconoscerai per questo segno, che non chiedono alla gente importunandola. E tutto ciò che elargirete nel bene, Allah lo conosce. [274] Quelli che di giorno o di notte, in segreto o apertamente, danno dei loro beni, avranno la ricompensa presso il loro Signore, non avranno nulla da temere e non saranno afflitti.

[275] Coloro invece che si nutrono di usura resusciteranno come chi sia stato toccato da Satana. E questo perché dicono: «Il commercio è come la usura!». Ma Allah ha permesso il commercio e ha proibito l'usura. Chi desiste dopo che gli è giunto il monito del suo Signore, tenga per sé quello che ha e il suo caso dipende da Allah. Quanto a chi persiste, ecco i compagni del Fuoco. Vi rimarranno in perpetuo. [276] Allah vanifica l'usura e fa decuplicare l'elemosina. Allah non ama nessun ingrato peccatore. [277] In verità coloro che avranno creduto e avranno compiuto il bene, avranno assolto l'orazione e versato la decima, avranno la loro ricompensa presso il loro Signore. Non avranno nulla da temere e non saranno afflitti.

[278] O voi che credete, temete Allah e rinunciate ai profitti dell'usura se siete credenti. [279] Se non lo farete vi è dichiarata

guerra da parte di Allah e del Suo Messaggero; se vi pentirete, conserverete il vostro patrimonio. Non fate tortoe non subirete torto. [280] Chi è nelle difficoltà, abbia una dilazione fino a che si risollevi. Ma è meglio per voi se rimetterete il debito, se solo lo sapeste! [281] E temete il giorno in cui sarete ricondotti verso Allah. Allora ogni anima avrà quello che si sarà guadagnato. Nessuno subirà un torto.

[282] O voi che credete, quando contraete un debito con scadenza precisa, mettetelo per iscritto; che uno scriba tra di voi lo metta per iscritto, secondo giustizia. Lo scriba non si rifiuti di scrivere secondo quel che Allah gli ha insegnato; che scriva dunque e sia il contraente a dettare, temendo il suo Signore Allah e badi a non diminuire in nulla. Se il debitore è deficiente, o minorato o incapace di dettare lui stesso, detti il suo procuratore secondo giustizia. Chiamate a testimoni due dei vostri uomini o in mancanza di due uomini, un uomo e due donne, tra coloro di cui accettate la testimonianza, in maniera che, se una sbagliasse l'altra possa rammentarle. E i testimoni non rifiutino quando sono chiamati. Non fatevi prendere da pigrizia nello scrivere il debito e il termine suo, sia piccolo o grande. Questo è più giusto verso Allah, più corretto nella testimonianza e atto ad evitarvi ogni dubbio; a meno che non sia una transazione che definite immediatamente tra voi: in tal caso non ci sarà colpa se non lo scriverete. Chiamate testimoni quando trattate tra voi e non venga fatto alcun torto agli scribi e ai testimoni; e se lo farete, sarà il segno dell'empietà che è in voi. Temete Allah, è Allah che vi insegna. Allah conosce tutte le cose.

[283] Se siete in viaggio e non trovate uno scriba, scambiatevi dei pegni. Se qualcuno affida qualcosa ad un altro, restituisca il deposito il depositario e tema Allah il suo Signore. Non siate reticenti nella testimonianza, ché invero, chi agisce così, ha un cuore peccatore.

Allah conosce tutto quello che fate. [284] Ad Allah appartiene tutto ciò che è nei cieli e sulla terra. Che lo manifestiate o lo nascondiate, Allah vi chiederà conto di quello che è negli animi vostri. E perdonerà chi vuole e castigherà chi vuole. Allah è onnipotente.

[285] Il Messaggero crede in quello che è stato fatto scendere su di lui da parte del suo Signore, come del resto i credenti: tutti credono in Allah, nei Suoi Angeli, nei Suoi Libri e nei Suoi Messaggeri. «Non facciamo differenza alcuna tra i Suoi Messaggeri.» E dicono: «Abbiamo ascoltato e obbediamo. Perdono, Signore! È a Te che tutto ritorna». [286] Allah non impone a nessun'anima un carico al di là delle sue capacità. Quello che ognuno avrà guadagnato sarà a suo favore e ciò che avrà demeritato sarà a suo danno. «Signore, non ci punire per le nostre dimenticanze e i nostri sbagli. Signore, non caricarci di un peso grave come quello che imponesti a coloro che furono prima di noi. Signore, non imporci ciò per cui non abbiamo la forza. Assolvici, perdonaci, abbi misericordia di noi. Tu sei il nostro patrono, dacci la vittoria sui miscredenti.»

SURA 3 : ÂL-'IMRÂN

LA FAMIGLIA DI IMRAN

In nome di Allah, il Compassionevole, il Misericordioso.

[1] *Alif, Làm, Mìm;*

[2] Allah, non c'è dio all'infuori di Lui, il Vivente, l'Assoluto. [3] Ha fatto scendere su di te il Libro con la verità, a conferma di ciò che era prima di esso. E fece scendere la Torâh e l'Ingìl, [4] in precedenza, come guida per le genti. E ha fatto scendere il Discrimine. In verità,

a coloro che negano i segni di Allah, un duro castigo! Allah è potente e vendicatore. [5] Nulla di quel che è sulla terra o nei cieli è nascosto ad Allah.[6] È Lui che vi plasma come vuole negli uteri. Non c'è dio all'in- fuori di Lui, l'Eccelso, il Saggio.

[7] E Lui Che ha fatto scendere il Libro su di te. Esso contiene versetti espliciti, che sono la Madre del Libro, e altri che si prestano ad interpretazioni diverse. Coloro che hanno una malattia nel cuore, che cercano la discordia e la [scorretta] interpretazione, seguono quello che è allegorico, mentre solo Allah ne conosce il significato. Coloro che sono radicati nella scienza dicono: «Noi crediamo: tutto viene dal nostro Signore». Ma i soli a ricordarsene sempre sono i dotati di intelletto. [8] «Signor nostro, non lasciare che i nostri cuori si perdano dopo che li hai guidati e concedici misericordia da parte Tua. In verità Tu sei Colui Chedona. [9] Signor nostro, in verità sei Tu Che radunerai gli uomini in un Giorno a proposito del quale non v'è dubbio alcuno.» Allah certamente non manca alla Sua promessa.

[10] No, per quelli che sono miscredenti non basteranno i loro beni e i loro figli per metterli al riparo da Allah. Saranno combustibile del Fuoco. [11] Come la gente di Faraone e quelli che vissero prima di loro! Avevano tacciato di menzogna i Nostri segni. Allah li ha colti nel peccato. Allah è severo nel punire. [12] Di' ai miscredenti: «Presto sarete sconfitti. Sarete radunati nell'Inferno. Che infame giaciglio!». [13] Vi fu certamente un segno nelle due schiere che si fronteggiavano: una combatteva sul sentiero di Allah e l'altra era miscredente, li videro a colpo d'occhio due volte più numerosi di quello che erano. Ebbene, Allah presta il Suo aiuto a chi vuole. Ecco un argomento di riflessione per coloro che hanno intelletto.

[14] Abbiamo abbellito, agli [occhi degli] uomini, le cose che essi desiderano: le donne, i figli, i tesori accumulati d'oro e d'argento, i cavalli marchiati, il bestiame e i campi coltivati; tutto ciò è solo

godimento temporaneo della vita terrena, mentre verso Allah è il miglior ritorno. [15] Di': «Posso insegnarvi qualcosa meglio di ciò? Per quelli che sono timorati ci sono, presso il Signore, giardini nei quali scorrono ruscelli ed essi vi resteranno in eterno, e spose purissime e il compiacimento di Allah». Allah osserva i Suoi servi [16] che dicono: «O Signor nostro, abbiamo creduto; perdona i nostri peccati e proteggici dal castigo del Fuoco». [17] Questi i pazienti, i veritieri, gli uomini pii, i generosi, quelli che implorano perdono nelle ultime ore della notte.

[18] Allah testimonia, e con Lui gli Angeli e i sapienti, che non c'è dio all'infuori di Lui, Colui Che realizza la giustizia. Non c'è dio all'infuori di Lui, l'Eccelso, il Saggio. [19] Invero, la religione presso Allah è l'Islàm. Quelli che ricevettero la Scrittura caddero nella discordia, nemici gli uni degli altri, solo dopo aver avuto la scienza. Ma chi rifiuta i segni di Allah, [sappia che] Allah è rapido al conto. [20]. Se polemizzano contro di te, di': «Sottometto ad Allah il mio volto, io e coloro che mi hanno seguito». E di' a coloro che hanno ricevuto il Libro e agli illetterati: «Vi siete sottomessi?». Se si sottomettono, saranno ben guidati; se ti volgono le spalle, il tuo compito è solo il trasmettere. Allah osserva i Suoi schiavi. [21] Annuncia un castigo doloroso a quelli che smentiscono i segni di Allah, ingiustamente uccidono i Profeti e uccidono coloro che invitano alla giustizia. [22] Coloro le cui opere sono diventate inutili in questo mondo e nell'Altro non avranno chi li soccorra.

[23] Non hai visto coloro ai quali era stata data una parte della Scrittura? Quando sono invitati al Libro di Allah perché sia giudice tra loro, una parte di loro volge le spalle nel rifiuto assoluto. [27] E ciò perché dicono: «Il Fuoco non ci toccherà, se non per giorni contati». Le loro stesse calunnie li hanno ingannati sulla loro religione. [25] Che accadrà quando li avremo riuniti, in un Giorno sul quale non c'è

dubbio alcuno, e ogni anima riceverà quello che si sarà guadagnata e non verrà fatto loro alcun torto? [26] Di': «O Allah, Sovrano del regno, Tu dai il regno a chi vuoi e lo strappi a chi vuoi, esalti chi vuoi e umili chi vuoi. Il bene è nelle Tue mani, Tu sei l'Onnipotente. [27] Tu fai che la notte si insinui nel giorno e il giorno nella notte, dal morto trai il vivo e dal vivo il morto. E concedi a chi vuoi senza contare».

[28] I credenti non si alleino con i miscredenti, preferendoli ai fedeli. Chi fa ciò contraddice la religione di Allah, a meno che temiate qualche male da parte loro. Allah vi mette in guardia nei Suoi Stessi confronti. Il divenire è verso Allah. [29] Di': «Sia che nascondiate quello che avete nei cuori sia che lo manifestiate, Allah lo conosce. Egli conosce tutto quello che è nei cieli e sulla terra. Allah è onnipotente». [30] Il Giorno in cui ogni uomo avrà dinanzi ciò che avrà fatto di bene e ciò che avrà commesso di male, e si augurerà che tra lui e tutto questo ci sia un tempo immenso. Allah vi mette in guardia da Se Stesso. Allah è indulgente con i servi. [31] Di': «Se avete sempre amato Allah, seguitemi. Allah vi amerà e perdonerà i vostri peccati. Allah è perdonatore, misericordioso». [32] Di': «Obbedite ad Allah e al Messaggero. Ma se volgerete le spalle, ecco, Allah non ama i miscredenti».

[33] In verità Allah ha eletto Adamo e Noè e la famiglia di Abramo e la famiglia di 'Imrân al di sopra del resto del creato, [34] [in quanto] discendenti gli uni degli altri. Allah è audiente, sapiente. [35] Quando la moglie di Tmrân disse: «Mio Signore, ho consacrato a Te e solo a Te quello che è nel mio ventre. Accettalo da parte mia. In verità Tu sei Colui che tutto ascolta e conosce!». [36] Poi, dopo aver partorito, disse: «Mio Signore, ecco che ho partorito una femmina»: ma Allah sapeva meglio di lei quello che aveva partorito. «Il maschio non è

certo simile alla femmina! L'ho chiamata Maria e pongo lei e la sua discendenza sotto la Tua protezione contro Satana il lapidato.»

[37] L'accolse il suo Signore di accoglienza bella, e la fece crescere della migliore crescita. L'affidò a Zaccaria e ogni volta che egli entrava nel santuario trovava cibo presso di lei. Disse: «O Maria, da dove proviene questo?». Disse: «Da parte di Allah». In verità Allah dà a chi vuole senza contare. [38] Zaccaria allora si rivolse al suo Signore e disse: «O Signor mio, concedimi da parte Tua una buona discendenza. In verità Tu sei Colui che ascolta l'invocazione». [39] Gli angeli lo chiamarono mentre stava ritto in preghiera nel Santuario: «Allah ti annuncia Giovanni, che confermerà una parola di Allah, sarà un nobile, un casto, un profeta, uno dei devoti». [40] Disse: «O mio Signore, come mai potrò avere un figlio? Già ho raggiunto la vecchiaia e mia moglie è sterile». Disse: «Così! Allah fa quel che vuole». [41]. «Signore, disse Zaccaria, dammi un segno.» «Il tuo segno, disse [il Signore], sarà che per tre giorni potrai parlare alla gente solo a segni. Ma ricorda molto il tuo Signore e glorificaLo al mattino e alla sera.» [42]. E quando gli angeli dissero: «In verità, o Maria, Allah ti ha eletta; ti ha purificata ed eletta tra tutte le donne del mondo. [43]. O Maria, sii devota al tuo Signore, prosternati e inchinati con coloro che si inchinano ». [44] Ti riveliamo cose del mondo invisibile, perché tu non eri con loro quando gettarono i loro calami per stabilire chi dovesse avere la custodia di Maria e non eri presente quando disputavano tra loro.

[45] Quando gli angeli dissero: «O Maria, Allah ti annuncia la lieta novella di una Parola da Lui proveniente: il suo nome è il Messia, Gesù figlio di Maria, eminente in questo mondo e nell'Altro, uno dei più vicini. [46] Dalla culla parlerà alle genti e nella sua età adulta sarà tra gli uomini devoti». [47] Ella disse: «Come potrei avere un bambino se mai un uomo mi ha toccata?». Disse: «È così che

Allah crea ciò che vuole: quando decide una cosa dice solo "Sii" ed essa è. [48] E Allah gli insegnerà il Libro e la saggezza, la Torâh e l'Ingîl. [49] E [ne farà un] messaggero per i figli di Israele [che dirà loro]: "In verità vi reco un segno da parte del vostro Signore. Plasmo per voi un simulacro di uccello nella creta e poi vi soffio sopra e, con il permesso di Allah, diventa un uccello. E per volontà di Allah, guarisco il cieco nato e il lebbroso, e resuscito il morto. E vi informo di quel che mangiate e di quel che accumulate nelle vostre case. Certamente in ciò vi è un segno se siete credenti! [50] [Sono stato mandato] a confermarvi la Torâh che mi ha preceduto e a rendervi lecito qualcosa che vi era stata vietata. Sono venuto a voi con un segno da parte del vostro Signore. Temete dunque Allah e obbeditemi. [51] In verità Allah è il mio e vostro Signore. AdorateLo dunque: ecco la retta via"».

[52] Quando poi Gesù avvertì la miscredenza in loro, disse: «Chi sono i miei ausiliari sulla via di Allah?». «Noi, dissero gli apostoli, siamo gli ausiliari di Allah. Noi crediamo in Allah, sii testimone della nostra sottomissione. [53] Signore! Abbiamo creduto in quello che hai fatto scendere e abbiamo seguito il messaggero, annoveraci tra coloro che testimoniano.» [54] Tessono strategie e anche Allah ne tesse. Allah è il migliore degli strateghi! [55] E quando Allah disse: «O Gesù, ti porrò un termine e ti eleverò a Me e ti purificherò dai miscredenti. Porrò quelli che ti seguono al di sopra degli infedeli, fino al Giorno della Resurrezione. Ritornerete tutti verso di Me e Io giudicherò le vostre discordie. [56] E castigherò di duro castigo quelli che sono stati miscredenti, in questa vita e nell'Altra, e non avranno chi li soccorrerà. [57] Quelli che invece hanno creduto e operato il bene, saranno ripagati in pieno. Allah non ama i prevaricatori». [58] Ecco quello che ti recitiamo dei segni e del Saggio Ricordo.

[59] In verità, per Allah Gesù è simile ad Adamo che Egli creò

dalla polvere, poi disse: «Sii» ed egli fu. [60] [Questa è] la verità
[che proviene] dal tuo Signore. Non essere tra i dubbiosi. [61] A chi
polemizza con te, ora che hai ricevuto la scienza, di' solo: «Venite,
chiamiamo i nostri figli e i vostri, le nostre donne e le vostre,
noi stessi e voi stessi e invochiamo la maledizione di Allah sui
bugiardi». [62] Ecco il racconto veridico. Non c'è altro dio che Allah
e in verità Allah, Lui, è l'Eccelso, il Saggio. [63] Se dunque volgono le
spalle, invero Allah ben conosce i seminatori di discordia.

[64] Di': «O gente della Scrittura, addivenite ad una dichiarazione
comune tra noi e voi: [e cioè] che non adoreremo altri che Allah,
senza nulla associarGli, e che non prenderemo alcuni di noi
come signori all'infuori di Allah». Se poi volgono le spalle allora
dite: «Testimoniate che noi siamo musulmani». [65] O gente della
Scrittura, perché polemizzate a proposito di Abramo mentre la
Torâh e il Vangelo sono scesi dopo di lui? Non capite dunque?
[66] Ecco, già polemizzate su ciò che conoscete, perché dunque
intendete polemizzare su ciò di cui non avete conoscenza alcuna?
Allah sa e voi non sapete. [67] Abramo non era né giudeo né nazareno,
ma puro credente e musulmano. E non era uno degli associatori.
[68] I più vicini ad Abramo sono quelli che lo hanno seguito [così come
hanno seguito] questo Profeta e quelli che hanno creduto. Allah è il
patrono dei credenti. [69] Una parte della gente della Scrittura avrebbe
voluto, potendo, farvi perdere. Ma furono loro a perdersi e non ne
sono coscienti. [70] O gente della Scrittura, perché smentite i segni di
Allah mentre ne siete testimoni? [71] O gente della Scrittura, perché
avvolgete di falso il vero e lo nascondete, mentre ben lo conoscete?

[72] Una parte della gente della Scrittura dice così: «All'inizio
del giorno credete in quello che è stato fatto scendere su coloro che
credono, e alla fine del giorno rinnegatelo. Forse si ricrederanno.
[73] Credete solo a quelli che seguono la vostra religione». Di': «In

verità la guida è quella di Allah: Egli può dare a chi vuole quello che ha dato a voi. [E coloro che da Lui ricevono] dovrebbero forse polemizzare con voi davanti al vostro Signore?». Di': «In verità la Grazia è nelle mani di Allah che la dà a chi vuole. Allah è immenso, sapiente. [74] Riserva la Sua misericordia a chi vuole Lui, Allah possiede la grazia più grande». [75] Tra le genti della Scrittura ci sono alcuni che, se affidi loro un qintàr, te lo rendono e altri che se affidi loro un denaro non te lo rendono finché tu non stia loro addosso per riaverlo. E ciò perché dicono: «Non abbiamo obblighi verso i gentili». E consapevolmente dicono menzogne contro Allah. [76] Chi invece è fedele ai suoi impegni e agisce con pietà, ebbene Allah ama i pii.

[77] In verità coloro che svendono a vii prezzo il patto con Allah e i loro giuramenti, non avranno parte alcuna nell'altra vita. Allah non parlerà loro, né li guarderà nel Giorno della Resurrezione, non li purificherà e avranno doloroso castigo. [78] Ci sono alcuni di loro che distorcono la Scrittura con la lingua per farvi credere che ciò è parte della Scrittura, mentre le è estraneo. Dicono: «Proviene da Allah», mentre invece non proviene da Allah. E, consapevolmente, dicono menzogne contro Allah. [79] Non si addice ad un uomo al quale Allah ha dato la Scrittura e la saggezza e la dignità di profeta, dire alle genti: «Adorate me all'infuori di Allah», ma piuttosto: «Siate veri devoti del Signore, voi che insegnate il Libro e lo avete studiato». [80] E non vi ordinerà di prendere per signori Angeli e Profeti. Vi ordinerebbe la miscredenza mentre siete musulmani?

[81] E quando Allah accettò il patto dei Profeti: «Ogni volta che vi darò una parte della Scrittura e della saggezza e che vi invierò un messaggero per confermarvi quello che avete già ricevuto, dovrete credergli e aiutarlo». Disse: «Accettate queste Mie condizioni?». «Accettiamo», dissero. «Siate testimoni e io sarò con voi testimone.

[82] Quanto poi a chi volgerà le spalle, questi saranno i perversi.» [83] Desiderano altro che la religione di Allah, quando, per amore o per forza tutto ciò che è nei cieli e sulla terra si sottomette a Lui e verso di Lui [tutti gli esseri] saranno ricondotti? [84] Di': «Crediamo in Allah e in quello che ha fatto scendere su di noi e in quello che ha fatto scendere su Abramo, Ismaele, Isacco, Giacobbe e le Tribù, e in ciò che, da parte del Signore, è stato dato a Mosè, a Gesù e ai Profeti: non facciamo alcuna differenza tra loro e a Lui siamo sottomessi». [85] Chi vuole una religione diversa dallTslàm, il suo culto non sarà accettato, e nell'altra vita sarà tra i perdenti. [86] Potrebbe mai Allah guidare sulla retta via genti che rinnegano dopo aver creduto e testimoniato che il Messaggero è veridico e dopo averne avute le prove? Allah non guida coloro che prevaricano. [87] Loro ricompensa sarà la maledizione di Allah, degli angeli e di tutti gli uomini. [88] [Rimarranno in essa] in perpetuo. Il castigo non sarà loro alleviato e non avranno alcuna dilazione, [89] eccetto coloro che poi si pentiranno e si emenderanno, poiché Allah è perdonatore, misericordioso. [90]. In verità, di quelli che rinnegano dopo aver creduto e aumentano la loro miscredenza, non sarà accettato il pentimento. Essi sono coloro che si sono persi. [91] Quanto ai miscredenti che muoiono nella miscredenza, quand'anche offrissero come riscatto tutto l'oro della terra, non sarà accettato. Avranno uncastigo doloroso e nessuno li soccorrerà.

[92] Non avrete la vera pietà finché non sarete generosi con ciò che più amate. Tutto quello che donate Allah lo conosce. [93] Ogni cibo era permesso ai figli di Israele, eccetto quello che Israele stesso si era vietato prima che fosse stata fatta scendere la Toràh. Di': «Portate dunque la Torâh e recitatela, se siete veridici». [94] Coloro che, dopo tutto ciò, costruiscono menzogne contro Allah... questi sono i prevaricatori. [95] Di': «Allah ha detto la verità. Dunque seguite

la religione di Abramo con sincerità: egli non era politeista». [96] La prima Casa che è stata eretta per gli uomini è certamente quella di Bakka, benedetta, guida del creato. [97] In essa vi sono i segni evidenti come il luogo in cui ristette Abramo: chi vi entra è al sicuro. Spetta agli uomini che ne hanno la possibilità di andare, per Allah, in pellegrinaggio alla Casa. Quanto a colui che lo nega sappia che Allah fa a meno delle creature». [98] Di': «O gente della Scrittura, perché negate i segni di Allah, quando Allah è testimone di quello che fate?». [99] Di': «O gente della Scrittura, perché spingete quelli che hanno creduto lontano dal sentiero di Allah e volete renderlo difficoltoso mentre siete testimoni?». Allah non è incurante di quello che fate.

[100] O voi che credete, se obbedirete ad alcuni di coloro che hanno ricevuto la Scrittura, vi riporteranno alla miscredenza dopo che avevate creduto. [101] E come potreste essere miscredenti, mentre vi si recitano i segni di Allah e c'è tra voi il Suo Messaggero? Chi si aggrappa ad Allah è guidato sulla retta via. [102] O voi che credete, temete Allah come deve essere temuto e non morite non musulmani. [103] Aggrappatevi tutti insieme alla corda di Allah e non dividetevi tra voi e ricordate la grazia che Allah vi ha concesso: quando eravate nemici è Lui che ha riconciliato i cuori vostri e per grazia Sua siete diventati fratelli. E quando eravate sul ciglio di un abisso di fuoco, è Lui che vi ha salvati. Così Allah vi manifesta i segni Suoi affinché possiate guidarvi.

[104] Sorga tra voi una comunità che inviti al bene, raccomandi le buone consuetudini e proibisca ciò che è riprovevole. Ecco coloro che prospereranno. [105] E non siate come coloro che si sono divisi, opposti gli uni agli altri, dopo che ricevettero le prove. Per loro c'è castigo immenso. [106] Il Giorno in cui alcuni volti si illumineranno e altri si anneriranno, a quelli che avranno i volti anneriti [sarà

detto]: «Avete rinnegato dopo aver creduto? Gustate il castigo della miscredenza».

[107] E coloro i cui visi si illumineranno, saranno nella Misericordia di Allah e vi rimarranno in perpetuo. [108] Questi sono i segni di Allah che ti recitiamo sinceramente. Allah non vuole l'ingiustizia per il creato. [109] Ad Allah appartiene tutto quello che è nei cieli e sulla terra, ed è ad Allah che tutto sarà ricondotto.

[110] Voi siete la migliore comunità che sia stata suscitata tra gli uomini, raccomandate le buone consuetudini e proibite ciò che è riprovevole e credete in Allah. Se la gente della Scrittura credesse, sarebbe meglio per loro; ce n'è qualcuno che è credente, ma la maggior parte di loro sono empi. [111] Non potranno arrecarvi male, se non debolmente; e se vi combatteranno, volteranno ben presto le spalle e non saranno soccorsi. [112] Saranno avviliti ovunque si trovino, grazie ad una corda di Allah o ad una corda d'uomini. Hanno meritato la collera di Allah, ed eccoli colpiti dalla povertà, per aver smentito i segni di Allah, per aver ucciso ingiustamente i Profeti, per aver disobbedito e trasgredito.

[113] Non sono tutti uguali. Tra la gente della Scrittura c'è una comunità che recita i segni di Allah durante la notte e si prosterna. [114] Credono in Allah e nell'Ultimo Giorno, raccomandano le buone consuetudini e proibiscono ciò che è riprovevole e gareggiano in opere di bene. Questi sono i devoti. [115] Tutto il bene che fanno non sarà loro disconosciuto, poiché Allah riconosce perfettamente i devoti. [116] E quelli che sono miscredenti, i loro beni e i loro figli non li metteranno affatto al riparo da Allah: sono i compagni del Fuoco e vi rimarranno in perpetuo. [117] E ciò che spendono in questa vita sarà come un vento glaciale che impazza sul campo di quelli che sono stati ingiusti con loro stessi e lo devasta. Non è Allah ad essere ingiusto con loro, ma sono essi ad esserlo con loro stessi.

118 O voi che credete, non sceglietevi confidenti al di fuori
dei vostri, farebbero di tutto per farvi perdere. Desidererebbero la
vostra rovina; l'odio esce dalle loro bocche, ma quel che i loro petti
celano è ancora peggio. Ecco che vi manifestiamo i segni, se potete
comprenderli. 119 Voi li amate mentre loro non vi amano affatto.
Mentre voi credete a tutta la Scrittura loro, quando vi incontrano,
dicono: «Crediamo»; ma quando son soli, si mordono le dita
rabbiosi contro di voi. Di': «Morite nella vostra rabbia!». In verità
Allah conosce bene quello che è celato nei cuori. 120 Se vi giunge
un bene, se ne affliggono. Se un male vi colpisce, gioiscono. Se però
sarete pazienti e devoti, i loro intrighi non vi procureranno alcun
male. Allah abbraccia tutto quello che fanno.

121 E quando un mattino lasciasti la tua famiglia per schierare
i credenti ai posti di combattimento … Allah è Colui Che tutto
ascolta e conosce. 122 Quando due vostri clan stavano per ritirarsi,
nonostante che Allah sia il loro patrono… I credenti ripongano
fede in Allah. 123 Allah già vi soccorse a Badr, mentre eravate
deboli. Temete Allah! Forse sarete riconoscenti! 124 Quando dicevi
ai credenti: «Non vi basta che il vostro Signore faccia scendere
in vostro aiuto tremila angeli?». 125 Anzi, se sarete pazienti e
pii, quando i nemici verranno contro di voi, il vostro Signore vi
manderà l'ausilio di cinquemila angeli guerrieri. 126 E Allah
non ne fece altro che un annuncio di gioia per voi, affinché i
vostri cuori si rassicurassero, poiché la vittoria non viene che da
Allah, l'Eccelso, il Saggio, 127 per fare a pezzi una parte di quelli
che furono miscredenti, per umiliarli e farli ritornare sconfitti.
128 Tu non hai nessuna parte in ciò, sia che [Allah] accetti il loro
pentimento sia che li castighi, ché certamente sono degli iniqui.
129 Ad Allah appartiene tutto quello che è nei cieli e sulla terra.

Egli perdona chi vuole e castiga chi vuole. Allah è perdonatore, misericordioso.

[130] O voi che credete, non cibatevi dell'usura che aumenta di doppio in doppio. E temete Allah, affinché possiate prosperare. [131] E temete il Fuoco che è stato preparato per i miscredenti. [132] E obbedite ad Allah e al Messaggero, ché possiate ricevere misericordia. [133] Affrettatevi al perdono del vostro Signore e al Giardino vasto come i cieli e la terra che è preparato per i timorati, [134] quelli che donano nella buona e nella cattiva sorte, per quelli che controllano la loro collera e perdonano agli altri, poiché Allah ama chi opera il bene, [135] e quelli che, quando hanno commesso qualche misfatto o sono stati ingiusti nei confronti di loro stessi, si ricordano di Allah e Gli chiedono perdono dei loro peccati (e chi può perdonare i peccati se non Allah?), e non si ostinano nel male consapevolmente. [136]. Essi avranno in compenso il perdono del loro Signore e i Giardini in cui scorrono i ruscelli, e vi rimarranno in perpetuo. Che bella ricompensa per coloro che ben agiscono! [137]. Certamente prima di voi avvennero molte cose. Percorrete la terra e vedrete che fine hanno fatto coloro che tacciavano di menzogna [gli inviati]. [138] Questo è un proclama per gli uomini, una guida e un'esortazione per i timorati. [139] Non perdetevi d'animo, non vi affliggete: se siete credenti avrete il sopravvento. [140] Se subite una ferita, simile ferita è toccata anche agli altri. Così alterniamo questi giorni per gli uomini, sicché Allah riconosca quelli che hanno creduto e che scelga i testimoni tra voi – Allah non ama gli empi – [141] e Allah purifichi i credenti e annienti i negatori. [142] Pensate forse di entrare nel Giardino senza che Allah riconosca coloro che lottano, coloro che sopportano? [143] Vi auguravate la morte prima ancora di incontrarla. Ora l'avete vista con i vostri occhi.

¹⁴⁴ Muhammad non è altro che un messaggero, altri ne vennero prima di lui; se morisse o se fosse ucciso, ritornereste sui vostri passi? Chi ritornerà sui suoi passi, non danneggerà Allah in nulla e, ben presto, Allah compenserà i riconoscenti. ¹⁴⁵ Nessuno muore se non con il permesso di Allah, in un termine scritto e stabilito. A chi vuole compensi terreni gli saranno accordati, a chi vuole compensi nell'Altra vita glieli daremo; ben presto ricompenseremo i riconoscenti. ¹⁴⁶ Quanti Profeti combatterono affiancati da numerosi discepoli senza perdersi d'animo per ciò che li colpiva sul sentiero di Allah, senza infiacchirsi e senza cedere! Allah ama i perseveranti. ¹⁴⁷ Solo dissero: «Signore, perdona i nostri errori e gli eccessi che abbiamo commesso, rinsalda le nostre gambe e dacci la vittoria sugli infedeli». ¹⁴⁸ E Allah diede loro ricompensa in questa vita e migliore ricompensa nell'altra. Allah ama coloro che fanno il bene.

¹⁴⁹ O voi che credete! Se obbedite ai miscredenti, vi faranno tornare sui vostri passi e sarete sconfitti. ¹⁵⁰ Sì, Allah è il vostro patrono, il Migliore dei soccorritori. ¹⁵¹ Ben presto getteremo lo sgomento nei cuori dei miscredenti, perché hanno associato ad Allah esseri ai quali Egli non ha dato autorità alcuna. Il Fuoco sarà il loro rifugio. Sarà atroce l'asilo degli empi. ¹⁵² Allah ha mantenuto la promessa che vi aveva fatto, quando per volontà Sua li avete annientati, [e ciò] fino al momento in cui vi siete persi d'animo e avete discusso gli ordini. Disobbediste, quando intravedeste quello che desideravate. Tra di voi ci sono alcuni che desiderano i beni di questo mondo e ce ne sono altri che bramano quelli dell'altro. Allah vi ha fatto fuggire davanti a loro per mettervi alla prova e poi certamente vi ha perdonati. Allah possiede la grazia più grande per i credenti. ¹⁵³ Quando risalivate senza badare a nessuno, mentre alle vostre spalle il Messaggero vi richiamava. Allora [Allah] vi ha

compensato di un'angoscia con un'altra angoscia, affinché non vi affliggeste per quello che vi era sfuggito e per quello che vi era capitato. Allah è ben informato di quello che fate.

[154] Dopo la tristezza, fece scendere su di voi un senso di sicurezza e un sopore che avvolse una parte di voi mentre altri piangevano su se stessi e concepirono su Allah pensieri dell'età dell'ignoranza, non conformi al vero. Dicevano: «Cosa abbiamo guadagnato in questa impresa?». Di' loro: «Tutta l'impresa appartiene ad Allah». Quello che non palesano lo nascondono in sé: «Se avessimo avuto una qualche parte in questa storia, non saremmo stati uccisi in questo luogo». Di': «Anche se foste stati nelle vostre case, la morte sarebbe andata a cercare nei loro letti quelli che erano predestinati. Tutto è accaduto perché Allah provi quello che celate in seno e purifichi quello che avete nei cuori. Allah conosce quello che celano i cuori. [155] Quanto a quelli di voi che volsero le spalle il giorno in cui le due schiere si incontrarono, fu Satana a sedurli e a farli inciampare, per una qualche colpa che avevano commesso; ma Allah ha perdonato loro, poiché Allah è perdonatore, indulgente.

[156] O voi che credete, non siate come i miscredenti che, mentre i loro fratelli viaggiavano sulla terra o guerreggiavano, dissero: «Se fossero rimasti con noi non sarebbero morti, non sarebbero stati uccisi». Allah ne voleva fare un [motivo di] rimpianto nei loro cuori. È Allah che dà la vita e la morte. Allah osserva quello che fate. [157] E se sarete uccisi sul sentiero di Allah, o perirete, il perdono e la misericordia di Allah valgono di più di quello che accumulano. [158] Che moriate o che siate uccisi, invero è verso Allah che sarete ricondotti. [159] È per misericordia di Allah che sei dolce nei loro confronti! Se fossi stato duro di cuore, si sarebbero allontanati da te. Perdona loro e supplica che siano assolti. Consultati con loro sugli ordini da impartire; poi, quando hai deciso abbi fiducia in Allah.

Allah ama coloro che confidano in Lui. [160] Se Allah vi sostiene, nessuno vi può sconfiggere. Se vi abbandona, chi vi potrà aiutare? Confidino in Allah i credenti.

[161] L'inganno non s'addice a un Profeta. Chi inganna porterà seco il suo inganno nel Giorno della Resurrezione, e ogni anima sarà ripagata per quello che avrà meritato. Nessuno sarà frodato. [162] E chi persegue il compiacimento di Allah sarà come colui che ha meritato la Sua collera? Per costui l'Inferno, che infausto rifugio! [163] Vi sono [gradi] distinti presso Allah; Allah vede perfettamente quello che fanno. [164] Allah ha colmato [di grazia] i credenti, quando ha suscitato tra loro un Messaggero che recita i Suoi versetti, li purifica e insegna loro il Libro e la saggezza, mentre in precedenza erano in preda all'errore evidente.

[165] Quando vi giunge un dispiacere – e già ne avevate inflitto uno doppio – direte: «Come è successo?». Di': «Viene da voi stessi». In verità Allah è onnipotente! [166] Quello che vi toccò, il giorno in cui le due schiere si incontrarono, avvenne con il permesso di Allah, affinché riconoscesse i credenti, [167] e riconoscesse gli ipocriti. Quando fu detto loro: «Venite a combattere sul sentiero di Allah o [almeno] difendetevi!», dissero: «Vi seguiremmo certamente se sapessimo combattere!». In quel giorno erano più vicini alla miscredenza che alla fede. Le loro bocche non dicevano quello che celavano nel cuore. Ma Allah conosce bene quello che nascondevano. [168] Seduti tranquillamente, dissero ai loro fratelli: «Se ci avessero obbedito, non sarebbero rimasti uccisi!». Di' loro: «Allontanate la morte da voi, se siete sinceri!».

[169] Non considerare morti quelli che sono stati uccisi sul sentiero di Allah. Sono vivi invece e ben provvisti dal loro Signore, [170] lieti di quello che Allah, per Sua grazia, concede. E a quelli che sono rimasti dietro di loro, danno la lieta novella: «Nessun timore, non

ci sarà afflizione». [171] Annunciano la novella del beneficio di Allah e della grazia e che Allah non lascia andar perduto il compenso dei credenti. [172] Coloro che, pur feriti, risposero all'appello di Allah e del Messaggero, quelli di loro che ben agivano e temevano Allah avranno un compenso immenso. [173] Dicevano loro: «Si sono riuniti contro di voi, temeteli». Ma questo accrebbe la loro fede e dissero: «Allah ci basterà, è il Migliore dei protettori». [174] Ritornarono con la grazia e il favore di Allah, non li colse nessun male e perseguirono il Suo compiacimento. Allah possiede grazia immensa. [175] Certo è Satana che cerca di spaventarvi con i suoi alleati. Non abbiate paura di loro, ma temete Me se siete credenti.

[176] Non essere afflitto per quelli che accorrono alla miscredenza. In verità non potranno nuocere ad Allah in nulla. Allah non darà loro parte alcuna nell'altra vita e avranno castigo immenso. [177] Invero, coloro che hanno barattato la fede con la miscredenza, non potranno nuocere ad Allah in nulla e avranno doloroso castigo. [178] I miscredenti non credano che la dilazione che accordiamo loro sia un bene per essi. Se gliela accordiamo, è solo perché aumentino i loro peccati. Avranno un castigo avvilente. [179] Non si addice ad Allah lasciare i credenti nello stato in cui vi trovate, se non fino a distinguere il cattivo dal buono. Allah non intende informarvi sull'Invisibile, Allah sceglie chi vuole tra i Suoi messaggeri. Credete in Allah e nei Suoi messaggeri. Se crederete e vi comporterete da timorati, avrete una ricompensa immensa.

[180] Coloro che sono avari di quello che Allah ha concesso loro della Sua grazia, non credano che ciò sia un bene per loro. Al contrario, è un male: presto, nel Giorno del Giudizio, porteranno appeso al collo ciò di cui furono avari. Ad Allah l'eredità dei cieli e della terra; e Allah è ben informato di quello che fate. [181] Allah ha certamente udito le parole di quelli che hanno detto: «Allah è

povero e noi siamo ricchi!». Metteremo per iscritto le loro parole e il fatto che ingiustamente uccisero i Profeti, e diremo loro: «Gustate il tormento dell'Incendio». [182] E ciò per via di quello che le vostre mani avranno commesso. Ché Allah non è ingiusto con i Suoi servi. [183] Sono quegli stessi che hanno detto: «Veramente Allah ha stabilito che non credessimo in nessun messaggero finché non ci porti un'offerta che il fuoco consumi». Di': «I messaggeri che vennero prima di me recarono prove evidenti e anche la prova che dite! Perché li avete uccisi, se siete sinceri?». [184] Se ti trattano da bugiardo, [sappi che] trattarono da bugiardi i Profeti che vennero prima di te, che avevano portato prove chiarissime, il Salterio e il Libro che illumina". [185] Ogni anima gusterà la morte, ma riceverete le vostre mercedi solo nel Giorno della Resurrezione. Chi sarà allontanato dal Fuoco e introdotto nel Paradiso, sarà certamente uno dei beati, poiché la vita terrena non è che ingannevole godimento.

[186] Sarete certamente messi alla prova nei vostri beni e nelle vostre persone, e subirete molte ingiurie da quelli che hanno ricevuto la Scrittura prima di voi e dagli associatori. Siate perseveranti e devoti, ecco il miglior atteggiamento da assumere. [187] Quando Allah accettò il patto di quelli cui era stata data la Scrittura [disse loro]: «Lo esporrete alle genti, senza nascondere nulla». Invece se lo gettarono dietro le spalle e lo vendettero per un vile prezzo. Che cattivo affare hanno fatto! [188] Non pensare che coloro che si rallegrano di quello che hanno fatto e che amano essere elogiati per ciò che non hanno fatto, non pensare che trovino una scappatoia al castigo: avranno un doloroso castigo. [189] Appartiene ad Allah il regno dei cieli e della terra. Allah è onnipotente.

[190] In verità, nella creazione dei cieli e della terra e nell'alternarsi della notte e del giorno, ci sono certamente segni per coloro che hanno intelletto, [191] che in piedi, seduti o coricati su un fianco

ricordano Allah e meditano sulla creazione dei cieli e della terra, [dicendo]: «Signore, non hai creato tutto questo invano. Gloria a Te! Preservaci dal castigo del Fuoco. [192] O Signore, colui che fai entrare nel Fuoco lo copri di ignominia e gli empi non avranno chi li soccorra. [193] Signore, abbiamo inteso un nunzio che invitava alla fede [dicendo]: "Credete nel vostro Signore!" e abbiamo creduto. Signore, perdona i nostri peccati, cancella le nostre colpe e facci morire con i probi. [194] Signore, dacci quello che ci hai promesso attraverso i Tuoi messaggeri e non coprirci di ignominia nel Giorno della Resurrezione. In verità Tu non manchi alla promessa».

[195] Il loro Signore risponde all'invocazione: «In verità non farò andare perduto nulla di quello che fate, uomini o donne che siate, ché gli uni vengono dagli altri. A coloro che sono emigrati, che sono stati scacciati dalle loro case, che sono stati perseguitati per la Mia causa, che hanno combattuto, che sono stati uccisi, perdonerò le loro colpe e li farò entrare nei Giardini dove scorrono i ruscelli, ricompensa questa da parte di Allah. Presso Allah c'è la migliore delle ricompense. [196] Non ti inganni la facilità con cui i miscredenti si muovono in questo paese. [197] Effimero, meschino godimento: il loro rifugio infine sarà l'Inferno. Che infausto giaciglio. [198] Coloro invece che temono il loro Signore, avranno i Giardini dove scorrono i ruscelli e vi rimarranno per sempre, dono da parte di Allah. Ciò che è presso Allah è quanto di meglio per i caritatevoli. [199] Tra le genti del Libro, ci sono alcuni che credono in Allah e in quello che è stato fatto scendere su di voi e in quello che è stato fatto scendere su di loro, sono umili davanti ad Allah e non sven dono a vii prezzo i segni Suoi. Ecco quelli che avranno la mercede da parte del loro Signore. In verità Allah è rapido al conto. [200] O voi che credete, perseverate! Incitatevi alla perseveranza, lottate e temete Allah, sì che possiate prosperare.

SURA 4 : AN-NISÂ'
....

LE DONNE

In nome di Allah, il Compassionevole, il Misericordioso.

[1] Uomini, temete il vostro Signore che vi ha creati da un solo essere, e da esso ha creato la sposa sua, e da loro ha tratto molti uomini e donne. E temete Allah, in nome del Quale rivolgete l'un l'altro le vostre richieste e rispettate i legami di sangue. Invero Allah veglia su di voi. [2] Restituite agli orfani i beni loro e non scambiate il buono con il cattivo, né confondete i loro beni coi vostri, questo è veramente un peccato grande. [3] E se temete di essere ingiusti nei confronti degli orfani, sposate allora due o tre o quattro tra le donne che vi piacciono; ma se temete di essere ingiusti, allora sia una sola o le ancelle che le vostre destre possiedono, ciò è più atto ad evitare di essere ingiusti. [4] E date alle vostre spose la loro dote. Se graziosamente esse ve ne cedono una parte, godetevela pure e che vi sia propizia.

[5] Non date in mano agli incapaci i beni che Allah vi ha concesso per la sopravvivenza; attingetevi per nutrirli e vestirli e rivolgete loro parole gentili. [6] Mettete alla prova gli orfani finché raggiungano la pubertà e, se si comportano rettamente, restituite loro i loro beni. Non affrettatevi a consumarli e a sperperarli prima che abbiano raggiunto la maggiore età. Chi è ricco se ne astenga, chi è povero ne usi con moderazione. E quando restituite i loro beni, chiamate i testimoni; ma Allah basta a tenere il conto di ogni cosa. [7] Agli uomini spetta una parte di quello che hanno lasciato genitori e parenti; anche alle donne spetta una parte di quello che hanno lasciato genitori e parenti stretti: piccola o grande che sia, una parte determinata. [8] Se altri parenti, gli orfani e i poveri assistono alla

divisione, datene loro una parte e trattateli con dolcezza. [9] E coloro che temono di lasciare una posterità senza risorse, temano Allah e parlino rettamente. [10] In verità coloro che consumano ingiustamente i beni degli orfani non fanno che alimentare il fuoco nel ventre loro, e presto precipiteranno nella Fiamma.

[11] Ecco quello che Allah vi ordina a proposito dei vostri figli: al maschio la parte di due femmine. Se ci sono solo femmine e sono più di due, a loro [spettano] i due terzi dell'eredità, e se è una figlia sola, [ha diritto al] la metà. Ai genitori [del defunto] tocca un sesto ciascuno se [egli] ha lasciato un figlio. Se non ci sono figli e i genitori [sono gli unici] eredi, alla madre tocca un terzo. Se ci sono fratelli, la madre avrà un sesto dopo [l'esecuzione de]i legati e [il pagamento de]i debiti. Voi non sapete se sono i vostri ascendenti o i vostri discendenti ad esservi di maggior beneficio. Questo è il decreto di Allah. In verità Allah è saggio, sapiente. [12] A voi spetta la metà di quello che lasciano le vostre spose, se esse non hanno figli. Se li hanno, vi spetta un quarto di quello che lasciano, dopo aver dato seguito al testamento e [pagato] i debiti. E a loro spetterà un quarto di quello che lasciate, se non avete figli. Se invece ne avete, avranno un ottavo di quello che lasciate, dopo aver dato seguito al testamento e pagato i debiti. Se un uomo o una donna non hanno eredi, né ascendenti né discendenti, ma hanno un fratello o una sorella, a ciascuno di loro toccherà un sesto, mentre se sono più di due divideranno un terzo, dopo aver dato seguito al testamento e [pagato] i debiti senza far torto [a nessuno]. Questo è il comando di Allah. Allah è sapiente, saggio. [13] Questi sono i limiti di Allah. Chi obbedisce ad Allah e al Suo Messaggero, sarà introdotto nei Giardini dove scorrono i ruscelli, dove rimarrà in eterno. Ecco la beatitudine immensa. [14] E chi disobbedisce ad Allah e al Suo

Messaggero e trasgredisce le Sue leggi, sarà introdotto nel Fuoco,
dove rimarrà in perpetuo e avrà castigo avvilente.

¹⁵ Se le vostre donne avranno commesso azioni infami, portate
contro di loro quattro testimoni dei vostri. E se essi testimonieranno,
confinate quelle donne in una casa finché non sopraggiunga la
morte o Allah apra loro una via d'uscita. ¹⁶ E se sono due dei vostri
a commettere infamità, puniteli; se poi si pentono e si ravvedono,
lasciateli in pace. Allah è perdonatore, misericordioso. ¹⁷ Allah
accoglie il pentimento di coloro che fanno il male per ignoranza e
che poco dopo si pentono: ecco da chi Allah accetta il pentimento.
Allah è saggio, sapiente. ¹⁸ Ma non c'è perdono per coloro che fanno
il male e che, quando si presenta loro la morte, gridano: «Adesso
sono pentito!»; e neanche per coloro che muoiono da miscredenti.
Per costoro abbiamo preparato doloroso castigo.

¹⁹ O voi che credete, non vi è lecito ereditare delle mogli contro
la loro volontà. Non trattatele con durezza nell'intento di riprendervi
parte di quello che avevate donato, a meno che abbiano commesso
una palese infamità. Comportatevi verso di loro convenientemente.
Se provate avversione nei loro confronti, può darsi che abbiate
avversione per qualcosa in cui Allah ha riposto un grande bene.
²⁰ Se volete cambiare una sposa con un'altra, non riprendetevi nulla,
anche se avete dato ad una un qintâr d'oro: il riprendere sarebbe
un oltraggio e un peccato evidente. ²¹ E come lo riprendereste,
dopo che vi siete accostati l'uno all'altra e dopo che esse hanno
ottenuto da voi una stretta alleanza? ²². Non sposate le donne che
i vostri padri hanno sposato – a parte quello che è stato. È davvero
un'infamità, un abominio e un cattivo costume.

²³ Vi sono vietate le vostre madri, figlie, sorelle, zie paterne e
zie materne, le figlie di vostro fratello e le figlie di vostra sorella, le
balie che vi hanno allattato, le sorelle di latte, le madri delle vostre

spose, le figliastre che sono sotto la vostra tutela, nate da donne con
le quali avete consumato il matrimonio – se il matrimonio non fosse
stato consumato non ci sarà peccato per voi – le donne con le quali
i figli nati dai vostri lombi hanno consumato il matrimonio e due
sorelle contemporaneamente – salvo quello che già avvenne – ché
in verità Allah è perdonatore, misericordioso, 24. e tra tutte le donne,
quelle maritate, a meno che non siano vostre schiave. Questo è ciò
che Allah vi prescrive. A parte ciò, vi è permesso cercare [mogli]
utilizzando i vostri beni in modo onesto e senza abbandonarvi al
libertinaggio. Così come godrete di esse, verserete loro la dote
che è dovuta. Non ci sarà alcun male nell'accordo che farete tra
voi oltre questa prescrizione. Invero Allah è sapiente e saggio.
25 E chi di voi non avesse i mezzi per sposare donne credenti libere,
scelga moglie tra le schiave nubili e credenti. Allah conosce meglio
la vostra fede, voi provenite gli uni dagli altri. Sposatele con il
consenso della gente loro, e versate la dote in modo conveniente;
siano donne rispettabili e non libertine o amanti. Se dopo il
matrimonio commettono un'infamità, abbiano la metà della pena
che spetterebbe alle donne libere. Tutto ciò è concesso a chi tema
di peccare; ma sarebbe meglio per voi avere pazienza! Allah è
perdonatore, misericordioso.

26 Allah vuole illuminarvi, mostrandovi il comportamento
degli uomini che vissero prima di voi, e accogliere il vostro
pentimento. Allah è sapiente e saggio. 27 Allah vuole accogliere il
vostro pentimento, mentre coloro che seguono le passioni vogliono
costringervi su una china pericolosa. 28 Allah vuole alleviare [i
vostri obblighi] perché l'uomo è stato creato debole.

29 O voi che credete, non divorate vicendevolmente i vostri
beni, ma commerciate con mutuo consenso, e non uccidetevi da
voi stessi. Allah è misericordioso verso di voi. 30 Chi commette

questi peccati iniquamente e senza ragione sarà gettato nel Fuoco; ciò è facile per Allah. [31] Se eviterete i peccati più gravi che vi sono stati proibiti, cancelleremo le altre colpe e vi faremo entrare con onore [in Paradiso]. [32] Non invidiate l'eccellenza che Allah ha dato a qualcuno di voi: gli uomini avranno ciò che si saranno meritati e le donne avranno ciò che si saranno meritate. Chiedete ad Allah, alla grazia Sua. Allah in verità conosce ogni cosa. [33] A ciascuno abbiamo indicato degli eredi cui spetta parte di quello che lasciano: i genitori e i parenti stretti. Date la loro parte a coloro coi quali avete stretto un patto. Allah è testimone di ogni cosa.

[34] Gli uomini sono preposti alle donne, a causa della preferenza che Allah concede agli uni rispetto alle altre e perché spendono [per esse] i loro beni. Le [donne] virtuose sono le devote, che proteggono nel segreto quello che Allah ha preservato. Ammonite quelle di cui temete l'insubordinazione, lasciatele sole nei loro letti, battetele. Se poi vi obbediscono, non fate più nulla contro di esse. Allah è altissimo, grande. [35] Se temete la separazione di una coppia, convocate un arbitro della famiglia di lui e uno della famiglia di lei. Se [i coniugi] vogliono riconciliarsi, Allah ristabilirà l'intesa tra loro. Allah è saggio e ben informato.

[36] Adorate Allah e non associateGli alcunché. Siate buoni con i genitori, i parenti, gli orfani, i poveri, i vicini vostri parenti e coloro che vi sono estranei, il compagno che vi sta accanto, il viandante e chi è schiavo in vostro possesso. In verità Allah non ama l'insolente, il vanaglorioso, [37] [e neppure] coloro che sono avari e invitano all'avarizia e celano quello che Allah ha dato loro della Sua Grazia. Abbiamo preparato un castigo doloroso per i miscredenti, [38] coloro che, davanti alla gente, spendono con ostentazione ma non credono in Allah e nell'Ultimo Giorno. Chi ha Satana per compagno ha un compagno detestabile. [39] Cosa avrebbero avuto da rimproverarsi,

se avessero creduto in Allah e nell'Ultimo Giorno e fossero stati generosi di quello che Allah aveva loro concesso? Allah ben li conosce! [40] Invero Allah non commette ingiustizie, nemmeno del peso di un solo atomo. Se si tratta di una buona azione, Egli la valuterà il doppio e darà ricompensa enorme da parte Sua.

[41] E che avverrà, quando susciteremo un testimone in ogni comunità e ti chiameremo a testimone contro di loro? [42] In quel giorno i miscredenti, coloro che hanno disobbedito al Messaggero, preferirebbero che la terra li ricoprisse completamente; non potranno nascondere ad Allah nessun episodio. [43] O voi che credete! Non accostatevi all'orazione se siete ebbri, finché non siate in grado di capire quello che dite; e neppure se siete in stato di impurità, finché non abbiate fatto la lavanda (a meno che non siate in viaggio). Se siete malati o in viaggio, o se uscite da una latrina, o avete avuto rapporto con le donne e non trovate acqua, fate allora la lustrazione pulverale con terra pulita con cui sfregherete il viso e le mani. In verità Allah è indulgente, perdonatore.

[44] Non hai visto [quel che hanno fatto] coloro ai quali fu data una parte della Scrittura? Comprano la perdizione e cercano di farvi allontanare dalla Retta via. [45] Allah conosce i vostri nemici. Egli è sufficiente come Patrono e come Soccorritore. [46] Alcuni tra i giudei stravolgono il senso delle parole e dicono: «Abbiamo inteso, ma abbiamo disobbedito». Oppure: «Ascolta senza che nessuno ti faccia ascoltare» e «rà'ina», contorcendo la lingua e ingiuriando la religione. Se invece dicessero: «Abbiamo inteso e abbiamo obbedito», e: «Ascolta» e: «undhumà», sarebbe stato meglio per loro e più retto. Allah li ha maledetti per la loro miscredenza. Credono molto debolmente.

[47] O voi che avete ricevuto la Scrittura, credete in quello che abbiamo fatto scendere a conferma di ciò che già avevate, prima che

cancelliamo i volti e li rivoltiamo completamente e li malediciamo come abbiamo maledetto i violatori del Sabato. La decisione di Allah è sempre eseguita. [48] In verità Allah non perdona che Gli si associ alcunché; ma, al- l'infuori di ciò, perdona chi vuole. Ma chi attribuisce consimili ad Allah, commette un peccato immenso. [49] Non hai visto coloro che si vantano di essere puri? È Allah che purifica chi vuole Lui. E non subiranno neppure un torto grande quanto una pellicola di dattero. [50] Guarda come inventano menzogne contro Allah! Non è questo un evidente peccato?

[51] Non hai visto coloro ai quali fu data una parte della Scrittura prestar fede agli spiriti impuri e agli idoli e dire di coloro che sono miscredenti: «Sono meglio guidati sulla via di Allah di coloro che hanno creduto». [52] Ecco coloro che Allah ha maledetto; a chi è maledetto da Allah non potrai trovare alleato. [53] Dovrebbero avere una parte del potere, loro che non donano agli altri neppure una fibra di dattero? [54] Forse sono gelosi degli uomini a causa di ciò che Allah ha concesso per grazia Sua? Abbiamo dato alla famiglia di Abramo il Libro e la Saggezza e abbiamo dato loro immenso regno. [55] Qualcuno di loro ha creduto e qualcun altro si è allontanato. L'Inferno sarà [per loro] una fornace sufficiente! [56] Presto getteremo nel Fuoco coloro che smentiscono i Nostri segni. Ogni volta che la loro pelle sarà consumata, ne daremo loro un'altra, sì che gustino il tormento. In verità Allah è eccelso e saggio. [57] Coloro che invece hanno creduto e operato il bene, presto li faremo entrare nei Giardini dove scorrono i ruscelli e in cui rimarranno immortali in perpetuo, avranno spose purissime e li introdurremo nell'ombra che rinfresca.

[58] Allah vi ordina di restituire i depositi ai loro proprietari e di giudicare con equità quando giudicate tra gli uomini. Allah vi esorta al meglio. Allah è Colui Che ascolta e osserva. [59] O voi che credete, obbedite ad Allah e al Messaggero e a coloro di voi che

hanno l'autorità. Se siete discordi in qualcosa, fate riferimento ad Allah e al Messaggero, se credete in Allah e nell'Ultimo Giorno. E la cosa migliore e l'interpretazione più sicura. [60] Non hai visto coloro che dicono di credere in quello che abbiamo fatto scendere su di te e in quello che abbiamo fatto scendere prima di te, e poi ricorrono all'arbitrato degli idoli, mentre è stato loro ordinato di rinnegarli? Ebbene, Satana vuole precipitarli nella perdizione. [61] E quando si dice loro: «Venite verso ciò che Allah ha rivelato e verso il Messaggero!», vedrai gli ipocriti allontanarsi e scostarsi da te. [62] Cosa faranno quando li colpirà una disgrazia a causa di quello che avranno preparato le mani loro? Verranno da te giurando per Allah: «Perseguivamo il bene e la concordia!». [63] Essi sono coloro di cui Allah bene conosce il cuore. Non badare a loro, solo esortali e di' loro qualcosa che tocchi le loro anime.

[64] Non abbiamo inviato un Messaggero se non affinché sia obbedito, per volontà di Allah. Se, dopo aver mancato nei loro stessi confronti, venissero da te e chiedessero il perdono di Allah e se il Messaggero chiedesse perdono per loro, troverebbero Allah pronto ad accogliere il pentimento, misericordioso. [65] No, per il tuo Signore, non saranno credenti finché non ti avranno eletto giudice delle loro discordie e finché non avranno accettato senza recriminare quello che avrai deciso, sottomettendosi completamente. [66] Se avessimo ordinato loro: «Uccidetevi»; oppure: «Abbandonate le vostre case», solo un piccolo gruppo di loro l'avrebbe fatto. Sarebbe meglio che facessero quello a cui vengono esortati e ciò li rafforzerebbe; [67] [inoltre] daremo loro una ricompensa immensa [68] e li guideremo sulla retta Via. [69] Coloro che obbediscono ad Allah e al Suo messaggero saranno tra coloro che Allah ha colmato della Sua grazia: Profeti, uomini di verità, martiri, gente del bene; che ottima

compagnia! [70] Questa è la grazia di Allah. Basta Allah ad essere onnisciente.

[71] O voi che credete! Preparatevi e poi partite in missione a gruppi o in massa. [72] Tra voi c'è qualcuno che esita e si attarda e che, quando vi giunge un rovescio, dirà: «Certamente Allah mi ha fatto grazia di non trovarmi in loro compagnia»; [73] e se vi giunge una grazia da parte di Allah, dirà, come se non ci fosse amicizia alcuna tra voi: «Che peccato! Se fossi rimasto con loro avrei avuto un enorme guadagno». [74] Combattano dunque sul sentiero di Allah, coloro che barattano la vita terrena con l'altra. A chi combatte per la causa di Allah, sia ucciso o vittorioso, daremo presto ricompensa immensa. [75] Perché mai non combattete per la causa di Allah e dei più deboli tra gli uomini, le donne e i bambini che dicono: «Signore, facci uscire da questa città di gente iniqua; concedici da parte Tua un patrono, concedici da parte Tua un alleato» ? [76] Coloro che credono combattono per la causa di Allah, mentre i miscredenti combattono per la causa degli idoli. Combattete gli alleati di Satana. Deboli sono le astuzie di Satana.

[77]. Non hai visto coloro ai quali fu detto: «Abbassate le mani, eseguite l'orazione e pagate la decima» ? Quando fu loro ordinato di combattere, ecco che una parte di loro fu presa da un timore per gli uomini, come timore di Allah o ancora maggiore, edissero: «O Signor nostro, perché ci hai ordinato la lotta? Se potessi rinviarci il termine!» Di': «È infimo il godimento di questo mondo, l'Altra vita è migliore per chi è timorato [di Allah]. Non subirete neanche un danno grande come una pellicola di dattero. [78] La morte vi coglierà ovunque sarete, foss'anche in torri fortificate». Se giunge loro un bene, dicono: «Viene da Allah». Se giunge un male, dicono: «Viene da te». Di': «Tutto viene da Allah». Ma cos'hanno queste genti che non comprendono nemmeno un singolo evento? [79] Ogni

bene che ti giunge viene da Allah e ogni male viene da te stesso. Ti abbiamo mandato come Messaggero agli uomini, Allah è testimone sufficiente.

[80] Chi obbedisce al Messaggero obbedisce ad Allah. E quanto a coloro che volgono le spalle, non ti abbiamo inviato come loro guardiano! [81] Dicono: «Siamo obbedienti!»; poi, quando ti lasciano, una parte di loro medita, di notte, tutt'altre cose da quelle che tu hai detto. Ma Allah scrive quello che tramano nella notte. Non ti curar di loro e riponi la tua fiducia in Allah. Allah è garante sufficiente. [82] Non meditano sul Corano? Se provenisse da altri che da Allah, vi avrebbero trovato molte contraddizioni. [83] Se giunge loro una notizia, motivo di sicurezza o di allarme, la divulgano. Se la riferissero al Messaggero o a coloro che hanno l'autorità, certamente la comprenderebbero coloro che hanno la capacità di farlo. Se non fosse stato per la grazia di Allah che è su di voi e per la Sua misericordia, certamente avreste seguito Satana, eccetto una piccola parte di voi.

[84] Combatti dunque per la causa di Allah – sei responsabile solo di te stesso – e incoraggia i credenti. Forse Allah fermerà l'acrimonia dei miscredenti. Allah è più temibile nella Sua acrimonia, è più temibile nel Suo castigo. [85] Chi intercede di buona intercessione ne avrà una parte e chi intercede di cattiva intercessione ne sarà responsabile. Allah vigila su tutte le cose. [86] Se vi si saluta, rispondete con miglior saluto o, comunque, rispondete. Allah vi chiederà conto di ogni cosa. [87] Allah, non c'è dio all'infuori di Lui! Certamente vi adunerà nel Giorno della Resurrezione, su cui non vi è dubbio alcuno. E chi è più veritiero di Allah?

[88]. Perché vi siete divisi in due fazioni a proposito degli ipocriti? Allah li ha respinti per quello che si sono meritati. Volete forse guidare coloro che Allah ha allontanato? A chi viene allontanato

da Allah, non potrai trovare una via. [89] Vorrebbero che foste miscredenti come lo sono loro e allora sareste tutti uguali. Non sceglietevi amici tra loro, finché non emigrano per la causa di Allah. Ma se vi volgono le spalle, allora afferrateli e uccideteli ovunque li troviate. Non sceglietevi tra loro né amici né alleati, [90] eccetto coloro che si rifugiano presso gente con la quale avete stabilito un accordo, o che vengono da voi con l'angoscia di dovervi combattere o combattere la loro gente. Se Allah avesse voluto, avrebbe dato loro potere su di voi e vi avrebbero combattuti. Pertanto, se rimangono neutrali, non vi combattono e vi offrono la pace, ebbene, Allah non vi concede nulla contro di loro. [91] Altri ne troverete che vogliono essere in buoni rapporti con voi e con la loro gente. Ogni volta che hanno occasione di sedizione, vi si precipitano. Se non si mantengono neutrali, se non vi offrono la pace e non abbassano le armi, afferrateli e uccideteli ovunque li incontriate. Vi abbiamo dato su di loro evidente potere.

[92] Il credente non deve uccidere il credente, se non per errore. Chi, involontariamente, uccide un credente, affranchi uno schiavo credente e versi alla famiglia [della vittima] il prezzo del sangue, a meno che essi non vi rinuncino caritatevolmente. Se il morto, seppur credente, apparteneva a gente vostra nemica, venga affrancato uno schiavo credente. Se apparteneva a gente con la quale avete stipulato un patto, venga versato il prezzo del sangue alla [sua] famiglia e si affranchi uno schiavo credente. E chi non ne ha i mezzi, digiuni due mesi consecutivi per dimostrare il pentimento davanti ad Allah. Allah è sapiente, saggio. [93] Chi uccide intenzionalmente un credente, avrà il compenso dell'Inferno, dove rimarrà in perpetuo. Su di lui la collera e la maledizione di Allah e gli sarà preparato atroce castigo.

[94] O voi che credete, quando vi lanciate sul sentiero di Allah,

siate ben certi prima di dire a chi vi rivolge il saluto: «Tu non sei credente», al fine di procacciarvi i beni della vita terrena. Presso Allah c'è bottino più ricco. Già prima eravate così, poi Allah vi ha beneficati. State attenti, ché Allah è perfettamente informato di quello che fate. [95] Non sono eguali i credenti che rimangono nelle loro case (eccetto coloro che sono malati) e coloro che lottano con la loro vita e i loro beni per la causa di Allah. A questi Allah ha dato eccellenza su coloro che rimangono nelle loro case e una ricompensa immensa: [96] gradi [di eccellenza che provengono] da Lui, perdono e misericordia, poiché Allah è perdonatore, misericordioso.

[97] Gli angeli, quando faranno morire coloro che furono ingiusti nei loro stessi confronti, diranno: «Qual era la vostra condizione?». Risponderanno: «Siamo stati oppressi sulla terra». [Allora gli angeli] diranno: «La terra di Allah non era abbastanza vasta da permettervi di emigrare?». Ecco coloro che avranno l'Inferno per dimora. Qual tristo rifugio. [98] Eccezion fatta per gli oppressi, uomini, donne e bambini sprovvisti di ogni mezzo, che non hanno trovato via alcuna; [99] forse a questi Allah perdonerà. Allah è indulgente, perdonatore. [100] Chi emigra per la causa di Allah troverà sulla terra molti rifugi ampi e spaziosi. Chi abbandona la sua casa come emigrante verso Allah e il Suo Messaggero, ed è colto dalla morte, avrà presso Allah la ricompensa sua. Allah è perdonatore, misericordioso.

[101] Quando siete in viaggio, non ci sarà colpa se abbrevierete l'orazione, se temete che i miscredenti vi attacchino; i miscredenti sono per voi un nemico manifesto. [102] Quando sei tra loro e annunci l'orazione, un gruppo stia ritto dietro di te e tenga le armi. Dopo la prosternazione arretri e venga avanti l'altro gruppo che non ha ancora pregato e preghi con te tenendo le armi. Ai miscredenti piacerebbe vedere che abbandonate le armi e le salmerie per piombarvi addosso in un sol colpo. Non ci sarà colpa se a causa

della pioggia o della malattia deporrete le armi, ma state in guardia. In verità Allah ha preparato un castigo umiliante per i miscredenti. [103] Poi, dopo l'orazione, ricordatevi di Allah, in piedi, seduti o coricati su un fianco. Quando poi siete al sicuro eseguite l'orazione [normalmente]. In verità, per il credente, l'orazione è un obbligo in tempi ben determinati. [104] Non scoraggiatevi nell'inseguimento di questa gente; se voi soffrite, anche loro soffrono come voi, ma voi sperate da Allah ciò che essi non sperano. Allah è saggio, sapiente.

[105] In verità abbiamo fatto scendere su di te il Libro con la verità, affinché giudichi tra gli uomini secondo quello che Allah ti ha mostrato. Non difendere la causa dei traditori. [106] Implora il perdono di Allah. Allah è perdonatore, misericordioso. [107] Non discutere in nome di coloro che tradiscono loro stessi. In verità Allah non ama il traditore inveterato, il peccatore. [108] Cercano di nascondersi agli uomini, ma non si nascondono ad Allah. Egli è al loro fianco quando di notte pronunciano parole che Lui non gradisce. Allah abbraccia [nella Sua scienza tutto] quello che fanno.

[109] Avete disputato a loro favore nella vita presente? Ma chi contenderà con Allah per loro nel Giorno della Resurrezione? Chi diverrà loro garante? [110] Chi agisce male o è ingiusto verso se stesso e poi implora il perdono di Allah, troverà Allah perdonatore, misericordioso. [111] Chi commette un peccato, danneggia se stesso. Allah è sapiente, saggio. [112] Chi commette una mancanza o un peccato e poi accusa un innocente, si macchia di calunnia e di un peccato evidente. [113] Se non fosse stato per la grazia di Allah su di te e la Sua misericordia, una parte di loro avrebbe complottato per indurti in perdizione. Ma non pèrdono che se stessi e non possono nuocerti in nessuna cosa. Allah ha fatto scendere su di te il Libro e la Saggezza e ti ha insegnato quello che non sapevi. La grazia di Allah è immensa su di te.

[114] Non c'è nulla di buono in molti dei loro conciliaboli, eccezion fatta per chi ordina un'elemosina o una buona azione o la riconciliazione tra gliuomini. A chi fa questo per compiacimento di Allah daremo ricompensa immensa. [115] Chi si separa dal Messaggero dopo che gli si è manifestata la guida, e segue un sentiero diverso da quello dei credenti, quello lo allontaneremo come si è allontanato e lo getteremo nell'Inferno. Qual triste destino.

[116] No! Allah non perdona che Gli si associ alcunché. Oltre a ciò, perdona chi vuole. Ma chi attribuisce consimili ad Allah, si perde lontano nella perdizione. [117] Invocano femmine all'infuori di Lui. Non invocano altro che Satana il ribelle. [118] Allah maledice colui che disse: «Certamente mi prenderò una parte stabilita dei Tuoi servi, [119] li condurrò alla perdizione, li illuderò con vane speranze, darò loro ordini ed essi taglieranno gli orecchi degli armenti; io darò gli ordini e loro snatureranno la creazione di Allah». Chi prende Satana per patrono al posto di Allah, si perde irrimediabilmente. [120] Fa loro promesse e suggerisce false speranze. Satana promette solo per ingannare. [121] Ecco coloro che avranno l'Inferno per rifugio, non avranno modo di sfuggirvi. [122] Coloro invece che hanno creduto e operato il bene, li faremo entrare nei Giardini dove scorrono i ruscelli, in cui rimarranno in perpetuo. La promessa di Allah è verità. Chi mai è più veritiero di Allah nel parlare?

[123] Questo non dipende dai vostri desideri e neppure da quelli della Gente della Scrittura. Chi opera il male ne pagherà il fio e non troverà, all'infuori di Allah, né patrono né alleato. [124] Quanto a coloro che, uomini o donne, operano il bene e sono credenti, ecco coloro che entreranno nel Giardino e non subiranno alcun torto, foss'anche [del peso] di una fibra di dattero. [125] Chi [potrebbe scegliere] religione migliore di colui che sottomette ad Allah il suo volto, opera il bene e segue sinceramente la religione di Abramo

il sincero? Allah prese Abramo per amico. [126] Appartiene ad Allah tutto quello che c'è nei cieli e tutto quello che c'è sulla terra. Allah abbraccia [nella Sua scienza] tutte le cose.

[127] Ti interpelleranno a proposito delle donne. Di': Allah vi risponde a riguardo, e ciò è recitato nel Libro relativamente alle orfane alle quali non date quello che è prescritto loro e a quelle che desiderate sposare, ai ragazzi oppressi e agli orfani dei quali dovete aver cura con giustizia. Allah conosce tutto il bene che operate. [128] Se una donna teme la disaffezione del marito o la sua avversione, non ci sarà colpa alcuna se si accorderanno tra loro. L'accordo è la soluzione migliore. Gli animi tendono all'avidità; ma se agite bene e temete [Allah sappiate che] Allah è ben informato di quello che fate. [129] Non potrete mai essere equi con le vostre mogli anche se lo desiderate. Non seguite però la vostra inclinazione fino a lasciarne una come in sospeso. Se poi vi riconcilierete e temerete [Allah] ebbene Allah è perdonatore, misericordioso. [130] In caso di separazione Allah, nella Sua generosità, darà a entrambi della Sua abbondanza. Allah è immenso e saggio.

[131] Appartiene ad Allah tutto quello che è nei cieli e sulla terra. «Temete Allah!», ecco quello che abbiamo ordinato a coloro che ricevettero la Scrittura prima di voi. E se sarete miscredenti, ebbene, Allah possiede tutto quello che c'è nei cieli e sulla terra! Allah basta a Se Stesso, è il Degno di lode. [132] Appartiene ad Allah tutto quello che è nei cieli e sulla terra. Allah è il migliore dei garanti. [133] Se volesse vi annienterebbe, o uomini, e ne susciterebbe altri. Allah ha tutto il potere di farlo. [134] Chi desidera compenso terreno, ebbene il compenso terreno e l'altro, sono presso Allah. Allah è Colui Che ascolta e osserva.

[135] O voi che credete, attenetevi alla giustizia e rendete testimonianza innanzi ad Allah, foss'anche contro voi stessi, i vostri genitori

o i vostri parenti, si tratti di ricchi o di poveri! Allah è più vicino [di voi] agli uni e agli altri. Non abbandonatevi alle passioni, sì che possiate essere giusti. Se vi destreggerete o vi disinteresserete, ebbene Allah è ben informato di quello che fate.

136 O voi che credete, credete in Allah e nel Suo Messaggero, al Libro che ha via via fatto scendere sul Suo Messaggero e alle Scritture che ha fatto scendere in precedenza. Chi non crede in Allah, nei Suoi Angeli, nei Suoi Libri e nei Suoi Messaggeri e al Giorno Ultimo, si perde lontano nella perdizione. 137 Coloro che credettero e poi negarono, ricredettero e poi rinnegarono, non fecero che accrescere la loro miscredenza. Allah non li perdonerà e non li guiderà sulla via. 138 Annuncia agli ipocriti un doloroso castigo: 139 loro che si scelgono alleati tra i miscredenti invece che tra i credenti. È la potenza che cercano da loro? In verità tutta la potenza appartiene ad Allah.

140 Certamente nel Libro è già stato rivelato: «quando sentite che vengono smentiti o sbeffeggiati i segni di Allah, non sedetevi con coloro che fanno ciò, fino a che non scelgano un altro argomento, altrimenti sareste come loro». In verità Allah radunerà tutti gli ipocriti e i miscredenti nell'Inferno. 141 Sono coloro che stanno a spiarvi e, se Allah vi dà vittoria, dicono: «Non eravamo con voi?»; e se invece i miscredenti hanno successo, dicono loro: «Non avevamo la possibilità di dominarvi? Non vi abbiamo difeso contro i credenti?». Ebbene, Allah giudicherà tra di voi nel Giorno della Resurrezione. Allah non concederà ai miscredenti [alcun] mezzo [di vittoria] sui credenti.

142 Sì, gli ipocriti credono di ingannare Allah, ma è Lui che li inganna. Quando si levano per l'orazione lo fanno con pigrizia e ostentazione nei confronti della gente, a malapena si ricordano di Allah, 143 si barcamenano tra gli uni e gli altri, senza essere né di

questi né di quelli. Per chi è sviato da Allah non troverai via alcuna.
[144] O voi che credete! Non prendetevi per alleati i miscredenti invece
che i credenti. Vorreste dare ad Allah un valido argomento con voi
stessi? [145] In verità gli ipocriti saranno nel Fuoco più profondo e non
avranno nessuno che li soccorra; [146] coloro che invece si pentono,
si correggono, si aggrappano ad Allah e purificano il loro culto nei
Suoi confronti, questi saranno insieme coi credenti e Allah darà
loro ricompensa immensa. [147] Perché mai Allah dovrebbe punirvi,
se siete riconoscenti e credenti? Allah è riconoscente e sapiente.

[148] Allah non ama che venga conclamato il male, eccetto
da parte di colui che lo ha subìto. Allah tutto ascolta e conosce.
[149] Che facciate il bene pubblicamente o segretamente o perdoniate
un male, Allah è indulgente, onnipotente. [150] In verità coloro che
negano Allah e i Suoi Messaggeri, che vogliono distinguere tra
Allah e i Suoi Messaggeri, dicono: «Crediamo in uno e l'altro
neghiamo» e vogliono seguire una via intermedia; [151] sono essi i
veri miscredenti, e per i miscredenti abbiamo preparato un castigo
umiliante. [152] Quanto invece a coloro che credono in Allah e nei
Suoi Messaggeri e non fanno differenza alcuna tra loro, ecco, presto
essi avranno la loro mercede. Allah è perdonatore, misericordioso.

[153] La gente della Scrittura pretende che tu faccia scendere
un Libro dal cielo. A Mosè chiesero qualcosa ancora più enorme,
quando gli dissero: «Facci vedere Allah apertamente». E la folgore
li colpì per la loro iniquità. Poi si presero il Vitello, dopo che ebbero
le Prove. [Ciononostante] li perdonammo e demmo a Mosè autorità
incontestabile. [154] In segno dell'alleanza elevammo il Monte sopra di
loro e dicemmo: «Entrate dalla porta prosternandovi»; e dicemmo:
«Non trasgredite il Sabato», e accettammo il loro impegno solenne.

[155] In seguito [li abbiamo maledetti perché] ruppero il patto,
negarono i segni di Allah, uccisero ingiustamente i Profeti e dissero:

«I nostri cuori sono incirconcisi». È Allah invece che ha sigillato i loro cuori per la loro miscredenza e, a parte pochi, essi non credono, [156] [li abbiamo maledetti] per via della loro miscredenza e perché dissero contro Maria calunnia immensa, [157] e dissero: «Abbiamo ucciso il Messia Gesù figlio di Maria, il Messaggero di Allah!». Invece non l'hanno né ucciso né crocifisso, ma così parve loro. Coloro che sono in discordia a questo proposito, restano nel dubbio: non hanno altra scienza e non seguono altro che la congettura. Per certo non lo hanno ucciso [158] ma Allah lo ha elevato fino a Sé. Allah è eccelso, saggio.

[159] Non vi è alcuno della Gente della Scrittura che non crederà in lui prima di morire. Nel Giorno della Resurrezione testimonierà contro di loro. [160] È per l'iniquità dei giudei che abbiamo reso loro illecite cose eccellenti che erano lecite, perché fanno molto per allontanare le genti dalla via di Allah; [161] perché praticano l'usura – cosa che era loro vietata – e divorano i beni altrui. A quelli di loro che sono miscredenti, abbiamo preparato un castigo atroce. [162] Ma quelli di loro che sono radicati nella scienza, e i credenti, credono in quello che è stato fatto scendere su di te e in quello che è stato fatto scendere prima di te, eseguono l'orazione, pagano la decima e credono in Allah e nell'Ultimo Giorno: daremo loro mercede immensa.

[163] In verità ti abbiamo dato la rivelazione come la demmo a Noè e ai Profeti dopo di lui. E abbiamo dato la rivelazione ad Abramo, Ismaele, Isacco, Giacobbe e alle Tribù, a Gesù, Giobbe, Giona, Aronne, Salomone, e a Davide demmo il Salterio. [164] Ci sono messaggeri di cui ti abbiamo narrato e altri di cui non abbiamo fatto menzione – e Allah parlò direttamente a Mosè. [165] [Inviammo] messaggeri, come nunzi e ammonitori, affinché dopo di loro

gli uomini non avessero più argomenti davanti ad Allah. Allah è eccelso e saggio.

[166] Allah testimonia che ciò che ha fatto scendere su di te è stato fatto scendere secondo scienza, e anche gli angeli lo testimoniano. E Allah è sufficiente testimone. [167] Sì, coloro che non credono e mettono ostacoli sulla via di Allah, si perdono lontano nella perdizione. [168] Sì, coloro che sono miscredenti e sono ingiusti, Allah non li perdonerà e non mostrerà loro altra via, [169] eccetto la via dell'Inferno dove rimarranno in perpetuo. E ciò è facile ad Allah. [170] O uomini! Il Messaggero vi ha recato la verità [proveniente] dal vostro Signore. Credete dunque, questa è la cosa migliore per voi. E se non credete [sappiate] che ad Allah appartiene tutto ciò che è nei cieli e sulla terra. Allah è sapiente, saggio.

[171] O Gente della Scrittura, non eccedete nella vostra religione e non dite su Allah altro che la verità. Il Messia Gesù, figlio di Maria, non è altro che un messaggero di Allah, una Sua parola che Egli pose in Maria, uno Spirito da Lui [proveniente]. Credete dunque in Allah e nei Suoi Messaggeri. Non dite «Tre», smettete! Sarà meglio per voi. Invero Allah è un dio unico. Avrebbe un figlio? Gloria a Lui! A Lui appartiene tutto quello che è nei cieli e tutto quello che è sulla terra. Allah è sufficiente come garante. [172] Il Messia e gli Angeli più ravvicinati non disdegneranno mai di essere gli schiavi di Allah. E coloro che disdegnano di adorarLo e si gonfiano d'orgoglio, ben presto saranno adunati davanti a Lui. [173] Coloro che invece hanno creduto e compiuto il bene avranno per intero la loro ricompensa e aggiungerà [Allah] dalla Sua generosità. Coloro che disdegnano e sono gonfi d'orgoglio, saranno castigati con doloroso tormento. Non troveranno, oltre ad Allah, né patrono né alleato. [174] Uomini! Vi è giunta una prova da parte del vostro Signore. E abbiamo fatto scendere su di voi una Luce chiarissima.

[175] Coloro che credono in Allah e a Lui si aggrappano, li farà entrare nella Sua misericordia e nella Sua grazia e li guiderà sulla retta via. [176] Ti chiederanno un parere. Di': «A proposito del defunto che non lascia eredi, [né ascendenti né discendenti] Allah vi dice: Se qualcuno muore senza lasciare figli ma ha una sorella, ad essa toccherà la metà dell'eredità, mentre egli erediterebbe da lei tutto quanto se ella non avesse figli; se ci sono due sorelle, avranno i due terzi di quello che lascia; se ci sono dei fratelli e delle sorelle, al maschio la parte di due femmine». Allah vi illumina affinché non erriate. Allah è l'Onnisciente.

SURA 5 : AL-MÂ'IDA
....

LA TAVOLA IMBANDITA

In nome di Allah, il Compassionevole, il Misericordioso.

[1] O voi che credete, rispettate gli impegni. Vi sono permessi gli animali dei greggi, eccetto quello che vi reciteremo. Non cacciate quando siete in stato di sacralizzazione. Allah comanda quello che vuole. [2] O voi che credete, non profanate i simboli di Allah, né il mese sacro, né l'offerta sacrificale, né le ghirlande, né quelli che si dirigono verso la Sacra Casa bramando la grazia e il compiacimento del loro Signore. Dopo che vi sarete desacralizzati, potrete cacciare liberamente. E non vi spinga alla trasgressione l'odio per quelli che vi hanno scacciato dalla Sacra Moschea. Aiutatevi l'un l'altro in carità e pietà e non sostenetevi nel peccato e nella trasgressione. Temete Allah, Egli è severo nel castigo.

[3] Vi sono vietati gli animali morti, il sangue, la carne di porco e ciò su cui sia stato invocato altro nome che quello di Allah, l'animale soffocato, quello ucciso a bastonate, quello morto per

una caduta, incornato o quello che sia stato sbranato da una belva feroce, a meno che non l'abbiate sgozzato [prima della morte] e quello che sia stato immolato su altari [idolatrici] e anche [vi è stato vietato] tirare a sorte con le freccette. Tutto ciò è iniquo. Oggi i miscredenti non sperano più di allontanarvi dalla vostra religione: non temeteli dunque, ma temete Me. Oggi ho reso perfetta la vostra religione, ho completato per voi la Mia grazia e Mi è piaciuto darvi per religione l'Islàm. Se qualcuno si trovasse nel bisogno della fame, senza l'intenzione di peccare, ebbene Allah è perdonatore, misericordioso.

4 Ti chiederanno quello che è loro permesso. Di': «Vi sono permesse tutte le cose buone e quello che cacceranno gli animali che avete addestrato per la caccia nel modo che Allah vi ha insegnato. Mangiate dunque quello che cacciano per voi e menzionatevi il nome di Allah». Temete Allah. In verità Allah è rapido al conto. 5 «Oggi vi sono permesse le cose buone e vi è lecito anche il cibo di coloro ai quali è stata data la Scrittura, e il vostro cibo è lecito a loro. [Vi sono inoltre lecite] le donne credenti e caste, le donne caste di quelli cui fu data la Scrittura prima di voi, versando il dono nuziale – sposandole, non come debosciati libertini! Coloro che sono miscredenti vanificano le opere loro e nell'altra vita saranno tra i perdenti.»

6 O voi che credete! Quando vi levate per la preghiera, lavatevi il volto, le mani [e gli avambracci] fino ai gomiti, passate le mani bagnate sulla testa e lavate i piedi fino alle caviglie. Se siete in stato di impurità, purificatevi. Se siete malati o in viaggio o uscendo da una latrina o dopo aver accostato le donne non trovate acqua, fate la lustrazione con terra pulita, passandola sul volto e sugli avambracci. Allah non vi vuole imporre nulla di gravoso, ma purificarvi e perfezionare su di voi la Sua grazia affinché siate riconoscenti.

[7] Ricordate i benefici che Allah vi ha concessi e il Patto che stringeste con Lui quando diceste: «Abbiamo sentito e obbediamo». Temete Allah. Egli conosce quello che è nei cuori. [8] O voi che credete, siate testimoni sinceri davanti ad Allah secondo giustizia. Non vi spinga all'iniquità l'odio per un certo popolo. Siate equi: l'equità è consona alla devozione. Temete Allah. Allah è ben informato su quello che fate. [9] Allah ha promesso a coloro che credono e compiono il bene, il perdono e un'immensa ricompensa. [10] Quelli che sono miscredenti e tacciano di menzogna i segni Nostri, sono i compagni della Fornace. [11] O voi che credete, ricordate i benefici che Allah vi ha concesso, il giorno che una fazione voleva alzare le mani contro di voi ed Egli arrestò le mani loro. Temete Allah. Confidino in Allah i credenti!

[12] Allah accettò il Patto dei Figli di Israele e suscitò da loro dodici capi. Allah disse: «Sarò con voi, purché eseguiate l'orazione e paghiate la decima e crediate nei Miei Messaggeri, li onoriate e facciate un bel prestito ad Allah. Allora cancellerò i vostri peccati e vi farò entrare nei Giardini dove scorrono i ruscelli. Chi di voi, dopo tutto ciò, sarà miscredente, si allontana dalla retta via». [13] Ma essi ruppero l'alleanza e Noi li maledicemmo e indurimmo i loro cuori: stravolgono il senso delle parole e dimenticano gran parte di quello che è stato loro rivelato. Non cesserai di scoprire tradimenti da parte loro, eccetto alcuni. Sii indulgente con loro e dimentica. Allah ama i magnanimi.

[14] Con coloro che dicono: «Siamo cristiani», stipulammo un Patto. Ma dimenticarono una parte di quello che era stato loro ricordato. Suscitammo tra loro odio e inimicizia fino al Giorno della Resurrezione. Presto Allah li renderà edotti su quello che facevano.

[15] O gente della Scrittura, ora è giunto a voi il Nostro Messaggero, per spiegarvi molte cose della Scrittura che voi nascondevate e per

abrogarne molte altre! Una Luce e un Libro chiaro vi son giunti da Allah. [16] Con essi Allah guida sulla via della salvezza quelli che tendono al Suo compiacimento. Dalle tenebre li trae alla luce, per volontà Sua li guida sulla retta via. [17] Sono certamente miscredenti quelli che dicono: «Allah è il Messia figlio di Maria». Di': «Chi potrebbe opporsi ad Allah, se Egli volesse far perire il Messia figlio di Maria, insieme con sua madre e a tutti quelli che sono sulla terra? Ad Allah appartiene la sovranità sui cieli, sulla terra e su tutto quello che vi è frammezzo!». Egli crea quello che vuole, Allah è onnipotente.

[18] Giudei e nazareni dicono: «Siamo figli di Allah ed i suoi prediletti». Di': «Perché allora vi castiga per i vostri peccati ? Sì, non siete che uomini come altri che Lui ha creato. Egli perdona a chi vuole e castiga chi vuole. Ad Allah appartiene la sovranità sui cieli e sulla terra e su quello che vi è frammezzo. A Lui farete ritorno». [19] O gente della Scrittura, il Nostro Messaggero vi è giunto dopo un'interruzione [nella successione] dei Profeti, affinché non diciate: «Non ci è giunto nunzio né ammonitore». Ecco che vi è giunto un nunzio e un ammonitore! Allah è onnipotente.

[20] E quando Mosé disse al suo popolo: «O popol mio! Ricordate la grazia di Allah su di voi quando ha scelto tra voi i Profeti! E fece di voi dei re e vi diede quello che non aveva mai dato a nessun popolo al mondo. [21] O popol mio, entrate nella terra santa che Allah vi ha destinata e non volgete le spalle: vi ritrovereste perdenti ». [22] Dissero: «O Mosè, essa è abitata da un popolo di tiranni. Noi non vi entreremo finché essi non siano usciti. Se escono, allora entreremo». [23] Due dei loro, timorati e colmati da Allah di grazia, dissero: «Entrate dalla porta; quando sarete dentro, trionferete. Confidate in Allah se siete credenti». [24] Dissero: «O Mosè, noi non

entreremo finché saranno colà. Va' tu con il Signore tuo e combattete insieme. Noi resteremo qui in attesa».

²⁵ Disse: «Signore, ho potere solo su me stesso e su mio fratello: separaci da questo popolo di perversi!». ²⁶ Disse [Allah]: «Ebbene, questo paese sarà loro vietato per quarant'anni ed essi erreranno sulla terra Non ti affliggere per un popolo di iniqui».

²⁷ Racconta loro, in tutta verità, la storia dei due figli di Adamo, quando offrirono [ad Allah] un sacrificio, ed ecco che l'offerta di uno fu accettata e quella dell'altro no. Questi disse: «Ti ucciderò certamente!». Rispose il fratello: «Allah accetta solo da parte di coloro che Lo temono. ²⁸ Se alzerai la mano contro di me per uccidermi, io non l'alzerò su di te: io temo Allah, il Signore dei mondi. ²⁹ Voglio che tu ti addossi il mio peccato e il tuo, e allora sarai tra i compagni del Fuoco. Questa è la ricompensa per gli ingiusti».

³⁰ La sua passione lo spinse ad uccidere il fratello. Lo uccise e divenne uno di coloro che si sono perduti. ³¹ Poi Allah gli inviò un corvo che si mise a scavare la terra per mostrargli come nascondere il cadavere di suo fratello. Disse: «Guai a me! Sono incapace di essere come questo corvo, sì da nascondere la spoglia di mio fratello?». E così fu uno di quelli afflitti dai rimorsi.

³² Per questo abbiamo prescritto ai Figli di Israele che chiunque uccida un uomo che non abbia ucciso a sua volta o che non abbia sparso la corruzione sulla terra, sarà come se avesse ucciso l'umanità intera. E chi ne abbia salvato uno, sarà come se avesse salvato tutta l'umanità. I Nostri Messaggeri sono venuti a loro con le prove! Eppure molti di loro commisero eccessi sulla terra. ³³ La ricompensa di coloro che fanno la guerra ad Allah e al Suo Messaggero e che seminano la corruzione sulla terra è che siano uccisi o crocifissi, che siano loro tagliate la mano e la gamba da

lati opposti o che siano esiliati sulla terra: ecco l'ignominia che li toccherà in questa vita; nell'altra vita avranno castigo immenso, [34] eccetto quelli che si pentono prima di cadere nelle vostre mani. Sappiate, Allah è perdonatore, misericordioso.

[35] O voi che credete, temete Allah e cercate il modo di giungere a Lui, e lottate per la Sua Causa, affinché possiate prosperare. [36] Quand'anche i miscredenti disponessero di tutto quello che c'è sulla terra e altrettanto ancora, non sarebbe loro accettato come riscatto, nel Giorno della Resurrezione. Avranno doloroso castigo. [37] Vorranno uscire dal Fuoco, ma non ne usciranno. Avranno perpetuo tormento. [38] Tagliate la mano al ladro e alla ladra, per punirli di quello che hanno fatto e come sanzione da parte di Allah. Allah è eccelso, saggio. [39] Quanto a chi si pente e si corregge, Allah accetta il suo pentimento. In verità Allah è perdonatore, misericordioso. [40] Non sai che ad Allah appartiene il Regno dei cieli e della terra? Egli castiga chi vuole e perdona chi vuole. Allah è onnipotente.

[41] O Messaggero, non ti affliggere per quelli che ricadono nella miscredenza dopo che le loro bocche hanno detto: «Noi crediamo», mentre i loro cuori non credevano affatto, e neppure a causa dei giudei che ascoltano solo per calunniare, che ascoltano per altri che non sono mai venuti da te; stravolgono il senso delle parole e dicono: «Se vi è dato questo, accettatelo; altrimenti siate diffidenti!». Se Allah vuole che un uomo cada nella tentazione, tu non puoi fare niente contro Allah [per proteggerlo]. Essi sono coloro i cui cuori non ha voluto purificare, avranno l'ignominia in questa vita e un castigo immenso nell'altra.

[42] Ascoltano solo per diffamare, avidi di illeciti guadagni. Se vengono da te, sii arbitro tra loro o allontanati. E se ti allontanerai, non potranno mai nuocerti in nulla. Se giudichi, fallo con giustizia, ché Allah ama i giusti. [43] Come mai potranno sceglierti come

giudice, quando hanno la Toràh con il giudizio di Allah e dopo di ciò volgere le spalle? Essi non sono credenti!

⁴⁴ Facemmo scendere la Toràh, fonte di guida e di luce. Con essa giudicavano tra i giudei, i profeti sottomessi ad Allah, e i rabbini e i dottori: [giudicavano] in base a quella parte dei precetti di Allah che era stata loro affidata e della quale erano testimoni. Non temete gli uomini, ma temete Me. E non svendete a vii prezzo i segni Miei. Coloro che non giudicano secondo quello che Allah ha fatto scendere, questi sono i miscredenti. ⁴⁵ Per loro prescrivemmo vita per vita, occhio per occhio, naso per naso, orecchio per orecchio, dente per dente e il contrappasso per le ferite. Quanto a colui che vi rinuncia per amor di Allah, varrà per lui come espiazione. Coloro che non giudicano secondo quello che Allah ha fatto scendere, questi sono gli ingiusti. ⁴⁶ Facemmo camminare sulle loro orme Gesù figlio di Maria, per confermare la Toràh che scese prima di lui. Gli demmo il Vangelo, in cui è guida e luce, a conferma della Toràh che era scesa precedentemente: monito e direzione per i timorati. ⁴⁷ Giudichi la gente del Vangelo in base a quello che Allah ha fatto scendere. Coloro che non giudicano secondo quello che Allah ha fatto scendere, questi sono gli iniqui.

⁴⁸ E su di te abbiamo fatto scendere il Libro con la Verità, a conferma della Scrittura che era scesa in precedenza e lo abbiamo preservato da ogni alterazione. Giudica tra loro secondo quello che Allah ha fatto scendere, non conformarti alle loro passioni allontanandoti dalla verità che ti è giunta. Ad ognuno di voi abbiamo assegnato una via e un percorso. Se Allah avesse voluto, avrebbe fatto di voi una sola comunità. Vi ha voluto però provare con quel che vi ha dato. Gareggiate in opere buone: tutti ritornerete ad Allah ed Egli vi informerà a proposito delle cose sulle quali siete discordi.

⁴⁹ Giudica dunque tra di loro secondo quello che Allah ha

rivelato e non indulgere alle loro passioni. Bada che non cerchino di allontanarti da una parte di quello che Allah ha fatto scendere su di te. Se poi ti volgon le spalle, sappi che Allah vuole colpirli per alcuni dei loro peccati. Invero molti uomini sono perversi. [50] È la giustizia dell'ignoranza che cercano? Chi è migliore di Allah nel giudizio, per un popolo che crede con fermezza?

[51] O voi che credete, non sceglietevi per alleati i giudei e i nazareni, sono alleati gli uni degli altri. E chi li sceglie come alleati è uno di loro. In verità Allah non guida un popolo di ingiusti. [52] Vedrai quelli che hanno una malattia nel cuore correre verso di loro dicendo: «Temiamo un rovescio del destino». Ma se Allah darà la vittoria o un ordine da parte Sua, eccoli rimpiangere i loro pensieri segreti. [53] E i credenti diranno: «Questi sono coloro che giuravano [in nome] di Allah, con giuramento solenne, che erano con voi?». Le loro opere si sono vanificate e saranno coloro che si perdono.

[54] O voi che credete, se qualcuno di voi rinnegherà la sua religione, Allah susciterà una comunità che Lui amerà e che Lo amerà, umile con i credenti e fiera con i miscredenti, che lotterà per la causa di Allah e che non teme il biasimo di nessuno. Questa è la grazia di Allah ed Egli la dà a chi vuole. Allah è immenso, sapiente. [55] In verità i vostri alleati sono Allah e il Suo Messaggero e i credenti che assolvono all'orazione, e pagano la decima prosternandosi con umiltà. [56] E colui che sceglie per alleati Allah e il Suo Messaggero e i credenti, in verità è il partito di Allah che avrà la vittoria.

[57] O voi che credete, non sceglietevi alleati tra quelli ai quali fu data la Scrittura prima di voi, quelli che volgono in gioco e derisione la vostra religione e [neppure] tra i miscredenti. Temete Allah se siete credenti. [58] Quando fate la chiamata alla preghiera, essa è per loro oggetto di burla e derisione. E ciò perché è gente che non

comprende. [59] Di': «O gente della Scrittura, cosa ci rimproverate se non di credere in quello che è stato fatto scendere su di noi e in quello che è stato fatto scendere in precedenza? La maggior parte di voi è veramente perversa!». [60] Di': «Posso forse annunciarvi peggior ricompensa da parte di Allah? Coloro che Allah ha maledetto, che hanno destato la Sua collera e che ha trasformato in scimmie e porci, coloro che hanno adorato gli idoli, sono questi che hanno la condizione peggiore e sono i più lontani dalla retta via».

[61] Quando vengono presso di voi dicono: «Siamo credenti», ma entrano con miscredenza ed escono alla stessa maniera. Allah conosce bene quello che nascondono. [62] Vedrai molti di loro rivaleggiare nel peccato, nella trasgressione e nell'avidità per il guadagno illecito. Quanto male c'è in quello che fanno. [63] Perché i rabbini e i preti non impediscono loro di peccare con la parola e di nutrirsi di illeciti guadagni? Quanto male c'è in quello che operano!

[64] I giudei dicono: «La mano di Allah si è incatenata!». Siano incatenate le mani loro e siano maledetti per quel che hanno detto. Le Sue mani sono invece ben aperte: Egli dà a chi vuole. Quello che è stato fatto scendere su di te da parte del tuo Signore, certamente accrescerà in molti di loro la ribellione e la miscredenza. Abbiamo destato tra loro odio e inimicizia fino al giorno della Resurrezione. Ogni volta che accendono un fuoco di guerra, Allah lo spegne. Gareggiano nel seminare disordine sulla terra, ma Allah non ama i corruttori.

[65] Se la gente della Scrittura avesse creduto e si fosse comportata con devozione, avremmo cancellato le loro colpe e li avremmo introdotti nei Giardini della Delizia. [66] Se avessero obbedito alla Torâh e al Vangelo e a quello che scese su di loro da parte del loro Signore, avrebbero certamente goduto di quello che c'è sopra di loro e di quello che c'è ai loro

piedi. Tra loro c'è una comunità che segue una via di moderazione, ma ben malvagio è quello che fanno molti di loro. [67] O Messaggero, comunica quello che è sceso su di te da parte del tuo Signore. Ché se non lo facessi non assolveresti alla tua missione. Allah li proteggerà dalla gente. Invero Allah non guida un popolo di miscredenti.

[68] Di': «O gente della Scrittura, non avrete basi sicure finché non obbedirete alla Torâh e al Vangelo e in quello che è stato fatto scendere su di voi da parte del vostro Signore». Stai certo che quello che è stato fatto scendere su di te da parte del tuo Signore accrescerà in molti di loro la ribellione e la miscredenza. Non ti affliggere per i miscredenti. [69] In verità coloro che credono e i giudei, i sabei e i cristiani, tutti quelli che credono in Allah e compiono il bene, non avranno nulla da temere e non saranno afflitti.

[70] Accettammo il patto dei Figli di Israele e inviammo loro i messaggeri. Ogni volta che un messaggero recò loro qualcosa che i loro animi non desideravano, ne tacciarono di menzogna alcuni e ne uccisero altri. [71] Credettero che non ne avrebbero subito le conseguenze: erano diventati ciechi e sordi. Poi Allah accolse il loro pentimento. Poi molti altri divennero ciechi e sordi. Allah osserva quello che fanno.

[72] Sono certamente miscredenti quelli che dicono: «Allah è il Messia, figlio di Maria!». Mentre il Messia disse: «O Figli di Israele, adorate Allah, mio Signore e vostro Signore». Quanto a chi attribuisce consimili ad Allah, Allah gli preclude il Paradiso, il suo rifugio sarà il Fuoco. Gli ingiusti non avranno chi li soccorra! [73] Sono certamente miscredenti quelli che dicono: «In verità Allah è il terzo di tre». Mentre non c'è dio all'infuori del Dio Unico! E se non cessano il loro dire, un castigo doloroso giungerà ai miscredenti. [74] Perché non si rivolgono pentiti ad Allah, implorando il Suo perdono? Allah è perdonatore, misericordioso. [75] Il Messia,

figlio di Maria, non era che un messaggero. Altri messaggeri erano venuti prima di lui, e sua madre era una veridica. Eppure entrambi mangiavano cibo Guarda come rendiamo evidenti i Nostri segni, quindi guarda come se ne allontanano. [76] Di': «Adorerete all'infuori di Allah qualcuno che non ha né il potere di nuocervi né di giovarvi? Allah tutto ascolta e conosce».

[77] Di': «O Gente della Scrittura, non esagerate nella vostra religione. Non seguite le stesse passioni che seguirono coloro che si sono traviati e che hanno traviato molti altri, che hanno perduto la retta via».

[78] I miscredenti fra i Figli di Israele che hanno negato, sono stati maledetti dalla lingua di Davide e di Gesù figlio di Maria. Ciò in quanto disobbedivano e trasgredivano [79] e non si vietavano l'un l'altro quello che era nocivo. Quant'era esecrabile quello che facevano! [80] Vedrai che molti di loro si alleeranno con i miscredenti. È così esecrabile quello che hanno preparato, che Allah è in collera con loro. Rimarranno in perpetuo nel castigo. [81] Se credessero in Allah e nel Profeta e in quello che è stato fatto scendere su di lui, non li prenderebbero per alleati, ma molti di loro sono perversi.

[82] Troverai che i più acerrimi nemici dei credenti sono i giudei e i politeisti e troverai che i più prossimi all'amore per i credenti sono coloro che dicono: «In verità siamo nazareni», perché tra loro ci sono uomini dediti allo studio e monaci che non hanno alcuna superbia. [83] Quando sentono quello che è sceso sul Messaggero, vedrai i loro occhi versare lacrime per la verità che vi hanno riconosciuto. Dicono: «O nostro Signore, noi crediamo: annoveraci tra i testimoni ! [84] Come potremmo non credere in Allah e in quella parte della verità che ci è giunta, quando bramiamo che il nostro Signore ci introduca in compagnia dei devoti?». [85] Allah li compenserà per quello che dicono, con i Giardini dove scorrono i

ruscelli, in cui rimarranno in perpetuo. Questa è la mercede di coloro che compiono il bene. [86] E quanto a coloro che sono miscredenti e tacciano di menzogna i Nostri segni, questi sono i compagni della Fornace.

[87] O voi che credete, non vietate le cose buone che Allah vi ha reso lecite. Non eccedete. In verità Allah non ama coloro che eccedono. [88] Mangiate le cose buone e lecite che Allah vi ha concesso e temete Allah, Colui nel Quale credete. [89] Allah non vi punirà per un'avventatezza nei vostri giuramenti, ma vi punirà per i giuramenti che avete ponderato. L'espiazione consisterà nel nutrire dieci poveri con il cibo consueto con cui nutrite la vostra famiglia, o nel vestirli, o nel liberare uno schiavo. E chi non ha i mezzi di farlo, digiuni allora per tre giorni. Ecco l'espiazione per i giuramenti che avrete disatteso. Tenete fede ai giuramenti! Così Allah vi spiega i Suoi segni affinché siate riconoscenti.

[90] O voi che credete, in verità il vino, il gioco d'azzardo, le pietre idolatriche, le frecce divinatorie sono immonde opere di Satana. Evitatele affinché possiate prosperare. [91] In verità col vino e il gioco d'azzardo, Satana vuole seminare inimicizia e odio tra di voi e allontanarvi dal Ricordo di Allah e dall'orazione. Ve ne asterrete? [92] Obbedite ad Allah e al Messaggero e state attenti. Se poi gli volgerete le spalle, sappiate che il Nostro Messaggero deve solo trasmettere in modo chiaro, null'altro. [93] Per coloro che credono e operano il bene non ci sarà male alcuno in quello che avranno mangiato, purché abbiano temuto [Allah], abbiano creduto e compiuto il bene, temano [Allah], credano, e [sempre] temano [Allah] e operino al meglio. Allah ama i buoni.

[94] O voi che credete! Allah certamente vi metterà alla prova con qualche [capo di selvaggina] che caccerete con le mani e con le lance. Così Allah riconoscerà chi Lo teme nel profondo di sé.

Chi poi trasgredirà, avrà doloroso castigo! [95] O voi che credete! Non uccidete la selvaggina se siete in stato di consacrazione. Chi di voi la ucciderà deliberatamente, si riscatti con qualche bestia del gregge, dello stesso valore di quella che ha ucciso – giudichino due uomini giusti tra voi – e sarà un'offerta che invia alla Ka'ba, oppure espii nutrendo i poveri o digiunando per scontare le conseguenze della sua azione. Allah ha perdonato il passato, ma si vendicherà sui recidivi. Allah è potente, è il Padrone della vendetta.

[96] Vi è lecita la pesca e il cibo che ne ricaverete: godetene con gli altri viaggiatori. Vi è invece resa illecita la caccia per tutto il tempo in cui siete in stato di consacrazione. Temete Allah, è a Lui che sarete ricondotti. [97] Allah ha fatto della Ka'ba, della Santa Casa, un luogo di preghiera per gli uomini. [Lo stesso vale] per il mese sacro, l'offerta di animali e gli ornamenti delle vittime sacrificali. Ciò affinché sappiate che Allah conosce veramente tutto quello che vi è nei cieli e sulla terra. In verità Allah conosce ogni cosa. [98]. Sappiate che in verità Allah è severo nel castigare e che è perdonatore, misericordioso. [99] Al Messaggero [incombe] solo l'onere della trasmissione. Allah conosce quello che manifestate e quello che tenete nascosto. [100] Di': «Il cattivo e il buono non si equivalgono, anche se ti stupisce l'abbondanza che c'è nel male. Temete dunque Allah, o dotati di intelletto, affinché possiate prosperare».

[101] O voi che credete, non fate domande su cose che, se vi fossero spiegate, vi dispiacerebbero. Se farete domande in proposito, vi saranno spiegate dopo che il Corano sarà disceso [per intero]. Allah vi perdonerà, poiché Allah è perdonatore, paziente. [102] Un popolo che vi precedette fece domande in tal senso e poi rinnegò. [103] Allah non ha consacrato né «bahìra», né «sàiba», né «wasìla», né «hâmi». I miscredenti inventano menzogne contro Allah, e la maggior parte di loro non ragiona. [104] Quando si dice loro: «Venite a quello che

Allah ha fatto scendere al Suo Messaggero», dicono: «Ci basta quello che i nostri avi ci hanno tramandato!». Anche se i loro avi non possedevano scienza alcuna e non erano sulla retta via? [105] O voi che credete, preoccupatevi di voi stessi! Se siete ben diretti, non potrà nulla contro di voi colui che si è allontanato. Poi tutti ritornerete ad Allah ed Egli vi informerà di quello che avrete fatto.

[106] O voi che credete, se state per morire e fate testamento, prendete come testimoni due uomini integri dei vostri; oppure, se siete in viaggio e vi giunga preavviso della morte, [due uomini] a voi estranei. Li tratterrete dopo l'orazione e se avete dubbi fateli giurare in nome di Allah: «Non rinnegheremo per nessuna somma, neanche a favore di un parente, e non nasconderemo la testimonianza di Allah, ché in tal caso saremmo peccatori». [107] Se in seguito si scoprisse che hanno commesso un'infamità, siano sostituiti con altri due scelti tra [i parenti prossimi] di quanti accampano diritti; entrambi giureranno in nome di Allah: «La nostra testimonianza è più sicura di quella di quei due. Noi non trasgrediremo. In tal caso saremmo tra gli ingiusti!». [108] Questo sarà il modo più sicuro perché gli uomini testimonino sul loro onore, temendo che venga rifiutata una testimonianza dopo che avranno giurato. Temete Allah e ascoltate. Allah non guida gli ingiusti.

[109] Il Giorno in cui Allah radunerà tutti i messaggeri, dirà loro: «Che cosa vi hanno risposto?»; diranno: «Noi non abbiamo nessuna scienza: Tu sei Colui Che conosce l'inconoscibile». [110] E quando Allah dirà: «O Gesù figlio di Maria, ricorda la Mia grazia su di te e su tua madre e quando ti rafforzai con lo Spirito di Santità! Tanto che parlasti agli uomini dalla culla e in età matura. E quando ti insegnai il Libro e la saggezza e la Torâh e il Vangelo, quando forgiasti con la creta la figura di un uccello, quindi vi soffiasti sopra e col Mio permesso divenne un uccello. Guaristi, col Mio permesso,

il cieco nato e il lebbroso. E col Mio permesso risuscitasti il morto. E quando ti difesi dai Figli d'Israele allorché giungesti con le prove. Quelli di loro che non credevano, dissero: "Questa è evidente magia"». [111] E quando rivelai agli apostoli: «Credete in Me e nel Mio messaggero», risposero: «Crediamo, sii testimone che siamo musulmani». [112] Quando gli apostoli dissero: «O Gesù, figlio di Maria, è possibile che il tuo Signore faccia scendere su di noi dal cielo una tavola imbandita?», rispose: «Temete Allah se siete credenti». [113] Dissero: «Vogliamo mangiare da essa. Così i nostri cuori saranno rassicurati, sapremo che tu hai detto la verità e ne saremo testimoni». [114] Gesù figlio di Maria disse: «O Allah nostro Signore, fa' scendere su di noi, dal cielo, una tavola imbandita che sia una festa per noi – per il primo di noi come per l'ultimo – e un segno da parte Tua. Provvedi a noi, Tu che sei il migliore dei sostentatori». [115] Allah disse: «La farò scendere su di voi, e chiunque di voi, dopo di ciò, sarà miscredente, lo castigherò con un tormento che non infliggerò a nessun'altra creatura!».

[116] E quando Allah dirà: «O Gesù figlio di Maria, hai forse detto alla gente: "Prendete me e mia madre come due divinità all'infuori di Allah?"», risponderà: «Gloria a Te! Come potrei dire ciò di cui non ho il diritto? Se lo avessi detto, Tu certamente lo sapresti, ché Tu conosci quello che c'è in me e io non conosco quello che c'è in Te. In verità sei il Supremo conoscitore dell'inconoscibile. [117] Ho detto loro solo quello che Tu mi avevi ordinato di dire: "Adorate Allah, mio Signore e vostro Signore". Fui testimone di loro finché rimasi presso di loro; da quando mi hai elevato [a Te], Tu sei rimasto a sorvegliarli. Tu sei testimone di tutte le cose. [118] Se li punisci, in verità sono servi Tuoi; se li perdoni, in verità Tu sei l'Eccelso, il Saggio».

[119] Dice Allah: «Ecco il Giorno in cui la verità sarà utile

ai veridici: avranno i Giardini nei quali scorrono i ruscelli e vi
rimarranno in perpetuo. Allah sarà soddisfatto di loro ed essi di
Lui. Questo è l'immenso successo!». [120] Appartiene ad Allah la
sovranità dei cieli e della terra e di ciò che racchiudono, ed Egli è
l'Onnipotente.

IL BESTIAME

In nome di Allah, il Compassionevole, il Misericordioso.

[1] La lode [appartiene] ad Allah che ha creato i cieli e la terra e
ha regolato le tenebre e la luce; eppure i miscredenti attribuiscono
consimili al loro Signore! [2] È Lui che vi ha creati dalla terra e ha
stabilito il termine vostro; pure un altro termine è fissato presso di
Lui h Eppure ancora dubitate! [3] Egli è Allah, nei cieli e sulla terra.
Conosce quello che nascondete, quello che palesate e quello che
vi meritate. [4]. E non giunge loro un segno, dei segni del Signore,
che essi non rifiutino. [5] Chiamano menzogna la verità che giunge
loro. Presto ne sapranno di più, su ciò di cui si burlavano. [6] Hanno
considerato quante generazioni abbiamo distrutte prima di loro, che
pure avevamo poste sulla terra ben più saldamente? Mandammo
loro dal cielo pioggia in abbondanza e creammo fiumi che facemmo
scorrere ai loro piedi. Poi le distruggemmo a causa dei loro peccati
e suscitammo, dopo ciascuna di loro, un'altra generazione.

[7] Se anche avessimo fatto scendere su di te una Scrittura su
papiro, che avessero potuto toccare con le loro mani, quelli che
negano avrebbero certamente detto: «Non è che evidente magia!».
[8] E dicono: «Perché non ha fatto scendere un angelo su di lui?». Se
avessimo fatto scendere un angelo, la questione sarebbe stata chiusa:

non avrebbero avuto dilazione alcuna. [9] E se avessimo designato un angelo, gli avremmo dato aspetto umano e lo avremmo vestito come essi si vestono. [10] Anche i messaggeri che vennero prima di te furono oggetto di scherno. Quello di cui si burlavano, oggi li avvolge. [11] Di': «Viaggiate sulla terra e vedrete cosa ne è stato di coloro che tacciavano di menzogna».

[12] Di': «A chi [appartiene] quello che c'è nei cieli e sulla terra?». Rispondi: «Ad Allah!». Egli Si è imposto la misericordia. Vi riunirà nel Giorno della Resurrezione, sul quale non v'è dubbio alcuno. Quelli che non credono preparano la loro stessa rovina. [13] A Lui [appartiene] quello che dimora nella notte e nel giorno. Egli è Colui che tutto ascolta e conosce. [14] Di': «Dovrei forse scegliere per patrono qualcun altro oltre ad Allah, il Creatore dei cieli e della terra, Lui Che nutre e non ha bisogno di esser nutrito?». Di': «Mi è stato ordinato di essere il primo a sottomettermi». Non siate mai più associatori. [15] Di': «Se disobbedissi al mio Signore, temerei il castigo di un Giorno terribile». [16] In quel Giorno saranno risparmiati solo quelli di cui Allah avrà misericordia. Ecco la beatitudine evidente.

[17] E se Allah ti tocca con un'afflizione, solo Lui potrà sollevartene. Se ti concede il meglio, sappi che Egli è onnipotente. [18] Egli è Colui Che prevale sui Suoi servi, Egli è il Saggio, il ben Informato. [19] Di': «Quale testimonianza è più grande?». Di': «Allah è testimone tra voi e me. Questo Corano mi è stato rivelato affinché, per suo tramite, avverta voi e quelli cui perverrà». Veramente affermate che ci sono altre divinità insieme con Allah? Di': «Io lo nego!». Di': «In verità Egli è un Dio Unico. Io rinnego ciò che Gli attribuite».

[20] Quelli che hanno ricevuto la Scrittura, riconoscono il Messaggero come riconoscono i loro figli. Coloro che non credono

preparano la loro rovina. [21] Chi è più ingiusto di colui che inventa menzogne contro Allah o smentisce i segni Suoi? In verità gli ingiusti non prospereranno. [22] Nel Giorno in cui li raduneremo tutti, diremo ai politeisti: «Dove sono gli associati che supponevate?». [23] E non avranno altra possibilità che dire: «Per Allah, nostro Signore! Non eravamo associatori!». [24] Guarda come si smentiscono! Come le loro calunnie li abbandoneranno! [25] C'è qualcuno di loro che viene ad ascoltarti, ma Noi abbiamo sigillato i cuori loro e appesantito le loro orecchie, sì che non possano comprendere. Anche se vedessero ogni genere di segni, non crederebbero. Quando vengono a polemizzare con te coloro che non credono, dicono: «Non sono che favole degli antichi!». [26] Ostacolano gli altri e, allo stesso tempo, perdono loro stessi. Non operano che la loro stessa rovina, pur non essendone coscienti. [27] Se li potessi vedere, quando saranno presentati al Fuoco! Diranno: «Magari fossimo ricondotti sulla terra! Non smentiremmo più i segni del nostro Signore e saremmo tra i credenti». [28] Sì, verrà reso palese quello che nascondevano. Se anche li rimandassimo [sulla terra] rifarebbero quello che era loro vietato. In verità essi sono i bugiardi.

[29] Dicono: «Per noi non c'è altro che questa vita e non saremo resuscitati». [30] Se li vedessi quando saranno condotti al loro Signore. Egli dirà: «Non è questa la verità?». Diranno: «Sì, per il nostro Signore!». Dirà: «Gustate il castigo per la vostra miscredenza».

[31] Quelli che negano l'incontro con Allah saranno certamente perduti. Quando improvvisamente verrà l'Ora, diranno: «Disgraziati noi che l'abbiamo trascurata!». Porteranno sulla schiena il loro fardello. Che orribile carico! [32] La vita presente non è che gioco effimero. L'altra vita è certamente migliore per quelli che temono Allah. Non capite dunque?

[33] Sappiamo bene che quello che dicono ti addolora, ma non

è certamente te che smentiscono: gli ingiusti negano i segni di Allah. ³⁴ Già i messaggeri che ti hanno preceduto furono tacciati di menzogna. Sopportarono con pazienza accuse e persecuzioni, finché non venne loro il Nostro soccorso. Nessuno può cambiare le parole di Allah. Ti sarà certamente giunta una parte della storia degli Inviati. ³⁵ Se la loro indifferenza sarà per te un peso così grave, cercherai una galleria nella terra o una scala per il cielo per portar loro un segno [ancora migliore di quello che hai portato]? Se Allah volesse, potrebbe metterli tutti sulla retta via. Non essere dunque fra gli ignoranti! ³⁶ In Verità rispondono soltanto coloro che ascoltano. Allah risusciterà i morti e saranno condotti a Lui.

³⁷ E dicono: «Perché non è stato fatto scendere su di lui un segno [da parte] del suo Signore?». Di': «In verità Allah ha il potere di far scendere un segno, ma la maggior parte di loro non sa nulla». ³⁸ Non c'è essere che si muova sulla terra o uccello che voli con le sue ali che non appartenga ad una comunità. Non abbiamo dimenticato nulla nel Libro. Poi tutti saranno ricondotti verso il loro Signore. ³⁹ Quelli che smentiscono i Nostri segni sono come sordi e muti [immersi] nelle tenebre. Allah svia chi vuole e pone chi vuole sulla retta via.

⁴⁰ Di': «Pensate che, se vi giungesse il castigo di Allah o l'Ora, invochereste qualcun altro oltre ad Allah? [Ditelo], se siete sinceri! ⁴¹ Senza dubbio è Lui che invocherete. Se vorrà, disperderà ciò che avete invocato e dimenticherete ciò che Gli avevate associato».

⁴² Già inviammo [profeti] alle comunità che ti hanno preceduto, poi le colpimmo con avversità e afflizioni, affinché divenissero umili. ⁴³ Perché non divennero umili quando giunse loro il Nostro rigore? I loro cuori invece si indurirono e Satana abbellì ai loro occhi quello che facevano. ⁴⁴ Quando poi dimenticarono quello che era stato loro ricordato, aprimmo loro le porte di ogni bene. E

mentre esultavano per quello che avevamo donato, li afferrammo all'improvviso ed eccoli disperati. ⁴⁵ Così fu eliminata anche l'ultima parte del popolo degli oppressori. La lode appartiene ad Allah, Signore dei mondi!

⁴⁶ Di': «Pensate che se Allah vi privasse dell'udito e della vista e sigillasse i vostri cuori, quale altro dio all'infuori di Allah ve li potrebbe rendere?». Guarda come esplichiamo per loro i Nostri segni, eppure se ne allontanano. ⁴⁷ Di': «Pensate se vi cogliesse il castigo di Allah, improvviso o manifesto. Chi farà perire se non il popolo degli ingiusti?». ⁴⁸ Non mandammo gli inviati se non come nunzi e ammonitori: quanto a chi crede e si emenda, non avrà nulla da temere e non sarà afflitto. ⁴⁹ Il castigo toccherà coloro che smentiscono i Nostri segni, per il loro perverso agire. ⁵⁰ Di': «Non vi dico che possiedo i tesori di Allah e neppure che conosco l'invisibile, né vi dico di essere un angelo: seguo solo quello che mi è stato rivelato». Di': «Sono forse uguali il cieco e colui che vede? Non riflettete dunque?».

⁵¹ Avverti [con il Corano] quelli che temono di essere radunati davanti ad Allah che non avranno, all'infuori di Lui, nessun altro patrono o intercessore. Forse [Lo] temeranno. ⁵² Non scacciare quelli che al mattino e alla sera invocano il loro Signore. Bramano il Suo Volto. Non renderai conto di loro e non renderanno conto di te. Se li scacciassi saresti tra gli ingiusti. ⁵³ Li abbiamo messi alla prova così, gli uni con gli altri, affinché dicano: «Sono questi coloro fra noi che Allah ha favorito?». Allah conosce meglio di ogni altro coloro che [Gli] sono grati.

⁵⁴ Quando vengono a te quelli che credono nei Nostri segni, di': «Pace su di voi! Il vostro Signore Si è imposto la misericordia. Quanto a chi di voi commette il male per ignoranza e poi si pente e si corregge, in verità Allah è perdonatore, misericordioso».

⁵⁵ Così ripresentiamo continuamente i segni, affinché il sentiero dei malvagi sia evidente.

⁵⁶ Di': «Mi è stato vietato di adorare quelli che invocate all'infuori di Allah». Di': «Non seguirò le passioni vostre, ché allora mi perderei e non sarei più tra i ben guidati». ⁵⁷ Di': «Mi baso su una prova chiara da parte del mio Signore – e voi la tacciate di menzogna – non ho in mio potere quello che volete affrettare : il giudizio appartiene solo ad Allah. Egli espone la verità ed è il migliore dei giudici». ⁵⁸ Di': «Se avessi potere su quello che volete affrettare, sarebbe già stato definito il contrasto tra me e voi». Allah conosce meglio di chiunque altro gli ingiusti. ⁵⁹ Egli possiede le chiavi dell'invisibile, che solo Lui conosce. E conosce quello che c'è nella terra e nei mari. Non cade una foglia senza che Egli non ne abbia conoscenza. Non c'è seme nelle tenebre della terra o cosa alcuna verde o secca che non siano [citati] nel Libro chiarissimo.

⁶⁰ Nella notte è Lui che vi richiama, e sa quello che avete fatto durante il giorno, e quindi vi risveglia finché non giunga il termine stabilito. Ritornerete a Lui e vi mostrerà quello che avete operato. ⁶¹ Egli è Colui che domina i Suoi servi, e manda incontro a loro i custodi. E quando la morte si presenta a uno di voi, i Nostri angeli lo richiamano senza negligenza alcuna. ⁶² Quindi sono ricondotti ad Allah, il loro vero Protettore. Non è a Lui che appartiene il giudizio? Egli è il più rapido nel conto.

⁶³ Di' : «Chi vi salverebbe dalle tenebre della terra e del mare? InvocateLo umilmente e in segreto: "Se ci sollevi da ciò, saremo certamente riconoscenti"». ⁶⁴ Di': «Allah vi libererà da ciò e da tutte le angosce. Ciò nonostante [Gli] attribuite consimili!». ⁶⁵ Di': «Egli vi può mandare un castigo dall'alto o da sotto i vostri piedi o confondervi con le divisioni, facendovi provare la violenza degli uni sugli altri». Guarda come ripresentiamo continuamente i segni

Nostri, affinché comprendano. ^{66} Il tuo popolo taccia di menzogna quello che invece è la verità! Di': «Io non sono il vostro difensore». ^{67} Per ogni messaggio [verrà] il suo tempo e presto saprete.

^{68} Quando li vedi immersi in discussioni sui Nostri segni, allontanati finché non cambiano argomento. E se Satana fa sì che qualche volta dimentichi, appena ti sovvieni, non restare oltre in compagnia degli ingiusti. ^{69} Non compete ai timorati chieder loro conto, ma solo ammonirli, chissà che non temano [Allah]? ^{70} Allontanati da quelli che considerano gioco e divertimento la loro religione e sono ingannati dalla vita terrena. Ammoniscili [con il Corano], affinché non perdano le anime loro con quello che avranno fatto. All'infuori di Allah non avranno alcun protettore né intercessore. Qualunque sia il riscatto che offriranno, non sarà accettato. Ecco coloro che sono stati abbandonati alla perdizione per quel che avranno fatto. Saranno dissetati con acqua bollente e avranno un castigo doloroso per la loro miscredenza.

^{71} Di': «Invocheremo, in luogo di Allah, qualcuno che non può né favorirci né nuocerci? Volgeremo le spalle dopo che Allah ci ha guidato, come colui che viene indotto a vagabondare sulla terra dai dèmoni, mentre i suoi compagni lo richiamano sulla giusta pista [gridandogli]: "Vieni con noi!"». Di': «La vera guida? Sì, è la guida di Allah. Ci è stato ordinato di sottometterci al Signore dei mondi, ^{72} di assolvere all'orazione e temere Allah: sarete ricondotti a Lui». ^{73} Egli è Colui Che ha creato i cieli e la terra secondo verità. Nel giorno in cui dice: «Sii», è l'essere. La Sua parola è verità. A Lui [solo] apparterrà la sovranità nel Giorno in cui sarà soffiato nella Tromba. Egli è il Conoscitore del palese e dell'invisibile, Egli è il Saggio, il Ben Informato. ^{74} Quando Abramo disse a suo padre Azar: «Prenderai gli idoli per divinità? Vedo che tu e il tuo popolo siete in palese errore!».

[75] Così mostrammo ad Abramo il regno dei cieli e della terra, affinché fosse tra coloro che credono con fermezza. [76] Quando la notte ravvolse, vide una stella e disse: «Ecco il mio Signore!». Poi quando essa tramontò disse: «Non amo quelli che tramontano». [77] Quando osservò la luna che sorgeva, disse: «Ecco il mio Signore!». Quando poi tramontò, disse: «Se il mio Signore non mi guida sarò certamente tra coloro che si perdono!». [78] Quando poi vide il sole che sorgeva, disse: «Ecco il mio Signore, ecco il più grande!». Quando poi tramontò disse: «O popol mio, io rinnego ciò che associate ad Allah! [79] In tutta sincerità rivolgo il mio volto verso Colui che ha creato i cieli e la terra: e non sono tra coloro che associano». [80] La sua gente argomentò contro di lui, ma egli disse: «Volete polemizzare con me in merito ad Allah, quando è Lui che mi ha guidato? E non temo affatto i soci che Gli attribuite, ma [temo solo] ciò che vorrà il mio Signore. Il mio Signore abbraccia tutte le cose nella Sua scienza. Non rifletterete dunque? [81] Come potrei temere i soci che Gli attribuite, quando voi non temete di associare ad Allah coloro riguardo ai quali non vi ha fatto scendere nessuna autorità? Quale dei due partiti è più nel giusto, [ditelo] se lo sapete. [82]. Coloro che hanno creduto e non ammantano di iniquità la loro fede, ecco a chi spetta l'immunità; essi sono i ben guidati». [83] Questo è l'argomento che fornimmo ad Abramo contro la sua gente. Noi eleviamo il livello di chi vogliamo. Il tuo Signore è saggio, sapiente. [84] Gli demmo Isacco e Giacobbe, e li guidammo entrambi. E in precedenza guidammo Noè; tra i suoi discendenti [guidammo]: Davide, Salomone, Giobbe, Giuseppe, Mosè e Aronne. Così Noi ricompensiamo quelli che fanno il bene.

[85] E [guidammo] Zaccaria, Giovanni, Gesù ed Elia. Era tutta gente del bene. [86] E [guidammo] Ismaele, Eliseo, Giona e Lot. Concedemmo a tutti loro eccellenza sugli uomini. [87] Così abbiamo

scelto e guidato sulla retta via una parte dei loro antenati, dei loro discendenti e dei loro fratelli. [88] Ecco la guida con la quale Allah dirige chi vuole tra i Suoi servi. Se avessero attribuito ad Allah dei consimili, tutte le loro opere sarebbero state vane. [89] Essi sono coloro a cui demmo la Scrittura e la Saggezza e la Profezia. Se [altri] non credono in loro, ebbene li abbiamo affidati a gente che non è miscredente. [90] Essi sono coloro che Allah ha guidato: attieniti alla loro guida. Di': «Non vi chiedo compenso per questo. Non è che un monito rivolto al creato». [91] Non prestano ad Allah la considerazione che Gli spetta quando dicono: «Allah non ha fatto scendere nulla su di un uomo!». Chiedi: «Chi ha fatto scendere la Scrittura su Mosè, come luce e guida per le genti? [Scrittura] che avete trascritta in volumi [diversi] divulgandone una parte e nascondendone una parte assai notevole e tramite la quale siete stati istruiti su cose che né voi né i vostri antenati conoscevate?». Di': «Allah» e lascia che si divertano a discutere.

[92] Questo è un Libro benedetto, che abbiamo fatto scendere a conferma di quello che era [stato rivelato] prima di esso, affinché tu avverta la Madre delle città e le genti intorno. Coloro che credono nell'Ultimo Giorno, credono in esso e sono assidui all'orazione. [93] Chi è peggior prevaricatore di colui che inventa menzogne contro Allah e dice: «Ho ricevuto un'ispirazione!», quando invece non gli è stato ispirato nulla? O colui che dice: «Farò scendere qualcosa di simile a quello che Allah ha rivelato». Se vedessi gli ingiusti, negli spasimi della morte, quando gli angeli stenderanno le mani su di loro [e diranno]: «Rigettate le vostre anime! Oggi sarete compensati con un castigo umiliante per aver mentito contro Allah e per esservi allontanati, pieni di orgoglio, dai Suoi segni».

[94] Siete venuti a Noi da soli, come vi abbiamo creati la prima volta. Quello che vi abbiamo concesso, lo avete gettato dietro le

spalle. Non vediamo con voi i vostri intercessori, gli alleati che pretendevate fossero vostri soci. I legami tra voi sono stati tagliati e le vostre congetture vi hanno abbandonato. [95] Allah schiude il seme e il nocciolo: dal morto trae il vivo e dal vivo il morto. Così è Allah. Come potete allontanarvi da Lui?

[96] Fende [il cielo al] l'alba. Della notte fa un riposo, del sole e della luna una misura [del tempo]. Ecco il decreto dell'Eccelso, del Sapiente. [97] Egli è Colui che ha fatto per voi le stelle, affinché per loro tramite vi dirigiate nelle tenebre della terra e del mare. Noi mostriamo i segni a coloro che comprendono. [98] È Lui che vi ha fatto nascere da un solo individuo e [vi ha dato] un ricettacolo e un deposito. Certamente abbiamo dispiegato i segni per coloro che capiscono.

[99] Egli è Colui che fa scendere l'acqua dal cielo, con la quale facciamo nascere germogli di ogni sorta, da essi facciamo nascere vegetazione e da essa grani in spighe e palme dalle cui spate pendono grappoli di datteri. E giardini piantati a vigna e olivi e melograni, che si assomigliano ma sono diversi gli uni dagli altri. Osserva i frutti quando si formano e maturano. Ecco segni per gente che crede! [100] Hanno associato ad Allah i dèmoni, mentre è Lui che li ha creati. E Gli hanno attribuito, senza nulla sapere, figli e figlie. Gloria a Lui: Egli è superiore a quello che Gli attribuiscono. [101] Il Creatore dei cieli e della terra! Come potrebbe avere un figlio, se non ha compagna, Lui che ha creato ogni cosa e che tutto conosce? [105] Ecco il vostro Signore! Non c'è altro dio che Lui, il Creatore di tutte le cose. AdorateLo dunque. È Lui che provvede ad ogni cosa. [103] Gli sguardi non Lo raggiungono, ma Egli scruta gli sguardi. È il Perspicace, il Ben Informato. [104] [Di' loro]: "Da parte del vostro Signore vi sono giunti appelli alla lungimiranza. Chi dunque vede chiaro, è a suo vantaggio; chi resta cieco, è a suo danno. Io non sono

il vostro custode». [105] Spieghiamo così i Nostri segni, affinché siano spinti a dire: «Li hai studiati», e per esporli a quelli che sanno.

[106] Segui quello che ti è stato rivelato dal tuo Signore. Non c'è altro dio all'infuori di Lui. Allontanati dai politeisti. [107] Se Allah avesse voluto, non Gli avrebbero attribuito alcun consimile. Non ti abbiamo nominato loro custode e neppure sei loro difensore. [108] Non insultate coloro che essi invocano all'infuori di Allah, ché non insultino Allah per ostilità e ignoranza. Abbiamo reso belle, [agli occhi di ogni comunità], le loro proprie azioni. Ritorneranno poi verso il loro Signore ed Egli li renderà edotti sul loro comportamento. [109] E hanno giurato con solenni giuramenti che, se giungesse loro un segno, certamente crederebbero. Di': «In verità i segni sono presso Allah». Ma chi vi dà la certezza che se questo avvenisse crederebbero?

[110] Sconvolgeremo i loro cuori e i loro occhi e li lasceremo progredire alla cieca nella loro ribellione per non aver creduto la prima volta. [111] Quand'anche facessimo scendere gli angeli su di loro, i morti parlassero e radunassimo tutte le cose di fronte a loro, crederebbero solo se Allah vuole. Ma la maggior parte di loro ignora! [112] Ad ogni profeta assegnammo un nemico: diavoli tra gli uomini e i dèmoni, che si suggeriscono a vicenda discorsi fatui e ingannevoli. Se il tuo Signore avesse voluto, non l'avrebbero fatto. Lasciali soli con le loro invenzioni, [113] affinché i cuori di coloro che non credono all'altra vita, ne siano suggestionati, se ne compiacciano e commettano quello che devono commettere. [114] Dovrei forse eleggere altro giudice che Allah, quando è Lui che ha fatto scendere per voi questo Libro spiegato esplicitamente? E coloro ai quali abbiamo dato la Scrittura, ben sanno che è stato rivelato, in tutta verità, da parte del tuo Signore. Non essere, dunque, tra coloro che dubitano.

[115] La Parola del tuo Signore è veritiera e giusta ed esauriente. Nessuno può cambiare le Sue parole. Egli ascolta e sa. [116] Se obbedisci alla maggior parte di quelli che sono sulla terra ti allontaneranno dal sentiero di Allah: seguono [solo] congetture e non fanno che mentire. [117] In verità il tuo Signore ben conosce chi si allontana dal Suo sentiero e ben conosce i ben guidati. [118] Mangiate di quello sul quale è stato menzionato il Nome di Allah, se credete nei Suoi segni.

[119] Perché non mangiate quello su cui è stato pronunciato il Nome di Allah quand'Egli vi ha ben spiegato quello che vi ha vietato, a parte i casi di forza maggiore? Molti traviano gli altri a causa delle loro passioni e della loro ignoranza. Il tuo Signore conosce i trasgressori meglio di chiunque altro. [120] Lasciate la forma e la sostanza del peccato. Coloro che si caricano del peccato saranno compensati per quello che avranno guadagnato. [121] Non mangiate ciò su cui non sia stato pronunciato il Nome di Allah: sarebbe certamente perversità. I diavoli ispirano ai loro amici la polemica con voi. Se li seguiste sareste associatori. [122] Forse colui che era morto, e al quale abbiamo dato la vita affidandogli una luce per camminare tra gli uomini, sarebbe uguale a chi è nelle tenebre senza poterne uscire? Così sembrano graziose ai miscredenti le loro azioni.

[123] Così, in ogni città, facemmo capi i suoi peccatori più grandi, affinché ordiscano in essa le loro trame. Ma tramano solo contro loro stessi e non ne sono coscienti! [124] E quando giunge loro un segno dicono: «Non crederemo finché non ci giunga un segno simile a quello che è stato dato ai messaggeri di Allah». Ma Allah sa meglio di loro dove porre il Suo Messaggio. L'umiliazione di fronte ad Allah e un castigo crudele colpiranno quelli che peccarono

a causa delle loro trame! [125] Allah apre il cuore all'Islàm a coloro
che vuole guidare, colui che vuole sviare, lo stringe e opprime il suo
petto, come a chi fa sforzo a salire verso il cielo. Così Allah impone
l'infamità a coloro che non credono.

[126] Questa è la retta via del tuo Signore. Abbiamo spiegato i
segni per il popolo che si sforza nel ricordo. [127] Avranno una dimora
di Pace presso il loro Signore. Egli è il loro alleato per quello che
hanno fatto. [128] E il giorno in cui li radunerà tutti [dirà]: «O consesso
di dèmoni troppo avete abusato degli uomini!». E i loro amici tra
gli uomini diranno: «O Signor nostro! Ci siamo serviti gli uni degli
altri e abbiamo raggiunto il termine che avevi stabilito per noi». Ed
Egli dirà: «Il Fuoco è la vostra dimora e vi resterete in perpetuo, a
meno che Allah voglia altrimenti». In verità il tuo Signore è saggio,
sapiente!

[129] È così che abbiamo reso gli oppressori soggetti gli uni agli
altri, compenso per quello che hanno guadagnato. [130] «O consesso
di dèmoni e di uomini, non vi sono forse giunti messaggeri scelti
tra voi, che vi hanno riferito i Miei segni e vi hanno avvertito
dell'incontro di questo Giorno?» Diranno: «Lo testimoniamo contro
noi stessi!». La vita terrena li ha ingannati ed hanno testimoniato
contro loro stessi di essere miscredenti. [131] Ciò in quanto non si
addice al tuo Signore l'ingiusta distruzione di città mentre i loro
abitanti sono ancora incoscienti. [132] Per ogni uomo ci sarà un livello
adeguato al suo comportamento. Il tuo Signore non è indifferente a
quello che hanno fatto!

[133] Il tuo Signore è Colui Che basta a Se Stesso, è il Detentore
della misericordia. Se volesse vi distruggerebbe e vi sostituirebbe
come Lui vuole, così come vi ha fatti discendere dalla posterità di
un altro popolo. [134] In verità ciò che vi è stato promesso certamente
si avvicina e voi non potrete far nulla per evitarlo. [135] Di': «O

popol mio, agite per vostro conto, anch'io agisco. Ben presto saprete a chi appartiene la Dimora più elevata». Gli oppressori non prospereranno. [136] E attribuiscono ad Allah una parte di quello che Lui ha prodotto dai campi e dai greggi, e dicono: «Questo per Allah – secondo le loro pretese – e questo per i nostri soci». Ma quello che è per gli dèi non giunge ad Allah e invece quello che è per Allah giunge ai loro dèi. Quale sciagurato giudizio!

[137] Ed è così che i loro dèi hanno reso accettabile a molti politeisti l'assassinio dei loro figli, per farli perdere e per confondere la loro religione. Se Allah volesse, non lo farebbero. Lasciali dunque alle loro bestemmie. [138] E dicono: «Ecco i greggi e le messi consacrate: potranno cibarsene solo quelli che designeremo». Quali pretese! e [designano] animali il cui dorso è tabù e animali sui quali non invocano il Nome di Allah. Forgiano menzogne contro di Lui! Presto [Allah] li compenserà delle loro menzogne.

[139] E dicono: «Quello che è contenuto nei ventri di queste bestie è per i nostri maschi ed è vietato alle nostre donne». E se nasce morto, lo dividono fra tutti. Presto [Allah] li compenserà dei loro distinguo. Egli è saggio, sapiente. [140] Sono certamente perduti quelli che, per idiozia e ignoranza, uccidono i loro figli e quelli che si vietano il cibo che Allah ha concesso loro, mentendo contro Allah. Si sono sviati e non hanno più la guida. [141] E Lui che ha creato giardini [di vigne] con pergolati e senza pergolati, palme e piante dai diversi frutti, l'olivo e il melograno, simili ma dissimili; mangiatene i frutti e versatene quanto dovuto nel giorno stesso della raccolta, senza eccessi, ché Allah non ama chi eccede;

[142] e del bestiame da soma e da macello, mangiate di quello che Allah vi ha concesso per nutrirvi e non seguite le orme di Satana: egli è un vostro sicuro nemico. [143] Otto a coppie: due di ovini e due di caprini. Di': «Sono i due maschi che ha vietato, o le due femmine,

o quello che c'è nel ventre delle due femmine? Informatemene con scienza certa, se siete sinceri».

[144] Due per i camelidi e due per i bovini. Di': «Sono i due maschi che ha vietato o le due femmine, o quello che è contenuto nel ventre delle femmine? Eravate là quando Allah ve lo ha ordinato?». Chi è peggior ingiusto di chi, per ignoranza, inventa menzogne a proposito di Allah, per traviare gli uomini? Allah non guida gli ingiusti. [145] Di': «In quello che mi è stato rivelato non trovo altri interdetti a proposito del cibo, se non l'animale morto, il sangue effuso e la carne di porco – che è immonda – e ciò che, perversamente, è stato sacrificato ad altri che ad Allah». Quanto a chi vi fosse costretto, senza intenzione o ribellione, ebbene, il tuo Signore è perdonatore, misericordioso. [146] Ai giudei abbiamo vietato tutti gli animali ungolati. Vietammo loro il grasso dei bovini e degli ovini, a parte quello del dorso, delle viscere o quello frammisto a ossa. Così li compensammo della loro ribellione. In verità Noi siamo veridici.

[147] Se poi ti tacciano di menzogna, di': «Il vostro Signore possiede immensa misericordia, ma la Sua severità non potrà essere allontanata da un popolo empio». [148] Presto gli associatori diranno: «Se Allah avesse voluto non avremmo associato alcunché, e neppure i nostri avi; né avremmo dichiarato illecito alcunché». Allo stesso modo i loro antenati smentirono, finché non provarono la Nostra severità. Di': «Potete produrre una qualche scienza? Non seguite altro che congetture e supposizioni».

[149] Di': «Allah possiede l'argomento decisivo. Se volesse, vi guiderebbe tutti quanti». [150] Di': «Fate venire i vostri testimoni ad attestare che Allah ha proibito ciò». Se testimoniano, non testimoniare con loro e non seguire le propensioni di coloro che smentiscono i Nostri segni, non credono all'altra vita e attribuiscono consimili al loro Signore. [151] Di': «Venite, vi reciterò quello che

il vostro Signore vi ha proibito e cioè: non associateGli alcunché, siate buoni con i genitori, non uccidete i vostri bambini in caso di carestia: il cibo lo provvederemo a voi e a loro. Non avvicinatevi alle cose turpi, siano esse palesi o nascoste. E, a parte il buon diritto, non uccidete nessuno di coloro che Allah ha reso sacri. Ecco quello che vi comanda, affinché comprendiate.

152 Non avvicinatevi se non per il meglio ai beni dell'orfano, finché non abbia raggiunto la maggior età, e riempite la misura e date il peso congiustizia. Non imponiamo a nessuno oltre le sue possibilità. Quando parlate siate giusti, anche se è coinvolto un parente. Obbedite al patto con Allah. Ecco cosa vi ordina. Forse ve ne ricorderete.

153 In verità questa è la Mia retta via: seguitela e non seguite i sentieri che vi allontanerebbero dalla Sua via. Ecco cosa vi comanda, affinché siate timorati».

154 E poi demmo la Scrittura a Mosè, corollario [della Nostra Grazia], spiegazione chiara di tutte le cose, guida e misericordia, affinché credessero nell'incontro con il loro Signore.

155 Questo è un Libro Benedetto che Noi abbiamo fatto scendere, seguitelo allora e siate timorati [di Allah], sicché possiate essere oggetto di misericordia, 156 affinché non diciate: «È stata fatta scendere la Scrittura solo su due popoli nostri predecessori e noi ne ignoravamo gli insegnamenti». 157 O diciate: «Se la Scrittura fosse stata fatta scendere su di noi, saremmo stati meglio guidati di loro». Ecco che dal vostro Signore vi sono giunte prove, guida e misericordia. Dopo di ciò, chi sarà peggior ingiusto di quello che smentisce i segni di Allah e se ne allontana? Presto compenseremo quelli che si allontanano dai Nostri segni con un duro castigo per essersi allontanati. 158 Aspettano forse che vengano gli angeli o che venga il tuo Signore o che si manifestino i segni del tuo Signore?

Il giorno in cui sarà giunto uno dei segni del tuo Signore, all'anima non servirà a nulla la [professione di] fede che prima non aveva [fatto] e [essa] non sarà utile a chi non avrà acquisito un merito. Di': «Aspettate, ché anche noi aspettiamo!». [159] Tu non sei responsabile di coloro che hanno fatto scismi nella loro religione e hanno formato delle sette. La loro sorte appartiene a Allah. Li informerà di quello che hanno fatto.

[160] Chi verrà con un bene, ne avrà dieci volte tanto e chi verrà con un male ne pagherà solo l'equivalente. Non verrà fatto loro alcun torto. [161] Di': «Il Signore mi ha guidato sulla retta via, in una religione giusta, la fede di Abramo, che era un puro credente e non associatore».

[162] Di': «In verità la mia orazione e il mio rito, la mia vita e la mia morte appartengono ad Allah Signore dei mondi. [163] Non ha associati. Questo mi è stato comandato e sono il primo a sottomettermi». [164] Di': «Dovrei cercare un altro signore all'infuori di Allah che è il Signore di tutte le cose? Ognuno pecca contro se stesso: nessuno porterà il fardello di un altro. Poi ritornerete al vostro Signore ed Egli vi informerà sulle vostre discordie». [165] Egli è Colui che vi ha costituiti eredi della terra e vi ha elevato di livello, gli uni sugli altri, per provarvi in quel che vi ha dato. In verità il tuo Signore è rapido al castigo, in verità è perdonatore, misericordioso.

....

LE ALTEZZE

In nome di Allah, il Compassionevole, il Misericordioso.

[1]. *Alif, Lâm, Mîm, Şâd,*

   [2] è un Libro che è stato fatto scendere su di te, non sia a causa

sua alcuna oppressione sul tuo petto, ché con esso tu ammonisca e sia un monito per i credenti. [3] Seguite quello che vi è stato rivelato dal vostro Signore e non abbiate altri patroni che Lui. Quanto poco ve ne ricordate! [4] Quante città abbiamo distrutte! Le colpì la Nostra severità di notte o durante il riposo notturno o pomeridiano. [5] Quando li colpì la Nostra severità, non poterono implorare, ma solo dire: «Sì, siamo stati ingiusti!». [6] Certamente interrogheremo coloro a cui inviammo e certamente interrogheremo gli inviati. [7] Poi riferiremo loro [le loro azioni] con perfetta conoscenza, poiché mai siamo stati assenti. [8] In quel Giorno la pesatura sarà conforme al vero, e coloro le cui bilance saranno pesanti prospereranno, [9] mentre coloro le cui bilance saranno leggere sono quelli che perderanno le anime, poiché hanno prevaricato sui Nostri segni.

[10] In verità vi abbiamo posti sulla terra e vi abbiamo provvisti in essa di sostentamento. Quanto poco siete riconoscenti! [11] In verità vi abbiamo creati e plasmati, quindi dicemmo agli angeli: «Prosternatevi davanti ad Adamo». Si prosternarono ad eccezione di Iblìs, che non fu tra i prosternati. [12] Disse [Allah]: «Cosa mai ti impedisce di prosternarti, nonostante il Mio ordine?». Rispose: «Sono migliore di lui, mi hai creato dal fuoco, mentre creasti lui dalla creta». [13] «Vattene! – disse Allah – Qui non puoi essere orgoglioso. Via! Sarai tra gli abbietti.» [14] «Concedimi una dilazione – disse – fino al Giorno in cui saranno risuscitati.» [15] «Sia – disse Allah – ti è concessa la dilazione.» [16]. Disse: «Dal momento che mi hai sviato, tenderò loro agguati sulla Tua Retta via, [17] e li insidierò da davanti e da dietro, da destra e da sinistra, e la maggior parte di loro non Ti saranno riconoscenti». [18] «Vattene – disse [Allah] – scacciato e coperto di abominio. Riempirò l'Inferno di tutti voi, tu e coloro che ti avranno seguito.»

[19] [E disse]: «O Adamo, abita il Paradiso insieme con la tua

sposa; mangiate a vostro piacere ma non avvicinatevi a questo albero, ché allora sareste tra gli ingiusti» [20] Satana li tentò per rendere palese [la nudità] che era loro nascosta. Disse: «Il vostro Signore vi ha proibito questo albero, affinché non diventiate angeli o esseri immortali». [21] E giurò: «In verità sono per voi un consigliere sincero».

[22] Con l'inganno li fece cadere entrambi. Quando ebbero mangiato [dei frutti] dell'albero, si accorsero della loro nudità e cercarono di coprirsi con le foglie del Giardino. Li richiamò il loro Signore: «Non vi avevo vietato quell'albero, non vi avevo detto che Satana è il vostro dichiarato nemico?». [23] Dissero: «O Signor nostro, abbiamo mancato contro noi stessi. Se non ci perdoni e non hai misericordia di noi, saremo certamente tra i perdenti». [24] «Andatevene via – disse Allah – nemici gli uni degli altri ! Avrete sulla terra dimora e godimento prestabilito. [25] Di essa vivrete – disse Allah – su di essa morrete e da essa sarete tratti.»

[26] O figli di Adamo, facemmo scendere su di voi un abito che nascondesse la vostra vergogna e per ornarvi, ma l'abito del timor di Allah è il migliore. Questo è uno dei segni di Allah, affinché se ne ricordino! [27] O Figli di Adamo, non lasciatevi tentare da Satana, come quando fece uscire dal Paradiso i vostri genitori, strappando loro i vestiti per palesare la loro vergogna. Esso e i suoi alleati vi vedono da dove voi non li vedete. A coloro che non credono abbiamo assegnato i diavoli per alleati.

[28] Quando commettono qualcosa di turpe, dicono: «Così facevano i nostri avi, è Allah che ce lo ha ordinato». Di': «Allah non comanda la turpitudine. Direte, contro Allah, ciò che non conoscete?». [29] Di': «Il mio Signore ha ordinato l'equità, di sollevare la testa in ogni luogo di preghiera, di invocarLo e di attribuirGli un culto puro. Ritornerete [a Lui] così come vi ha creati». [30] Guida gli

uni, mentre altri meritano la perdizione per aver preso i diavoli a patroni al posto di Allah e credono di essere loro i ben guidati.

[31] O Figli di Adamo, abbigliatevi prima di ogni orazione. Mangiate e bevete, ma senza eccessi, che Allah non ama chi eccede. [32] Di': «Chi ha proibito gli ornamenti che Allah ha prodotto per i Suoi servi e i cibi eccellenti?». Di': «Appartengono ai credenti, in questa vita terrena e soltanto ad essi nel Giorno della Resurrezione». Così spieghiamo i Nostri segni ad un popolo che sa. [33] Di': «Il mio Signore ha vietato solo le turpitudini palesi o nascoste, il peccato e la ribellione ingiusta, l'attribuire ad Allah consimili a proposito dei quali [Egli] non ha concesso autorità alcuna e il dire contro Allah cose di cui non conoscete nulla».

[34] Ogni comunità ha un termine stabilito, e quando il suo tempo giunge, non ci sarà ritardo né anticipo di un'ora. [35] O Figli di Adamo, quando vi giungono messaggeri della gente vostra che vi riferiscono i Miei segni, chi allora sarà timorato e si correggerà non avrà nulla da temere e non sarà afflitto. [36] Coloro che invece smentiscono i Nostri segni e se ne allontanano per orgoglio, sono i compagni del Fuoco dove rimarranno in perpetuo. [37] Chi è peggior ingiusto di colui che inventa menzogne contro Allah e considera bugia i Suoi segni? Avranno quanto è prestabilito; poi verranno i Nostri Angeli, li faranno morire e diranno: «Dove sono quelli che avevate l'abitudine di invocare al posto di Allah?». Diranno: «Ci hanno abbandonati» e testimonieranno contro loro stessi della loro miscredenza.

[38] «Entrate nel Fuoco, dirà Allah, assieme ai dèmoni e agli uomini delle comunità che vi precedettero.» Ogni comunità che vi entrerà maledirà sua sorella. Quando poi vi s'incontreranno tutte, l'ultima dirà della prima: «O nostro Signore! Ecco quelli che ci hanno traviati, da' loro un doppio castigo di fuoco». Lui dirà:

«Il doppio per tutti quanti, ma voi non sapete». [39] E la prima dirà all'ultima: «Non avete nessun merito su di noi! Gustate il castigo per quello che avete commesso».

[40] In verità le porte del cielo non si apriranno mai per coloro che smentiscono i Nostri segni allontanandosene orgogliosamente: non entreranno in Paradiso sino a quando un cammello non passi per la cruna di un ago. Così Noi compensiamo i peccatori. [41]. Avranno nell'Inferno letti e coperte che li avvolgeranno. Così compensiamo gli ingiusti! [42] Quanto a coloro che credono e compiono il bene – ché non obbligheremo nessuno oltre le sue possibilità – essi saranno i compagni del Giardino e vi rimarranno in perpetuo. [43] Cancelleremo il rancore dai loro petti, mentre ai loro piedi scorreranno i ruscelli e diranno: «La lode [appartiene] ad Allah, Che ci ha guidati a ciò! Non saremmo stati guidati, se Allah non ci avesse guidato. I messaggeri del nostro Signore sono venuti con la verità». Verrà affermato a gran voce: «Ecco, il Giardino vi è dato in eredità per quello che avete fatto».

[44] E quelli del Giardino grideranno ai compagni del Fuoco: «Abbiamo verificato quello che il nostro Signore ci aveva promesso. E voi avete verificato quello che vi era stato promesso?». «Sì», diranno. Poi un nunzio proclamerà in mezzo a loro: «Maledizione di Allah sugli ingiusti, [45] che ponevano ostacoli sul sentiero di Allah e cercavano di renderlo tortuoso e non credevano all'altra vita». [46] E tra i due vi sarà un velo e sull'A'ràf uomini che riconoscono tutti per i loro segni caratteristici. E grideranno ai compagni del Giardino: «Pace su di voi!», senza potervi entrare pur desiderandolo. [47] Quando i loro sguardi si rivolgeranno ai compagni del Fuoco, diranno: «O Signor nostro, non metterci con il popolo degli ingiusti». [48] E i compagni dell'A'ràf chiameranno gli uomini che riconosceranno per il loro aspetto, dicendo: «Le ricchezze

e l'orgoglio non vi hanno giovato in nulla. [49] Sono essi coloro che, giuravate, non sarebbero stati raggiunti dalla misericordia di Allah?». [Verrà detto loro]: «Entrate nel Giardino! Non avrete niente da temere e non sarete afflitti».

[50] E i compagni del Fuoco grideranno ai compagni del Giardino: «Versate acqua su di noi e parte del cibo che Allah vi ha concesso». Risponderanno: «In verità Allah ha proibito l'una e l'altro ai miscredenti [51] che consideravano la loro religione gioco e passatempo ed erano ingannati dalla vita terrena». Ebbene, oggi Noi li dimenticheremo, come loro hanno dimenticato l'incontro di questo Giorno e hanno rigettato i Nostri segni.

[52] Facemmo loro giungere un Libro e lo abbiamo spiegato nei particolari, ché fosse guida e misericordia per coloro che credono. [53] Aspettano forse l'adempiersi [dell'evento]? Il Giorno in cui si sarà compiuto, coloro che prima lo smentivano diranno: «I messaggeri del nostro Signore erano venuti con la verità. Ci sono intercessori che possano intercedere per noi, o potremo ritornare per agire diversamente da come abbiamo agito?». Si sono rovinati da loro stessi e quello che inventavano li ha abbandonati.

[54] Allah è il vostro Signore, Colui Che in sei giorni ha creato i cieli e la terra e poi si è innalzato sul Trono. Ha coperto il giorno con la notte ed essi si susseguono instancabilmente. Il sole e la luna e le stelle sono sottomesse ai Suoi comandi. Non è a Lui che appartengono la creazione e l'ordine? La lode [appartiene] ad Allah Signore dei mondi! [55] Invocate il vostro Signore umilmente e in segreto. Egli, in verità, non ama i trasgressori. [56] Non spargete la corruzione sulla terra, dopo che è stata resa prospera. InvocateLo con timore e desiderio. La misericordia di Allah è vicina a quelli che fanno il bene.

[57] Egli è Colui Che invia i venti, annunciatori e precursori

della Sua misericordia. Quando poi recano una nuvola pesante, la dirigiamo verso una terra morta e ne facciamo discendere l'acqua con la quale suscitiamo ogni tipo di frutti. Così resusciteremo i morti. Forse rifletterete [in proposito]. [58] Nelle buone terre crescono piante in quantità per volontà del loro Signore, in quelle cattive non spuntano che a stento. Così spieghiamo i nostri segni per il popolo che si dimostra riconoscente.

[59] In verità mandammo Noè al suo popolo. Disse: «O popol mio, adorate Allah! Per voi non c'è altro dio che Lui. Temo, per voi, il castigo di un Giorno terribile». [60] I notabili del suo popolo dissero: «Ti vediamo manifestamente sviato». [61] Disse: «O popol mio, non c'è errore in me, non sono che un messaggero del Signore dei mondi! [62] Vi riferisco i messaggi del mio Signore, vi do sinceri consigli e ho ricevuto da Allah la conoscenza di ciò che ignorate. [63] Vi stupite forse che vi giunga un richiamo da parte del vostro Signore tramite uno dei vostri uomini, che vi avverta e vi esorti al timor [di Allah], affinché possiate godere della [Sua] misericordia?». [64] Lo tacciarono di menzogna. Salvammo lui e coloro che stavano con lui nell'Arca e annegammo coloro che smentivano i segni Nostri. In verità era un popolo cieco.

[65] E agli 'Àd [inviammo] il loro fratello Hûd: «O popol mio, disse, adorate Allah. Per voi non c'è altro dio che Lui. Non Lo temerete?». [66] I notabili del suo popolo – che erano miscredenti – dissero: «Ci pare che tu sia in preda alla stoltezza e crediamo che tu sia un bugiardo». [67] Disse: «Non c'è stoltezza in me, sono messaggero del Signore dei mondi. [68] Vi riferisco i messaggi del vostro Signore e sono per voi un consigliere affidabile. [69] Vi stupite che vi giunga un richiamo da parte del vostro Signore per il tramite di uno dei vostri uomini che vi ammonisce? Ricordatevi di quando vi designò successori del popolo di Noè e accrebbe la vostra

prestanza nel mondo. Ricordate i benefici di Allah, affinché possiate prosperare».

⁷⁰ Dissero: «Sei venuto per far sì che adoriamo Allah, l'Unico, abbandonando quello che adoravano i nostri avi? Se sei sincero, mostraci quello di cui ci minacci». ⁷¹ Disse: «Ecco che il vostro Signore ha fatto cadere su di voi supplizio e collera! Volete polemizzare con me sui nomi che voi e i vostri avi avete inventato senza che Allah vi abbia concesso a riguardo alcuna autorità? Aspettate e anch'io rimarrò in attesa insieme a voi». ⁷² Abbiamo salvato lui e coloro che erano con lui, per Nostra misericordia e cancellato anche le tracce di coloro che smentivano i Nostri segni e non credevano.

⁷³ E ai Thamùd [inviammo] il loro fratello Ṣâlih. [Disse]: «O popol mio, adorate Allah. Per voi non c'è altro dio all'infuori di Lui. Ecco che vi è giunta una prova da parte del vostro Signore: ecco la cammella di Allah, un segno per voi. Lasciatela pascolare sulla terra di Allah e non le fate alcun male: scontereste un doloroso castigo. ⁷⁴ E ricordatevi di quando, dopo gli ʿÀd, vi costituì loro successori e vi stabilì sulla terra: costruiste castelli nelle pianure e scavaste case nelle montagne. Ricordatevi dei benefici di Allah e non contaminate la terra [comportandovi da] corruttori». ⁷⁵ I notabili del suo popolo, che erano tronfi di orgoglio, dissero agli oppressi fra quelli di loro che avevano creduto: «Siete sicuri che Ṣâlih sia un inviato del suo Signore?». Ed essi risposero: «Sì, crediamo nel messaggio inviato suo tramite». ⁷⁶ Gli orgogliosi dissero: «Certamente neghiamo ciò in cui credete!». ⁷⁷ Quindi tagliarono i garretti alla cammella, disobbedirono agli ordini del loro Signore e dissero: «O Ṣâlih, se sei uno degli inviati, fai cadere su di noi ciò di cui ci minacci».

⁷⁸ Li colse il cataclisma e al mattino giacquero bocconi nelle loro dimore. ⁷⁹ Allora [Ṣâlih] si allontanò da loro e disse: «O popol

mio, vi avevo trasmesso il messaggio del mio Signore, e vi avevo
dato consigli sinceri, ma voi non amate i consiglieri sinceri». ⁸⁰ E
quando Lot disse al suo popolo: «Vorreste commettere un'infamità
che mai nessuna creatura ha mai commesso? ⁸¹ Vi accostate con
desiderio agli uomini piuttosto che alle donne. Sì, siete un popolo di
trasgressori». ⁸² E in tutta risposta il suo popolo disse: «Cacciateli
dalla vostra città! Sono persone che vogliono esser pure!». ⁸³ E Noi
salvammo lui e la sua famiglia, eccetto sua moglie, che fu tra quelli
che rimasero indietro. ⁸⁴ Facemmo piovere su di loro una pioggia…
Guarda cosa è avvenuto ai perversi.

⁸⁵ Agli abitanti di Madyan [inviammo] il loro fratello Shu'ayb!
Disse: «O popol mio, adorate Allah. Per voi non c'è altro dio che
Lui. Vi è giunta una prova da parte del vostro Signore. Riempite la
misura e date il giusto peso e non danneggiate gli uomini nei loro
beni. Non corrompete la terra dopo che Allah la creò pura: ciò è
meglio per voi, se siete credenti. ⁸⁶ Non appostatevi su ogni strada,
distogliendo dal sentiero di Allah coloro che credono in Lui, e
cercando di renderlo tortuoso. Ricordatevi di quando eravate pochi
ed Egli vi ha moltiplicati. Guardate cosa è accaduto ai corruttori.
⁸⁷ Se una parte di voi crede nel messaggio con il quale sono stato
inviato ed un'altra parte non crede, siate pazienti e sopportate fino a
che Allah giudichi tra di noi! Egli è il Migliore dei giudici».

⁸⁸ I notabili del suo popolo, che erano tronfi di orgoglio, dissero:
«O Shu'ayb, certamente ti cacceremo dalla nostra città, tu e quelli
che hanno creduto in te, a meno che non ritorniate alla nostra
religione!». Rispose: «Anche se la aborriamo? ⁸⁹ Inventeremmo
menzogne contro Allah se ritornassimo alla vostra religione dopo
che Allah ce ne ha salvati. Non potremo farvi ritorno – a meno che
lo voglia Allah nostro Signore. Il nostro Signore possiede la scienza
di ogni cosa. In Allah riponiamo la nostra fiducia. O Signor nostro,

giudica secondo verità, tra noi e il nostro popolo; Tu sei il Migliore dei giudici». ⁹⁰ I notabili del suo popolo, che erano miscredenti, dissero: «Se seguite Shu'ayb sarete sicuramente rovinati!». ⁹¹ Li colse il cataclisma e al mattino giacquero prostrati nelle loro dimore. ⁹² Per coloro che avevano tacciato Shu'ayb di menzogna, fu come se non avessero mai abitato in quei luoghi. Coloro che tacciavano Shu'ayb di menzogna sono andati in rovina. ⁹³ Si allontanò da loro e disse: «O popol mio, vi avevo trasmesso i messaggi del mio Signore e vi avevo dato consigli sinceri. Come potrei ora essere afflitto per un popolo di miscredenti?».

⁹⁴ Non inviammo mai un profeta in una città senza colpire i suoi abitanti con disgrazie e carestie, affinché fossero umili. ⁹⁵ Poi sostituimmo il male con il bene finché, aumentando in numero e ricchezze, dissero: «Agi e disagi toccarono anche ai nostri avi». Allora li afferrammo all'improvviso, senza che se ne accorgessero. ⁹⁶ Se gli abitanti di queste città avessero creduto e avessero avuto timor di Allah, avremmo diffuso su di loro le benedizioni dal cielo e dalla terra. Invece tacciarono di menzogna e li colpimmo per ciò che avevano fatto. ⁹⁷ Forse che la gente delle città è al riparo dal Nostro castigo severo che li colpisce la notte durante il sonno? ⁹⁸ Forse che la gente delle città è al riparo dal Nostro castigo severo che li colpisce in pieno giorno mentre si divertono? ⁹⁹ Si ritengono al riparo dallo stratagemma di Allah? Di fronte allo stratagemma di Allah si sentono al sicuro solo coloro che già si sono perduti.

¹⁰⁰ Non è forse palese a coloro che ricevono l'eredità della terra che, se Noi volessimo, li colpiremmo per i loro peccati e sigilleremmo i loro cuori, sicché non udrebbero più nulla? ¹⁰¹ Ecco le città di cui con verità, ti raccontiamo la storia. Giunsero loro messaggeri con prove evidenti, ma essi non potevano credere in quello che prima avevano tacciato di menzogna. Così Allah sigilla

i cuori dei miscredenti. [102] E non trovammo nella maggior parte di loro rispetto alcuno per il Patto e, anzi, trovammo perversa la maggior parte di loro.

[103] Poi, dopo di loro, inviammo Mosè, con i Nostri segni, a Faraone e ai suoi notabili, ma essi trasgredirono. Guarda dunque ciò che è accaduto ai perversi. [104] Disse Mosè: «O Faraone, in verità io sono un messaggero inviato dal Signore dei mondi. [105] Non dirò, su Allah, altro che la verità. Son giunto con una prova da parte del vostro Signore. Lascia che i figli di Israele vengano via con me». [106] «Se hai recato una prova con te, disse [Faraone], allora mostrala, se sei uno che dice la verità.» [107]. Gettò il bastone, ed ecco che si trasformò in un serpente [ben] evidente. [108] Stese la mano, ed ecco che apparve bianca agli astanti. [109] I notabili del popolo di Faraone dissero: «Si tratta certamente di un mago sapiente [110] che vuole scacciarvi dalla vostra terra». «Cosa dunque ordinate in proposito?» [111] Dissero: «Fai attendere lui e suo fratello e manda nunzi nelle città: [112] che ti conducano tutti i maghi più esperti». [113] I maghi si presentarono a Faraone e dissero: «Davvero ci sarà un premio per noi se saremo i vincitori?». [114] Disse: «Sì, e inoltre sarete tra i favoriti». [115] Dissero: «O Mosè, getti tu o tocca a noi gettare?». [116] «Gettate pure», rispose. Dopo che ebbero gettato, stregarono gli occhi della gente, la spaventarono e realizzarono un grande incantesimo. [117] Noi ispirammo a Mosè: «Getta la tua verga». E quella inghiottì tutto quello che avevano fabbricato. [118] Così si affermò la verità e vanificò quello che avevano fatto. [119] Furono sconfitti e sembravano umiliati. [120] Allora i maghi si prosternarono. [121] E dissero: «Crediamo nel Signore dei mondi, [122] il Signore di Mosè e di Aronne».

[123] «Vorreste credere prima che ve ne dia il permesso? – disse Faraone. – Si tratta certo di una congiura che avete ordito nella

città per scacciarne gli abitanti. Ebbene, presto saprete: [124] vi farò tagliare mani e piedi alternati, quindi vi farò crocifiggere tutti.» [125] Dissero: «In verità siamo pronti a tornare al nostro Signore; [126] ti vendichi su di noi solo perché abbiamo creduto ai segni del nostro Signore quando essi ci sono giunti. O Signore, concedici la sopportazione e facci morire [a Te] sottomessi».

[127] I notabili del popolo di Faraone dissero: «Lascerai che Mosè e il suo popolo spargano corruzione sulla terra, abbandonando te e i tuoi dèi?». Disse: «Poiché abbiamo il dominio su di loro, uccideremo immediatamente i loro figli maschi e risparmieremo le loro femmine». [128] Disse Mosè al suo popolo: «Chiedete aiuto ad Allah e sopportate con pazienza: la terra è di Allah ed Egli ne fa erede colui che sceglie tra i Suoi servi. L'esito felice sarà per coloro che [Lo] temono». [129] Dissero : «Siamo stati perseguitati prima che tu venissi e dopo che venisti a noi». Rispose: «Può darsi che presto il vostro Signore distrugga il nemico e vi costituisca vicari sul paese per poi guardare quello che farete».

[130] Colpimmo la gente di Faraone con anni di miseria e scarsità di frutti, affinché riflettessero. [131] Quando veniva loro un bene dicevano: «Questo ci spetta»; mentre se li colpiva un male, vedevano in Mosè e in quelli che erano con lui uccelli di malaugurio. Non dipendeva da Allah la loro sorte? Ma la maggior parte di loro non sapeva. [132] Dissero: «Qualunque segno addurrai per stregarci, noi non crederemo in te».

[133] Mandammo contro di loro l'inondazione e le cavallette, le pulci, le rane e il sangue, segni ben chiari. Ma furono orgogliosi e rimasero un popolo di perversi. [134] Quando il castigo li toccava, dicevano: «O Mosè, invoca per noi il tuo Signore in forza del patto che ha fatto con te. Se allontanerai il castigo da noi, crederemo certamente in te e lasceremo partire con te i Figli di Israele».

[135] Allontanammo da loro il tormento, ma quando giunse il termine che dovevano rispettare, ecco che mancarono al loro impegno.

[136] Allora Ci vendicammo di loro, li inghiottimmo nel mare, perché tacciavano di menzogna i Nostri segni ed erano indifferenti ad essi. [137] E abbiamo fatto, del popolo che era oppresso, l'erede degli Orienti e degli Occidenti della terra che abbiamo benedetta. Così, la bella promessa del tuo Signore si realizzò sui Figli di Israele, compenso della loro pazienza. E distruggemmo ciò che Faraone e il suo popolo avevano realizzato ed eretto.

[138] Facemmo traversare il mare ai Figli di Israele. Incontrarono un popolo che cercava rifugio presso i propri idoli. Dissero: «O Mosè, dacci un dio simile ai loro dèi». Disse: «In verità siete un popolo di ignoranti». [139] Sì, il culto a cui si dedicano sarà distrutto e sarà reso vano il loro operare. [140] Disse: «Dovrei cercare per voi un altro dio all'infuori di Allah, Colui Che vi ha preferito sulle altre creature?». [141] E quando vi salvammo dalla famiglia di Faraone che vi infliggeva il peggiore dei tormenti: uccideva i vostri figli e risparmiava le vostre femmine; era questa una dura prova da parte del vostro Signore! [142] E fissammo per Mosè un termine di trenta notti, che completammo con altre dieci, affinché fosse raggiunto il termine di quaranta notti stabilito dal suo Signore. E Mosè disse a suo fratello Aronne: «Sostituiscimi alla guida del mio popolo, agisci bene e non seguire il sentiero dei corruttori». [143] E quando Mosè venne al Nostro luogo di convegno, e il suo Signore gli ebbe parlato, disse: «O Signor mio, mostraTi a me, affinché io Ti guardi».

Rispose: «No, tu non Mi vedrai, ma guarda il Monte; se rimane al suo posto, tu Mi vedrai». Non appena il suo Signore si manifestò sul Monte esso divenne polvere e Mosè cadde folgorato. Quando ritornò in sé, disse: «Gloria a Te! Io mi pento e sono il primo dei credenti».

[144] Disse [Allah]: «O Mosè, ti ho eletto al di sopra degli uomini per [affidarti] i Miei messaggi e le Mie parole. Prendi ciò che ti do e sii riconoscente». [147] Scrivemmo per lui, sulle Tavole, un'esortazione su tutte le cose e la spiegazione precisa di ogni cosa. «Prendile con fermezza e comanda al tuo popolo di adeguarvisi al meglio. Presto vi mostrerò la dimora degli empi. [146] Presto allontanerò dai segni Miei coloro che sono orgogliosi sulla terra. Quand'anche vedessero ogni segno non crederanno; se vedessero la retta via, non la seguirebbero; se vedessero il sentiero della perdizione lo sceglierebbero come loro via. Ciò in quanto tacciano di menzogna i Nostri segni e sono noncuranti di essi. [147] Quanto a coloro che negano i Nostri segni e l'incontro dell'altra vita, le loro opere sono vanificate. Saranno compensati per altro che quello che avranno fatto?»

[148] E il popolo di Mosè, in sua assenza, si scelse per divinità un vitello fatto con i loro gioielli, un corpo mugghiante. Non si accorsero che non parlava loro e che non li guidava su nessuna via? Lo adottarono come divinità e furono ingiusti. [149] Quando li si convinse di ciò e si accorsero che si erano traviati, dissero: «Se il nostro Signore non ci usa misericordia e non ci perdona, saremo tra coloro che si sono perduti». [150] Quando Mosè, adirato e contrito, ritornò presso il suo popolo, disse: «Che infamità avete commesso in mia assenza! Volevate affrettare il decreto del vostro Signore?». Scagliò [in terra] le tavole e afferrò per la testa suo fratello e lo trasse a sé: «O figlio di mia madre – disse quello – il popolo ha preso il sopravvento su di me e c'è mancato poco che mi uccidessero. Non permettere che i nemici si rallegrino [della mia sorte] e non annoverarmi tra gli ingiusti». [151] E Mosè: «O Signore mio, perdona a me e a mio fratello e facci entrare nella Tua misericordia, poiché Tu sei il più Misericordioso dei misericordiosi».

¹⁵² Coloro che si scelsero il vitello [come divinità] saranno ben presto sopraffatti dalla collera del loro Signore e dalla vergogna nella vita terrena. In tal modo ricompensiamo i mentitori. ¹⁵³ Quanto a coloro che hanno fatto il male e poi si sono pentiti e hanno creduto... ebbene, il tuo Signore è perdonatore, misericordioso.

¹⁵⁴ Quando la collera di Mosè si acquietò, raccolse le tavole. In esse era scritta la guida e la misericordia per coloro che temono il loro Signore. ¹⁵⁵ Mosè scelse settanta uomini del suo popolo per il Nostro luogo di convegno. Dopo che li colse il cataclisma, disse: «O Signore, se Tu avessi voluto, già li avresti distrutti in precedenza e me con loro. Ci distruggerai per ciò che hanno commesso gli stolti della nostra gente? Questa non è se non una prova da parte Tua, con la quale svii chi vuoi e guidi chi vuoi. Tu sei il nostro Patrono, perdonaci e usaci misericordia. Tu sei il migliore dei perdonatori. ¹⁵⁶ Annoveraci un bene in questa vita terrena e un bene nell'Altra vita. Ecco che, pentiti, ritorniamo a Te». E [Allah] disse: «Farò sì che il Mio castigo colpisca chi voglio, ma la Mia misericordia abbraccia ogni cosa: la riserverò a coloro che [Mi] temono e pagano la decima, a coloro che credono nei Nostri segni, ¹⁵⁷ a coloro che seguono il Messaggero, il Profeta illetterato che trovano chiaramente menzionato nella Torâh e nell'Ingìl, colui che ordina le buone consuetudini e proibisce ciò che è riprovevole, che dichiara lecite le cose buone e vieta quelle cattive, che li libera del loro fardello e dei legami che li opprimono. Coloro che crederanno in lui, lo onoreranno, lo assisteranno e seguiranno la luce che è scesa con lui, invero prospereranno».

¹⁵⁸ Di': «Uomini, io sono un Messaggero di Allah a voi tutti inviato da Colui al Quale appartiene la sovranità dei cieli e della terra. Non c'è altro dio all'infuori di Lui. Dà la vita e dà la morte.

Credete in Allah e nel Suo Messaggero, il Profeta illetterato che crede in Allah e nelle Sue parole. Seguitelo, affinché possiate essere sulla retta via». [159] E tra il popolo di Mosè c'è gente che si dirige con la verità e in base ad essa agisce con giustizia.

[160] Li dividemmo in dodici tribù o nazioni. Quando il suo popolo gli chiese da bere, ispirammo a Mosè: «Colpisci la roccia con la tua verga». Sgorgarono da essa dodici sorgenti e ogni tribù conobbe da dove avrebbe dovuto bere; prestammo loro l'ombra di una nuvola, e facemmo scendere la manna e le quaglie: «Mangiate le buone cose di cui vi abbiamo provvisto». Non è a Noi che fecero torto, fecero torto a loro stessi. [161] E quando fu detto loro: «Abitate questa città e mangiate a vostro piacere, ma dite: "Perdono", ed entrate dalla porta prosternandovi; perdoneremo i vostri peccati e, a coloro che fanno il bene, daremo ancora di più!». [162] Quelli di loro che erano ingiusti, sostituirono un'altra parola a quella che era stata detta. Allora inviammo contro di loro un castigo dal cielo, per il torto che avevano commesso.

[163] Chiedi loro a proposito della città sul mare in cui veniva trasgredito il sabato, [chiedi] dei pesci che salivano alla superficie nel giorno del sabato e che invece non affioravano negli altri giorni! Così li mettemmo alla prova, perché dimostrassero la loro empietà. [164] E quando alcuni di loro dissero: «Perché ammonite un popolo che Allah distruggerà o punirà con duro castigo?». Risposero: «Per avere una scusa di fronte al vostro Signore e affinché [Lo] temano!»

[165] Quando poi dimenticarono quello che era stato loro ricordato, salvammo coloro che proibivano il male e colpimmo con severo castigo coloro che erano stati ingiusti e che perversamente agivano. [166] Quando poi per orgoglio si ribellarono a ciò che era stato loro vietato, dicemmo loro: «Siate scimmie reiette!».

[167] E il tuo Signore annunciò che avrebbe inviato contro di loro

qualcuno che li avrebbe duramente castigati fino al Giorno della
Resurrezione! In verità il tuo Signore è sollecito nel castigo, ma è
anche perdonato- re, misericordioso. [168] Li dividemmo sulla terra in
comunità diverse. Tra loro ci sono genti del bene e altre [che non lo
sono]. Li mettemmo alla prova con prosperità e avversità, affinché
ritornassero [sulla retta via].

[169] Dopo di loro vennero altre generazioni che ereditarono la
Scrittura. Sfruttarono i beni del mondo terreno dicendo: «Presto
saremo perdonati». Se fossero giunti altri beni terreni, ugualmente
se ne sarebbero appropriati! Non avevano accettato il patto della
Scrittura, secondo cui non avrebbero detto, su Allah, altro che la
verità? Proprio loro che avevano studiato ciò che essa contiene?
La dimora ultima è la migliore per i timorati; ancora non lo capite?
[170] Quanto a coloro che si attengono saldamente al Libro ed
eseguono l'orazione, certamente non trascuriamo la ricompensa a
quelli che si emendano. [171] E quando elevammo il Monte sopra di
loro, come fosse un baldacchino, e temevano che sarebbe rovinato
loro addosso, [dicemmo]: «Afferrate con forza ciò che vi abbiamo
dato e ricordatevi di quel che contiene. Forse sarete timorati».

[172] E quando il Signore trasse, dai lombi dei figli di Adamo,
tutti i loro discendenti e li fece testimoniare a proposito di loro
stessi [disse]: «Non sono il vostro Signore?». Risposero: «Sì, lo
attestiamo», [Lo facemmo] perché nel Giorno della Resurrezione
non diciate: «Veramente eravamo incoscienti»; [173] o diciate: «I
nostri antenati erano associatori e noi siamo i loro discendenti:
vorresti annientarci per quello che facevano questi inventori di
nullità?». [174] Così spieghiamo i Nostri segni. Forse ritorneranno [a
Noi].

[175] Racconta loro la storia di colui cui avevamo dato Nostri
segni e che li trascurò. Satana lo seguì e fu uno dei traviati. [176] Se

avessimo voluto, lo avremmo elevato grazie a questi segni; ma si aggrappò alla terra e seguì le sue passioni. Fu come il cane che ansima se lo attacchi e ansima se lo lasci stare. Ecco a chi è simile il popolo che taccia di menzogna i Nostri segni. Racconta loro le storie, affinché riflettano! [177] Che cattivo esempio, quello del popolo che taccia di menzogna i Nostri segni e fa torto a se stesso. [178] Colui che è guidato da Allah è ben guidato, chi da Lui è traviato si perde.

[179] In verità creammo molti dei dèmoni e molti degli uomini per l'Inferno: hanno cuori che non comprendono, occhi che non vedono e orecchi che non sentono, sono come bestiame, anzi ancor peggio. Questi sono gli incuranti.

[180] Ad Allah appartengono i nomi più belli: invocateLo con quelli e allontanatevi da coloro che profanano i nomi Suoi: presto saranno compensati perquello che hanno fatto. [181] Tra le Nostre creature c'è una comunità che guida secondo verità e con essa esercita la giustizia. [182] Condurremo [alla rovina] coloro che tacciano di menzogna i Nostri segni e non sapranno donde viene. [183] Concederò loro una dilazione, ché il Mio piano è certo.

[184] Non hanno riflettuto? Non c'è un dèmone nel loro compagno : egli non è che un nunzio chiarissimo. [185] Non hanno considerato il Regno dei cieli e della terra, e tutto ciò che Allah ha creato e che forse è vicino il termine loro? In quale altro messaggio crederanno, dopo di ciò? [186] Chi è traviato da Allah non avrà la guida. Egli lascia che procedano alla cieca nella loro ribellione. [187] Ti chiederanno dell'Ora: «Quando giungerà?». Di': «La conoscenza di questo appartiene al mio Signore. A suo tempo non la paleserà altri che Lui. Sarà gravosa nei cieli e sulla terra, vi coglierà all'improvviso». Ti interrogano come se tu ne fossi avvertito. Di': «La scienza di ciò appartiene ad Allah». Ma la maggior parte degli uomini non lo sa. [188] Di': «Non dispongo, da parte mia, né di ciò che mi giova né di ciò

che mi nuoce, eccetto ciò che Allah vuole. Se conoscessi l'invisibile possederei beni in abbondanza e nessun male mi toccherebbe. Non sono altro che un nunzio e un ammonitore per le genti che credono».

[189] Egli è Colui che vi ha creati da un solo individuo, e che da esso ha tratto la sua sposa affinché riposasse presso di lei. Dopo che si unì a lei, ella fu gravida di un peso leggero, con il quale camminava [senza pena]. Quando poi si appesantì, entrambi invocarono il loro Signore Allah: «Se ci darai un [figlio] probo, Ti saremo certamente riconoscenti». [190] Ma quando diede loro un [figlio] probo, essi attribuirono ad Allah associati in ciò che Egli aveva loro donato. Ma Allah è ben superiore a quello che Gli viene associato. [191] Gli associano esseri che non creano nulla e che anzi sono essi stessi creati [192] e non possono esser loro d'aiuto e neppure esserlo a loro stessi. [193] Se li invitate alla retta via, non vi seguiranno. Sia che li invitiate o che tacciate per voi è lo stesso. [194] In verità coloro che invocate all'infuori di Allah, sono [Suoi] servi come voi. Invocateli dunque e che vi rispondano, se siete sinceri!

[195] Hanno piedi per camminare, hanno mani per afferrare, hanno occhi per vedere, hanno orecchie per sentire? Di': «Chiamate questi associati, tramate pure contro di me e non datemi tregua: [196] ché il mio Patrono è Allah, Colui che ha fatto scendere il Libro, Egli è il Protettore dei devoti. [197] E coloro che invocate all'infuori di Lui non sono in grado di aiutarvi e neppure di aiutare loro stessi». [198] Se li chiami alla retta via, non ti ascolteranno. Li vedi: rivolgono lo sguardo verso di te, ma non vedono.

[199] Prendi quello che ti concedono di buon grado, ordina il bene e allontanati dagli ignoranti. [200] E se ti coglie una tentazione di Satana, rifugiati in Allah. Egli è Colui Che tutto ascolta e conosce! [201] In verità coloro che temono [Allah], quando li coglie una tentazione, Lo ricordano ed eccoli di nuovo lucidi.[202] Ma i loro

fratelli li sospingono ancor più nella aberrazione, senza che poi, mai più smettano.

²⁰³ E quando non rechi loro qualche versetto, dicono: «Non l'hai ancora scelto?». Di': «In verità non seguo altro che quello che mi ha rivelato il mio Signore». Ecco [venirvi] dal vostro Signore un invito alla visione chiara: una direzione, una misericordia per coloro che credono. ²⁰⁴ Quando viene letto il Corano, prestate attenzione e state zitti, ché vi sia fatta misericordia.

²⁰⁵ Ricordati del tuo Signore nell'animo tuo, con umiltà e reverenziale timore, a bassa voce, al mattino e alla sera e non essere tra i noncuranti. ²⁰⁶ Certamente coloro che sono presso il tuo Signore non disdegnano di adorarLo: Lo lodano e si prosternano davanti a Lui.

SURA 8 : AL-'ANFÂL

IL BOTTINO

In nome di Allah, il Compassionevole, il Misericordioso.

¹ Ti interrogheranno a proposito del bottino. Di': «Il bottino appartiene ad Allah e al Suo Messaggero». Temete Allah e mantenete la concordia tra di voi. Obbedite ad Allah e al Suo Messaggero, se siete credenti. ² In verità i [veri] credenti sono quelli i cui cuori tremano quando viene menzionato Allah e che, quando vengono recitati i Suoi versetti, accrescono la loro fede. Nel Signore confidano, ³ quelli stessi che eseguono l'orazione e donano di quello di cui li abbiamo provvisti. ⁴ Sono questi i veri credenti: avranno gradi [d'onore] presso il loro Signore, il perdono e generoso sostentamento.

⁵ Così, fu nel nome della Verità che il tuo Signore ti fece uscire

dalla tua casa, nonostante che una parte dei credenti ne avesse avversione. [6] Polemizzano con te dopo che la verità è stata resa manifesta, come se fossero spinti verso la morte e ne fossero consci. [7] [E ricordate] quando Allah vi promise che una delle due schiere [sarebbe stata] in vostro potere; avreste voluto che fosse quella disarmata! Invece Allah voleva che si dimostrasse la verità [delle Sue parole] e [voleva] sbaragliare i miscredenti fino all'ultimo, [8] per far trionfare la verità e annientare la menzogna a scapito degli empi.

[9] E [ricordate] quando imploraste il soccorso del vostro Signore! Vi rispose: «Vi aiuterò con un migliaio di angeli a ondate successive». [10] E Allah non lo ha fatto se non per darvi una buona novella, affinché grazie ad essa si acquietassero i vostri cuori. Non c'è altro aiuto che quello di Allah. Allah è veramente eccelso e saggio. [11] E quando vi avvolse nel sonno come in un rifugio da parte Sua, fece scendere su di voi acqua dal cielo, per purificarvi e scacciare da voi la sozzura di Satana, rafforzare i vostri cuori e rinsaldare i vostri passi. [12] E quando il tuo Signore ispirò agli angeli: «Invero sono con voi: rafforzate coloro che credono. Getterò il terrore nei cuori dei miscredenti: colpiteli tra capo e collo, colpiteli su tutte le falangi! [13] E ciò avvenne perché si erano separati da Allah e dal Suo Messaggero». Allah è severo nel castigo con chi si separa da Lui e dal Suo Messaggero…! [14] Assaggiate questo! I miscredenti avranno il castigo del Fuoco!

[15] O voi che credete, quando incontrerete i miscredenti in ordine di battaglia non volgete loro le spalle. [16] Chi in quel giorno volgerà loro le spalle – eccetto il caso di stratagemma per [meglio] combattere o per raggiungere un altro gruppo – incorrerà nella collera di Allah e il suo rifugio sarà l'Inferno. Qual triste rifugio!

[17] Non siete certo voi che li avete uccisi: è Allah che li ha uccisi.

Quando tiravi non eri tu che tiravi, ma era Allah che tirava, per provare i credenti con bella prova. In verità Allah tutto ascolta e conosce. [18] Ecco [quello che avvenne]: Allah vanificò l'astuzia dei miscredenti. [19] Se è la vittoria che volevate, ebbene la vittoria vi è giunta! Se desisterete, sarà meglio per voi. Se invece ritornerete, Noi ritorneremo. Le vostre truppe, quand'anche fossero numerose, non potranno proteggervi. In verità Allah è con i credenti.

[20] O voi che credete, obbedite ad Allah e al Suo Messaggero e non volgetegli le spalle dopo che avete ascoltato. [21] Non siate come quelli che dicono: «Noi ascoltiamo», quando invece non ascoltano affatto. [22] In verità, di fronte ad Allah le peggiori bestie sono costoro: sordi e muti che non comprendono. [23] Se Allah avesse ravvisato in loro qualche bene, avrebbe fatto sì che ascoltassero; ma se anche li avesse fatti ascoltare, avrebbero voltato le spalle e sarebbero rimasti indifferenti.

[24] O voi che credete, rispondete ad Allah e al Suo Messaggero quando vi chiama a ciò che vi fa rivivere e sappiate che Allah si insinua tra l'uomo e il suo cuore e che sarete tutti radunati davanti a Lui. [25] Temete la fitna, essa non insidierà solo coloro che sono stati ingiusti; sappiate che Allah è severo nel castigo.

[26] Ricordate quando eravate pochi, oppressi sulla terra e timorosi che gli altri si impadronissero di voi! Poi vi diede sicurezza e vi soccorse con il Suo aiuto e vi dette cibo eccellente. Sarete mai riconoscenti? [27] O voi che credete, non tradite Allah e il Suo Messaggero. Non tradite, consapevolmente, la fiducia riposta in voi. [28] Sappiate che i vostri beni e i vostri figli non son altro che una tentazione. Presso Allah è la ricompensa immensa.

[29] O voi che credete! Se temete Allah, vi concederà la capacità di distinguere [il bene dal male], cancellerà le vostre colpe e vi perdonerà. Allah è dotato di grazia immensa. [30] E [ricorda] quando i

miscredenti tramavano contro di te per tenerti prigioniero o ucciderti o esiliarti! Essi tramavano intrighi e Allah tesseva strategie. Allah è il migliore degli strateghi.

31 E quando vengono loro recitati i Nostri versetti, dicono: «Già li abbiamo ascoltati! Se volessimo potremmo dire le stesse cose: queste non sono che favole degli antichi!». 32 E quando dissero: «O Allah, se questa è la verità che viene da Te, fai piovere su di noi pietre dal cielo, o colpiscici con un doloroso castigo». 33 Certamente Allah non li castigherà finché tu starai in mezzo a loro. Allah non li castigherà finché chiederanno perdono. 34 Ma perché mai Allah non li dovrebbe punire? Impediscono [ai credenti] l'accesso al]la Santa Moschea, anche se non ne sono affatto i custodi. Solo i timorati [di Allah] ne sono [i veri] custodi, ma la maggior parte di loro lo ignora. 35 La loro adorazione presso la Casa, non è altro che sibili e battimani : «Proverete il castigo per la vostra miscredenza!».

36 I miscredenti dilapidano i loro beni per distogliere [le genti] dal sentiero di Allah. Li dilapideranno, poi li rimpiangeranno e infine soccomberanno. I miscredenti saranno radunati nell'Inferno, 37. affinché Allah distingua il cattivo dal buono e raduni i cattivi gli uni sugli altri, li raccolga e li assegni all'Inferno! Essi sono coloro che avranno perduto.

38 Di' a coloro che negano che, se desistono, sarà loro perdonato il passato, ma se persistono, ebbene dietro di loro c'è l'esperienza degli antichi. 39 Combatteteli finché non ci sia più politeismo, e la religione sia tutta per Allah. Se poi smettono... ebbene, Allah ben osserva quello che fanno. 40 E se volgono le spalle, sappiate che Allah è il vostro Patrono. Quale miglior patrono, quale miglior soccorritore.

41 Sappiate che del bottino che conquisterete, un quinto appartiene ad Allah e al Suo Messaggero, ai suoi parenti, agli orfani,

ai poveri, ai viandanti, se credete in Allah e in quello che abbiamo fatto scendere sul Nostro schiavo nel giorno del Discrimine, il giorno in cui le due schiere si incontrarono. Allah è onnipotente.

42 Eravate sul versante più vicino e loro erano su quello più lontano e la carovana era più in basso di voi. Se vi foste dati un appuntamento, sareste stati discordi sul luogo. Era necessario che Allah realizzasse un ordine che doveva essere eseguito, affinché chi doveva morire morisse con una prova e chi doveva vivere vivesse con una prova. In verità Allah tutto ascolta e conosce. 43 In sogno Allah te li aveva mostrati poco numerosi, ché se te li avesse mostrati in gran numero, avreste certamente perso il coraggio e vi sareste scontrati tra voi in proposito. Ma Allah vi salvò. Egli conosce quello che c'è nei petti. 44. Al momento dello scontro li fece apparire pochi ai vostri occhi, come vi mostrò pochi agli occhi loro. Era necessario che Allah realizzasse un ordine che doveva essere eseguito. Tutte le cose sono ricondotte ad Allah.

45 O voi che credete, quando incontrate una schiera [nemica] state saldi e menzionate incessantemente il nome di Allah, affinché possiate prosperare. 46 Obbedite ad Allah e al Suo Messaggero. Non siate discordi, ché altrimenti vi scoraggereste e verrebbe meno la vostra risolutezza. Invero Allah è con coloro che perseverano. 47 E non siate come quelli che uscirono dalle loro case con insolenza e ostentazione di fronte alla gente e che mettevano ostacoli sul sentiero di Allah. Allah abbraccia [nel Suo sapere] tutto quello che fanno.

48 Satana rese belle [ai loro occhi] le azioni loro e disse: «Oggi nessuno può sconfiggervi. Sono io il vostro patrono!». Quando poi le due schiere si trovarono di fronte, voltò le spalle e disse: «Io vi sconfesso! Vedo cose che voi non vedete; io temo Allah, Allah è severo nel castigo». 49 Gli ipocriti e quelli nei cui cuori c'è una

malattia dicevano: «Quella gente è accecata dalla loro religione!».
Chi confida in Allah, sappia che Egli è eccelso e saggio.

[50] Se potessi vedere quando gli Angeli finiranno i miscredenti!
Li colpiranno nel volto e tra le spalle e [diranno]: «Assaggiate il
castigo dell'Incendio [51] in compenso di quello che le vostre mani
hanno commesso!». In verità Allah non è ingiusto con i Suoi schiavi,
[52] come fu per la gente di Faraone e per quelli che avevano negato
i segni di Allah. Allah li colpì per i loro peccati. In verità Allah è
possente e severo nel castigo. [53] Allah non cambia la grazia che ha
concesso ad un popolo fintanto che questo non cambia quello che
è nel suo cuore. Allah è audiente, sapiente. [54] Così [avvenne] per
la gente di Faraone e per quelli che già in precedenza smentirono
i segni del loro Signore. Li facemmo perire per i loro peccati.
Facemmo annegare quelli di Faraone perché erano oppressori.

[55] Di fronte ad Allah non ci sono bestie peggiori di coloro che
sono miscredenti e che non crederanno mai; [56] coloro con i quali
stipulasti un patto e che continuamente lo violano e non sono timorati
[di Allah]. [57] Se quindi li incontri in guerra, sbaragliali facendone
un esempio per quelli che li seguono, affinché riflettano. [58] E se
veramente temi il tradimento da parte di un popolo, denunciane
l'alleanza in tutta lealtà, ché veramente Allah non ama i traditori.

[59] E non credano di vincere, i miscredenti. Non potranno ridurCi
all'impotenza. [60] Preparate, contro di loro, tutte le forze che potrete
[raccogliere] e i cavalli addestrati per terrorizzare il nemico di
Allah e il vostro e altri ancora che voi non conoscete, ma che Allah
conosce. Tutto quello che spenderete per la causa di Allah vi sarà
restituito e non sarete danneggiati. [61] Se inclinano alla pace, inclina
anche tu ad essa e riponi la tua fiducia in Allah. Egli è Colui Che
tutto ascolta e conosce. [62] Se vogliono ingannarti, ti basti Allah. È
Lui che ti ha soccorso con il Suo aiuto [e l'appoggio de]i credenti,

⁶³ instillando la solidarietà nei loro cuori. Se avessi speso tutto quello che c'è sulla terra, non avresti potuto unire i loro cuori; è Allah che ha destato la solidarietà tra loro. Allah è eccelso, saggio!

⁶⁴ O Profeta, ti basti Allah e basti ai credenti che ti seguono. ⁶⁵ O Profeta, incita i credenti alla lotta. Venti di voi, pazienti, ne domineranno duecento e cento di voi avranno il sopravvento su mille miscredenti. Ché in verità è gente che nulla comprende. ⁶⁶ Ora Allah vi ha alleggerito [l'ordine], Egli conosce l'inadeguatezza che è in voi. Cento di voi, perseveranti, ne domineranno duecento; e se sono mille, con il permesso di Allah, avranno il sopravvento su duemila. Allah è con coloro che perseverano.

⁶⁷ Non si addice ad un profeta prendere prigionieri finché non avrà completamente soggiogato la terra. Voi cercate il bene terreno, mentre Allah vuole [darvi] quello dell'altra vita. Allah è eccelso, saggio. ⁶⁸ Se non fosse stato per una precedente rivelazione di Allah, vi sarebbe toccato un castigo immenso per quello che avete preso. ⁶⁹ Mangiate quanto vi è di lecito e puro per voi nel bottino che vi è toccato e temete Allah, Egli è perdonatore misericordioso.

⁷⁰ O Profeta, di' ai prigionieri che sono nelle vostre mani: «Se Allah ravvisa un bene nei cuori vostri, vi darà più di quello che vi è stato preso e vi perdonerà». Allah è perdonatore misericordioso. ⁷¹ E se vogliono tradirti, è Allah che già hanno tradito, ed Egli li ha dati in vostro potere. Allah è saggio, sapiente.

⁷² In verità coloro che hanno creduto e sono emigrati, e hanno lottato con i loro beni e le loro vite per la causa di Allah e quelli che hanno dato loro asilo e soccorso sono alleati gli uni agli altri. Non potrete allearvi con quelli che hanno creduto, ma che non sono emigrati, fino a che non emigrino. Se vi chiedono aiuto in nome della religione, prestateglielo pure, ma non contro genti con le quali avete stretto un patto. Allah ben osserva quel che fate. ⁷³ I

miscredenti sono alleati gli uni degli altri. Se non agirete in questo modo, ci saranno disordine e grande corruzione sulla terra.

[74] Coloro che hanno creduto, sono emigrati e hanno combattuto sulla via di Allah; quelli che hanno dato loro asilo e soccorso, loro sono i veri credenti: avranno il perdono e generosa ricompensa. [75] Coloro che in seguito hanno creduto e sono emigrati e hanno lottato insieme con voi, sono anch'essi dei vostri, ma nel Libro di Allah, i parenti hanno legami prioritari gli uni verso gli altri. In verità Allah è onnisciente!

A-TAWBAH

[1] Disapprovazione da parte di Allah e del Suo Messaggero, nei confronti di quei politeisti con i quali concludeste un patto. [2] Per quattro mesi potrete liberamente viaggiare sulla terra e sappiate che non potrete ridurre Allah all'impotenza. Allah svergogna i miscredenti. [3] Ecco, da parte di Allah e del Suo Messaggero, un proclama alle genti nel giorno del Pellegrinaggio: Allah e il Suo Messaggero disconoscono i politeisti. Se vi pentite, sarà meglio per voi; se invece volgerete le spalle, sappiate che non potrete ridurre Allah all'impotenza. Annuncia, a coloro che non credono, un doloroso castigo. [4] Fanno eccezione quei politeisti con i quali concludeste un patto, che non lo violarono in nulla e non aiutarono nessuno contro di voi: rispettate il patto fino alla sua scadenza. Allah ama coloro che [Lo] temono.

[5] Quando poi siano trascorsi i mesi sacri, uccidete questi associatori ovunque li incontriate, catturateli, assediateli e tendete loro agguati. Se poi si pentono, eseguono l'orazione e pagano la

decima, lasciateli andare per la loro strada. Allah è perdonatore, misericordioso. ⁶ E se qualche associatore ti chiede asilo, concediglielo affinché possa ascoltare la Parola di Allah, e poi rimandalo in sicurezza. Ciò in quanto è gente che non conosce!

⁷ Come potrebbe esserci un patto tra Allah e il Suo Messaggero e i politeisti, ad eccezione di coloro con i quali stipulaste un accordo presso la Santa Moschea? Finché si comportano rettamente con voi, comportatevi rettamente verso di loro. Allah ama i timorati.

⁸ Come [ci può essere un patto], quando hanno il sopravvento su di voi, non vi rispettano né per la parentela né per i giuramenti? A parole vi compiaceranno, ma nel loro cuore vi rinnegano. La maggior parte di loro è ingiusta. ⁹ Svendono a vii prezzo i segni di Allah e frappongono ostacoli sul Suo sentiero. È veramente nefando quello che fanno. ¹⁰ Nei confronti dei credenti, non rispettano né la parentela né i trattati: essi sono i trasgressori. ¹¹ Se poi si pentono, eseguono l'orazione e pagano la decima, siano vostri fratelli nella religione. Così esponiamo chiaramente i Nostri segni per gente che comprende.

¹² E se dopo il patto mancano ai loro giuramenti e vi attaccano [a causa del]la vostra religione, combattete i capi della miscredenza. Non ci sono giuramenti [validi] per loro: forse così desisteranno. ¹³ Non combatterete contro gente che ha violato i giuramenti e cercato di scacciare il Messaggero? Son loro che vi hanno attaccato per primi. Li temerete? Allah ha ben più diritto di essere temuto, se siete credenti. ¹⁴ Combatteteli finché Allah li castighi per mano vostra, li copra di ignominia, vi dia la vittoria su di loro, guarisca i petti dei credenti ¹⁵ ed espella la collera dai loro cuori. Allah accoglie il pentimento di chi Egli vuole. Allah è sapiente, saggio.

¹⁶ Credete di poter essere lasciati in pace prima che Allah non abbia riconosciuto coloro che lottano e che non cercano altri

alleati oltre ad Allah, al Suo Messaggero e ai credenti? Allah è ben informato di quello che fate. [17] Non spetta agli associatori la cura delle moschee di Allah, mentre sono testimoni della loro stessa miscredenza. Ecco quelli che vanificano le opere loro e che rimarranno perpetuamente nel Fuoco. [18] Badino alla cura delle moschee di Allah solo coloro che credono in Allah e nell'Ultimo Giorno, eseguono l'orazione e pagano la decima e non temono altri che Allah. Forse saranno tra coloro che sono ben diretti. [19] Metterete sullo stesso piano quelli che danno da bere ai pellegrini e servono il Sacro Tempio e quelli che credono in Allah e nell'Ultimo Giorno e lottano per la Sua causa? Non sono uguali di fronte ad Allah. Allah non guida gli ingiusti. [20] Coloro che credono, che sono emigrati e che lottano sul sentiero di Allah con i loro beni e le loro vite, hanno i più alti gradi presso Allah. Essi sono i vincenti. [21] Il loro Signore annuncia loro la Sua misericordia e il Suo compiacimento e i Giardini in cui avranno delizia durevole, [22] in cui rimarranno per sempre. Presso Allah c'è mercede immensa.

[23] O voi che credete, non prendete per alleati i vostri padri e i vostri fratelli se preferiscono la miscredenza alla fede. Chi di voi li prenderà per alleati sarà tra gli ingiusti. [24] Di': «Se i vostri padri, i vostri figli, i vostri fratelli, le vostre mogli, la vostra tribù, i beni che vi procurate, il commercio di cui temete la rovina e le case che amate vi sono più cari di Allah e del Suo Messaggero e della lotta per la causa di Allah, aspettate allora che Allah renda noto il Suo decreto! Allah non guida il popolo degli empi».

[25] Certamente Allah vi ha soccorsi in molti luoghi, come nel giorno di Hunayn, quando eravate tronfi del vostro numero – ma non servì a nulla e la terra, per quanto vasta, vi sembrava angusta: volgeste le spalle e fuggiste. [26] Allora Allah fece scendere la Sua presenza di pace sul Suo Messaggero e sui credenti. Fece scendere

armate che non vedeste e castigò i miscredenti. Questa è la mercede degli empi. ²⁷ Dopo di ciò, Allah accoglierà il pentimento di chi vuole. Allah è perdonatore, misericordioso. ²⁸ O voi che credete, i politeisti sono impurità: non si avvicinino più alla Santa Moschea dopo quest'anno. E non temete la miseria, ché Allah, se vuole, vi arrichirà della Sua grazia. In verità Allah è sapiente, saggio.

²⁹ Combattete coloro che non credono in Allah e nell'Ultimo Giorno, che non vietano quello che Allah e il Suo Messaggero hanno vietato, e quelli, tra la gente della Scrittura, che non scelgono la religione della verità, finché non versino umilmente il tributo, e siano soggiogati. ³⁰ Dicono i giudei: «Esdra è figlio di Allah»; e i nazareni dicono: «Il Messia è figlio di Allah». Questo è ciò che esce dalle loro bocche. Ripetono le parole di quanti già prima di loro furono miscredenti. Li annienti Allah. Quanto sono fuorviati!

³¹ Hanno preso i loro rabbini, i loro monaci e il Messia figlio di Maria, come signori all'infuori di Allah, quando non era stato loro ordinato se non di adorare un Dio unico. Non vi è dio all'infuori di Lui! Gloria a Lui ben oltre ciò che Gli associano!

³² Vorrebbero spegnere la luce di Allah con le loro bocche, ma Allah non intende che perfezionare la Sua luce, anche se ciò dispiace ai miscredenti. ³³ Egli è Colui Che ha inviato il Suo Messaggero con la guida e la Religione della verità, onde farla prevalere su ogni altra religione, anche se ciò dispiace agli associatori.

³⁴ O voi che credete, molti rabbini e monaci divorano i beni altrui, senza diritto alcuno, e distolgono dalla causa di Allah. Annuncia a coloro che accumulano l'oro e l'argento e non spendono per la causa di Allah un doloroso castigo ³⁵ nel Giorno in cui queste ricchezze saranno rese incandescenti dal fuoco dell'Inferno e ne saranno marchiate le loro fronti, i loro fianchi e le loro spalle:

«Questo è ciò che accumulavate? Gustate dunque quello che avete accumulato!».

36 Presso Allah il computo dei mesi è di dodici mesi [lunari] nel Suo Libro, sin dal giorno in cui creò i cieli e la terra. Quattro di loro sono sacri. Questa è la religione retta. In questi mesi non opprimete voi stessi, ma combattete tutti assieme i politeisti come essi vi combattono tutti assieme. Sappiate che Allah è con coloro che [Lo] temono. 37 In verità il mese intercalare non è altro che un sovrappiù di miscredenza, a causa del quale si traviano i miscredenti: un anno lo dichiarano profano e un altro lo sacralizzano per alterare il numero dei mesi resi sacri da Allah. Così facendo profanano quello che Allah ha reso sacro. Le peggiori azioni sono state rese belle ai loro occhi, ma Allah non guida il popolo dei miscredenti.

38 O voi che credete! Perché quando vi si dice: «Lanciatevi [in campo] per la causa di Allah», siete [come] inchiodati alla terra? La vita terrena vi attira di più di quella ultima? Di fronte all'altra vita il godimento di quella terrena è ben poca cosa. 39 Se non vi lancerete nella lotta, vi castigherà con doloroso castigo e vi sostituirà con un altro popolo, mentre voi non potrete nuocerGli in nessun modo. Allah è onnipotente. 40 Se voi non lo aiutate Allah lo ha già soccorso il giorno in cui i miscredenti l'avevano bandito, lui, il secondo di due, quando erano nella caverna e diceva al suo compagno: «Non ti affliggere, Allah è con noi». Poi, Allah fece scendere su di lui la Sua presenza di pace, lo sostenne con truppe che voi non vedeste, e rese infima la parola dei miscredenti, mentre la Parola di Allah è la più alta. Allah è eccelso, saggio.

41 Leggeri o pesanti, lanciatevi nella missione e lottate con i vostri beni e le vostre vite. Questo è meglio per voi, se lo sapeste! 42 Se fosse stato un affare immediato e un viaggio breve, ti avrebbero seguito; ma la distanza parve loro eccessiva. E allora si misero a

giurare [in nome di Allah]: «Se avessimo potuto saremmo venuti con voi». Si perdono da loro stessi, ma Allah sa perfettamente che sono dei bugiardi.

⁴³ Che Allah ti perdoni: perché li hai dispensati [dal combattere], prima che tu potessi distinguere chi diceva il vero e chi era bugiardo? ⁴⁴ Coloro che credono in Allah e nell'Ultimo Giorno non ti chiedono dispensa quando si tratta di lottare con i loro beni e le loro vite. Allah conosce coloro che [Lo] temono. ⁴⁵ Soltanto coloro che non credono in Allah e nell'Ultimo Giorno ti chiedono dispensa: i loro cuori sono dubbiosi e restano sospesi nei loro dubbi. ⁴⁶. Se avessero voluto, si sarebbero ben preparati a partire; ma Allah ha disdegnato la loro partenza: li ha impigriti. Venne detto loro: «Statevene in compagnia di quelli che rimangono [a casa]».

⁴⁷ Se fossero usciti con voi, vi avrebbero solo danneggiato, correndo qua e là e seminando zizzania, ché certo tra voi avrebbero trovato chi li avrebbe ascoltati. Ma Allah ben conosce gli ingiusti. ⁴⁸ Già prima fomentavano ribellione ostacolando i tuoi progetti, finché venne la verità e trionfò il decreto di Allah, nonostante la loro avversione.

⁴⁹ Fra di loro vi è chi dice: «Dispensami dalla lotta, non mettermi alla prova». Che? Non sono già stati messi alla prova? In verità l'Inferno circonderà i miscredenti. ⁵⁰ Se ti giunge un bene, ne soffrono; se ti colpisce sventura, dicono: «Meno male che abbiamo preso le nostre precauzioni». E si allontanano esultanti. ⁵¹ Di': «Nulla ci può colpire altro che quello che Allah ha scritto per noi. Egli è il nostro patrono. Abbiano fiducia in Allah coloro che credono». ⁵² Di': «Cosa vi aspettate, se non le due cose migliori? Quello che invece ci aspettiamo per voi è che Allah vi colpisca con un castigo, da parte Sua o tramite nostro. Aspettate, e anche noi aspetteremo con voi».

⁵³ Di': «Che facciate l'elemosina volentieri o a malincuore, non
sarà mai accettata, ché siete gente perversa». ⁵⁴ Nulla impedisce che
le loro elemosine siano accettate, eccetto il fatto che non credono
in Allah e nel Suo Messaggero, che non vengono alla preghiera se
non di malavoglia, che non danno l'elemosina se non quando sono
costretti. ⁵⁵ Non ti stupiscano i loro beni e i loro figli. Allah con
quelli vuole castigarli in questa vita terrena e far sì che periscano
penosamente nella miscredenza. ⁵⁶ Giurano per Allah che sono
dalla vostra parte, mentre invece non è vero: quella è gente che ha
paura. ⁵⁷ Se trovassero un rifugio, o caverne, o un sotterraneo, vi si
precipiterebbero a briglia sciolta.

⁵⁸ Tra loro c'è chi ti critica a proposito delle elemosine: se ne
usufruiscono sono contenti, altrimenti si offendono. ⁵⁹ Se davvero
fossero soddisfatti di quello che ricevono da Allah e dal Suo
Messaggero, direbbero: «Ci basta Allah! Allah ci darà della Sua
grazia, e così il Suo Messaggero ancora. I nostri desideri tendono ad
Allah». ⁶⁰ Le elemosine sono per i bisognosi, per i poveri, per quelli
incaricati di raccoglierle, per quelli di cui bisogna conquistarsi
i cuori, per il riscatto degli schiavi, per quelli pesantemente
indebitati, per [la lotta sul] sentiero di Allah e per il viandante.
Decreto di Allah! Allah è saggio, sapiente. ⁶¹ Tra loro ci sono quelli
che dileggiano il Profeta e dicono: «È tutto orecchi». Di': «È tutto
orecchi per il vostro bene, crede in Allah e ha fiducia nei credenti,
ed è una [testimonianza di] misericordia per coloro fra voi che
credono. Quelli che tormentano il Messaggero di Allah avranno
doloroso castigo». ⁶² Giurano [in nome di] Allah per compiacervi;
ma se sono credenti, [sappiano] che Allah e il Suo Messaggero
hanno maggior diritto di essere compiaciuti. ⁶³ Non sanno dunque
che chi si oppone ad Allah e al Suo Messaggero, avrà come dimora
eterna il fuoco dellTnferno? Ecco l'abominio immenso.

⁶⁴ Gli ipocriti temono che venga rivelata una sura che sveli quello che c'è nei loro cuori. Di': «Schernite pure! Allah paleserà quello che temete [venga reso noto]». ⁶⁵ Se li interpellassi ti direbbero: «Erano solo chiacchiere e scherzi!». Di': «Volete schernire Allah, i Suoi segni e il Suo Messaggero?». ⁶⁶ Non cercate scuse, siete diventati miscredenti dopo aver creduto; se perdoneremo alcuni di voi, altri ne castigheremo, poiché veramente sono stati empi!

⁶⁷. Gli ipocriti e le ipocrite appartengono gli uni alle altre. Ordinano quel che è riprovevole, proibiscono le buone consuetudini e chiudono le loro mani. Dimenticano Allah, ed Egli li dimenticherà. Sono loro, gli ipocriti, ad essere empi! ⁶⁸ Agli ipocriti, maschi e femmine, e ai miscredenti, Allah ha promesso il Fuoco dell'Inferno nel quale rimarranno in perpetuo. Questo è quanto si meritano. Allah li ha maledetti e avranno duraturo tormento. ⁶⁹ Così [avvenne] a quelli che vennero prima di voi, che erano più potenti e più ricchi di beni e di figli! Godettero della loro parte e voi godete della vostra, come quelli che vennero prima di voi godettero della loro. Voi polemizzate come essi polemizzarono. Essi sono coloro le cui opere sono rese vane in questa vita e nell'altra, essi sono i perdenti. ⁷⁰ Non è giunta loro la storia di quelli che vissero precedentemente, del popolo di Noè, degli 'Âd e dei Thamûd, del popolo di Àbramo, degli abitanti di Madian e delle città devastate? Messaggeri della loro gente recarono prove evidenti. Non fu Allah ad essere ingiusto con loro, sono loro che lo furono nei loro stessi confronti.

⁷¹. I credenti e le credenti sono alleati gli uni degli altri. Ordinano le buone consuetudini e proibiscono ciò che è riprovevole, eseguono l'orazione, pagano la decima e obbediscono ad Allah e al Suo Messaggero. Ecco coloro che godranno della misericordia di Allah. Allah è eccelso, saggio. ⁷² Ai credenti e alle credenti, Allah ha promesso i Giardini in cui scorrono i ruscelli, dove rimarranno

in perpetuo, e splendide dimore nei giardini dell'Eden; ma il compiacimento di Allah vale ancora di più: questa è l'immensa beatitudine!

[73] O Profeta, combatti i miscredenti e gli ipocriti, e sii severo con loro. Il loro rifugio sarà l'Inferno, qual triste rifugio! [74] Giurano [in nome di Allah] che non hanno detto quello che in realtà hanno detto, un'espressione di miscredenza; hanno negato dopo [aver accettato] l'Islàm e hanno agognato quel che non hanno [potuto] ottenere. Non hanno altra recriminazione se non che Allah col Suo Messaggero li ha arricchiti della Sua grazia. Se si pentono sarà meglio per loro; se invece volgono le spalle, Allah li castigherà con doloroso castigo in questa vita e nell'altra; e sulla terra, non avranno né alleato né patrono.

[75] Qualcuno di loro si è assunto un impegno di fronte ad Allah: «Se ci darà della Sua grazia, saremo certamente generosi e saremo gente del bene». [76] Quando poi Egli dà loro della Sua grazia, diventano avari e volgono le spalle e si allontanano. [77] [Per questo] l'ipocrisia si stabilisce nei loro cuori, fino al Giorno in cui Lo incontreranno, perché mancarono alla promessa ad Allah e perché mentirono! [78] Non sanno che Allah conosce i loro segreti e i loro conciliaboli e che Allah è il supremo conoscitore delle [cose] invisibili? [79] Diffamano i credenti che donano spontaneamente e scherniscono quelli che non trovano da donare altro che il loro lavoro. Li schernisca Allah. Avranno doloroso tormento! [80] Che tu chieda perdono per loro o che tu non lo chieda, [è la stessa cosa], anche se chiedessi settanta volte perdono per loro, Allah non li perdonerà, perché hanno negato Allah e il Suo Messaggero e Allah non guida il popolo degli empi.

[81] Coloro che sono rimasti indietro, felici di restare nelle loro case, [opponendosi così] al Messaggero di Allah e disdegnando la

lotta per la causa di Allah con i loro beni e le loro vite dicono: «Non andate in missione con questo caldo!». Di': «Il fuoco dell'Inferno è ancora più caldo». Se solo comprendessero! [82] Ridano poco e molto piangano per quello che hanno fatto! [83] Se poi Allah riconduce a te un gruppo di costoro ed essi ti chiedono il permesso di partire in missione, di' loro: «Non verrete mai più con me e mai più combatterete il nemico in mia compagnia! Siete stati ben lieti di rimanere a casa vostra la prima volta, rimanete allora con coloro che rimangono indietro». [84] Non pregare per nessuno di loro quando muoiono e non star ritto [in preghiera] davanti alla loro tomba. Rinnegarono Allah e il Suo Messaggero e sono morti nell'empietà.

[85] I loro beni e i loro figli non ti stupiscano. Con quelli Allah vuole castigarli in questa vita e [far sì] che periscano penosamente nella miscredenza. [86] E quando è stata fatta scendere una sura che dice: «Credete in Allah e combattete a fianco del Suo messaggero», i più agiati tra loro ti chiedono dispensa dicendo: «Lascia che stiamo con quelli che rimangono a casa». [87] Hanno preferito rimanere con [le donne] lasciate a casa. I loro cuori sono stati sigillati e non comprenderanno. [88] Ma il Messaggero e quelli che hanno creduto lottano con i loro beni e le loro vite. Avranno le cose migliori. Essi sono coloro che prospereranno. [89] Allah ha preparato per loro Giardini dove scorrono i ruscelli e dove rimarranno in perpetuo. Questo è il successo immenso!

[90] Quei beduini che cercano scuse sono venuti per chiederti dispensa, mentre coloro che hanno mentito ad Allah e al Suo Messaggero non si sono mossi. Ben presto un castigo doloroso colpirà quelli di loro che sono miscredenti. [91] Non saranno ritenuti colpevoli i deboli, i malati e coloro che non dispongono di mezzi, a condizione che siano sinceri con Allah e col Suo Messaggero: nessun rimprovero per coloro che fanno il bene. Allah è perdonatore,

misericordioso. [92] E neppure [avranno colpa] coloro che ti vengono a chiedere un mezzo di trasporto e ai quali rispondi: «Non trovo mezzi con cui trasportarvi», e che se ne vanno con le lacrime che scendono dai loro occhi, tristi di non avere risorse da impiegare [per la causa di Allah]. [93] Saranno biasimati solo coloro che ti chiedono dispensa nonostante non manchino di nulla: preferiscono rimanere indietro. Allah ha sigillato i loro cuori ed essi non sanno.

[94] Quando ritornate da loro verranno a scusarsi. Di': «Non scusatevi, non vi crederemo comunque. Allah ci ha informati sul vostro conto. Allah e il Suo Messaggero giudicheranno il vostro agire e poi sarete ricondotti al Conoscitore dell'invisibile e del visibile, che allora, vi mostrerà ciò che avrete fatto». [95] Quando ritornerete vi scongiureranno, [in nome di Allah], di lasciarli stare. Allontanatevi da loro, sono sozzura e il loro rifugio sarà l'Inferno, compenso per quello che hanno fatto. [96] Giurano per compiacervi; quand'anche vi compiaceste di loro, Allah non si compiace degli ingiusti.

[97] I beduini sono i più ostinati nella miscredenza e nell'ipocrisia, i più pronti a disconoscere le leggi che Allah ha fatto scendere sul Suo Messaggero. Allah è sapiente, saggio. [98] Ci sono beduini che considerano una grave imposizione quello che spendono e attendono la vostra disfatta. Saranno loro ad essere sconfitti! Allah tutto ascolta e conosce.

[99] Ci sono altri beduini, che credono in Allah e nell'Ultimo Giorno e considerano quello che spendono come un modo di avvicinarsi ad Allah e ottenere le benedizioni del Messaggero. Sono di certo un mezzo per avvicinarsi [ad Allah]. Presto Allah li farà entrare nella Sua misericordia. In verità Allah è perdonatore misericordioso!

[100] Allah Si è compiaciuto dell'avanguardia degli Emigrati

e degli Ausiliari e di coloro che li hanno seguiti fedelmente, ed essi sono compiaciuti di Lui. Per loro ha preparato Giardini in cui scorrono i ruscelli dove rimarranno in perpetuo. Questo è il successo immenso. [101] Tra i beduini che vi stanno attorno ci sono degli ipocriti, come del resto tra gli abitanti di Medina. Essi perseverano nell'ipocrisia. Tu non li conosci, Noi li conosciamo. Due volte li castigheremo e poi saranno avviati verso un castigo terribile.

[102] Altri riconoscono i loro peccati, mescolando opere buone e cattive. Forse Allah accoglierà il loro pentimento. Allah è perdonatore, misericordioso. [103] Preleva sui loro beni un'elemosina tramite la quale li purifichi e li mondi e prega per loro. Le tue preghiere saranno un sollievo per loro. Allah tutto ascolta e conosce. [104] Non sanno dunque che è Allah che accetta il pentimento dei Suoi servi e che accoglie le elemosine? Allah è Colui Che accetta il pentimento, il Misericordioso. [105] Di': «Agite, Allah osserverà le vostre opere e [le osserveranno] anche il Suo Messaggero e i credenti. Presto sarete ricondotti verso Colui Che conosce il visibile e l'invisibile ed Egli vi informerà di quello che avete fatto». [106] Altri sono lasciati in attesa del decreto di Allah: li punirà o accoglierà il loro pentimento. Allah è audiente, sapiente.

[107] Quanto a coloro che hanno costruito una moschea per recar danno, per miscredenza, per [provocare] scisma tra i credenti, [per tendere] un agguato a favore di colui che già in passato mosse la guerra contro Allah e il Suo Messaggero, quelli certamente giurano: «Non abbiamo cercato altro che il bene!». Allah testimonia che sono dei bugiardi. [108] Non pregarvi mai. La moschea fondata sulla devozione sin dal primo giorno è più degna delle tue preghiere. In essa vi sono uomini che amano purificarsi e Allah ama coloro che si purificano. [109] Chi ha posto le fondamenta della moschea sul timor di Allah per compiacerLo non è forse migliore di chi ha posto le

sue fondamenta su di un lembo di terra instabile e franosa che la fa
precipitare insieme con lui nel fuoco dell'Inferno? Allah non guida
gli ingiusti. [110] L'edificio che hanno costruito non smetterà di essere
un'inquietudine nei loro cuori, finché i loro cuori saranno strappati.
Allah è sapiente, saggio.

[111] Allah ha comprato dai credenti le loro persone e i loro beni
[dando] in cambio il Giardino, [poiché] combattono sul sentiero
di Allah, uccidono e sono uccisi. Promessa autentica per Lui
vincolante, presente nella Toràh, nel Vangelo e nel Corano. Chi,
più di Allah, rispetta i patti? Rallegratevi del baratto che avete fatto.
Questo è il successo più grande. [112] [Lo avranno] coloro che si
pentono, che adorano, che lodano, che peregrinano, che si inchinano,
che si prosternano, che raccomandano le buone consuetudini e
proibiscono ciò che è riprovevole, coloro che si attengono ai limiti
di Allah. Dai la buona novella ai credenti.

[113] Non è bene che il Profeta e i credenti chiedano il perdono
per i politeisti – fossero anche loro parenti – dopo che è stato reso
evidente che questi sono i compagni della Fornace. [114] Abramo
chiese perdono in favore di suo padre, soltanto a causa di una
promessa che gli aveva fatto; ma quando fu evidente che egli era
un nemico di Allah, si dissociò da lui; [eppure] Abramo era tenero
e premuroso [nei confronti del padre]. [115] Non si addice ad Allah
traviare un popolo dopo averlo guidato, senza prima render loro
evidente ciò che devono temere. Allah è onnisciente. [116] Ad Allah
appartiene la sovranità sui cieli e sulla terra. Egli dà la vita e dà la
morte. Non avrete, all'infuori di Lui, né alleato, né patrono.

[117] Allah si è volto [con favore] al Profeta, agli Emigrati e agli
Ausiliari che lo seguirono nel momento della difficoltà. Dopo che
i cuori di una parte di loro erano sul punto di perdersi, Egli accolse
il loro pentimento: in verità Egli è dolce e misericordioso nei loro

confronti. [118] Per i tre che erano rimasti a casa, la terra nella sua vastità diventò angusta e loro stessi si sentirono stretti e capirono che non c'è altro rifugio da Allah che in Lui Stesso. Allah accolse il loro pentimento, perché potessero pentirsi. In Verità Allah è Colui Che perdona, il Misericordioso.

[119] O voi che credete, temete Allah e state con i sinceri. [120] È indegno per gli abitanti di Medina e per i beduini che vivono nei dintorni, non seguire il Messaggero di Allah, e preferire la loro vita alla sua! Non proveranno né sete, né fatica, né fame per la causa di Allah; non calpesteranno terra che possa essere calpestata – nonostante l'ira dei miscredenti – e non riceveranno nessun danno da un nemico, senza che sia scritta a loro favore una buona azione. In verità Allah non lascia che si perda la ricompensa dei buoni. [121] Non faranno nessuna spesa, piccola o grande, e non percorreranno nessuna valle, senza che ciò sia registrato a loro favore, affinché Allah li compensi per le loro azioni più belle.

[122] I credenti non vadano in missione tutti insieme. Perché mai un gruppo per ogni tribù, non va ad istruirsi nella religione, per informarne il loro popolo quando saranno rientrati, affinché stiano in guardia?

[123] O voi che credete, combattete i miscredenti che vi stanno attorno, che trovino durezza in voi. Sappiate che Allah è con i timorati. [124] Quando viene fatta scendere una sura, alcuni di loro dicono: «A chi di voi [questa sura] ha fatto accrescere la fede?». Quanto a coloro che credono, essa accresce la loro fede ed essi se ne rallegrano. [125] Quanto a coloro che hanno una malattia nel cuore, essa aggiunge sozzura a sozzura e muoiono nella miscredenza. [126] Non si accorgono che ogni anno sono tentati una o due volte, quindi non si pentono e non si ricordano! [127] Quando scende una sura, si guardano tra loro [e dicono]: «Forse che qualcuno vi vede?»

e poi si allontanano. Allontani Allah i cuori loro, che in verità sono un popolo che non capisce. [128] Ora vi è giunto un Messaggero scelto tra voi; gli è gravosa la pena che soffrite, brama il vostro bene, è dolce e misericordioso verso i credenti. [129] Se poi volgono le spalle, di': «Mi basta Allah. Non c'è altro dio all'infuori di Lui. A Lui mi affido. Egli è il Signore del Trono immenso».

GIONA

In nome di Allah, il Compassionevole, il Misericordioso.

[1] *Alif, Lâm, Rà.*

Questi sono i versetti del Libro saggio. [2] Perché la gente si stupisce se abbiamo fatto scendere la rivelazione a uno dei loro? «Avverti le genti e da', a coloro che credono, la lieta novella che la loro sincerità li precede presso il loro Signore.» I miscredenti dicono: «Costui è certamente un vero stregone!».

[3] In verità il vostro Signore è Allah, Colui Che in sei giorni creò i cieli e la terra, quindi Si innalzò sul trono a governare ogni cosa. Non vi è alcun intercessore senza il Suo permesso. Questi è Allah, il vostro Signore: adorateLo. Rifletterete in proposito]? [4] A Lui tutti ritornerete, promessa di Allah veritiera. È Lui Che ha iniziato la creazione e la reitera per compensare secondo giustizia coloro che credono e compiono il bene. Quanto a coloro che sono stati miscredenti, saranno abbeverati con acqua bollente e avranno un castigo doloroso a causa di ciò che hanno negato.

[5] E Lui Che ha fatto del sole uno splendore e della luna una luce, ed ha stabilito le sue fasi perché possiate conoscere il numero

degli anni e il computo. Allah non creò tutto ciò se non in verità. Egli estrinseca i Suoi segni per la gente che conosce. [6] In verità nell'alternarsi del giorno e della notte e in ciò che Allah ha creato nei cieli e sulla terra, ci sono segni per genti che [Lo] temono [7] In verità coloro che non sperano nel Nostro incontro e si accontentano della vita terrena e ne sono soddisfatti e coloro che sono noncuranti dei Nostri segni, [8] avranno come loro rifugio il Fuoco, per ciò che hanno meritato. [9] Coloro che credono e compiono il bene, Allah li guiderà grazie alla loro fede: ai loro piedi scorreranno i ruscelli nei Giardini della delizia. [10] Colà la loro invocazione sarà: «Gloria a Te, Allah»; il loro saluto: «Pace»; e l'ultima delle loro invocazioni [sarà]: «La lode appartiene ad Allah, Signore dei mondi».

[11] Se Allah affrettasse la disgrazia degli uomini con la stessa fretta con cui essi cercano il benessere, il loro termine sarebbe compiuto. Lasciamo [invece] procedere alla cieca, nella loro ribellione, coloro che non sperano nel Nostro incontro. [12] Quando la disgrazia lo tocca, l'uomo Ci invoca, coricato su un fianco, seduto o in piedi. Quando poi lo liberiamo dalla sua disgrazia si comporta come se non Ci avesse mai invocato a proposito della disgrazia che lo aveva colto. Così abbelliamo agli empi le azioni loro.

[13] Facemmo perire le generazioni precedenti perché furono ingiuste. Messaggeri della loro gente avevano portato le prove, ma essi non furono disposti a credere. Compensiamo così gli empi. [14] Quindi vi costituimmo, dopo di loro, vicari sulla terra, per vedere come vi sareste comportati.

[15] Quando vengono recitati i Nostri segni, prove evidenti, coloro che non sperano di incontrarci dicono: «Portaci un Corano diverso da questo»; oppure: «Modificalo». Di': «Non posso permettermi di modificarlo di mia volontà. Non faccio che seguire quello che mi è stato rivelato. Se disobbedissi al mio Signore, temerei il castigo di

un giorno terribile». [16] Di': «Se Allah avesse voluto, non ve lo avrei recitato ed Egli non ve lo avrebbe fatto conoscere. Sono rimasto tutta una vita tra voi prima di questo: non riflettete dunque?». [17] Chi è peggior ingiusto di colui che inventa una menzogna contro Allah e taccia di menzogna i Suoi segni? Gli empi non avranno riuscita!

[18] Quello che adorano in luogo di Allah non li danneggia e non giova loro. Dicono: «Essi sono i nostri intercessori presso Allah». Di': «Volete informare Allah di qualcosa che non conosce nei cieli e sulla terra?». Gloria a Lui, Egli è ben più alto di ciò che Gli associano! [19] Gli uomini non formavano che un'unica comunità, poi furono discordi. Se non fosse giunta in precedenza una Parola del tuo Signore, sarebbe già stato deciso a proposito di ciò su cui erano discordi.

[20] E dicono: «Perché non viene fatto scendere su di lui un segno del suo Signore?». Di': «In verità l'invisibile appartiene ad Allah. Aspettate e sarò con voi tra coloro che aspettano». [21] Quando usiamo misericordia agli uomini dopo che li ha colpiti una disgrazia, essi tramano contro i Nostri segni. Di': «Allah è il più rapido degli strateghi». I Nostri angeli registrano le vostre trame.

[22] Egli è Colui che vi fa viaggiare per terra e per mare. Quando siete su battelli che navigano col buon vento, [gli uomini] esultano. Quando sorge un vento impetuoso e le onde si alzano da ogni parte, invocano Allah e Gli rendono un culto puro -: «Se ci salvi, saremo certamente riconoscenti!…». [23] Quando poi Allah li ha salvati, ecco che si mostrano ribelli sulla terra! – O uomini, invero la vostra ribellione è contro voi stessi, [avrete] gioia effimera nella vita terrena e poi sarete ricondotti verso di Noi, e allora vi informeremo circa il vostro operato.

[24] In verità questa vita è come un'acqua che facciamo scendere dal cielo, e che si mescola alle piante della terra di cui si nutrono

gli uomini e gli animali. Quando la terra prende i suoi ornamenti ed è rigogliosa di bellezza, i suoi abitanti pensano di possederla ma giunge il Nostro decreto di giorno o di notte e la rendiamo spoglia come se il giorno prima non fosse fiorita . Così esplichiamo i Nostri segni a coloro che riflettono.

[25] Allah chiama alla dimora della pace e guida chi Egli vuole sulla Retta via. [26] Bene a chi fa il bene, e ancor di più. Polvere e umiliazione non copriranno i loro volti. Essi sono i compagni del Giardino, e vi resteranno in perpetuo. [27] E coloro che hanno commesso azioni malvagie, vedranno pagato col male il male loro. Saranno avvolti nella vergogna, senza nessun protettore al cospetto di Allah, come se i loro volti fossero coperti da oscuri lembi di notte. Essi sono i compagni del Fuoco, in cui rimarranno in perpetuo.

[28] Il Giorno in cui li raduneremo tutti, diremo ai politeisti: «State in disparte, voi e i vostri soci», e li separeremo gli uni dagli altri. Diranno i loro soci: «Non adoravate certamente noi! [29] Ci sia Allah sufficiente testimone che non ci siamo mai curati della vostra adorazione». [30] Colà ogni anima subirà [le conseguenze di] quello che già fece. E saranno ricondotti ad Allah, il loro vero Padrone, mentre ciò che avevano inventato li abbandonerà.

[31] Di': «Chi vi provvede il cibo dal cielo e dalla terra, chi domina l'udito e la vista, chi trae il vivo dal morto e il morto dal vivo, chi governa ogni cosa?». Risponderanno: «Allah». Allora di': «Non [Lo] temerete dunque?». [32] Questi è Allah, ecco il vostro vero Signore. Oltre la verità cosa c'è, se non l'errore? Quanto siete sviati! [33] Si attua così il decreto del tuo Signore contro i perversi che mai crederanno.

[34] Di' : «C'è qualcuno dei vostri dèi che inizia la creazione e la reitera?». Di': «Allah inizia la creazione e la reitera. Come vi siete distolti!». [35] Di': «Quale dei vostri soci può guidare alla

verità?». Di': «Allah guida verso la verità. Ha più diritto di essere
seguito chi conduce alla verità o chi non sa dirigersi a meno che
non sia guidato?». [36] La maggior parte di loro non inseguono che
congetture. In verità le congetture non prevalgono in alcun modo
sulla verità. Allah sa bene quello che fanno.

[37] Questo Corano non può essere forgiato da altri che Allah! Ed
anzi è la conferma di ciò che lo precede, una spiegazione dettagliata
del Libro del Signore dei mondi a proposito del quale non esiste
dubbio alcuno. [38] Oppure diranno: «È lui che lo ha inventato».
Di': «Portate una sura simile a questa e chiamate [a collaborare]
chi potrete all'infuori di Allah, se siete veritieri». [39] Sì, tacciano
di menzogna la parte di scienza che non abbracciano, ché ancora
non ne è giunta loro la spiegazione. E in tal modo accusarono di
menzogna coloro che vennero prima di loro.Ebbene, considera
quale fu la sorte degli ingiusti.

[40] Tra loro c'è qualcuno che crede in esso mentre altri non
vi credono affatto. Il tuo Signore è Colui Che meglio conosce i
corruttori. [41] Se ti danno del bugiardo di' loro: «A me l'opere mie
e a voi le vostre. Non siete responsabili di quello che faccio, non
lo sarò io di quel che fate voi». [42] Tra loro c'è qualcuno che ti
ascolta: potresti far sentire i sordi che non sono in grado di capire?
[43] Qualcun altro guarda verso di te: potresti guidare i ciechi che
nulla vedono? [44] In verità Allah non commette nessuna ingiustizia
verso gli uomini, sono gli uomini che fanno torto a loro stessi.

[45] Il Giorno in cui li riunirà, sarà come se fossero rimasti solo
un'ora e si riconosceranno tra loro. Quelli che hanno tacciato di
menzogna l'incontro con Allah sono perduti, ché erano privi della
guida. [46] Sia che ti facessimo vedere una parte di ciò con cui li
minacciamo, sia che ti facessimo morire prima, è comunque verso

di Noi che ritorneranno, quindi Allah sarà testimone di quello che avranno fatto.

[47] Ogni comunità ha un messaggero. Dopo che il messaggero sarà venuto, verrà giudicato tra loro con giustizia e nessuno subirà un torto.

[48] E dicono: «Quando [si realizzerà] questa promessa, se siete sinceri?». [49] Di': «Io non possiedo da me stesso né danno né profitto all'in- fuori della volontà di Allah. Ogni comunità ha il suo termine. Quando esso giunge, non viene concessa né un'ora di ritardo né una di anticipo». [50] Di': «Se il Suo castigo vi colpisse di notte o nella giornata, gli empi potrebbero affrettarne una parte?». [51] Quando ciò avverrà, crederete? [Verrà detto loro:] «Solo ora [ci credete] mentre prima volevate affrettarlo?». [52] Poi verrà detto a coloro che sono stati ingiusti: «Gustate il castigo perpetuo! Vi si paga con qualcosa di diverso da ciò che avete meritato?». [53] Ti chiederanno: «È vero?». Di': «Sì, lo giuro [in Nome del] mio Signore, è la verità, e non potrete sottrarvi alla potenza di Allah». [54] Ogni anima peccatrice pagherebbe, per riscattarsi, tutto quello che c'è sulla terra, se lo possedesse. Nasconderanno il loro rimpianto quando vedranno il castigo. Si deciderà di loro con giustizia e non subiranno alcun torto. [55]. In verità ad Allah appartiene tutto ciò che è nei cieli e sulla terra e la promessa di Allah è verità, ma la maggior parte di loro non sanno nulla. [56] Egli dà la vita e la morte, verso di Lui sarete ricondotti.

[57]. O uomini, vi è giunta un'esortazione da parte del vostro Signore, guarigione per ciò che è nei petti, guida e misericordia per i credenti. [58] Di' loro che si compiacciano della grazia di Allah e della Sua misericordia, ché ciò è meglio di quello che accumulano. [59] Di': «Cosa pensate del cibo che Allah ha fatto scendere per voi e che dividete in illecito e lecito?». Di': «E Allah che ve lo ha permesso

oppure inventate menzogne contro Allah?». [60] Cosa penseranno, nel Giorno della Resurrezione, coloro che inventano menzogne contro Allah? In verità Allah possiede la grazia per gli uomini, ma la maggior parte di loro non sono riconoscenti.

[61] In qualunque situazione ti trovi, qualunque brano del Corano reciti e qualunque cosa facciate, Noi siamo testimoni al momento stesso in cui la fate. Al tuo Signore non sfugge neanche il peso di un atomo sulla terra o nel cielo; non c'è cosa alcuna più piccola o più grande di ciò, che non sia [registrata] in un Libro esplicito.

[62] In verità, quanto agli intimi [26] , non avranno nulla da temere e non saranno afflitti; [63] coloro che credono e sono timorati, [64] li attende la lieta novella in questa vita e nell'altra. Le parole di Allah non subiscono alterazione, questo è l'immenso successo. [65] Non ti addolorino le loro parole. Tutta la potenza appartiene ad Allah. Egli è audiente, sapiente. [66] Certamente appartiene ad Allah tutto ciò che è nei cieli e ciò che è sulla terra. Cosa seguono coloro che invocano consoci all'infuori di Allah? Non inseguono che vane congetture, e non fanno che supposizioni. [67] Egli ha fatto per voi la notte affinché riposiate e il giorno affinché vi rischiari. In verità in ciò vi sono segni per la gente che ascolta.

[68] Dicono: «Allah Si è preso un figlio». Gloria a Lui, Egli è Colui Che basta a Se Stesso: Gli appartiene tutto quello che è nei cieli e tutto quello che è sulla terra. Non avete nessuna prova per dire ciò: direte su Allah ciò che non sapete? [69] Di': «Coloro che inventano menzogne contro Allah non prospereranno, [70] avranno gioia effimera nella vita terrena, quindi ritorneranno a Noi e faremo gustare loro un castigo severo per la loro miscredenza».

[71]. Racconta loro la storia di Noè, quando disse al suo popolo: «O popol mio, se la mia presenza e il mio richiamo ai segni di Allah vi sono insopportabili, io mi affido ad Allah. Prendete le vostre

decisioni insieme coi vostri consoci e non abbiate scrupoli [nei miei confronti]. Stabilite quello che volete fare di me, senza porre indugi. [72] E se mi voltate le spalle, non vi chiedo ricompensa alcuna. La mia ricompensa è in Allah, e ho ricevuto l'ordine di essere uno dei musulmani». [73] Lo trattarono da bugiardo. Noi lo salvammo, lui e coloro che erano nell'Arca con lui, li facemmo successori; e affogammo coloro che tacciavano di menzogna i Nostri segni. Guarda quello che è successo a coloro che erano stati avvertiti.

[74] Dopo di lui mandammo altri messaggeri ai loro popoli. Vennero loro con le prove, ma [la gente] non volle credere a ciò che in principio aveva tacciato di menzogna. Così suggelliamo i cuori dei trasgressori. [75] Dopo di loro mandammo, con i Nostri segni, Mosè e Aronne a Faraone e ai suoi notabili. Essi furono orgogliosi. Era gente perversa. [76] Quando giunse loro la verità da parte Nostra, dissero: «Questa è magia evidente». [77] Disse Mosè: «Vorreste dire della verità, dopo che vi si è manifestata: "questa è magia"?». I maghi non avranno riuscita alcuna. [78] Dissero: «Sei venuto per allontanarci da quello che i padri ci hanno tramandato e per far sì che la grandezza sulla terra appartenga a voi due? Non vi crederemo!».

[79] Disse Faraone: «Conducetemi ogni mago sapiente». [80] Quando poi giunsero i maghi, Mosè disse loro: «Gettate quello che avete da gettare». [81] Quando ebbero gettato, Mosè disse: «Quello che avete prodotto è magia. In verità Allah la vanificherà». In verità Allah non rende prospero l'operato dei corruttori. [82]. Allah conferma il vero con le Sue parole, a dispetto dei perversi.

[83]. Nessuno credette in Mosè, eccetto alcuni giovani della sua gente, temendo che Faraone e i loro notabili li mettessero alla prova. Era tiranno sulla terra Faraone, era uno dei trasgressori. [84] Disse Mosè: «O popol mio, se credete in Allah, abbiate fiducia

in Lui, se siete musulmani». [85] Dissero: «Ci affidiamo ad Allah. O Signor nostro, non fare di noi una tentazione per gli oppressori. [86] Liberaci, per la Tua misericordia, da questo popolo di miscredenti».

[87] Rivelammo a Mosè e a suo fratello: «Preparate, in Egitto, case per il vostro popolo, fate delle vostre case luoghi di culto e assolvete all'orazione. Danne la lieta novella ai credenti».

[88] Disse Mosè: «O Signor nostro, invero hai dato a Faraone e ai suoi notabili onori e beni della vita terrena, affinché o Signor nostro, si distolgano dal Tuo sentiero. O Signor nostro, cancella i loro beni e indurisci i loro cuori, ché non credano fino a che non avranno visto il castigo doloroso».

[89] Allah disse: «La vostra richiesta è esaudita. State saldi entrambi e non seguite il sentiero di coloro che non sanno nulla». [90] E facemmo attraversare il mare ai Figli di Israele. Faraone e le sue armate li inseguirono per accanimento e ostilità. Poi, quando fu sul punto di annegare, [Faraone] disse: «Credo che non c'è altro dio all'infuori di Colui in Cui credono i Figli di Israele e sono tra coloro che si sottomettono». [91] [Disse Allah]: «Ora ti penti, quando prima hai disobbedito ed eri uno dei corruttori? [92] Oggi salveremo il tuo corpo, affinché tu sia un segno per quelli che verranno dopo di te». Ma in verità la maggioranza degli uomini sono incuranti dei segni Nostri.

[93] Insediammo i Figli di Israele in un paese sicuro e li provvedemmo di cibo eccellente e non furono discordi se non quando venne loro la scienza. In verità il tuo Signore, nel Giorno della Resurrezione, deciderà a proposito delle loro divergenze. [94] E se dubiti a proposito di ciò che abbiamo fatto scendere su di te, interroga coloro che già prima recitavano le Scritture. La verità ti è giunta dal tuo Signore: non essere tra i dubbiosi. [95] E non essere tra coloro che smentiscono i segni di Allah, ché saresti tra i perdenti.

[96] In verità coloro contro i quali si realizza la Parola del tuo Signore non crederanno, [97] anche se giungessero loro tutti i segni, finché non vedranno il castigo terribile. [98] Ci fosse stata almeno una città credente, cui fosse stata utile la sua fede, a parte il popolo di Giona. Quando ebbero creduto allontanammo da loro il castigo ignominioso in questa vita e li lasciammo godere per qualche tempo.

[99] Se il tuo Signore volesse, tutti coloro che sono sulla terra crederebbero. Sta a te costringerli ad essere credenti? [100] Nessuno può credere, se Allah non lo permette. Egli destina all'abominio coloro che non ragionano.

[101] Di': «Osservate quello che c'è nei cieli e sulla terra». Ma né i segni né le minacce serviranno alla gente che non crede. [102] Cos'altro aspettano, se non giorni simili a quelli di coloro che vissero prima di loro? Di': «Aspettate, sarò con voi tra coloro che aspettano». [103] Infine salveremo i Nostri messaggeri e coloro che credono. Salvare i credenti è incombenza Nostra.

[104] Di': «O uomini! Se avete qualche dubbio sulla mia religione, [confermo che] io non adoro quello che voi adorate all'infuori di Allah, ma adoro Allah che vi farà morire. Mi è stato ordinato di essere uno di coloro che credono». [105] E [mi è stato ordinato]: «Sii sincero nella religione, non essere un associatore, [106] e non invocare, all'infuori di Allah, chi non ti reca né beneficio né danno. Se lo facessi, saresti uno degli ingiusti». [107] Se Allah decreta che ti giunga una sventura, non c'è nessuno, eccetto Lui, che possa liberartene. E se vuole un bene per te, nessuno può ostacolare la Sua grazia. Egli ne gratifica chi vuole tra i Suoi servi. Egli è il Perdonatore, il Misericordioso.

[108] Di': «O uomini! vi è giunta la verità da parte del vostro Signore. Chi è sulla Retta Via lo è per se stesso, e chi se ne allontana lo fa solo a suo danno. Io non sono responsabile di voi». [109] Segui

ciò che ti è stato rivelato e sopporta con pazienza, finché Allah giudichi. Egli è il migliore dei giudici.

HÛD

In nome di Allah, il Compassionevole, il Misericordioso.

[1]. *Alif, Lâm, Râ*

[Ecco un] Libro i cui segni sono stati confermati e quindi esplicati da un Saggio ben informato. [2] «Non adorate altri che Allah. In verità sono per voi ammonitore e nunzio di una buona novella da parte Sua.» [3] Se chiedete perdono al vostro Signore e tornate a Lui pentiti, vi darà piena soddisfazione [in questa vita] fino al termine prescritto e darà ad ogni meritevole il merito suo. Se invece volgerete le spalle, temo per voi il castigo di un gran Giorno. [4] Ad Allah ritornerete. Egli è onnipotente.

[5] È per nascondersi a Lui che si ripiegano su se stessi? Anche se cercano di nascondersi sotto i loro vestiti, Egli conosce quello che celano e quello che fanno apertamente! In verità [Egli] conosce il profondo dei cuori. [6] Non c'è animale sulla terra, cui Allah non provveda il cibo; Egli conosce la sua tana e il suo rifugio, poiché tutto [è scritto] nel Libro chiarissimo.

[7] È Lui che ha creato i cieli e la terra in sei giorni – allora [stava] sulle acque il Suo Trono – per vagliare chi di voi agirà per il bene. E se dici: «Sarete resuscitati dopo la morte», coloro che sono miscredenti certamente diranno: «Questa è magia evidente». [8] E se allontaniamo il castigo da loro fino a un tempo prestabilito, certamente diranno: «Cosa lo trattiene?». Il giorno in cui arriverà,

non potranno allontanarlo da loro e saranno circondati da quello che schernivano.

⁹ Se facciamo gustare all'uomo la Nostra misericordia e poi gliela neghiamo, ecco che ingratamente si dispera. ¹⁰ Se gli facciamo gustare una grazia dopo la sventura, dirà certamente: «I mali si sono allontanati da me» e diverrà esultante e borioso; ¹¹ [tutti si comportano così] eccetto coloro che perseverano e compiono il bene. Essi avranno perdono e mercede grande.

¹² Forse vorresti tralasciare una parte di ciò che ti è stato rivelato e forse il tuo petto è angustiato da quello che dicono: «Perché non è stato fatto scendere un tesoro su di lui, o perché non è accompagnato da un angelo?». In verità, tu sei solo un ammonitore. Allah è il garante di tutto. ¹³ Oppure diranno: «Lo ha inventato». Di': «Portatemi dieci sure inventate [da voi] simili a questa: e chiamate chi potete, all'infuori di Allah, se siete sinceri». ¹⁴ E se non vi risponderanno, sappiate che [esso] è stato rivelato con la scienza di Allah e che non c'è dio all'infuori di Lui. Sarete musulmani?

¹⁵ Coloro che bramano gli agi della vita terrena, [sappiano che] in essa compenseremo le opere loro e nessuno sarà defraudato. ¹⁶ Per loro, nell'altra vita non ci sarà altro che il Fuoco e saranno vanificate le loro azioni.

¹⁷ [Cosa dire allora di] colui che si basa su una prova proveniente dal suo Signore e che un testimone da Lui inviato [gli] recita? Prima di esso c'era stata la Scrittura di Mosè, guida e misericordia, alla quale essi credono! E quelli delle fazioni che non ci credono, si incontreranno nel Fuoco. Non essere in dubbio al riguardo. È la verità che proviene dal tuo Signore, ma la maggior parte della gente non crede.

¹⁸ Chi è più ingiusto di colui che inventa una menzogna contro Allah? Essi saranno condotti al loro Signore e i testimoni diranno:

«Ecco quelli che hanno mentito contro il loro Signore». Cada sugli ingiusti la maledizione di Allah, [19] coloro che frappongono ostacoli sul sentiero di Allah, cercano di renderlo tortuoso e non credono nell'altra vita. [20] Non sono loro ad avere potere sulla terra e non avranno patrono alcuno all'infuori di Allah. Il loro castigo sarà raddoppiato. Non sapevano ascoltare e neppure vedere. [21] Hanno rovinato le anime loro e quello che inventavano li ha abbandonati. [22] Sono certamente quelli che nella vita futura saranno coloro che avranno perduto di più.

[23] In verità, quelli che credono, compiono il bene e si umiliano di fronte al loro Signore, saranno i compagni del Giardino e vi rimarranno in perpetuo. [24] E come se fossero due gruppi, uno di ciechi e sordi e l'altro che vede e sente. Sono forse simili? Non rifletterete dunque?

[25] Già inviammo Noè al popolo suo: «Io sono un nunzio esplicito, [26] affinché non adoriate altri che Allah. In verità temo per voi il castigo di un Giorno doloroso». [27] I notabili del suo popolo, che erano miscredenti, dissero: «A noi sembri solo un uomo come noi, e non ci pare che ti seguano altri che i più miserabili della nostra gente. Non vediamo in voi alcuna superiorità su di noi anzi, pensiamo che siate bugiardi».

[28] Disse: «Cosa direste, gente mia, se mi appoggiassi su una prova proveniente dal mio Signore e se mi fosse giunta da parte Sua una misericordia che è a voi preclusa a causa della vostra cecità? Dovremmo imporvela nonostante la rifiutiate? [29] O popol mio, non vi chiedo alcun compenso. La mia ricompensa è in Allah. Non posso scacciare quelli che hanno creduto e che incontreranno il loro Signore. Vedo che siete veramente un popolo di ignoranti. [30] O popol mio, chi mi verrà in soccorso contro Allah, se li scacciassi? Non rifletterete dunque? [31] Non vi dico di possedere i

tesori di Allah, non conosco l'invisibile e neanche dico di essere un angelo. Non dico a coloro che i vostri occhi disprezzano che mai Allah concederà loro il bene. Allah conosce quello che c'è nelle loro anime. [Se dicessi ciò] certo sarei un ingiusto!».

³² Dissero: «O Noè, hai polemizzato con noi, hai polemizzato anche troppo. Fai venire quello di cui ci minacci, se sei sincero!». ³³ Disse: «Allah, se vuole, ve lo farà venire e voi non potrete sfuggirvi. ³⁴ Il mio consiglio sincero non vi sarebbe d'aiuto, se volessi consigliarvi mentre Allah vuole traviarvi. Egli è il vostro Signore e a Lui sarete ricondotti».

³⁵ Oppure dicono: «Lo ha inventato». Di': «Se l'ho inventato, che la colpa ricada su di me. Non sono colpevole di ciò di cui mi accusate».

³⁶ Fu ispirato a Noè: «Nessuno del tuo popolo crederà, a parte quelli che già credono. Non ti affliggere per ciò che fanno. ³⁷ Costruisci l'Arca sotto i Nostri occhi e secondo la Nostra rivelazione. Non parlarMi a favore degli ingiusti: in verità saranno annegati». ³⁸ E mentre costruiva l'Arca, ogni volta che i notabili della sua gente gli passavano vicino, si burlavano di lui. Disse: «Se vi burlate di noi, ebbene, allo stesso modo ci burleremo di voi. ³⁹ E ben presto saprete su chi si abbatterà un castigo ignominioso, su chi verrà castigo perenne».

⁴⁰ Quando giunse il Nostro Decreto e il forno buttò fuori, dicemmo: «Fai salire una coppia per ogni specie e la tua famiglia, eccetto colui del quale è già stata decisa la sorte, e coloro che credono» Coloro che avevano creduto insieme con lui erano veramente pochi. ⁴¹. Disse allora [Noè]: «Salite, il viaggio e l'approdo sono in nome di Allah. In verità il mio Signore è perdonatore misericordioso». ⁴² [E l'Arca] navigò portandoli tra onde [alte] come montagne. Noè chiamò suo figlio, che era rimasto in disparte: «Figlio mio, sali

insieme con noi, non rimanere con i miscredenti». [43] Rispose: «Mi rifugerò su un monte che mi proteggerà dall'acqua». Disse [Noè]: «Oggi non c'è nessun riparo contro il decreto di Allah, eccetto [per] colui che gode della [Sua] misericordia». Si frapposero le onde tra i due e fu tra gli annegati. [44] E fu detto: «O terra, inghiotti le tue acque; o cielo, cessa!». Fu risucchiata l'acqua, il decreto fu compiuto e quando [l'Arca] si posò sul [monte] al-Jûdî fu detto: «Scompaiano gli empi!»

[45] Noè invocò il suo Signore dicendo: «Signore, mio figlio appartiene alla mia famiglia! La Tua promessa è veritiera e tu sei il più giusto dei giudici!». [46] Disse [Allah]: «O Noè, egli non fa parte della tua famiglia, è [frutto di] qualcosa di empio. Non domandarmi cose di cui non hai alcuna scienza. Ti ammonisco, affinché tu non sia tra coloro che ignorano». [47] Disse: «Mi rifugio in Te, o Signore, dal chiederti cose sulle quali non ho scienza. Se Tu non mi perdoni e non mi usi misericordia, sarò tra i perdenti».

[48] Fu detto: «O Noè, sbarca con la Nostra pace, e siate benedetti tu e le comunità [che discenderanno] da coloro che sono con te. [Anche] ad altre comunità concederemo gioia effimera e poi verrà loro, da parte Nostra, un doloroso castigo. [49] Questa è una delle notizie dell'ignoto che ti riveliamo. Tu non le conoscevi e neppure il tuo popolo prima di ora. Sopporta dunque con pazienza. In verità i timorati [di Allah] avranno il buon esito».

[50] Agli 'Àd [mandammo] il loro fratello Hûd. Disse: «O popol mio, adorate Allah, non c'è dio all'infuori di Lui. Voi siete degli inventori di menzogne. [51] O popol mio, non vi domando nessuna ricompensa, essa spetta a Colui Che mi ha creato. Non capirete dunque? [52] O popol mio, implorate il perdono del vostro Signore e tornate a Lui pentiti, affinché vi in vii piogge abbondanti dal cielo

e aggiunga forza alla vostra forza. Non voltate colpevolmente le spalle».

53 Dissero: «O Hûd, non ci hai recato nessuna prova, non vogliamo abbandonare i nostri dèi per una tua parola e non crediamo in te. 54 Possiamo solo dire che uno dei nostri dèi ti ha reso folle». Disse: «Mi sia testimone Allah, e siate anche voi testimoni, che rinnego tutto ciò che associate 55 all'infuori di Lui. Tramate tutti contro di me, non fatemi attendere. 56 Invero io confido in Allah, mio Signore e vostro Signore. Non c'è creatura che Egli non tenga per il ciuffo. Il mio Signore è sul retto sentiero».

57 [Anche] se volgerete le spalle, io vi ho comunicato quello per cui vi sono stato inviato. Il mio Signore sostituirà il vostro popolo con un altro, mentre voi non potrete nuocerGli in nulla. In verità il mio Signore è il Custode di tutte le cose. 58 E quando giunse il Nostro decreto, salvammo per misericordia Nostra Hûd e con lui quelli che avevano creduto. Li salvammo da un severo castigo. 59 Questi furono gli 'Àd, negarono i segni del loro Signore, disobbedirono ai Suoi messaggeri e avevano obbedito agli ordini di ogni protervo tiranno. 60 Furono perseguitati da una maledizione in questo mondo e nel Giorno della Resurrezione. In verità gli 'Àd non credettero nel loro Signore. Scompaiano gli'Ad, popolo di Hûd!

61 E [mandammo] ai Thamùd il loro fratello Sâlih. Disse loro: «O popol mio, adorate Allah. Non c'è dio all'infuori di Lui. Vi creò dalla terra e ha fatto sì che la colonizzaste. Implorate il Suo perdono e tornate a Lui. Il mio Signore è vicino e pronto a rispondere». 62 Dissero: «O Sâlih, finora avevamo grandi speranze su di te. [Ora] ci vorresti interdire l'adorazione di quel che adoravano i padri nostri? Ecco che siamo in dubbio in merito a ciò verso cui ci chiami!» 63 Disse: «O popol mio, cosa pensate? Se mi baso su una prova evidente giuntami dal mio Signore, Che mi ha concesso

la Sua misericordia, chi mai mi aiuterebbe contro Allah se Gli disobbedissi? Voi potreste solo accrescere la mia rovina.

⁶⁴ O popol mio, ecco la cammella di Allah, un segno per voi. Lasciatela pascolare sulla terra di Allah e fate sì che non la tocchi male alcuno, ché vi colpirebbe imminente castigo». ⁶⁵ Le tagliarono i garretti. Disse: «Godetevi le vostre dimore [ancora per] tre giorni, ecco una promessa non mendace!». ⁶⁶ Quando giunse il Nostro decreto, per Nostra misericordia salvammo Sâlih e coloro che avevano creduto dall'ignominia di quel giorno. In verità il Tuo Signore è il Forte, l'Eccelso. ⁶⁷ Il Grido investì quelli che erano stati ingiusti e li lasciò bocconi nelle loro case,⁶⁸ come se non le avessero mai abitate.In verità i Thamùd non credettero nel loro Signore? Periscano i Thamùd!

⁶⁹ Giunsero presso Abramo i Nostri angeli con la lieta novella. Dissero: «Pace», rispose «Pace!» e non tardò a servir loro un vitello arrostito. ⁷⁰ Quando vide che le loro mani non lo avvicinavano, si insospettì ed ebbe paura di loro. Dissero: «Non aver paura. In verità siamo stati inviati al popolo di Lot» .⁷¹. Sua moglie era in piedi e rise. Le annunciammo Isacco e dopo Isacco, Giacobbe. ⁷² Ella disse: «Guai a me! Partorirò vecchia come sono, con un marito vegliardo? Questa è davvero una cosa singolare!». ⁷³ Dissero: «Ti stupisci dell'ordine di Allah? La misericordia di Allah e le Sue benedizioni siano su di voi, o gente della casa! In verità Egli è degno di lode, glorioso».

⁷⁴ Quando Abramo fu rassicurato e apprese la lieta novella, cercò di disputare con Noi [a favore] del popolo di Lot. ⁷⁵ Invero Abramo era magnanimo, umile, incline al pentimento. ⁷⁶ «O Abramo, desisti da ciò, che già il Decreto del tuo Signore è deciso. Giungerà loro un castigo irrevocabile.»

⁷⁷ E quando i Nostri angeli si recarono da Lot, egli ne ebbe pena

e si rammaricò della debolezza del suo braccio. Disse: «Questo è un giorno terribile!». [78] La gente del suo popolo andò da lui tutta eccitata. Già avevano commesso azioni empie. Disse [loro]: «O popol mio, ecco le mie figlie sono più pure per voi. Temete Allah e non svergognatemi davanti ai miei ospiti. Non c'è fra voi un uomo di coscienza?». [79] Dissero: «Sai bene che non abbiamo alcun diritto sulle tue figlie, sai bene quello che vogliamo!».

[80] Disse: «Se potessi disporre di forza contro di voi, se solo potessi trovare saldo appoggio…». [81] [Gli angeli] dissero: «O Lot, noi siamo i messaggeri del tuo Signore. Costoro non potranno toccarti. Fa' partire la tua gente sul finire della notte, e nessuno di voi guardi indietro (eccetto tua moglie, ché in verità ciò che accadrà a loro accadrà anche a lei). In verità la scadenza è l'alba; non è forse vicina l'alba?». [82] Quando poi giunse il Nostro Decreto, rivoltammo la città sottosopra e facemmo piovere su di essa pietre d'argilla indurita [83] contrassegnate dal tuo Signore. Ed esse non son mai lontane dagli iniqui!

[84] E ai Madianiti [mandammo] il loro fratello Shu'ayb. Disse: «O popol mio, adorate Allah. Non avete altro dio all'infuori di Lui. Non truffate sul peso e sulla misura. Vi vedo in agiatezza, ma temo per voi il castigo di un Giorno che tutto avvolgerà. [85] O popol mio, riempite la misura e [date] il peso con esattezza, non defraudate la gente dei loro beni e non spargete disordine sulla terra, da corruttori. [86] Quello che permane presso Allah è meglio per voi, se siete credenti. Io non sono il vostro custode».

[87] Dissero: «O Shu'ayb! Abbandonare quello che adoravano i nostri avi, non fare dei nostri beni quello che ci aggrada… è questo che ci chiede la tua religione? Invero tu sei indulgente e retto!».

[88] Disse: «O popol mio, cosa pensate se mi baso su una prova evidente giuntami dal mio Signore, Che mi ha concesso

provvidenza buona? Non voglio fare diversamente da quello che vi proibisco, voglio solo correggervi per quanto posso. Il mio successo è soltanto in Allah, in Lui confido e a Lui ritornerò. 89 O popol mio, non vi spinga nell'abiezione il contrasto con me, [al punto che] vi colpisca ciò che colpì il popolo di Noè, la gente di Hûd e il popolo di Sâlih; il popolo di Lot non è lontano da voi. 90 Chiedete perdono al vostro Signore, volgetevi a Lui. Il mio Signore è misericordioso, amorevole».

91 Dissero: «O Shu'ayb, non capiamo molto di quello che dici e invero ti consideriamo un debole tra noi. Se non fosse per il tuo clan ti avremmo certamente lapidato, poiché non ci sembri affatto potente». 92 Disse: «O popol mio, il mio clan vi sembra più potente di Allah, al Quale voltate apertamente le spalle? In verità il mio Signore abbraccia [nella Sua scienza] tutto quello che fate.

93 O popol mio, fa' [pure] quello che vuoi, ché anch'io lo farò: ben presto saprete chi sarà precipitato nel castigo abominevole, chi sarà [stato] il mendace. Aspettate! Ché anch'io aspetterò insieme con voi».

94 E quando giunse il Nostro Decreto, per misericordia Nostra salvammo Shu'ayb e coloro che avevano creduto insieme con lui. Il Grido sorprese gli iniqui: l'indomani giacevano bocconi nelle loro dimore, 95 come se mai le avessero abitate. Periscano i Madianiti, come perirono i Thamùd!

96 In verità inviammo Mosè, con i Nostri segni e con autorità evidente, 97 a Faraone e ai suoi notabili. Essi obbedirono all'ordine di Faraone anche se l'ordine di Faraone era iniquo. 98 Nel Giorno della Resurrezione precederà il suo popolo come gregge e li abbevererà nel Fuoco: che orribile abbeverata! 99 Una maledizione li perseguiterà in questo mondo e nel Giorno della Resurrezione. Che detestabile dono ricevono!

100 Queste sono alcune delle storie delle città che ti raccontiamo: alcune sono ancora ritte e altre falciate. 101 Non facemmo loro alcun torto, esse stesse si fecero torto. Gli dèi che invocavano all'infuori di Allah non li hanno in nulla protetti quando giunse il Decreto del loro Signore: non fecero altro che accrescerne la rovina.

102 Castiga così il tuo Signore, quando colpisce le città che hanno agito ingiustamente. È invero un castigo doloroso e severo. 103 Ecco un segno per chi teme il castigo dell'altra vita. Sarà un Giorno in cui le genti saranno radunate. Sarà un Giorno confermato. 104 Non lo posticiperemo che sino al suo termine stabilito. 105 Nel giorno in cui avverrà, nessuno parlerà senza il Suo permesso. E ci saranno allora gli infelici e i felici.

106 E gli infelici saranno nel Fuoco, tra sospiri e singhiozzi, 107 per rimanervi fintanto che dureranno i cieli e la terra, a meno che il tuo Signore non decida altrimenti, che il tuo Signore fa quello che vuole! 108 Coloro invece che saranno felici, rimarranno nel Paradiso fintanto che dureranno i cieli e la terra, a meno che il tuo Signore non decida altrimenti. Sarà questo un dono senza fine. 109 Non essere in dubbio a proposito di quello che essi adorano: non adorano se non come adoravano i loro avi. Daremo loro la loro spettanza, senza diminuzione.

110 Già demmo a Mosè la Scrittura, e sorsero divergenze in suo proposito. Se non fosse stato per un Decreto precedente del tuo Signore, già sarebbe stato giudicato tra loro. E su di essa sono in dubbio profondo. 111 In verità il tuo Signore darà a tutti il compenso delle opere loro. Egli è perfettamente al corrente di quello che fanno.

112 Sii dunque retto come ti è stato ordinato, tu e coloro che si sono convertiti insieme con te. Non prevaricate, che Egli osserva quello che fate. 113 Non cercate il sostegno degli ingiusti: [in tal caso] il Fuoco vi colpirebbe, non avrete alcun alleato contro Allah

e non sarete soccorsi. [115] Esegui l'orazione alle estremità del giorno
e durante le prime ore della notte. Le opere meritorie scacciano
quelle malvagie. Questo è un ricordo per coloro che ricordano.
[115] Sii paziente, ché Allah non manda perduta la mercede di coloro
che fanno il bene.

[116] Perché mai, tra le generazioni che vi precedettero, le persone
virtuose che proibivano la corruzione della terra (e che salvammo)
erano poco numerose, mentre gli ingiusti si davano al lusso di cui
godevano e furono criminali? [117] Mai il tuo Signore annienterebbe
ingiustamente le città, se i loro abitanti agissero rettamente.

[118]. Se il tuo Signore avesse voluto, avrebbe fatto di tutti gli
uomini una sola comunità. Invece non smettono di essere in
contrasto tra loro, [119] eccetto coloro ai quali il tuo Signore ha
concesso la Sua misericordia. Per questo li ha creati. Così si realizza
la Parola del tuo Signore: «In verità riempirò l'Inferno di uomini e
di dèmoni assieme».

[120] Ti raccontiamo tutte queste storie sui messaggeri, affinché
il tuo cuore si rafforzi. In questa [sura] ti è giunta la verità
insieme con un ammonimento ed un monito per i credenti. [121] Di'
a coloro che non credono: «Agite per quanto vi è possibile, ché
anche noi agiremo. [122] E aspettate, ché anche noi aspetteremo!».
[123] Appartiene ad Allah l'invisibile dei cieli e della terra, a Lui si
riconduce l'ordine totale. AdoraLo dunque e confida in Lui. Il tuo
Signore non è disattento a quello che fate.

....

GIUSEPPE

In nome di Allah, il Compassionevole, il Misericordioso.

[1] *Alif, Lâm, Râ.*
Questi sono i versetti del Libro esplicito. [2] In verità lo abbiamo fatto scendere come Corano arabo, affinché possiate comprendere. [3]. Grazie a ciò che ti ispiriamo in questo Corano Noi ti raccontiamo la più bella storia, anche se precedentemente non ne eri a conoscenza.

[4] Quando Giuseppe disse a suo padre: «O padre mio, ho visto [in sogno] undici stelle il sole e la luna. Li ho visti prosternarsi davanti a me», [5] disse: «O figlio mio, non raccontare questo sogno ai tuoi fratelli, ché certamente tramerebbero contro di te! In verità Satana è per l'uomo un nemico evidente. [6] Ti sceglierà così il tuo Signore e ti insegnerà l'interpretazione dei sogni e completerà la Sua grazia su di te e sulla famiglia di Giacobbe, come già prima di te la completò sui tuoi due avi Abramo e Isacco. In verità il tuo Signore è sapiente e saggio».

[7] Certamente in Giuseppe e nei suoi fratelli ci sono segni per coloro che interrogano. [8] Quando [essi] dissero: «Giuseppe e suo fratello sono più cari a nostro padre, anche se noi siamo un gruppo capace. Invero nostro padre è in palese errore. [9] Uccidete Giuseppe, oppure abbandonatelo in qualche landa, sì che il volto di vostro padre non si rivolga ad altri che a voi, dopodiché sarete ben considerati». [10] Uno di loro prese la parola e disse: «Non uccidete Giuseppe. Se proprio avete deciso, gettatelo piuttosto in fondo alla cisterna, ché possa ritrovarlo qualche carovana».

[11] Dissero: «O padre nostro, perché non ti fidi di noi a proposito di Giuseppe? Eppure siamo sinceri nei suoi confronti. [12] Lascia

che venga con noi domani a divertirsi e a giocare; vegliere- mo
su di lui». [13] Disse: «Mi rattrista che lo conduciate [con voi];
temo che il lupo lo divori mentre non badate a lui». [14] Dissero:
«Se lo mangiasse il lupo mentre siamo tanto numerosi, veramente
saremmo disgraziati!».

[15] Quando poi lo ebbero condotto con loro e furono d'accordo
nel gettarlo in fondo alla cisterna, Noi gli ispirammo: «Ricorderai
loro quello che hanno commesso quando meno se lo aspetteranno».
[16] Quella sera tornarono al padre loro piangendo. [17] Dissero:
«Abbiamo fatto una gara di corsa, abbiamo lasciato Giuseppe a
guardia della nostra roba e il lupo lo ha divorato. Tu non ci crederai,
eppure siamo veritieri». [18] Gli presentarono la sua camicia,
macchiata di un sangue che non era il suo. Disse [Giacobbe]: «I
vostri animi vi hanno suggerito un misfatto. Bella pazienza… mi
rivolgo ad Allah contro quello che raccontate».

[19] Giunse una carovana e mandarono uno di loro ad attingere
acqua. Questi fece scendere il secchio e poi disse: «Buona nuova,
c'è un ragazzo!». Lo nascosero come fosse merce. Allah era ben a
conoscenza di quel che facevano. [20] Lo vendettero a basso prezzo,
qualche pezzo d'argento, e furono in ciò deprezzatori.

[21] Colui che in Egitto lo acquistò disse a sua moglie: «Trattalo
bene, ché forse ci sarà utile o potremo adottarlo come figlio».
Stabilimmo così Giuseppe in quella terra, affinché imparasse da
Noi l'interpretazione dei sogni. Allah ha il predominio nei Suoi
disegni, ma la maggior parte degli uomini non lo sa. [22] Quando
raggiunse la sua età adulta, gli concedemmo saggezza e scienza.
Così compensiamo coloro che compiono il bene.

[23] Avvenne che colei nella cui casa egli si trovava s'innamorò
di lui. Chiuse le porte e gli disse: «Accostati a me!». Disse: «Che
Allah non voglia! Il mio padrone mi ha dato buona accoglienza: gli

ingiusti non prospereranno». [24] Certamente ella lo desiderava ed egli l'avrebbe respinta con violenza se non avesse visto un segno del suo Signore; così allontanammo da lui il male e l'ignominia, perché era uno dei Nostri sinceri servitori.

[25] Entrambi corsero verso la porta, [lei] gli strappò la camicia da dietro. Alla porta incontrarono il marito di lei. Disse [la donna]: «Cosa merita colui che ha voluto male a tua moglie? Nient'altro che la prigione o un doloroso castigo!». [26] Disse [Giuseppe]: «È lei che voleva sedurmi». Un testimone della famiglia di lei intervenne: «Se la camicia è strappata davanti, è lei che dice la verità e lui è un mentitore; [27] se invece la camicia è strappata sul dietro, ella mente ed egli dice la verità». [28] Vista la camicia che era strappata sul dietro, disse: «È certamente un'astuzia di femmine! La vostra astuzia [o donne] è davvero grande! [29] Vai pure, Giuseppe. E [tu donna], implora perdono per la tua colpa, ché in verità sei colpevole!».

[30] Le donne in città malignavano: «La moglie del principe ha cercato di sedurre il suo garzone! Egli l'ha resa folle d'amore. Ci sembra che si sia del tutto smarrita». [31] Avendo sentito i loro discorsi, inviò loro qualcuno e preparò i cuscini ; [giunte che furono], diede a ciascuna un coltello, quindi disse [a Giuseppe]: «Entra al loro cospetto». Quando lo videro, lo trovarono talmente bello, che si tagliuzzarono le mani dicendo: «Che Allah ci protegga! Questo non è un essere umano, ma un angelo nobilissimo!». [32] Disse: «Questi è colui per il quale mi avete biasimato. Ho cercato di sedurlo, ma lui vuole mantenersi casto. Ebbene, se rifiuta di fare ciò che gli comando, sarà gettato in prigione e sarà tra i miserabili». [33] Disse: «O mio Signore, preferisco la prigione a ciò cui mi invitano; ma se Tu non allontani da me le loro arti, cederò loro e sarò uno di quelli che disconoscono [la Tua legge]». [34] Lo esaudì il suo Signore e

allontanò da lui le loro arti. In verità Egli è Colui Che tutto ascolta e conosce.

³⁵ E così, nonostante avessero avuto le prove, credettero [fosse bene] imprigionarlo per un certo periodo. ³⁶ Insieme con lui entrarono in prigione due giovani. Uno di loro disse: «Mi sono visto [in sogno] mentre schiacciavo dell'uva…». Disse l'altro: «Mi sono visto mentre portavo sulla testa del pane e gli uccelli ne mangiavano. Dacci l'interpretazione di tutto ciò. Invero vediamo che sei uno di coloro che compiono il bene».

³⁷ [Rispose Giuseppe]: «Non vi sarà distribuito cibo prima che vi abbia reso edotti sulla loro interpretazione. Ciò è parte di quel che il mio Signore mi ha insegnato. In verità ho abbandonato la religione di un popolo che non crede in Allah e disconosce l'altra vita ³⁸ e seguo la religione dei miei avi, Abramo, Isacco e Giacobbe. Non dobbiamo associare ad Allah alcunché. Questa è una grazia di Allah per noi e per gli uomini, ma la maggior parte di loro sono ingrati. ³⁹ O miei compagni di prigione! Una miriade di signori sono forse meglio di Allah, l'Unico, Colui Che prevale? ⁴⁰ Non adorate aü'infuori di Lui altro che nomi che voi e i vostri avi avete inventato, e a proposito dei quali Allah non ha fatto scendere nessuna prova. In verità il giudizio appartiene solo ad Allah. Egli vi ha ordinato di non adorare altri che Lui. Questa la religione immutabile, eppure la maggior parte degli uomini lo ignora.

⁴¹ O miei compagni di prigione, uno di voi due verserà il vino al suo signore, l'altro sarà crocifisso e gli uccelli beccheranno la sua testa. Le questioni sulle quali mi avete interpellato sono così stabilite». ⁴² E disse a quello dei due che a suo avviso si sarebbe salvato: «Ricordami presso il tuo signore». Satana fece sì che dimenticasse di ricordarlo al suo signore. Giuseppe restò quindi in prigione per altri anni.

[43] Disse il re: «Invero vidi [in sogno] sette vacche grasse che sette vacche magre divoravano e sette spighe verdi e sette altre secche. O notabili, interpretatemi la mia visione, se siete capaci di interpretare i sogni!». [44] Risposero: «Incubi confusi. Non sappiamo interpretare gli incubi». [45] Quello dei due che era stato liberato, si ricordò infine di lui ed esclamò: «Io vi rivelerò il significato! Lasciate che vada».

[46] [Disse]: «O Giuseppe, o veridico, spiegaci [il significato] di sette vacche grasse che sette magre divorano e di sette spighe verdi e di sette altre secche. Ché io possa tornare a quella gente ed essi possano sapere». [47] Rispose: «Coltiverete per sette anni come è vostra consuetudine. Tutto quello che avrete raccolto lasciatelo in spiga, eccetto il poco che consumerete. [48] Verranno poi sette anni di carestia che consumeranno tutto quello che avrete risparmiato, eccetto quel poco che conserverete. [49] Dopo di ciò verrà un'annata in cui gli uomini saranno soccorsi e andranno al frantoio».

[50] Disse il re: «Conducetemelo». Quando giunse il messaggero [Giuseppe] disse: «Ritorna presso il tuo signore e chiedigli: "Cosa volevano le donne che si tagliuzzarono le mani?". Invero il mio Signore ben conosce le loro astuzie». [51] Chiese allora [il re alle donne]: «Qual era la vostra intenzione quando volevate sedurre Giuseppe?». Risposero: «Allah ce ne guardi. Non conosciamo male alcuno a suo riguardo». La moglie del principe disse: «Ormai la verità è manifesta: ero io che cercavo di sedurlo. In verità egli è uno di coloro che dicono il vero».

[52] [Disse Giuseppe]: «[Ho sollecitato] questa [inchiesta] affinché il mio padrone sappia che non l'ho tradito in segreto, ché in verità Allah non guida le astuzie dei traditori. [53] Non voglio assolvere me stesso! In verità l'anima è propensa al male, a meno che il mio

Signore per la misericordia [non la preservi dal peccato]. In verità il mio Signore è perdonatore, misericordioso».

54 Disse il re: «Conducetemelo: voglio tenerlo presso di me». Quando poi gli ebbe parlato, disse: «D'ora in poi rimarrai al nostro fianco, con autorità e fiducia». 55 Rispose: «Affidami i tesori della terra: sarò buon guardiano ed esperto». 56 Così demmo a Giuseppe autorità su quella terra e dimorava dove voleva. Facciamo sì che la Nostra misericordia raggiunga chi vogliamo e che non vada perso il compenso di coloro che operano il bene. 57 E il compenso dell'altra vita è migliore per coloro che credono e hanno timor [di Allah].

58 Giunsero i fratelli di Giuseppe e si presentarono davanti a lui. Egli li riconobbe, mentre essi non lo riconobbero. 59 Dopo che li ebbe riforniti di provviste disse loro: «Conducetemi il vostro fratello da parte di padre. Non vedete come vi ho colmato il carico e che sono il migliore degli ospiti? 60 Se non lo condurrete, da parte mia non ci saranno più carichi per voi e non mi potrete più avvicinare». 61 Dissero: «Cercheremo di convincere suo padre e certamente ci riusciremo».

62 Disse [poi] ai suoi garzoni: «Nascondete le loro merci nei loro bagagli, ché le riconoscano quando saranno giunti presso la loro gente e forse ritorneranno». 63 Quando furono di ritorno presso il padre loro, gli dissero: «O padre, non potremo più avere altri carichi. Lascia venire con noi nostro fratello, ci potremo rifornire e certamente veglieremo su di lui». 64 Disse: «Ve lo dovrei affidare come già vi affidai suo fratello? È Allah il Migliore dei guardiani, ed Egli è il Più misericordioso dei misericordiosi!».

65 Quando poi disfecero i bagagli, scoprirono che gli erano state rese le loro merci. Dissero: «O padre, cosa potremmo desiderare di più? Ecco, le nostre merci ci sono state restituite. Provvederemo alla nostra gente e veglieremo su nostro fratello, aggiungeremo un altro

carico di cammello: sarà un carico facile». [66] Disse [Giacobbe]: «Non lo manderò con voi finché non giurerete su Allah che me lo riporterete, a meno che non siate del tutto sopraffatti». Poi, dopo che ebbero giurato, disse loro: «Allah è il garante di quello che abbiamo detto».

[67] Disse: «O figli miei, non entrate da una sola porta, ma entrate da porte diverse. In nulla potrei proteggervi nei confronti di Allah. La decisione appartiene solo ad Allah e in Lui confido. In Lui confidino coloro che confidano». [68] Pur essendo entrati nel modo che loro padre aveva raccomandato, ciò non li avrebbe protetti da Allah. Non fu altro che uno scrupolo, nell'animo di Giacobbe, ed egli lo soddisfece. Invero egli era colmo della scienza che Noi gli avevamo insegnato, mentre la maggior parte degli uomini non sanno.

[69] E quando furono introdotti da Giuseppe, questi trasse in disparte suo fratello [Beniamino] e gli disse: «Io sono tuo fratello, non essere dunque triste per quello che mi hanno fatto». [70] Dopo che li ebbe riforniti, fece nascondere una coppa nei bagagli di suo fratello. Gridò un messo: «O voi della carovana, invero siete dei ladri!». [71] Si arrestarono e chiesero: «Cosa cercate?». [72] Risposero: «La coppa del re. Un carico di cammello è destinato a chi la riporterà, io ne sono garante!». [73] Dissero: «Per Allah, sapete bene che non siamo venuti a spargere la corruzione sulla terra e che non siamo dei ladri». [74] «Quale sarà la sanzione se mentite?», dissero [gli Egiziani]. [75] Risposero: «Il riscatto? Colui nei cui bagagli troverete la coppa, sarà egli stesso il suo riscatto. È così che sanzioniamo gli ingiusti». [76]. [Giuseppe] iniziò dai sacchi degli altri prima che da quello di suo fratello, e infine la trasse dai bagagli di quest'ultimo. Suggerimmo Noi quest'astuzia a Giuseppe, ché altrimenti non avrebbe potuto trattenere suo fratello nel rispetto della legge del

re, a meno che Allah non l'avesse voluto. Eleviamo il rango di chi vogliamo, e sopra ogni sapiente c'è l'Onnisciente.

[77] Disse: «Se ha rubato, già uno dei suoi fratelli aveva rubato». Giuseppe nascose [il sentimento] nel suo cuore, senza mostrare loro nulla. Disse: «Invero la vostra situazione è peggiore, e Allah sa cosa affermate!». [78] Implorarono: «O potente, suo padre è molto vecchio! Prendi uno di noi in sua vece. Tu sei tra coloro che ben agiscono». [79] Disse: «Ci guardi Allah dal prendere altri che colui presso il quale abbiamo ritrovato i nostri beni, ché in tal caso saremmo ingiusti!».

[80] Quando persero la speranza [di riaverlo], discussero [tra loro] in segreto. Disse il maggiore: «Non ricordate che vostro padre vi chiese di giurare davanti ad Allah? E come già una volta mancaste nei confronti di Giuseppe? Non lascerò questo territorio, senza che mio padre me ne dia il permesso o [senza] che Allah abbia giudicato in mio favore. Egli è il migliore dei giudici. [81] Tornate dal padre vostro e diteli: «"O padre mio, tuo figlio ha rubato. Non abbiamo testimoniato eccetto che per quello che sappiamo: non potevamo prevedere l'ignoto. [82] Chiedi pure [agli abitanti della] città e a quelli della carovana con la quale siamo tornati. Davvero siamo sinceri!"».

[83] Disse [Giacobbe]: «Sono piuttosto le vostre passioni che vi hanno ispirato qualcosa. Bella pazienza! Chissà che Allah me li restituisca tutti quanti! In verità Egli è il Sapiente, il Saggio». [84] Volse loro le spalle e disse: «Ahimè! Quanto mi dolgo per Giuseppe!». Sbiancarono i suoi occhi per la tristezza e fu sopraffatto dal dispiacere. [85] Dissero: «Per Allah! Smetti di ricordare Giuseppe, finirai per consumarti e morirne!». [86] Rispose: «Mi lamento solo davanti ad Allah della mia disgrazia e del mio dolore, e grazie ad Allah conosco cose che voi non sapete. [87] Andate figli miei, cercate Giuseppe e suo fratello e non disperate del soccorso di Allah, ché solo i miscredenti disperano del soccorso di Allah».

⁸⁸ Quando poi entrarono [ancora una volta] al cospetto di lui,
dissero: «O principe, ci ha colpiti la disgrazia, noi e la nostra famiglia.
Abbiamo recato merce di scarso valore. Riempici comunque
la misura e facci la carità, ché Allah compensa i caritatevoli».
⁸⁹ Rispose: «Non ricordate quello che faceste a Giuseppe e a
suo fratello nella vostra ignoranza?». ⁹⁰ Dissero: «Sei tu proprio
Giuseppe?». Disse: «Io sono Giuseppe e questi è mio fratello. In
verità Allah ci ha colmato di favori! Chi è timorato e paziente,
[sappia che] in verità Allah non trascura di compensare chi fa il
bene».

⁹¹ Dissero: «Per Allah, certo Allah ti ha preferito a noi e certo noi
siamo colpevoli». ⁹² Disse: «Oggi non subirete nessun rimprovero!
Che Allah vi perdoni, Egli è il più misericordioso dei misericordiosi.
⁹³ Andate con questa mia camicia e posatela sul viso di mio padre:
riacquisterà la vista. Conducetemi tutta la vostra gente».

⁹⁴ Non appena la carovana fu ripartita, disse il padre loro:
«Davvero sento l'odore di Giuseppe, e non dite che sto delirando»
⁹⁵ Gli risposero: «Per Allah, sei ancora in preda alla tua vecchia
fissazione». ⁹⁶ Quando giunse il latore della buona novella, pose
la camicia sul volto di [Giacobbe]. Egli riacquistò la vista e disse:
«Non vi avevo appunto detto che grazie ad Allah, conosco cose che
voi non sapete?». ⁹⁷ Dissero: «O padre, implora perdono per i nostri
peccati, ché veramente siamo colpevoli». ⁹⁸ Rispose: «Implorerò
per voi il perdono del mio Signore. Egli è il Perdonatore, il
Misericordioso».

⁹⁹ Quando furono introdotti alla presenza di Giuseppe, questi
accolse il padre e la madre e disse: «Entrate in Egitto in sicurezza,
se Allah vuole!». ¹⁰⁰ Fece salire i suoi genitori sul suo trono e [tutti]
caddero in prosternazione. Disse: «O padre, ecco il significato del
mio sogno di un tempo. Il mio Signore lo ha avverato. Egli è stato

buono con me quando mi ha tratto dalla prigione, e vi ha condotti qui dal deserto dopo che Satana si era intromesso tra me e i miei fratelli. In verità il mio Signore è dolcissimo in quello che vuole, Egli è il Sapiente, il Saggio.

101 O mio Signore, mi hai dato qualche potere e mi hai insegnato l'interpretazione dei sogni. O Creatore dei cieli e della terra, Tu sei il mio patrono, in questa vita come nell'altra. Fammi morire musulmano e ponimi tra i devoti!».

102 Sono queste le storie segrete che ti riveliamo, ché certo non eri tra loro quando si riunivano per tramare. 103 La maggior parte degli uomini non crederanno, nonostante il tuo ardente desiderio. 104 Eppure non chiedi loro alcun compenso. [Questo Corano] non è che un monito per i mondi.

105 E quanti segni nei cieli e sulla terra, cui gli uomini passano accanto voltando loro le spalle! 106 La maggior parte di loro non crede in Allah se non attribuendo- Gli associati. 107 Sono forse certi che non li avvolga il castigo di Allah o che non giunga improvvisa l'Ora mentre sono incoscienti? 108 Di': «Ecco la mia via: invito ad Allah in tutta chiarezza, io stesso e coloro che mi seguono. Gloria ad Allah, non sono uno dei politeisti».

109 Non inviammo prima di te altro che uomini abitanti delle città e che Noi ispirammo. Non viaggiano forse sulla terra e non vedono quale è stata la fine di coloro che furono prima di loro? Certo la dimora dell'altra vita è migliore per quelli che temono [Allah]. Non capite dunque? 110 Quando poi i messaggeri stavano per perdere la speranza, ritenendo che sarebbero passati per bugiardi, ecco che giunse il Nostro soccorso. Abbiamo salvato quelli che abbiamo voluto, ché la Nostra severità non sarà allontanata dagli empi.

111. Nelle loro storie c'è una lezione per coloro che hanno intelletto. Questo [Corano] non è certo un discorso inventato, ma

è la conferma di ciò che lo precede, una spiegazione dettagliata di ogni cosa, una guida e una misericordia per coloro che credono.

SURA 13.AR-RA'D

IL TUONO

In nome di Allah, il Compassionevole, il Misericordioso.

1. *Alif, Lâm, Mîm, Râ.*

Questi sono i versetti del Libro. Ciò che è stato fatto scendere su di te da parte del tuo Signore è la verità, ma la maggior parte degli uomini non crede. 2. Allah è Colui Che ha innalzato i cieli senza pilastri visibili e quindi Si è innalzato sul Trono. Ha sottomesso il sole e la luna, ciascuno in corsa verso il suo termine stabilito. Ogni cosa dirige ed esplica i segni sì che possiate avere certezza dell'incontro con il vostro Signore. 3 Ed Egli è Colui Che ha disteso la terra, vi ha posto montagne e fiumi, e di ogni frutto ha stabilito in essa una coppia. Fa sì che la notte copra il giorno. Ecco i segni per coloro che riflettono!

4 Sulla terra ci sono porzioni vicine le une alle altre, vigneti, campi di grano e palmeti a ciuffo o separati che la stessa acqua irriga. Agli uni diamo però preminenza di frutti sugli altri. In ciò vi sono segni per coloro che capiscono.

5 Se ti stupisci, è davvero stupefacente il loro dire: «Quando saremo polvere, davvero passeremo una nuova creazione?». Sono quelli che rinnegano il loro Signore e che avranno al collo catene. Sono i compagni del Fuoco, in cui rimarranno in perpetuo.

6. E ti chiedono di sollecitare il male prima del bene! Eppure prima di loro si produssero castighi esemplari. In verità il tuo

Signore è disposto al perdono degli uomini, nonostante la loro iniquità. In verità il tuo Signore è severo nel castigo.

[7] Dicono i miscredenti: «Perché non è stato fatto scendere su di lui un segno da parte del suo Signore?». In verità tu non sei che un ammonitore, e ogni popolo ha la sua guida.

[8] Allah conosce quello che cela ogni femmina, [conosce] la diminuzione degli uteri e il loro aumento. Ogni cosa ha giusta misura presso di Lui, [9] Egli è il Conoscitore dell'invisibile e del visibile, il Grande, il Sublime. [10] Per Lui non c'è differenza tra chi mantiene un segreto e chi lo divulga, tra chi si cela nella notte e chi si muove liberamente in pieno giorno.

[11] Ci sono [angeli] davanti e dietro [ogni uomo] e vegliano su di lui per ordine di Allah. In verità Allah non modifica la realtà di un popolo finché esso non muta nel suo intimo. Quando Allah vuole un male per un popolo, nessuno può allontanarlo; né avranno, all'infuori di Lui, alcun protettore.

[12] Egli è Colui che vi fa vedere il lampo, fonte di timore e speranza, Colui che forma le nuvole pesanti. [13] Il tuono Lo glorifica e Lo loda, e così gli angeli insieme nel timore di Lui. Scaglia i fulmini e colpisce chi vuole, mentre essi discutono su Allah, Colui che è temibile nella Sua potenza!

[14] A Lui [spetta] la vera invocazione! Quelli che invocano all'infuori di Lui non rispondono loro in alcunché, sono come colui che tende le mani verso l'acqua affinché giunga alla sua bocca, ma essa non vi giunge: vana è l'invocazione dei miscredenti. [15] Volenti o nolenti si prosternano ad Allah coloro che sono nei cieli e sulla terra e anche le ombre loro, al mattino e alla sera. [16] Di': «Chi è il Signore dei cieli e della terra?». Rispondi: «Allah!». Di': «Prendereste all'infuori di lui, patroni che per se stessi non possiedono né il bene né il male?». Di': «Sono forse uguali il cieco e colui che vede, sono

forse uguali le tenebre e la luce? Hanno forse associato ad Allah esseri che creano come Allah ha creato, così che la loro creazione possa essere assimilata a quella di Allah?». Di': «Allah è il Creatore di tutte le cose, Egli è l'Unico, il Supremo Dominatore».

[17]. Fa scendere l'acqua dal cielo, e le valli si inondano secondo la loro capienza, e la corrente trasporta schiuma gorgogliante, una schiuma simile a ciò che si fonde sul fuoco per trarne gioielli e utensili. Così Allah propone a metafora del vero e del falso: si perde la schiuma e resta sulla terra ciò che è utile agli uomini. Così Allah propone le metafore.

[18] Coloro che rispondono all'appello del loro Signore avranno la migliore [ricompensa]. Quanto a coloro che non avranno risposto, se possedessero tutto ciò che è sulla terra e ancora altrettanto, lo offrirebbero per riscattarsi. Avranno il peggiore dei bilanci e l'Inferno sarà il loro rifugio. Qual tristo giaciglio!

[19] Colui che sa che ciò che ti è stato rivelato da parte del tuo Signore è la verità è forse come colui che è cieco? In verità riflettono solo coloro che sono dotati d'intelletto, [20] coloro che si attengono al patto con Allah e non mancano all'impegno, [21] coloro che uniscono quello che Allah ha ordinato di unire, temono il loro Signore, paventano che il loro bilancio sia negativo, [22] coloro che perseverano nella ricerca del Volto del loro Signore, assolvono all'orazione, danno pubblicamente o in segreto di ciò di cui li abbiamo provvisti e respingono il male con il bene. Essi avranno per Dimora Ultima [23] i Giardini dell'Eden, in cui entreranno insieme ai probi tra i loro padri, le loro spose e i loro figli. Gli angeli andranno a visitarli entrando da ogni porta [24] [e diranno]: «Pace su di voi, poiché siete stati perseveranti. Com'è bella la vostra Ultima Dimora».

[25] Coloro che infrangono il patto di Allah dopo averlo accettato,

spezzano ciò che Allah ha ordinato di unire e spargono la corruzione sulla terra – quelli saranno maledetti e avranno la peggiore delle dimore. [26] Allah dà generosamente a chi vuole e lesina a chi vuole. Essi si rallegrano di questa vita che in confronto all'Altra non è che godimento effimero.

[27] Dicono i miscredenti: «Perché non è stato fatto scendere su di lui un segno da parte del suo Signore?». Rispondi: «In verità Allah allontana chi vuole e guida a Lui chi si converte, [28] coloro che credono, che rasserenano i loro cuori al Ricordo di Allah. In verità i cuori si rasserenano al Ricordo di Allah. [29] Coloro che credono e operano il bene, avranno la beatitudine e il miglior rifugio».

[30] Così ti inviammo ad una comunità, dopo che altre comunità erano passate, affinché recitassi loro quello che Noi ti abbiamo rivelato, ma essi rinnegano il Compassionevole. È Lui il mio Signore, non c'è altro dio che Lui, ripongo in Lui la mia fiducia e ritorno a Lui.

[31] Se ci fosse una recitazione che smuovesse le montagne, fendesse la terra e facesse parlare i morti... Invero l'ordine di tutte le cose appartiene ad Allah! Non vedono i credenti che Allah, se volesse, potrebbe guidare tutti gli uomini sulla retta via? E i miscredenti saranno colpiti da un cataclisma, compenso del loro agire, o [la disgrazia] sarà prossima alle loro case, finché si realizzi la promessa di Allah. In verità Allah non manca alla promessa. [32] Certamente i messaggeri che ti hanno preceduto sono stati scherniti, ma ho concesso una tregua ai miscredenti, quindi li ho afferrati. Come fu [duro] allora il [Mio] castigo!

[33] Colui che sorveglia ciò che ogni anima acquisisce [è forse simile alle vostre divinità]? Eppure Gli attribuiscono consoci. Di': «Nominateli [dunque]! Vorreste insegnarGli, quello che ignora della terra? Oppure [il vostro] è solo un modo di dire?». Sì, la

perfidia dei miscredenti è stata resa bella agli occhi loro ed essi sono stati allontanati dalla retta via. Chi è sviato da Allah non avrà guida alcuna. [34] Saranno castigati in questa vita, ma il castigo dell'altra vita sarà schiacciante e non avranno difensore alcuno all'infuori di Allah.

[35] E questo il Giardino che è stato promesso ai pii: vi scorrono ruscelli, perennemente vi sono frutti e ombra. Ecco il destino dei timorati [di Allah], mentre il destino dei miscredenti è il Fuoco.

[36] Coloro ai quali abbiamo dato la Scrittura si rallegrano di ciò che abbiamo fatto scendere su di te, mentre fra le fazioni vi è chi ne rinnega una parte. Di': «Non ho ricevuto altro ordine che quello di adorare Allah senza associarGli alcunché. Vi chiamo a Lui e verso di Lui tornerò». [37] E così abbiamo fatto scendere una norma in arabo. Se segui i loro desideri dopo quel che ti è giunto della Sapienza, non avrai, davanti ad Allah, né patrono né difensore. [38] In verità prima di te inviammo altri messaggeri e provvedemmo loro spose e progenie, ma nessun messaggero recò alcun segno se non con il permesso di Allah. Ogni epoca [ha avuto] la sua Scrittura. [39] Allah cancella quello che vuole e conferma quello che vuole. È presso di Lui la Madre del Libro.

[40] Sia che ti mostriamo ciò che promettiamo loro, sia che ti facciamo morire prima, a te incombe il comunicare, a Noi la resa dei conti.

[41] Non vedono forse che restringiamo i loro confini esterni? Allah giudica, e nessuno può opporsi al Suo giudizio, ed Egli è rapido al conto.

[42] Coloro che li hanno preceduti hanno tramato, ma ad Allah appartiene la strategia suprema. Egli conosce ciò che ogni anima ha meritato e ben presto i miscredenti sapranno a chi appartiene la Dimora Ultima. [43] Dicono i miscredenti: «Tu non sei un inviato».

Rispondi: «Mi basta Allah, testimone tra me e voi, Colui Che possiede la Scienza del Libro».

ABRAMO

In nome di Allah, il Compassionevole, il Misericordioso.

1 *Alif, Lâm, Rà.*

Abbiamo fatto scendere su di te un Libro affinché, con il permesso del loro Signore, tu tragga le genti dalle tenebre alla luce, sulla via dell'Eccelso, del Degno di lode, 2 [la via di] Allah, Cui appartiene quel che è nei cieli e sulla terra. Guai a coloro che non credono: subiranno un severo castigo; 3 [essi] amano questa vita più dell'altra, frappongono ostacoli sul sentiero di Allah e cercano di renderlo tortuoso! Sono infossati nell'errore.

4 Non inviammo alcun messaggero se non nella lingua del suo popolo, affinché li informasse. Allah svia chi vuole e guida chi vuole ed Egli è l'Eccelso, il Sapiente.

5 Già mandammo Mosè con i Nostri segni: «Fa' uscire la tua gente dalle tenebre alla luce e ricorda loro i giorni di Allah». Ecco dei segni per ogni [uomo] paziente e grato.

6 E quando Mosè disse al suo popolo: «Ricordate i favori che Allah vi ha elargito, quando vi salvò dalla gente di Faraone che vi infliggeva la peggiore delle torture. Uccidevano i vostri maschi e lasciavano in vita le femmine. Era questa una dura prova da parte del vostro Signore». 7 E quando il vostro Signore proclamò: «Se sarete riconoscenti, accrescerò [la Mia grazia]. Se sarete ingrati, in verità il Mio castigo è severo!», 8 disse Mosè: «Se sarete ingrati,

voi e tutti quelli che sono sulla terra, Allah [sappiatelo] di nulla abbisogna, è il Degno di lode».

[9] Non vi è giunta notizia di quelli [che vissero] prima di voi, del popolo di Noè, degli 'Âd e dei Thamûd, e di quelli che vennero dopo e che Allah solo conosce? Vennero i loro profeti con prove chiarissime, ma essi dissero, portandosi le mani alla bocca: «Non crediamo in quello con cui siete stati inviati. E siamo in dubbio profondissimo circa quello che ci proponete».

[10] Dissero loro i profeti: «Come può esservi dubbio a proposito di Allah, il Creatore dei cieli e della terra, Colui Che vi Si rivolge per perdonarvi parte delle vostre colpe e rinviarvi fino al termine prestabilito?». [Risposero] i miscredenti: «Non siete altro che uomini come noi. Volete distoglierci da quello che adoravano i nostri avi? Recateci una prova inequivocabile!».

[11] Dissero loro i profeti: «Certamente siamo uomini come voi, ma Allah favorisce chi Egli vuole tra i Suoi servi. Non possiamo recarvi una prova se non con il permesso di Allah. In Allah confidino i credenti. [12] E come potremmo non confidare in Allah quand'Egli ci ha guidati sui nostri sentieri? Sopporteremo con pazienza [le persecuzioni] di cui ci farete oggetto. Confidino in Allah coloro che confidano».

[13] Coloro che non credevano dissero ai loro profeti: «Vi cacceremo senza fallo dalla nostra terra, a meno che non ritorniate alla nostra religione». Ma il loro Signore rivelò loro: «Distruggeremo certamente gli iniqui, [14] e vi faremo dimorare sulla terra dopo di loro. Questa è [la ricompensa] per chi teme la Mia presenza e teme la Mia minaccia».

[15] Cercarono la vittoria: fu sconfitto ogni ostinato tiranno, [16] è destinato all'Inferno e sarà abbeverato di acqua fetida [17] che cercherà di inghiottire a piccoli sorsi senza riuscirvi. La morte lo

assalirà da ogni parte, eppure non potrà morire: avrà un castigo
inattenuabile.

[18] Questa è la metafora di coloro che rinnegano il loro Signore:
le loro azioni saranno come cenere sulla quale infuria il vento in un
giorno di tempesta. Non avranno alcun prò da ciò che avranno fatto.
Questa è la perdizione totale. [19] Non vedi che Allah ha creato i cieli
e la terra secondo verità? Se volesse, vi farebbe perire e susciterebbe
un'altra creazione. [20] Ciò non è difficile per Allah.

[21] Tutti compariranno davanti ad Allah. E i deboli diranno a
coloro che erano tronfi d'orgoglio: «Noi vi seguivamo. Potete
[ora] esserci utili contro il castigo di Allah?». Risponderanno [gli
altri]: «Se Allah ci avesse guidati, certamente vi avremmo guidati.
Lamento o sopportazione [ormai] sono uguali: per noi non c'è
rifugio».

[22] Quando tutto sarà concluso, dirà Satana: «Allah vi aveva
fatto promessa sincera, mentre io vi ho fatto una promessa che
non ho mantenuto. Qual potere avevo mai su di voi, se non quello
di chiamarvi? E voi mi avete risposto. Non rimproverate me;
rimproverate voi stessi. Io non posso esservi d'aiuto e voi non potete
essermi d'aiuto. Rifiuto l'atto con cui mi avete associato ad Allah in
precedenza». In verità gli iniqui [avranno] doloroso castigo.

[23] Coloro che invece credono e operano il bene li faremo entrare
nei Giardini dove scorrono i ruscelli e vi rimarranno in perpetuo
con il permesso del loro Signore. Colà il loro saluto sarà: «Pace!».

[24] Non hai visto a cosa Allah paragona la buona parola? Essa
è come un buon albero, la cui radice è salda e i cui rami [sono]
nel cielo, [25] e continuamente dà frutti, col permesso di Allah. Allah
propone metafore agli uomini, affinché riflettano. [26] La metafora
della parola cattiva è invece quella di una mala pianta sradicata
dalla superficie della terra: non ha stabilità alcuna.

27 Allah rafforza coloro che credono con la parola ferma, in questa vita come nell'altra e, allo stesso tempo, svia gli ingiusti. Allah fa ciò che vuole.

28 Non li hai visti, coloro che scambiano il favore di Allah con la miscredenza e trascinano il loro popolo nella dimora della perdizione, 29 nell'Inferno in cui cadranno? Qual trista dimora! 30 Attribuirono consimili ad Allah per sviare [la gente] dal Suo sentiero. Di': «Godete pure: la vostra destinazione è il Fuoco!».

31 Di' ai Miei servi credenti che assolvano l'orazione e diano in pubblico e in privato [parte] dei beni che abbiamo loro concesso, prima che giunga il Giorno in cui non ci sarà più né commercio né amicizia.

32 Allah è Colui Che ha creato i cieli e la terra, e che fa scendere l'acqua dal cielo e, suo tramite, suscita frutti per il vostro sostentamento. Vi ha messo a disposizione le navi che scivolano sul mare per volontà Sua, e vi ha messo a disposizione i fiumi. 33 Vi ha messo a disposizione il sole e la luna che gravitano con regolarità, e vi ha messo a disposizione la notte e il giorno. 34 E vi ha dato [parte] di tutto quel che Gli avete chiesto: se voleste contare i doni di Allah, non potreste enumerarli. In verità l'uomo è ingiusto, ingrato.

35 E [ricorda] quando Abramo disse: «O mio Signore, rendi sicura questa contrada e preserva me e i miei figli dall'adorazione degli idoli. 36 O mio Signore, in verità essi già han traviato molti uomini. Chi mi seguirà sarà dei miei, e quanto a coloro che mi disobbediscono, in verità Tu sei perdonatore, misericordioso!

37 O Signor nostro, ho stabilito una parte della mia progenie in una valle sterile, nei pressi della Tua Sacra Casa, affinché, o Signor nostro, assolvano all'orazione. Fai che i cuori di una parte dell'umanità tendano a loro; concedi loro [ogni specie] di frutti. Forse Ti saranno riconoscenti.

³⁸ O Signor nostro, Tu ben conosci quello che nascondiamo e quello che palesiamo. Nulla è nascosto ad Allah, nella terra e nei cieli! ³⁹ Lode ad Allah Che, nonostante la vecchiaia, mi ha dato Ismaele ed Isacco. In verità il mio Signore ascolta l'invocazione. ⁴⁰ O Signore, concedi a me e ad una parte della mia progenie di assolvere all'orazione. Esaudisci la mia preghiera, o Signor nostro! ⁴¹. O Signor nostro, perdona a me, ai miei genitori e ai credenti, nel Giorno in cui si tireranno le somme».

⁴² E non credere che Allah sia disattento a quello che fanno gli iniqui. Concede loro una dilazione fino al Giorno in cui i loro sguardi saranno sbarrati. ⁴³ Verranno umiliati, la testa immobile, gli occhi fissi, il cuore smarrito.

⁴⁴ Avverti le genti [a proposito] del Giorno in cui li colpirà il castigo. [Allora] coloro che saranno stati ingiusti diranno: «O Signor nostro, concedici una breve dilazione: risponderemo al Tuo appello e seguiremo i messaggeri». «Non giuravate dianzi, che per voi non ci sarebbe stato declino? ⁴⁵ Eppure abitavate nelle case di coloro che avevano fatto torto a se stessi, e quel che ne facemmo vi era ben noto. Vi abbiamo citato gli esempi.» ⁴⁶ Tramarono, ma la loro trama è nota ad Allah, foss'anche una trama capace di fare a pezzi le montagne.

⁴⁷ Non credere che Allah manchi alla promessa fatta ai Suoi messaggeri. Allah è l'Eccelso, il Vendicatore. ⁴⁸ [Avverrà ciò] nel Giorno in cui la terra sarà trasformata e [pari- menti] i cieli, in cui gli uomini compariranno di fronte ad Allah, l'Unico, il Supremo Dominatore. ⁴⁹ Vedrai in quel Giorno i colpevoli, appaiati nei ceppi: ⁵⁰ con vesti di catrame e i volti in fiamme. ⁵¹ [Così] Allah compenserà ogni anima per ciò che si è meritata, ché in verità Allah è rapido nel conto. ⁵² Questo è un messaggio per gli uomini,

affinché siano avvertiti e sappiano che Egli è il Dio Unico e perché rammentino, i dotati di intelletto.

....

AL-HIJR

In nome di Allah, il Compassionevole, il Misericordioso.

1. Alif, Lâm, Rà.

Questi sono i versetti del Libro e la Recitazione esplicita. 2 I miscredenti un giorno vorranno essere stati musulmani; 3 lasciali mangiare e godere per un periodo, lusingati dalla speranza, ben presto sapranno. 4 Non distruggiamo alcuna città senza prima darle una Scrittura intelligibile. 5 Nessuna comunità può anticipare il suo termine, né ritardarlo.

6 E dicono: «O tu su cui è stato fatto scendere il Monito, sei certamente posseduto da un dèmone! 7 Perché, se sei sincero, non sei accompagnato dagli angeli?». 8 Non faremo scendere gli angeli se non con la verità e a quella gente [in quel Giorno] non sarà dato scampo.

9 Noi abbiamo fatto scendere il Monito, e Noi ne siamo i custodi. 10 Già, prima di te, ne inviammo alle antiche sette. 11 E non venne loro messaggero di cui non si burlassero. 12 Lasciamo che ciò si insinui nei cuori degli empi. 13 Non crederanno affatto, nonostante l'esempio dei loro antenati. 14 Se anche aprissimo loro una porta del cielo perché possano ascendervi, 15 direbbero: «I nostri occhi sono ipnotizzati o ci hanno lanciato un sortilegio!».

16 In verità ponemmo costellazioni nel cielo e lo abbellimmo per coloro che lo osservano. 17 E lo proteggiamo da ogni dèmone

lapidato. [18] Se uno di loro cerca di origliare, un folgorante bolide lo insegue.

[19] E la terra, l'abbiamo distesa e vi abbiamo infisso le montagne e ogni cosa abbiamo fatto crescere con dovuta misura. [20] Alimenti vi ponemmo, per voi e per tutti coloro che voi non nutrite affatto.

[21] Di ogni cosa abbiamo tesori, ma la facciamo scendere in quantità misurata. [22] I venti mandammo, portatori di fertilità, e dal cielo facemmo scendere l'acqua con la quale vi dissetiamo e che non sapreste conservare

[23] In verità Noi facciamo vivere e facciamo morire e Noi siamo l'Erede [ultimo di ogni cosa]. [24] Noi conosciamo quelli che vi furono precursori e conosciamo quelli che ancora tardano. [25] In verità il tuo Signore [tutti] li riunirà, Egli è saggio, sapiente.

[26] Creammo l'uomo con argilla secca, tratta da mota impastata. [27] E in precedenza creammo i dèmoni dal fuoco di un vento bruciante.

[28] E quando il tuo Signore disse agli angeli: «Creerò un uomo con argilla secca, tratta da mota impastata; [29] quando poi lo avrò plasmato e avrò insufflato in lui del Mio spirito, prosternatevi davanti a lui». [30] E gli angeli tutti si prosternarono, [31] eccetto Iblìs, che rifiutò di essere insieme ai prosternati. [32] [Allah] disse: «O Iblìs, perché non sei tra coloro che si prosternano?». [33] Rispose: «Non devo prosternarmi di fronte a un mortale che hai creato di argilla risuonante, di mota impastata».

[34] [Allah] disse: «Fuori di qui, che tu sia bandito. [35] In verità sei maledetto fino al Giorno del Giudizio!». [36] Disse: «O Signor mio, concedimi una dilazione fino al Giorno in cui saranno resuscitati». [37] [Allah] disse: «Che tu sia fra coloro a cui è concessa la dilazione [38] fino al Giorno del momento fissato».

[39] Disse: «O Signor mio, poiché mi hai indotto all'errore, li

attirerò al male sulla terra, rendendolo attraente, e certamente li farò perdere tutti, [40] eccetto i Tuoi servi sinceri».

[41] [Allah] disse: «Questa sarà la Retta Via da Me [custodita]: [42] Non avrai alcun potere sui Miei servi, eccetto i perduti che ti obbediranno, [43] e l'Inferno sarà certo il loro ritrovo; [44] [esso] ha sette porte, e ciascuna ne avrà dinnanzi un gruppo».

[45] I timorati [invece] saranno tra giardini e fonti, [46] [sarà detto loro]: «Entratevi in pace e sicurezza!». [47] Monderemo il loro petto da ogni risentimento e staranno fraternamente su troni, [gli uni] di fronte [agli altri]. [48] Non proveranno fatica alcuna e mai verranno espulsi. [49] [O Muhammad], annuncia ai Miei servi che in verità Io sono il Perdonatore, il Misericordioso, [50] e che il Mio castigo è davvero un castigo doloroso.

[51] E racconta loro degli ospiti di Abramo. [52] Entrarono nella sua casa dicendo: «Pace». Disse: «Invero ci fate paura!». [53] Dissero: «Non temere, noi ti annunciamo un figlio sapiente». [54] Disse: «Mi date questo annuncio quando già mi ha raggiunto la vecchiaia. Che specie di annuncio è questo?». [55] Dissero: «Quello che ti annunciamo è la verità, non essere fra coloro che disperano». [56] Disse: «Chi mai dispera della misericordia del suo Signore, se non gli sviati?».

[57] Disse [ancora]: «Qual è la vostra missione, o inviati?». [58] Risposero: «Siamo stati inviati a un popolo di empi, [59] a parte la famiglia di Lot che tutta salveremo, [60] eccetto sua moglie». Decretammo che fosse tra quelli che sarebbero rimasti indietro.

[61] Quando poi gli inviati giunsero presso la famiglia di Lot, [62] [questi] disse loro: «Invero siete gente che non conosciamo». [63] Risposero: «Anzi, siamo venuti a te [per recare] ciò di cui dubitano. [64] Siamo venuti con la Verità, e in verità siamo sinceri. [65] Fai partire la tua gente quando è ancora notte e stai in retroguardia,

e che nessuno si volti a guardare indietro. Andate dove vi è stato ordinato». ⁶⁶ Questo decidemmo nei suoi confronti: ché in verità tutti gli altri al mattino [seguente] sarebbero stati annientati.

⁶⁷ Vennero [infatti] gli abitanti della città rallegrandosi. ⁶⁸ Disse [Lot]: «Sono i miei ospiti, non disonoratemi! ⁶⁹ Temete Allah e non copritemi di vergogna». ⁷⁰ Risposero: «Già ti abbiamo proibito [di proteggere] chicchessia!». ⁷¹ Disse: «Ecco le mie figlie, se proprio volete farlo»

⁷² Per la tua vita, [o Muhammad,] erano accecati dalla loro lussuria. ⁷³ All'alba li sorprese il Grido. ⁷⁴ Sconvolgemmo la città e facemmo piovere su di essa pietre d'argilla indurita. ⁷⁵. In verità in ciò vi è un segno per coloro che ne tengono conto. ⁷⁶. In verit essa [si trovava] su una strada ben nota. ⁷⁷ In verità in ciò vi è un segno per coloro che credono.

⁷⁸. E anche gli abitanti di al-Ayka erano iniqui. ⁷⁹. Ci siamo vendicati di loro. Invero quelle due sono su una strada ben riconoscibile. ⁸⁰. Già gli abitanti di al-Hijr tacciarono di menzogna i messaggeri. ⁸¹ Demmo loro i Nostri segni, ma rimasero indifferenti. ⁸² Scavavano nelle montagne [le loro] case sicure, ⁸³ ma al mattino li sorprese il Grido. ⁸⁴ Quello che avevano fatto non li riparò.

⁸⁵ Non abbiamo creato i cieli e la terra e quello che vi è frammezzo se non con la verità. In verità l'Ora si avvicina, perdona dunque magnanimamente. ⁸⁶ In verità il tuo Signore è l'Incessante Creatore, il Sapiente.

⁸⁷. Ti abbiamo dato i sette ripetuti e il Sublime Corano. ⁸⁸ Non volgere gli occhi con invidia dell'effimero benessere che abbiamo concesso ad alcuni di loro e [neppure devi] rattristarti per loro. Abbassa però la tua ala verso i credenti. ⁸⁹ Di': «Sono nunzio evidente [di un castigo]». ⁹⁰ Lo stesso che facemmo scendere

sui congiurati, [91] e quelli che fanno del Corano «un'accozzaglia slegata» [92] per il tuo Signore, tutti li interrogheremo [93] a proposito di quello che facevano.

[94] Proclama con forza quello che ti è stato ordinato e rifuggi dagli associatori. [95] Noi ti bastiamo contro chi ti schernisce, [96] [contro] coloro che affiancano ad Allāh un'altra divinità. Presto sapranno. [97] Ben sappiamo che il tuo petto si affligge per quello che dicono. [98] Glorifica il tuo Signore lodandoLo e sii tra coloro che si prosternano, [99] e adora il tuo Signore fin che non ti giunga l'ultima certezza.

SURA 16 : AN-NAHL
....

LE API

In nome di Allah, il Compassionevole, il Misericordioso.

[1] Giunge l'ordine di Allah: non [cercate] di affrettarlo. Gloria a Lui! Egli è ben più alto di ciò che Gli associano. [2] Per ordine Suo scendono gli angeli con la Rivelazione, su chi Egli vuole tra i Suoi servi: «Ammonite [le genti] che non c'è altro dio all'infuori di Me. TemeteMi dunque». [3] Egli ha creato i cieli e la terra secondo verità. Egli è ben più alto di ciò che Gli associano.

[4] Creò l'uomo da una goccia di sperma, ed eccolo manifesto oppositore. [5] Creò le greggi da cui traete calore e altri vantaggi e di cui vi cibate. [6] E come è bello per voi, quando le riconducete [all'ovile] e quando uscite al pascolo. [7] Trasportano i vostri pesi verso contrade che non potreste raggiungere se non con grande fatica. In verità il vostro Signore è dolce, misericordioso. [8] E [vi ha dato] i cavalli, i muli e gli asini, perché li montiate e per ornamento. E crea cose che voi non conoscete.

⁹ Guidarvi sulla retta via è prerogativa di Allah, poiché altre [vie] se ne allontanano . Se volesse vi guiderebbe tutti.

¹⁰ Egli è Colui Che ha fatto scendere l'acqua dal cielo, bevanda per voi ed erba pei pascoli. ¹¹ Per mezzo suo ha fatto germinare i cereali e l'olivo, le palme e le vigne e ogni altro frutto. In verità in ciò vi è un segno per gente che sa riflettere.

¹² Vi ha messo a disposizione la notte e il giorno, il sole e la luna. Le stelle sono sottomesse al Suo ordine. In verità in ciò vi sono segni per gente che comprende. ¹³ E ha creato per voi sulla terra tutte le cose, di diversi colori. In verità in ciò vi è un segno per gente che ricorda. ¹⁴ Egli è Colui Che vi ha messo a disposizione il mare affinché possiate mangiare pesce freschissimo e trarne gioielli con i quali vi adornate. Vedi la nave scivolarvi sopra sciabordando per condurvi alla ricerca della Sua Grazia, affinché Gli siate riconoscenti.

¹⁵ Ha infisso sulla terra le montagne, affinché non oscilli sotto di voi e [ha disposto] fiumi e sentieri affinché non vi smarriate. ¹⁶ E [ha stabilito] punti di riferimento: le stelle che vi fanno da guida.

¹⁷ Colui Che crea è forse uguale a chi non crea affatto? Non riflettete dunque? ¹⁸ Se voleste contare i favori di Allah, non potreste enumerarli. In verità Allah è perdonatore, misericordioso. ¹⁹ Allah conosce quello che palesate e quello che celate.

²⁰ Coloro che essi invocano all'infuori di Allah, nulla creano, ché anzi loro stessi sono creati. ²¹ [Essi sono] morti e non vivi e non sanno affatto quando saranno resuscitati. ²² Il vostro Allah è un Dio Unico. Coloro che non credono nell'altra vita hanno la miscredenza nel cuore e sono tronfi d'orgoglio. ²³ Senza dubbio Allah conosce quello che celano e quello che palesano. In verità [Egli] non ama quelli che sono tronfi d'orgoglio.

²⁴ Quando è chiesto loro : «Cos'è quel che ha fatto scendere il vostro Signore?», rispondono: «Favole degli antichi». ²⁵ Nel Giorno della Resurrezione, porteranno tutto il loro carico e pure una parte di quello di coloro che, per ignoranza, sviarono. Quanto è orribile il loro fardello.

²⁶ Coloro che li precedettero, già avevano tramato. Ma Allah ha scalzato le basi stesse delle loro costruzioni, il tetto gli rovinò addosso e il castigo gli venne da dove non lo aspettavano.

²⁷ Nel Giorno della Resurrezione li coprirà di abominio e dirà loro: «Dove sono i Miei associati, a favore dei quali eravate in polemica?». E quelli che avranno ricevuto la scienza diranno: «Oggi ci saranno vergogna e sventura sui miscredenti,

²⁸ [quelli] che gli angeli [della morte] coglieranno ancora ingiusti verso se stessi». Allora faranno atto di sottomissione [dicendo]: «Non commettemmo male alcuno». «Invece Allah conosce perfettamente quello che facevate. ²⁹ Oltrepassate le porte dell'Inferno per rimanervi in perpetuo. Com'è atroce la dimora dei superbi!»

³⁰ Verrà chiesto a quelli che temevano Allah: «Cos'è quel che ha fatto scendere il vostro Signore?». Risponderanno: «Il bene più grande!». Coloro che fanno il bene avranno il bene in questa vita, ma la dimora dell'altra vita è certo migliore! Quanto deliziosa sarà la dimora dei timorati; ³¹ entreranno nei Giardini dell'Eden dove scorrono i ruscelli e avranno quello che desidereranno. Così Allah compensa coloro che [Lo] temono, ³² [coloro] che gli angeli coglieranno nella purezza dicendo loro: «Pace su di voi! Entrate nel Paradiso, compenso per quel che avete fatto».

³³ Cosa aspettano quegli altri, se non che vengano gli angeli o giunga il Decreto di Allah? Già agirono così coloro che li precedettero. Non è Allah che li ha danneggiati, sono loro che

hanno fatto torto a se stessi. [34] Saranno colpiti dal male che avranno commesso e ciò di cui si burlavano li avvolgerà. [35] Dicono gli idolatri: «Se Allah avesse voluto, non avremmo adorato nulla oltre a Lui, né noi né i nostri avi, e non avremmo interdetto se non ciò che Egli ci ha proibito». Così agivano quelli che vissero prima di loro. Ma che altro compito hanno i messaggeri se non la chiara trasmissione del Messaggio?

[36] Ad ogni comunità inviammo un profeta [che dicesse]: «Adorate Allah e fuggite gli idoli!». Allah guidò alcuni di essi e altri si persero, sviati. Percorrete la terra e vedrete cosa accadde a coloro che accusarono di menzogna [i messaggeri]. [37] Anche se brami dirigerli, sappi che Allah non guida gli sviati e non avranno nessuno che li soccorrerà.

[38] Giurano su Allah, con il più solenne dei giuramenti: «Allah non risusciterà il morto». E invece sì! Vera promessa che Egli [Si assume], ma la maggior parte degli uomini nulla conosce; [39] [promessa che realizzerà] per mostrar loro con chiarezza ciò a proposito di cui divergevano e affinché i miscredenti sappiano di essere stati bugiardi. [40] Quando vogliamo una cosa, Ci basta dire «Sii!» ed essa è.

[41] Quanto a coloro che sono emigrati [per la causa di] Allah dopo aver subito la persecuzione, daremo loro una bella dimora in questa vita; ma il compenso dell'altra vita è ben più grande. Se solo lo sapessero. [42] Essi sono coloro che hanno sopportato con pazienza e confidato nel loro Signore.

[43] Prima di te non inviammo che uomini da Noi ispirati. Chiedete alla gente della Scrittura, se non lo sapete. [44] [Li inviammo] con prove e con Salmi! E su di te abbiamo fatto scendere il Monito, affinché tu spieghi agli uomini ciò che è stato loro rivelato e affinché possano rifletterci.

⁴⁵ Coloro che tramavano crimini, sono forse al sicuro [dal fatto] che Allah li faccia sprofondare nella terra o che giunga loro il castigo da dove non se lo aspettano? ⁴⁶ O che li colpisca nel pieno dell'attività senza che possano respingerlo? ⁴⁷ O che li colpisca al culmine della disperazione? In verità il vostro Signore è dolce, misericordioso.

⁴⁸ Non hanno visto che le ombre di tutto ciò che Allah ha creato, si allungano a destra e a sinistra prosternandosi umilmente davanti a Lui? ⁴⁹ Si prosterna davanti ad Allah tutto ciò che c'è nei cieli, tutti gli animali della terra e gli angeli che non sono affatto orgogliosi: ⁵⁰ temono il loro Signore che è al di sopra di loro e fanno ciò che è loro ordinato.

⁵¹ Allah dice: «Non adottate due divinità. In verità Egli è il Dio Unico, TemeteMi dunque». ⁵² A Lui appartiene tutto ciò che c'è nei cieli e sulla terra, a Lui spetta il culto sempiterno. Temerete altri che Allah?

⁵³ Tutto il bene di cui godete appartiene ad Allah; poi, quando vi tocca la sventura, a Lui rivolgete i vostri lamenti angosciati. ⁵⁴ Quando poi l'allontana da voi, ecco che alcuni associano divinità al loro Signore, ⁵⁵ disconoscendo quello che abbiamo dato loro. Godete pure [per un periodo], ché ben presto saprete. ⁵⁶ Attribuiscono parte di quello che abbiamo dato loro a esseri che neanche conoscono. Per Allah, certamente vi sarà chiesto conto di ciò che avrete inventato.

⁵⁷ Attribuiscono figlie ad Allah – Gloria a Lui! – e a loro stessi quello che più desiderano. ⁵⁸ Quando si annuncia ad uno di loro la nascita di una figlia, il suo volto si adombra e soffoca [in sé la sua ira]. ⁵⁹ Sfugge alla gente, per via della disgrazia che gli è stata annunciata: deve tenerla nonostante la vergogna o seppellirla nella polvere? Quant'è orribile il loro modo di giudicare. ⁶⁰. A quelli che

non credono nell'altra vita si applica la metafora stessa del male, mentre la metafora più elevata spetta ad Allah, Egli è l'Eccelso, il Saggio.

61 Se Allah [volesse] punire [tutti] gli uomini delle loro colpe, non lascerebbe alcun essere vivente sulla terra. Li rimanda fino al termine stabilito. Quando poi giunge il termine, non potranno ritardarlo di un'ora né anticiparlo.

62 Attribuiscono ad Allah ciò che essi detestano e le loro lingue proferiscono menzogna quando dicono che avranno il meglio.

Quello che indubbiamente avranno sarà il Fuoco in cui saranno spinti.

63 Per Allah, certamente abbiamo inviato [messaggeri] alle comunità che ti hanno preceduto, ma Satana abbellì [ai loro occhi] le azioni loro. Bene! Oggi egli è il loro patrono, ma avranno doloroso castigo. 64 Abbiamo fatto scendere il Libro su di te, affinché tu renda esplicito quello su cui divergono [e affinché esso sia] guida e misericordia per coloro che credono.

65 Allah fa scendere l'acqua dal cielo e suo tramite rivivifica la terra che già era morta. Questo è certamente un segno per gente che ascolta.

66 E invero dai vostri greggi trarrete un insegnamento: vi dissetiamo con quello che è nei loro visceri, tra chimo e sangue: un latte puro, delizioso per chi lo beve. 67 [Pure] dai frutti dei palmeti e delle vigne ricavate bevanda inebriante e cibo eccellente. Ecco un segno per coloro che capiscono.

68 Ed il tuo Signore ispirò alle api: «Dimorate nelle montagne, negli alberi e negli edifici degli uomini. 69 Cibatevi di tutti i frutti e vivete nei sentieri che vi ha tracciato il vostro Signore». Scaturisce dai loro ventri un liquido dai diversi colori, in cui c'è guarigione per gli uomini. Ecco un segno per gente che riflette.

[70] Allah vi ha creato, poi vi farà morire. Qualcuno di voi sarà condotto fino all'età decrepita, tale che nulla sappia dopo aver saputo. Allah è sapiente, potente.

[71] Allah ha favorito alcuni di voi al di sopra di altri nelle risorse materiali. Coloro che sono stati favoriti le divideranno forse con i loro servi sì da renderli [a loro] uguali? Negherebbero a tal punto la benevolenza di Allah?

[72] Allah vi ha dato spose della vostra specie, e da loro vi ha dato figli e nipoti e vi ha concesso le cose migliori. Crederanno al falso e disconosceranno la benevolenza di Allah?

[73] Adorano all'infuori di Allah, ciò che non procura loro alcun cibo, né dalla terra né dal cielo e che non ha alcun potere? [74] Non paragonate nulla ad Allah. Allah sa e voi non sapete. [75] Allah vi propone la metafora di un servo, uno schiavo senza alcun potere, e di un uomo al quale abbiamo dato risorse notevoli e delle quali, in pubblico e in privato, fa elemosine. Sono forse uguali? Lode ad Allah, ma la maggior parte di loro non lo sa.

[76] E Allah vi propone la metafora di due uomini: uno di loro è muto, buono a nulla, a carico del suo padrone e ovunque lo si invii non combina niente di buono. E forse uguale a chi comanda con giustizia [e cammina] sulla retta via? [77] Appartiene ad Allah l'ignoto dei cieli e della terra; l'ordine relativo all'Ora non sarà altro che un batter d'occhio o meno ancora. In verità Allah è onnipotente.

[78] Allah vi fa uscire dai ventri delle vostre madri sprovvisti di ogni scienza e vi dà udito, occhi e intelletto. Sarete riconoscenti?

[79] Non hanno visto gli uccelli sottomessi [ad Allah] nello spazio del cielo, dove solo Allah li sostiene? In ciò vi sono segni per coloro che credono. [80] Allah vi ha concesso riparo nelle vostre case, come vi ha concesso dimore fatte con le pelli dei greggi, tende che vi sono leggere quando vi spostate e quando posate il campo. Con la loro

lana, il loro crine e il loro pelo [fabbricate] suppellettili e oggetti di cui vi servite per un [certo] tempo.

81 Con quel che ha creato, Allah vi ha dato l'ombra e ha fatto per voi rifugi nelle montagne. Vi ha concesso vesti che vi proteggono dal calore e altre che vi proteggono dalla vostra stessa violenza . Ha in tal modo completato la Sua benevolenza su di voi, affinché siate sottomessi. 82 Se poi volteranno le spalle, [sappi] che a te incombe [solo] l'obbligo della comunicazione esplicita. 83 Conoscono la benevolenza di Allah e poi la rinnegano. La maggior parte di loro sono miscredenti.

84 Il Giorno in cui susciteremo un testimone da ogni comunità, ai miscredenti non sarà data la parola e non avranno nessuna scusa. 85 E quando gli ingiusti vedranno il castigo, [esso] non verrà in nulla alleviato e non avranno dilazione.

86 Quando coloro che erano associatori vedranno quello che associavano [ad Allah], diranno: «O Signor nostro, ecco le divinità che invocavamo all'infuori di Te». E questi replicheranno: «In verità siete bugiardi!». 87 In quel Giorno offriranno ad Allah la loro sottomissione e le loro invenzioni li abbandoneranno. 88 Quanto ai miscredenti che distolgono le genti dal sentiero di Allah, aggiungeremo loro castigo su castigo, per la corruzione che hanno sparso.

89 E il Giorno in cui susciteremo in ogni comunità un testimone scelto tra loro e a carico loro, ti chiameremo [o Muhammad] come testimone nei loro confronti. Abbiamo fatto scendere su di te il Libro, che spiegasse ogni cosa, guida e misericordia e lieta novella per i musulmani.

90 In verità Allah ha ordinato la giustizia e la benevolenza e la generosità nei confronti dei parenti. Ha proibito la dissolutezza, ciò

che è riprovevole e la ribellione. Egli vi ammonisce affinché ve ne ricordiate.

⁹¹ Obbedite al patto di Allah dopo che l'avete accettato e non mancate ai giuramenti solenni che avete prestato, chiamando Allah garante contro voi stessi. In verità Allah conosce il vostro agire. ⁹² Non fate come colei che disfaceva il suo filato dopo averlo torto a fatica, facendo dei vostri giuramenti mezzi di reciproco inganno a seconda della prevalenza di un gruppo o di un altro. Così Allah vi mette alla prova e nel Giorno della Resurrezione vi mostrerà ciò su cui eravate in polemica.

⁹³ Se Allah avesse voluto, avrebbe fatto di voi una sola comunità. Invece Egli travia chi vuole e guida chi vuole. Certamente sarete interrogati sul vostro agire.

⁹⁴ Non fate dei vostri giuramenti mezzi di reciproco inganno, ché altrimenti scivolerebbero i vostri piedi dopo che erano stati saldi e proverete la sventura per aver allontanato [le genti] dal sentiero di Allah. Subirete un castigo terribile. ⁹⁵ Non svendete a vil prezzo il patto con Allah. Ciò che è presso Allah è meglio per voi, se lo sapeste.

⁹⁶ Quello che è presso di voi si esaurisce, mentre ciò che è presso Allah rimane. Compenseremo coloro che sono stati costanti in ragione delle loro azioni migliori. ⁹⁷ Daremo una vita eccellente a chiunque, maschio o femmina, sia credente e compia il bene. Compenseremo quelli che sono stati costanti in ragione delle loro azioni migliori.

⁹⁸ Quando leggi il Corano, cerca rifugio in Allah contro Satana il lapidato. ⁹⁹ Egli non ha alcun potere su quelli che credono e confidano nel loro Signore, ¹⁰⁰ ma ha potere solo su chi lo prende per patrono, su quelli che per causa sua diventano associatori.

¹⁰¹ Quando sostituiamo un versetto con un altro – e Allah

ben conosce quello che fa scendere – dicono: «Non sei che un impostore». La maggior parte di loro nulla conosce. [102] Di': «Lo ha fatto scendere con lo Spirito Puro con la verità [inviata] dal tuo Signore, per rafforzare coloro che credono, come guida e buona novella per i musulmani».

[103] Sappiamo bene che essi dicono: «C'è un qualche uomo che lo istruisce», ma colui a cui pensano parla una lingua straniera, mentre questa è lingua araba pura. [104] In verità Allah non guida coloro che non credono ai Suoi segni. Avranno doloroso castigo. [105] I soli ad inventare menzogne sono quelli che non credono ai segni di Allah: essi sono i bugiardi.

[106] Quanto a chi rinnega Allah dopo aver creduto – eccetto colui che ne sia costretto, mantenendo serenamente la fede in cuore – e a chi si lascia entrare in petto la miscredenza; su di loro è la collera di Allah e avranno un castigo terribile. [107] Ciò perché preferirono questa vita all'altra. In verità, Allah non guida i miscredenti. [108] Ecco coloro cui Allah ha sigillato i cuori, l'udito e la vista. Ecco gli incoscienti. [109] Senza alcun dubbio, nell'altra vita saranno i perdenti.

[110] Ma in verità il tuo Signore è perdonatore e misericordioso nei confronti di coloro che sono emigrati dopo aver subito la persecuzione e quindi hanno lottato e hanno resistito [per la Sua Causa]. [111] Il Giorno in cui ogni anima verrà a difendere se stessa, in cui ogni anima sarà compensata per quello che avrà operato, nessuno subirà ingiustizia.

[112] Allah vi propone la metafora di una città : viveva in pace e sicurezza, da ogni parte le venivano approvvigionamenti. Poi rinnegò i favori di Allah e Allah le fece provare la fame e la paura, [punizione] per quello che avevano fatto. [113] Giunse loro un

Messaggero della loro gente, ma lo trattarono da bugiardo. Li colse
dunque il castigo, poiché erano ingiusti.

114 Mangiate le cose buone e lecite che Allah vi ha concesso
e ren- deteGli grazie della Sua benevolenza, se è Lui che adorate.
115 [Allah] vi ha proibito la carogna, il sangue e la carne di maiale
e l'animale sul quale sia stato invocato altro nome che quello di
Allah. Quanto a colui che vi sia costretto senza essere né ribelle né
trasgressore, in verità Allah è perdonatore, misericordioso.

116 Non proferite dunque stravaganti invenzioni delle vostre
lingue dicendo: «Questo è lecito e questo illecito» e mentendo
contro Allah. Coloro che inventano menzogne contro Allah non
avranno alcun successo. 117 Avranno godimento effimero e poi un
castigo doloroso.

118 Proibimmo a quelli che seguirono il giudaismo ciò di cui già
ti dicemmo. Non siamo stati Noi ad essere ingiusti verso di loro,
essi stessi lo furono. 119 In verità il tuo Signore è perdonatore e
misericordioso nei confronti di quelli che commisero il male per
ignoranza e poi si pentirono e si corressero.

120 In verità Abramo fu un modello, obbediente ad Allah e
sincero: egli non era affatto un politeista, 121 era riconoscente ad
Allah per i Suoi favori. Allah lo scelse, lo guidò sulla retta via.
122 Gli abbiamo dato il bene in questa vita e nell'altra sarà certamente
tra i giusti. 123 Quindi ti rivelammo: «Segui con sincerità la religione
di Abramo: egli non era affatto un associatore».

124 In verità il Sabato fu istituito solo per coloro che divergevano
in proposito. Nel Giorno della Resurrezione il tuo Signore giudicherà
tra di loro in merito alle loro divergenze.

125 Chiama al sentiero del tuo Signore con la saggezza e la
buona parola e discuti con loro nella maniera migliore. In verità
il tuo Signore conosce meglio [di ogni altro] chi si allontana dal

Suo sentiero e conosce meglio [di ogni altro] coloro che sono ben guidati.

126 Se punite, fatelo nella misura del torto subito. Se sopporterete con pazienza, ciò sarà [ancora] meglio per coloro che sono stati pazienti. 127 Sii paziente! La tua pazienza [non viene da altri] se non da Allah. Non ti affliggere per loro e non farti angosciare dalle loro trame. 128 In verità Allah è con coloro che Lo temono e con coloro che fanno il bene.

SURA 17 : AL-ISRÂ'
....

IL VIAGGIO NOTTURNO

In nome di Allah, il Compassionevole, il Misericordioso.

1 Gloria a Colui Che di notte trasportò il Suo servo dalla Santa Moschea alla Moschea remota, di cui benedicemmo i dintorni, per mostrargli qualcuno dei Nostri segni. Egli è Colui Che tutto ascolta e tutto osserva.

2 Demmo a Mosè la Scrittura e ne facemmo la Guida per i Figli di Israele [dicendo loro]: «Non prendete altro protettore che Me!». 3 [Egli era un] discendente di coloro che portammo insieme a Noè. In verità era un servo riconoscente.

4 Decretammo nella Scrittura, contro i Figli di Israele: «Per due volte porterete la corruzione sulla terra e sarete manifestamente superbi». 5 Quando si realizzò la prima [delle Nostre promesse], mandammo contro di voi servi Nostri, di implacabile valore, che penetrarono nelle vostre contrade: la promessa è stata mantenuta. 6 Vi demmo quindi il sopravvento su di loro e vi corroborammo con ricchezze e progenie e facemmo di voi un popolo numeroso.

7 Se fate il bene, lo fate a voi stessi; se fate il male, è a voi stessi

che lo fate. Quando poi si realizzò l'ultima promessa i vostri volti furono oscurati ed essi entrarono nel tempio come già erano entrati e distrussero completamente quello che avevano conquistato. [8] Forse il vostro Signore vi userà misericordia, ma se persisterete persisteremo. Abbiamo fatto dell'Inferno una prigione per i miscredenti.

[9] In verità questo Corano conduce a ciò che è più giusto e annuncia la lieta novella ai credenti, a coloro che compiono il bene: in verità avranno una grande ricompensa, [10] e in verità per coloro che non credono nell'altra vita abbiamo preparato un doloroso castigo.

[11] L'uomo invoca il male come invoca il bene. In verità l'uomo è frettoloso. [12] Abbiamo fatto la notte e il giorno come segni: è oscuro il segno della notte, mentre è chiaro il segno del giorno, affinché in essi cerchiate la grazia del vostro Signore e conosciate lo scorrere degli anni e il computo [del tempo]. Ed ogni cosa l'abbiamo esposta in dettaglio.

[13] Al collo di ogni uomo abbiamo attaccato il suo destino e nel Giorno della Resurrezione gli mostreremo uno scritto che vedrà dispiegato. [14] [Gli sarà detto:] «Leggi il tuo scritto : oggi sarai il contabile di te stesso». [15] Chi segue la retta via, la segue a suo vantaggio; e chi si svia lo fa a suo danno; e nessuno porterà il peso di un altro. Non castigheremo alcun popolo senza prima inviar loro un messaggero.

[16] Quando vogliamo distruggere una città, ordiniamo [il bene] ai suoi ricchi, ma presto trasgrediscono. Si realizza allora il Decreto e la distruggiamo completamente. [17] Quante generazioni sterminammo dopo Noè. Basta il Tuo Signore per conoscere e osservare perfettamente i peccati dei Suoi servi.

[18] Quanto a chi desidera il caduco, Ci affrettiamo a dare quello che vogliamo a chi vogliamo, quindi lo destiniamo all'Inferno che

dovrà subire, bandito e reietto. [19] Quanto invece a chi vuole l'altra vita, sforzandosi a tal fine ed è credente… il loro sforzo sarà accetto.

[20] Sosterremo con i doni del tuo Signore questi e quelli. I doni del tuo Signore non sono negati a nessuno. [21]. Osserva come diamo ad alcuni eccellenza su altri; nell'altra vita, però, ci saranno livelli più elevati ed eccellenza maggiore.

[22] Non accostare ad Allah un'altra divinità, ché saresti bandito e reietto. [23] Il tuo Signore ha decretato di non adorare altri che Lui e di trattare bene i vostri genitori. Se uno di loro, o entrambi, dovessero invecchiare presso di te, non dir loro «uff!» e non li rimproverare; ma parla loro con rispetto, [24] e inclina con bontà, verso di loro, l'ala della tenerezza; e di': «O Signore, sii misericordioso nei loro confronti, come essi lo sono stati nei miei, allevandomi quando ero piccolo». [25] Il vostro Signore ben conosce quello che c'è nell'animo vostro. Se siete giusti, Egli è Colui Che perdona coloro che tornano a Lui pentiti.

[26] Rendi il loro diritto ai parenti, ai poveri e al viandante, senza [per questo] essere prodigo, [27] ché in verità i prodighi sono fratelli dei diavoli e Satana è molto ingrato nei confronti del suo Signore. [28] Se volti loro le spalle [perché nulla hai da dare], pur sperando nella misericordia del tuo Signore, di' loro una parola di bontà.

[29] Non portare la mano al collo e non distenderla neppure con troppa larghezza, ché ti ritroveresti biasimato e immiserito. [30] In verità il tuo Signore concede con larghezza o parsimonia la Sua provvidenza a chi vuole. In verità Egli osserva i Suoi servi ed è ben Informato.

[31] Non uccidete i vostri figli per timore della miseria: siamo Noi a provvederli di cibo, come [provvediamo] a voi stessi. Ucciderli è veramente un peccato gravissimo. [32] Non ti avvicinare alla fornicazione. È davvero cosa turpe e un tristo sentiero.

33 E non uccidete, senza valida ragione, coloro che Allah vi ha proibito di uccidere. Se qualcuno viene ucciso ingiustamente, diamo autorità al suo rappresentante; che questi però non commetta eccessi [nell'uccisione] e sarà assistito.

34 Non toccate i beni dell'orfano se non a suo vantaggio e [solo] fino a quando non raggiunga l'età adulta. Rispettate il patto, ché in verità vi sarà chiesto di darne conto. 35 Riempite la misura, quando misurate e pesate con la bilancia più esatta. Questo è il bene che conduce al miglior esito.

36 Non seguire ciò di cui non hai conoscenza alcuna. Di tutto sarà chiesto conto: dell'udito, della vista e del cuore. 37 Non incedere sulla terra con alterigia, ché non potrai fenderla e giammai potrai essere alto come le montagne! 38 Tutto ciò è abominio detestato dal tuo Signore.

39 Ciò è quanto ti è stato rivelato dal tuo Signore a titolo di saggezza. Non porre assieme ad Allah un'altra divinità, ché saresti gettato nell'Inferno, bandito e reietto.

40 Il vostro Signore vi avrebbe riservato dei maschi e avrebbe preso femmine tra gli angeli ? Invero pronunciate parole mostruose. 41 In verità abbiamo esposto [la dottrina] in questo Corano perché [i miscredenti] dessero ascolto, ma ciò non fa che aumentare la loro avversione.42 Di': «Se ci fossero dèi assieme a Lui, come dicono alcuni, [tali dèi] cercherebbero una via per giungere fino al padrone del Trono [celeste]». 43 Gloria a Lui: Egli è ben più alto di quello che dicono. 44 I sette cieli e la terra e tutto ciò che in essi si trova Lo glorificano, non c'è nulla che non Lo glorifichi lodandoLo, ma voi non percepite la loro lode. Egli è indulgente, perdonatore.

45 Quando leggi il Corano, mettiamo una spessa cortina tra te e coloro che non credono nell'altra vita. 46 Abbiamo avviluppato i loro cuori e nelle loro orecchie abbiamo posto un peso, affinché

non possano comprenderlo. Quando menzioni nel Corano il tuo Signore, l'Unico, voltano le spalle con ripulsa.

[47] Sappiamo molto bene cosa ascoltano, quando ti ascoltano, e anche quando sono in segreti conciliaboli e dicono gli empi: «Voi non seguite altri che un uomo stregato». [48] Guarda che metafore coniano su di te. Si sviano, incapaci di seguire alcun sentiero. [49] E dicono: «Quando saremo ossa e polvere, saremo risuscitati a nuova creazione?». [50] Di' : «Foste anche pietra o ferro [51] o qualunque altra creatura che possiate concepire...!». Diranno allora: «Chi mai ci farà ritornare?». Di': «Colui Che vi ha creati la prima volta». Scuoteranno allora le teste verso di te, dicendo: «Quando avverrà tutto ciò?». Di': «È possibile che sia vicino. [52] Nel Giorno in cui vi chiamerà, Gli risponderete lodandoLo e crederete di essere vissuti ben poco».

[53] Di' ai Miei servi che parlino nel modo migliore, poiché Satana si intromette tra loro. Satana, per l'uomo, è un nemico manifesto.

[54] Il vostro Signore vi conosce bene. Se vorrà, vi userà misericordia, altrimenti vi castigherà. Non ti inviammo per essere responsabile di loro. [55] Il tuo Signore ben conosce quel che c'è nei cieli e sulla terra. Ad alcuni profeti abbiamo dato eccellenza sugli altri e a Davide abbiamo dato il Salterio.

[56] Di' [loro]: «Invocate quelli che pretendete [essere dèi] all'infuori di Lui. Essi non sono in grado di evitarvi la sventura e neppure di allontanarla». [57] Quelli stessi che essi invocano, cercano il mezzo di avvicinarsi al loro Signore, sperano nella Sua misericordia e temono il Suo castigo. In verità il castigo del Signore è temibile! [58] Non v'è città che non distruggeremo prima del Giorno della Resurrezione o che non colpiremo con severo castigo; ciò è scritto nel Libro.

[59] Nulla ci impedisce di inviare i segni, se non [il fatto] che gli

antichi li tacciarono di menzogna. Come segno tangibile demmo la cammella ai Thamùd, ma essi le fecero torto. Inviamo i segni solo per incutere sgomento.

⁶⁰ [Ricorda] quando dicemmo: «In verità il tuo Signore ti proteggerà dagli uomini. E la visione che ti abbiamo dato, altro non è che una tentazione per le genti – come del resto l'albero maledetto nel Corano». Noi minacciamo, ma [ciò] non serve che ad accrescere la loro ribellione.

⁶¹ Quando dicemmo agli angeli: «Prosternatevi davanti ad Adamo», tutti si prosternarono eccetto Iblìs che disse: «Mi dovrei prosternare davanti a colui che hai creato dal fango?». ⁶² E disse ancora: «Che? Questo è l'essere che hai onorato più di me? Se mi darai tempo fino al Giorno della Resurrezione avrò potere sulla sua discendenza, eccetto pochi».

⁶³ [Allah] disse: «Vattene! E chiunque di loro ti seguirà, avrà l'Inferno per compenso, abbondante compenso. ⁶⁴ Seduci con la tua voce quelli che potrai, riunisci contro di loro i tuoi cavalieri e i tuoi fanti, sii loro socio nelle ricchezze e nella progenie, blandiscili con promesse». Le promesse di Satana non sono altro che inganni. ⁶⁵ «Non avrai però nessuna autorità sui Miei servi: il tuo Signore basterà a proteggerli.»

⁶⁶ È il vostro Signore che spinge la nave sul mare, affinché ricerchiate la Sua grazia. In verità Egli è misericordioso nei vostri confronti. ⁶⁷ Quando siete in pericolo sul mare, coloro che invocate svaniscono. Lui no! Quando poi vi riconduce a terra salvi, vi allontanate da Lui. L'uomo è ingrato.

⁶⁸ Siete forse certi che non vi faccia inghiottire da un baratro della terra o non invii contro di voi un uragano senza che possiate trovare chi vi protegga? ⁶⁹ O siete forse certi che non vi conduca un'altra volta [sul mare], mandi contro di voi un ciclone e vi faccia

annegare per la vostra miscredenza senza che possiate trovare chi vi difenda contro di Noi? [70] In verità abbiamo onorato i figli di Adamo, li abbiamo condotti sulla terra e sul mare e abbiamo concesso loro cibo eccellente e li abbiamo fatti primeggiare su molte delle Nostre creature.

[71] Nel Giorno in cui ogni comunità sarà richiamata assieme alla loro guida, coloro che riceveranno il rotolo nella destra leggeranno il loro rotolo e non subiranno il minimo torto. [72] E colui che sarà stato cieco in questa vita lo sarà nell'altra e più traviato ancora.

[73] Intendevano infatti sviarti da ciò che ti abbiamo rivelato, nella speranza che Ci attribuissi, inventandolo, altro che questo [Corano]. E allora ti avrebbero preso come amico. [74] E se non ti avessimo rafforzato, avresti inclinato un po' verso di loro. [75] [E allora] ti avremmo fatto soffrire un doppio [supplizio] nella vita e un doppio [supplizio] nella morte, quindi non avresti trovato chi ti sarebbe stato d'ausilio contro di Noi.

[76] Poco mancò che non ti spingessero ad abbandonare questa regione esiliandoti; in tal caso, vi sarebbero rimasti ben poco dopo di te, [77] [poiché questo è il Nostro] modo di agire nei confronti degli inviati che mandammo prima di te e non c'è cambiamento nel Nostro agire.

[78] Esegui l'orazione, dal declino del sole fino alla caduta delle tenebre [e fa'] la Recitazione dell'alba, ché la Recitazione dell'alba è testimoniata. [79] Veglia [in preghiera] parte della notte, sarà per te un'opera supe- rerogatoria; presto il tuo Signore ti risusciterà ad una stazione lodata.

[80] E di': «O Signor mio, fammi entrare con la verità e fammi uscire con la verità, e concedimi potere e ausilio da parte Tua». [81] E di': «È giunta la verità, la falsità è svanita». Invero la falsità è destinata a svanire.

[82] Facciamo scendere nel Corano ciò che è guarigione e misericordia per i credenti e ciò che accresce la sconfitta degli oppressori.

[83] Quando colmiamo l'uomo di favori, si sottrae e si allontana; quando invece lo coglie sventura, si dispera. [84] Di': «Ognuno agisce secondo la sua disposizione e il vostro Signore ben conosce chi segue la via migliore».

[85] Ti interrogheranno a proposito dell'anima. Rispondi: «L'anima procede dall'ordine del mio Signore e non avete ricevuto che ben poca scienza [a riguardo].

[86] Se volessimo, potremmo ritirare quello che ti abbiamo rivelato e allora non potresti trovare alcun protettore contro di Noi; [87] se non [lo facciamo è] per una misericordia del tuo Signore, poiché in verità la Sua grazia su di te è grande». [88] Di': «Se anche si riunissero gli uomini e dèmoni per produrre qualcosa di simile di questo Corano, non ci riuscirebbero, quand'anche si aiutassero gli uni con gli altri».

[89] In questo Corano abbiamo proposto agli uomini ogni specie di metafora. La maggior parte di loro rifiuta [tutto quanto], eccetto la miscredenza. [90] E dicono: «Non ti presteremo fede finché non farai sgorgare per noi una sorgente dalla terra; [91] o non avrai un giardino di palme e vigne nel quale farai sgorgare ruscelli copiosi, [92] o non avrai fatto cadere, come pretendi, il cielo in pezzi su di noi; o non avrai fatto venire, davanti a noi, Allah e gli angeli in tuo aiuto». [93] Oppure: «[finché] non avrai una casa d'oro»; o: «[finché] non sarai asceso al cielo, e comunque non crederemo alla tua ascesa al cielo finché non farai scendere su di noi un Libro che possiamo leggere». Rispondi: «Gloria al mio Signore: non sono altro che un uomo, un messaggero».

[94] Nulla impedisce alle genti di credere dopo che la Guida è

giunta loro, se non il dire: «Allah ha davvero inviato un uomo per messaggero?». 95 Di': «Qualora sulla terra ci fossero gli angeli e vi camminassero in pace, avremmo certamente fatto scendere su di loro un angelo come messaggero». 96 Di': «Allah è testimone sufficiente tra me e voi». In verità Egli è ben informato e osserva i Suoi servi.

97 Colui che Allah guida è ben diretto; ma, quanto a coloro che Allah svia, non troverai per loro patroni all'infuori di Lui, e nel Giorno della Resurrezione li riuniremo [trascinandoli] sui loro volti, ciechi, muti e sordi. L'Inferno sarà la loro dimora e ogni volta che si raffredderà ne ravviveremo le fiamme. 98 Sarà il loro compenso, perché tacciano di menzogna i Nostri segni e dicono: «Quando saremo ossa e polvere saremo resuscitati a nuova creazione?».

99 Ma non vedono dunque che Allah, Che ha creato i cieli e la terra, è capace di creare il loro eguale e ha fissato loro un termine sul quale non c'è dubbio alcuno? Gli ingiusti non ammettono altro che la miscredenza. 100 Di': «Se possedeste i tesori della misericordia del mio Signore, li lesinereste per paura di spenderli, ché l'uomo è avaro».

101 In verità abbiamo dato a Mosè nove segni evidenti. Chiedi ai Figli di Israele di quando giunse a loro e Faraone gli disse: «O Mosè, io credo che tu sia stregato». 102 Disse: «Sai bene che non ha fatto scendere questi segni altri che il Signore dei cieli e della terra, prove inequivocabili [della mia missione]. Io credo, Faraone, che tu sia perduto!». 103 [Faraone] voleva scacciarli dalla terra, ma Noi li facemmo annegare, lui e quelli che erano con lui. 104 Dicemmo poi ai Figli di Israele: «Abitate la terra!». Quando si compì l'ultima promessa, vi facemmo venire in massa eterogenea. 105 Con la verità abbiamo fatto scendere [il Corano] e con la verità è sceso: non

ti inviammo se non come annunciatore di buona novella e come ammonitore.

106 È un Corano che abbiamo suddiviso, affinché tu lo reciti lentamente agli uomini e lo facemmo scendere gradualmente. 107 Di': «Crediate in esso oppure no, coloro ai quali in precedenza fu data la Scienza si gettano prosternati, i volti contro la terra, quando viene loro recitato 108 e dicono: "Gloria al nostro Signore! La promessa del nostro Signore si realizza".

109 Cadono prosternati sui loro volti, piangendo, e la loro umiltà si accresce».

110 Di': «Invocate Allah o invocate il Compassionevole, qualunque sia il nome con il quale Lo invochiate, Egli possiede i nomi più belli. Durante l'orazione non recitare ad alta voce e neppure in sordina, cerca piuttosto una via mediana».

111 E di': «La lode appartiene ad Allah, Che non ha figlio alcuno, Che non ha associati nella Sua sovranità e non ha bisogno di protettori contro l'umiliazione». Magnifica la sua grandezza.

SURA 18 : AL-KAHF

LA CAVERNA

In nome di Allah, il Compassionevole, il Misericordioso.

1 La lode [appartiene] ad Allah, Che ha fatto scendere il Libro sul Suo schiavo senza porvi alcuna tortuosità. 2 [Un Libro] retto, per avvertire di un rigore proveniente da parte di Allah, per annunciare ai credenti che compiono il bene una ricompensa bella, 3 nella quale dimoreranno perpetuamente 4. e per ammonire coloro che dicono: «Allah si è preso un figlio». 5 Non hanno scienza alcuna, come del

resto i loro avi. È mostruosa la parola che esce dalle loro bocche. Non dicono altro che menzogne.

⁶ Ti struggerai seguendoli, se non credono in questo Discorso ? ⁷ In verità abbiamo voluto abbellire la terra di tutto quel che vi si trova per verificare chi di loro opera al meglio; ⁸ e in verità, poi ridurremo tutto quanto in suolo arido. ⁹ Non ti sembra che il caso dei compagni della caverna e di ar-Raqìm sia tra i Nostri segni meraviglioso ? ¹⁰ Quando quei giovani si rifugiarono nella caverna, dissero: «Signor nostro, concedici la Tua misericordia, concedici retto comportamento nel nostro agire». ¹¹ Rendemmo sorde le loro orecchie, [rimasero] nella caverna per molti anni. ¹² Li resuscitammo poi, per vedere quale delle due fazioni meglio computasse il tempo che avevano trascorso.

¹³ Ti racconteremo la loro storia secondo verità: erano giovani che credevano nel loro Signore e Noi li rafforzammo sulla retta via; ¹⁴ fortificammo i loro cuori quando si levarono a dire: «Il nostro Signore è il Signore dei cieli e della terra: mai invocheremo dio all'infuori di Lui, ché allora pronunceremmo un'aberrazione. ¹⁵ Ecco che la nostra gente si è presa degli dèi all'infuori di Lui. Perché non adducono una prova evidente su di loro? Qual peggior iniquo di chi inventa menzogne contro Allah?

¹⁶ Quando vi sarete allontanati da loro e da ciò che adorano all'in- fuori di Allah, rifugiatevi nella caverna: il vostro Signore spargerà su di voi la Sua misericordia e deciderà del vostro caso nel migliore dei modi».

¹⁷ Avresti visto il sole, al levarsi sfiorare a destra la loro caverna, e scostarsi a sinistra, al calare mentre loro erano in un ampio spazio. Questi sono i segni di Allah. Colui che Allah guida è ben guidato, ma per colui che Egli svia non troverai patrono alcuno che lo diriga. ¹⁸. Avresti creduto che fossero svegli e invece dormivano. Li

giravamo sul lato destro e su quello sinistro, mentre il loro cane era sulla soglia, le zampe distese. Se li avessi scorti saresti certamente fuggito volgendo le spalle e certo saresti stato preso dal terrore vedendoli.

¹⁹ Li resuscitammo infine perché si interrogassero a vicenda. Disse uno di loro: «Quanto tempo siete rimasti?». Dissero: «Siamo rimasti una giornata o parte di una giornata». Dissero: «Il vostro Signore sa meglio quanto siete rimasti. Mandate uno di voi alla città con questo vostro denaro, ché cerchi il cibo più puro e ve ne porti per nutrirvi. Si comporti con gentilezza e faccia sì che nessuno si accorga di voi. ²⁰ Se s'impadronissero di voi vi lapiderebbero o vi riporterebbero alla loro religione e, in tal caso, non avreste alcun successo».

²¹ Facemmo sì che fossero scoperti, affinché si sapesse che la promessa di Allah è verità e che non c'è dubbio alcuno a proposito dell'Ora. Discutevano sul caso loro e dicevano: «Innalzate su di loro un edificio. Il loro Signore meglio li conosce». Quelli che infine prevalsero dissero: «Costruiamo su di loro un santuario».

²² Diranno: «Erano tre, e il quarto era il cane». Diranno congetturando sull'ignoto: «Cinque, sesto il cane» e diranno: «Sette, e l'ottavo era il cane». Di': «Il mio Signore meglio conosce il loro numero. Ben pochi lo conoscono». Non discutere di ciò eccetto per quanto è palese e non chiedere a nessuno un parere in proposito.

²³ Non dire mai di nessuna cosa: «Sicuramente domani farò questo…, ²⁴ senza dire «se Allah vuole». Ricordati del tuo Signore quando avrai dimenticato [di dirlo] e di': «Spero che il mio Signore mi guidi in una direzione ancora migliore».

²⁵ Rimasero trecento anni nella loro caverna, e ne aggiungono altri nove. ²⁶ Di': «Allah sa meglio quanto rimasero». Appartiene a Lui il segreto dei cieli e della terra. Ha il miglior udito e la migliore

vista. Al- l'infuori di Lui non avranno patrono alcuno ed Egli non associa nessuno al Suo giudizio.

²⁷ Recita quello che ti è stato rivelato del Libro del tuo Signore. Nessuno può cambiare le Sue parole e non troverai, all'infuori di Lui, alcun rifugio. ²⁸ E persevera insieme con coloro che invocano il loro Signore al mattino e alla sera, desiderando il Suo Volto. Non vadano oltre loro i tuoi occhi, in cerca degli agi di questa vita. Non dar retta a colui il cui cuore abbiamo reso indifferente al Ricordo di Noi, che si abbandona alle sue passioni ed è oltraggioso nel suo agire.

²⁹ Di': «La verità [proviene] dal vostro Signore: creda chi vuole e chi vuole neghi». In verità abbiamo preparato per gli ingiusti un fuoco le cui fiamme li circonderanno, e quando imploreranno da bere, saranno abbeverati da un'acqua simile a metallo fuso che ustionerà i loro volti. Che terribile bevanda, che atroce dimora!

³⁰ Quanto a coloro che credono e compiono il bene, non lasceremo andar perduta la ricompensa di chi avrà agito per il bene.

³¹ Ecco coloro che avranno i Giardini dell'Eden dove scorrono i ruscelli. Saranno ornati di bracciali d'oro e vestiranno verdi abiti di seta finissima e di broccato e staranno appoggiati su alti divani. Che eccellente ricompensa, che splendida dimora!

³² Proponi loro la metafora dei due uomini: ad uno di loro demmo due giardini di vigna circondati da palme da datteri, separati da un campo coltivato. ³³ Davano il loro frutto i due giardini senza mancare in nulla e in mezzo a loro facemmo sgorgare un ruscello. ³⁴ Alla raccolta disse al suo compagno: «Ti sono superiore per beni e più potente per clan!». ³⁵ Entrò nel suo giardino e, ingiusto nei suoi stessi confronti, disse: «Non credo che tutto questo possa giammai perire; ³⁶ non credo che l'Ora sia imminente, e se mi si condurrà

al mio Signore, certamente troverò qualcosa di meglio che questo giardino!».

³⁷ Gli rispose il suo compagno argomentando con lui: «Vorresti rinnegare Colui Che ti creò dalla polvere e poi dallo sperma e ti ha dato forma d'uomo? ³⁸ Per quanto mi concerne è Allah il mio Signore e non assocerò nessuno al mio Signore. ³⁹ Conveniva che entrando nel tuo giardino dicessi: "Così Allah ha voluto! Non c'è potenza se non in Allah!". Sebbene tu mi veda inferiore a te nei beni e nei figli ⁴⁰ può darsi che presto il mio Signore mi dia qualcosa di meglio del tuo giardino e che invii dal cielo una calamità contro di esso riducendolo a nudo suolo, ⁴¹ o che l'acqua che irriga scenda a tale profondità che tu non possa più raggiungerla».

⁴² Fu distrutto il suo raccolto, ed egli si torceva le mani per quello che aveva speso: i pergolati erano distrutti. Diceva: «Ah! Se non avessi associato nessuno al mio Signore!». ⁴³ E non ci fu schiera che potesse essergli d'aiuto contro Allah ed egli stesso non poté aiutarsi. ⁴⁴ Ché in tal caso [spetta] ad Allah, il Vero, la protezione. Egli è il migliore nella ricompensa e nel [giusto] esito.

⁴⁵. Proponi loro la metafora di questa vita: è simile ad un'acqua che facciamo scendere dal cielo; la vegetazione della terra si mescola ad essa, ma poi diventa secca stoppia che i venti disperdono. Allah ha potenza su tutte le cose. ⁴⁶ Ricchezze e figli sono l'ornamento di questa vita. Tuttavia le buone tracce che restano sono, presso Allah, le migliori quanto a ricompensa e [suscitano] una bella speranza.

⁴⁷ Nel Giorno in cui faremo muovere le montagne vedrai la terra spianata e tutti li riuniremo senza eccezione. ⁴⁸ Compariranno in file schierate davanti al tuo Signore: «Eccovi ritornati a Noi come vi creammo la prima volta. E invece pretendevate che mai vi avremmo fissato un termine?».

⁴⁹ E vi si consegnerà il Registro. Allora vedrai gli empi, sconvolti

da quel che contiene. Diranno: «Guai a noi! Cos'è questo Registro che non lascia passare azione piccola o grande senza computarla?». E vi troveranno segnato tutto quello che avranno fatto. Il tuo Signore non farà torto ad alcuno.

50 E quando dicemmo agli angeli: «Prosternatevi davanti ad Adamo», si prosternarono, eccetto Iblîs, che era uno dei dèmoni e che si rivoltò all'Ordine di Allah. Prenderete lui e la sua progenie come alleati in luogo di Me, nonostante siano i vostri nemici? Un pessimo scambio per gli ingiusti.

51 Non li presi a testimoni della creazione dei cieli e della terra e neppure della creazione di loro stessi e certamente non accetterei l'aiuto dei corruttori!

52 Nel Giorno in cui dirà: «Chiamate coloro che pretendevate Miei consimili», li invocheranno, ma essi non risponderanno e tra loro avremo posto un abisso. 53 Gli iniqui vedranno il fuoco. Allora capiranno di stare per cadervi e non avranno nessuno scampo.

54 Certamente, in questo Corano, abbiamo offerto alle genti ogni sorta di esempi. Ciononostante l'uomo è la più polemica delle creature. 55 Cosa mai impedisce agli uomini di credere, dopo che è giunta loro la Guida, e di chiedere perdono al loro Signore? [Vogliono] subire il destino dei loro avi e [che] li colpisca in pieno il castigo?

56 Non inviammo i profeti se non per annunciare ed ammonire. I miscredenti usano le menzogne per indebolire la verità. Deridono i Nostri segni e ciò di cui li si avverte. 57 Quale peggior ingiusto di colui che si allontana dai segni di Allah, dopo che essi gli sono stati ricordati, e che dimentica quello che ha commesso? Abbiamo posto un velo sui loro cuori, sì che non capiscano e abbiamo messo una pesantezza nelle loro orecchie. Anche se li richiami alla retta via, essi non la seguiranno mai.

⁵⁸ Il tuo Signore è il Perdonatore, Colui che detiene la misericordia. Se considerasse quello che hanno fatto, certamente affretterebbe il castigo; ma ognuno di loro ha un termine e nessuno potrà sfuggirvi. ⁵⁹ Quelle città le facemmo perire quando [i loro abitanti] furono ingiusti; per ognuna avevamo stabilito un termine per la loro distruzione.

⁶⁰ [Ricorda] quando Mosè disse al suo garzone : «Non avrò pace finché non avrò raggiunto la confluenza dei due mari dovessi anche camminare per degli anni!». ⁶¹ Quando poi giunsero alla confluenza, dimenticarono il loro pesce che, miracolosamente, riprese la sua via nel mare. ⁶² Quando poi furono andati oltre, disse al suo garzone: «Tira fuori il nostro pranzo, ché ci siamo affaticati in questo nostro viaggio!».

⁶³ Rispose: «Vedi un po' [cos'è accaduto], quando ci siamo rifugiati vicino alla roccia, ho dimenticato il pesce – solo Satana mi ha fatto scordare di dirtelo – e miracolosamente ha ripreso la sua via nel mare. ⁶⁴ Disse [Mosè]: «Questo è quello che cercavamo». Poi entrambi ritornarono sui loro passi. ⁶⁵ Incontrarono uno dei Nostri schiavi, al quale avevamo concesso misericordia da parte Nostra e al quale avevamo insegnato una scienza da Noi proveniente.

⁶⁶ Chiese [Mosè]: «Posso seguirti per imparare quello che ti è stato insegnato [a proposito] della retta via?». ⁶⁷ Rispose: «Non potrai essere paziente con me. ⁶⁸ Come potresti resistere dinnanzi a fatiche che non potrai comprendere?». ⁶⁹ Disse [Mosè]: «Se Allah vuole sarò paziente e non disobbedirò ai tuoi ordini»; ⁷⁰ [e l'altro] ribadì: «Se vuoi seguirmi, non dovrai interrogarmi su alcunché prima che io te ne parli».

⁷¹ Partirono entrambi e, dopo essere saliti su una nave, quello vi produsse una falla. Chiese [Mosè]: «Hai prodotto la falla per far annegare tutti quanti? Hai certo commesso qualcosa di atroce!». ⁷²

Rispose: «Non ti avevo detto che non avresti avuto pazienza insieme con me?». [73] Disse: «Non essere in collera per la mia dimenticanza e non impormi una prova troppo difficile». [74] Continuarono insieme e incontrarono un giovanetto che [quello] uccise. Insorse [Mosè]: «Hai ucciso un incolpevole, senza ragione di giustizia? Hai certo commesso un'azione orribile».

[75] Rispose: «Non ti avevo detto che non avresti avuto pazienza insieme con me?». [76] Disse [Mosè]: «Se dopo di ciò ancora ti interrogherò, non mi tenere più insieme con te. Ti prego di scusarmi». [77] Continuarono insieme e giunsero nei pressi di un abitato. Chiesero da mangiare agli abitanti, ma costoro rifiutarono l'ospitalità. S'imbatterono poi in un muro che minacciava di crollare e [quello] lo raddrizzò. Disse [Mosè]: «Potresti ben chiedere un salario per quello che hai fatto». [78] Disse: «Questa è la separazione. Ti spiegherò il significato di ciò che non hai potuto sopportare con pazienza.

[79] Per quel che riguarda la nave, apparteneva a povera gente che lavorava sul mare. L'ho danneggiata perché li inseguiva un tiranno che l'avrebbe presa con la forza.

[80] Il giovane aveva padre e madre credenti, abbiamo voluto impedire che imponesse loro ribellione e miscredenza [81] e abbiamo voluto che il loro Signore desse loro in cambio [un figlio] più puro e più degno di affetto.

[82] Il muro apparteneva a due orfani della città e alla sua base c'era un tesoro che apparteneva loro. Il loro padre era uomo virtuoso e il tuo Signore volle che raggiungessero la loro età adulta e disseppellissero il loro tesoro; segno questo della misericordia del tuo Signore. Io non l'ho fatto di mia iniziativa. Ecco quello che non hai potuto sopportare con pazienza».

[83] Ti interrogheranno a proposito del Bicorne. Di': «Vi

racconterò qualcosa sul suo conto». [84] In verità gli abbiamo dato ampi mezzi sulla terra e modo di riuscire in ogni impresa.

[85] Egli seguì una via. [86] Quando giunse all'[estremo] occidente , vide il sole che tramontava in una sorgente ribollente e nei pressi c'era un popolo. Dicemmo: «O Bicorne, puoi punirli oppure esercitare benevolenza nei loro confronti».

[87] Disse: «Puniremo chi avrà agito ingiustamente e poi sarà ricondotto al suo Signore che gli infliggerà un terribile castigo. [88] E chi crede e compie il bene avrà la migliore delle ricompense e gli daremo ordini facili».

[89] Seguì poi una via. [90] E, quando giunse dove sorge il sole, trovò che sorgeva su di un popolo cui non avevamo fornito alcunché per ripararsene. [91] Così avvenne e Noi abbracciavamo nella Nostra scienza tutto quello che era presso di lui.

[92] Seguì poi una via. [93] Quando giunse alle due barriere, trovò tra di loro un popolo che quasi non comprendeva alcun linguaggio. [94] Dissero: «O Bicorne, invero Gog e Magog portano grande disordine sulla terra! Ti pagheremo un tributo se erigerai una barriera tra noi e loro».

[95] Disse: «Ciò che il mio Signore mi ha concesso è assai migliore. Voi aiutatemi con energia e porrò una diga tra voi e loro. [96] Portatemi masse di ferro». Quando poi ne ebbe colmato il valico [tra le due montagne] disse: «Soffiate!». Quando fu incandescente, disse: «Portatemi rame, affinché io lo versi sopra». [97] Così non poterono scalarlo e neppure aprirvi un varco.

[98] Disse: «Ecco una misericordia che proviene dal mio Signore. Quando verrà la promessa del mio Signore, sarà ridotta in polvere; e la promessa del mio Signore è veridica». [99] In quel Giorno lasceremo che calino in ondate gli uni sugli altri. Sarà soffiato nel Corno e li riuniremo tutti insieme. [100] In quel Giorno mostreremo

l'Inferno ai miscredenti [101] che hanno avuto gli occhi velati di fronte al Mio Monito e che non potevano udire. [102] I miscredenti credono di potersi scegliere per patroni i Miei servi all'infuori di Me? In verità abbiamo preparato l'Inferno come dimora dei miscredenti.

[103] Di': «Volete che vi citiamo coloro le cui opere sono più inutili, [104] coloro il cui sforzo in questa vita li ha sviati, mentre credevano di fare il bene?». [105] Sono coloro che negarono i segni del loro Signore e l'Incontro con Lui. Le loro azioni falliscono e non avranno alcun peso nel Giorno della Resurrezione. [106] La loro retribuzione sarà l'Inferno, per la loro miscredenza e per essersi burlati dei Miei segni e dei Miei Messaggeri.

[107] Coloro che credono e compiono il bene avranno per dimora i giardini del Paradiso, [108] dove rimarranno in perpetuo senza desiderare alcun cambiamento. [109] Di': «Se il mare fosse inchiostro per scrivere le Parole del mio Signore, di certo si esaurirebbe prima che fossero esaurite le Parole del mio Signore, anche se Noi ne aggiungessimo altrettanto a rinforzo». [110] Di': «Non sono altro che un uomo come voi. Mi è stato rivelato che il vostro Dio è un Dio Unico. Chi spera di incontrare il suo Signore compia il bene e nell'adorazione non associ alcuno al suo Signore».

SURA 19 : MARYAM

MARIA

In nome di Allah, il Compassionevole, il Misericordioso.

[1] *Kâf, Hâ', Yâ', 'Aîn, Şâd.*

[2] [Questo è il] racconto della Misericordia del tuo Signore verso il Suo servo Zaccaria, [3] quando invocò il suo Signore con

un'invocazione segreta, [4] dicendo: «O Signor mio, già sono stanche le mie ossa e sul mio capo brilla la canizie e non sono mai stato deluso invocandoTi, o mio Signore! [5] Mia moglie è sterile e temo [il comportamento] dei miei parenti dopo di me: concedimi, da parte Tua, un erede [6]. che erediti da me ed erediti dalla famiglia di Giacobbe. Fa', mio Signore, che sia a Te gradito!».

[7] «O Zaccaria, ti diamo la lieta novella di un figlio. Il suo nome sarà Giovanni. A nessuno, in passato, imponemmo lo stesso nome.» [8] Disse: «Come potrò mai avere un figlio? Mia moglie è sterile e la vecchiaia mi ha rinsecchito».

[9] Rispose: «È così! Il tuo Signore ha detto: "Ciò è facile per me: già una volta ti ho creato quando non esistevi"». [10] Disse [Zaccaria]: «Dammi un segno, mio Signore!». Rispose: «Il tuo segno sarà che, pur essendo sano, non potrai parlare alla gente per tre notti». [11] Uscì dall'oratorio verso la sua gente e indicò loro di rendere gloria [al Signore] al mattino e alla sera.

[12] «O Giovanni, tieniti saldamente alla Scrittura.» E gli demmo la saggezza fin da fanciullo, [13] tenerezza da parte Nostra e purezza. Era uno dei timorati, [14] amorevole con i suoi genitori, né violento né disobbediente. [15] Pace su di lui nel giorno in cui nacque, in quello della sua morte e nel Giorno in cui sarà risuscitato a [nuova] vita.

[16] Ricorda Maria nel Libro, quando si allontanò dalla sua famiglia, in un luogo ad oriente. [17] Tese una cortina tra sé e gli altri. Le inviammo il Nostro Spirito, che assunse le sembianze di un uomo perfetto. [18] Disse [Maria]: «Mi rifugio contro di te presso il Compassionevole, se sei [di Lui] timorato!». [19] Rispose: «Non sono altro che un messaggero del tuo Signore, per darti un figlio puro». [20] Disse: «Come potrei avere un figlio, ché mai un uomo mi ha toccata e non sono certo una libertina?». [21] Rispose: «È così. Il tuo

Signore ha detto: "Ciò è facile per Me... Faremo di lui un segno per le genti e una misericordia da parte Nostra. È cosa stabilita"».

²² Lo concepì e, in quello stato, si ritirò in un luogo lontano. ²³ I dolori del parto la condussero presso il tronco di una palma. Diceva: «Me disgraziata! Fossi morta prima di ciò e fossi già del tutto dimenticata!».

²⁴ Fu chiamata da sotto : «Non ti affliggere, ché certo il tuo Signore ha posto un ruscello ai tuoi piedi; ²⁵ scuoti il tronco della palma : lascerà cadere su di te datteri freschi e maturi. ²⁶ Mangia, bevi e rinfrancati. Se poi incontrerai qualcuno, di': "Ho fatto un voto al Compassionevole e oggi non parlerò a nessuno"».

²⁷ Tornò dai suoi portando [il bambino]. Dissero: «O Maria, hai commesso un abominio! ²⁸ O sorella di Aronne, tuo padre non era un empio né tua madre una libertina».

²⁹ Maria indicò loro [il bambino]. Dissero: «Come potremmo parlare con un infante nella culla?», ³⁰ [Ma Gesù] disse: «In verità sono un servo di Allah. Mi ha dato la Scrittura e ha fatto di me un profeta. ³¹ Mi ha benedetto ovunque sia e mi ha imposto l'orazione e la decima finché avrò vita, ³² e la bontà verso colei che mi ha generato. Non mi ha fatto né violento né miserabile. ³³ Pace su di me il giorno in cui sono nato, il giorno in cui morrò e il Giorno in cui sarò resuscitato a nuova vita».

³⁴ Questo è Gesù, figlio di Maria, parola di verità della quale essi dubitano. ³⁵ Non si addice ad Allah prendersi un figlio. Gloria a Lui! Quando decide qualcosa dice: «Sii!» ed essa è.

³⁶ «In verità, Allah è il mio e vostro Signore, adorateLo! Questa è la retta via.» ³⁷ Poi le sette furono in disaccordo tra loro. Guai a coloro che non credono, quando compariranno nel Giorno terribile. ³⁸ Ah, come vedranno e intenderanno nel Giorno in cui saranno ricondotti a Noi! Ma gli ingiusti, oggi, sono in palese errore.

[39] Avvertili del Giorno del Rimorso, in cui sarà emesso l'Ordine, mentre essi saranno distratti e non credenti. [40] Siamo Noi che erediteremo la terra e quanti vi stanno sopra e che a Noi saranno ricondotti.

[41] Ricorda Abramo nel Libro. In verità era un veridico, un profeta. [42] Disse a suo padre: «O padre, perché adori ciò che non vede e non sente e non può proteggerti da alcunché? [43] O padre, mi è stata data una scienza che tu non hai avuto, seguimi e ti condurrò sulla retta via. [44] O padre, non adorare Satana: egli è sempre disobbediente al Compassionevole. [45] O padre, temo che ti giunga un castigo del Compassionevole e che tu divenga uno dei prossimi di Satana».

[46] Disse: «O Abramo, hai in odio i miei dèi? Se non desisti, ti lapiderò. Allontanati per qualche tempo». [47] Rispose: «Pace su di te, implorerò per te il perdono del mio Signore, poiché Egli è sollecito nei miei confronti. [48] Mi allontano da voi e da ciò che adorate all'infuori di Allah. Mi rivolgo al Signore, ché certamente non sarò infelice nella mia invocazione al mio Signore».

[49] Quando poi si fu allontanato da loro e da quello che adoravano all'infuori di Allah, gli donammo Isacco e Giacobbe ed entrambi li facemmo profeti. [50] Concedemmo loro la Nostra misericordia e un sublime, veritiero eloquio.

[51] Ricorda Mosè nel Libro. In verità era un eletto, un messaggero, un profeta. [52] Lo chiamammo dalla parte destra del Monte e lo facemmo avvicinare in confidenza. [53] E come misericordia da parte Nostra, gli demmo suo fratello Aronne, come profeta.

[54] Ricorda Ismaele nel Libro. In verità era sincero nella sua promessa, era un messaggero, un profeta. [55] Imponeva alla sua famiglia l'orazione e la decima ed era gradito al suo Signore.

[56] Ricorda Idris nel Libro. In verità era veridico, un profeta. [57] Lo elevammo in alto luogo.

[58] Essi sono coloro che Allah ha colmato [della Sua grazia] tra i profeti discendenti di Adamo, tra coloro che portammo con Noè, tra i discendenti di Abramo e di Israele e tra coloro che abbiamo guidato e scelto. Quando venivano recitati loro i segni del Compassionevole, cadevano in prosternazione, piangendo.

[59] Coloro che vennero dopo di loro tralasciarono l'orazione, e si abbandonarono alle passioni. Incontreranno la perdizione. [60]. Coloro che invece si pentono, credono e compiono il bene, entreranno nel Giardino e non subiranno alcun torto;

[61] nei Giardini di Eden, che il Compassionevole ha promesso ai Suoi servi che [hanno creduto] nell'invisibile, ai Suoi servi, ché la Sua promessa è imminente; [62] e non ascolteranno colà nessun discorso vano, ma solo: «Pace!», e verranno sostentati al mattino e alla sera. [63] Questo è il Giardino che faremo ereditare ai nostri servi che saranno stati timorati.

[64] «Noi scendiamo solo per ordine del tuo Signore. A Lui appartiene tutto quello che ci sta innanzi, tutto quello che è dietro di noi e ciò che vi è frammezzo. Il tuo Signore non è immemore.» [65] È il Signore dei cieli e della terra e di tutto ciò che vi è frammezzo, adoraLo dunque e persevera nell'adorazione. Conosci qualcuno che abbia il Suo stesso nome?

[66] Dice l'uomo: «Quando sarò morto, chi mi riporterà alla vita?». [67] Non si ricorda l'uomo che fummo Noi a crearlo quando ancora non era nulla? [68] Per il tuo Signore, li riuniremo insieme ai diavoli e poi li condurremo inginocchiati attorno all'Inferno.

[69] Quindi trarremo da ogni gruppo quello che fu più arrogante verso il Compassionevole, [70] ché meglio di tutti conosciamo coloro che più meritano di bruciarvi. [71]. Nessuno di voi mancherà di

passarvi : ciò è fermamente stabilito dal tuo Signore. [72] Salveremo coloro che Ci hanno temuto e lasceremo gli ingiusti in ginocchio.

[73] Quando vengono recitati i Nostri chiari versetti, i miscredenti dicono a coloro che credono: «Quale dei due partiti ha miglior posizione e buona compagnia?». [74] Quante generazioni abbiamo annientato prima di loro, più ricche di beni e di prestigio!

[75] Di': «Che il Compassionevole prolunghi [la vita] di coloro che sono sviati, finché non vedranno il castigo e l'Ora che li minaccia. Sapranno allora chi si trova nella peggiore situazione e [chi ha] la compagine più debole».

[76] Allah rafforza la guida di quelli che seguono la retta via. Le buone tracce che restano sono le migliori, per la ricompensa e per il miglior esito presso Allah.

[77] Che ti sembra di colui che ha rinnegato i Nostri segni asserendo: «Certo avrò beni e figli»? [78] Conosce il mistero o ha stretto un patto con il Compassionevole? [79] Certo che no! Annoteremo quello che dice e molto accresceremo il suo tormento. [80] Saremo Noi ad ereditare ciò di cui parla e si presenterà da solo dinnanzi a Noi. [81] Si sono presi dèi all'infuori di Allah [sperando] che fossero loro d'aiuto. [82] Invece no! Essi rifiuteranno la loro adorazione e saranno loro nemici.

[83] Non vedi che abbiamo mandato i diavoli contro i miscredenti per incitarli con forza? [84] Non aver fretta di combatterli. Siamo Noi a tenere il computo. [85] Il Giorno in cui riuniremo i timorati presso il Compassionevole come invitati d'onore [86] e spingeremo i malvagi nell'Inferno come [bestie] all'abbeveratoio, [87] non beneficeranno di nessuna intercessione, a parte colui che avrà fatto un patto con il Compassionevole.

[88] Dicono: «Allah Si è preso un figlio». [89] Avete detto qualcosa di mostruoso. [90] Manca poco che si spacchino i cieli, si apra la terra

e cadano a pezzi le montagne, [91] perché attribuiscono un figlio al Compassionevole. [92] Non si addice al Compassionevole prendersi un figlio. [93] Tutte le creature dei cieli e della terra si presentano come servi al Compassionevole. [94] Egli li ha contati e tiene il conto [95] e nel Giorno della Resurrezione ognuno si presenterà da solo, davanti a Lui. [96] In verità il Compassionevole concederà il Suo Amore a coloro che credono e compiono il bene.

[97] Lo rendemmo facile alla tua lingua, perché tu annunci la lieta novella ai timorati e avverta il popolo ostile. [98] Quante generazioni facemmo perire prima di loro ! Ne puoi ritrovare anche uno solo o sentire il minimo bisbiglio?

SURA 20 : TÂ-HÂ
. . . .

TÂ-HÂ

In nome di Allah, il Compassionevole, il Misericordioso.

[1] *Tâ-Hâ.*

[2] Non abbiamo fatto scendere il Corano su di te per renderti infelice, [3] ma come Monito per chi ha timore [di Allah], [4] sceso da parte di Colui Che ha creato la terra e gli alti cieli. [5] Il Compassionevole Si è innalzato sul Trono. [6] Appartiene a Lui quello che è nei cieli e quello che sta sulla terra, quello che vi è frammezzo e nel sottosuolo.

[7] [È inutile che] parli ad alta voce, ché in verità Egli conosce il segreto, anche il più nascosto. [8] Allah, non c'è dio aH'infuori di Lui! A Lui appartengono i nomi più belli.

[9] Ti è giunta la storia di Mosè? [10] Quando vide un fuoco, disse alla sua famiglia: «Aspettate! Ho avvistato un fuoco, forse [potrò] portarvene un tizzone o trovare nei suoi pressi una guida».

¹¹ Quando vi giunse, sentì chiamare: «O Mosè, ¹² in verità sono il tuo Signore. Levati i sandali, ché sei nella valle santa di Tuwà. ¹³ Io ti ho scelto. Ascolta ciò che sta per esserti rivelato. ¹⁴ In verità Io sono Allah: non c'è dio all'infuori di Me. AdoraMi ed esegui l'orazione per ricordarti di Me. ¹⁵ In verità l'Ora è imminente anche se la tengo celata, affinché ogni anima sia compensata delle opere sue. ¹⁶ Non lasciare che ti ostacoli colui che non crede in essa ed è incline alle sue passioni, ché altrimenti periresti.

¹⁷ O Mosè, cosa tieni nella tua mano destra?». ¹⁸ Disse: «È il mio bastone, mi ci appoggio, e faccio cadere foglie [degli alberi] per i miei montoni e mi serve anche per altre cose». ¹⁹ Disse [Allah]: «Gettalo, Mosè». ²⁰ Lo gettò ed ecco che divenne un serpente che strisciava veloce. ²¹ Disse [Allah]: «Afferralo e non temere: gli daremo la sua forma originaria.

²² Stringi la mano sotto l'ascella: ne uscirà bianca senza alcun male. Ecco un altro segno, ²³ per mostrarti altri Nostri segni ben più grandi. ²⁴ Vai da Faraone. In verità si è ribellato». ²⁵ Disse: «Aprimi il petto, Signore, ²⁶ facilita il mio compito, ²⁷ e sciogli il nodo della mia lingua, ²⁸ sì che possano capire il mio dire; ²⁹ concedimi in aiuto uno della mia famiglia ³⁰ Aronne, mio fratello ³¹. Accresci con lui la mia forza, ³² e associalo alla mia missione, ³³ perché possiamo renderTi gloria molto ³⁴ e perché possiamo ricordarTi molto; ³⁵ e in verità Tu sempre ci osserverai». ³⁶ Disse: «O Mosè, la tua richiesta è esaudita.

³⁷ Già innanzi ti favorimmo, ³⁸ quando ispirammo a tua madre quello che le fu ispirato: ³⁹ "Mettilo in una cesta e gettala nell'acqua, così che le onde la riportino a riva ove lo raccoglierà un Mio e suo nemico". Ho posto su di te il Mio [sguardo] amorevole, affinché tu venissi allevato sotto il Mio occhio. ⁴⁰ Passava tua sorella e disse: "Posso indicarvi chi potrà occuparsene". E ti riportammo a tua

madre, perché si consolassero i suoi occhi e più non si affliggesse. Uccidesti un uomo: ti cavammo d'impaccio e ti imponemmo molte prove. Rimanesti per anni presso la gente di Madian. Poi venisti fin qui, o Mosè, per una predestinazione.

41 Ti ho scelto per Me. 42 Va' con tuo fratello con i segni Miei e non trascurate di ricordar- Mi. 43 Andate da Faraone: in verità si è ribellato! 44 Parlategli con dolcezza. Forse ricorderà o temerà [Allah]».

45 Dissero: «O Signor nostro, temiamo che si scagli contro di noi o che accresca la ribellione». 46 Rispose: «Non temete. Io sono con voi: [tutto] odo e vedo. 47 Andate pure da lui e ditegli: "In verità siamo due messaggeri del tuo Signore. Lascia partire con noi i Figli di Israele e non tormentarli più. Siamo venuti da te con un segno da parte del tuo Signore. Pace su chi segue la retta via. 48 In verità ci è stato rivelato che il castigo sarà per chi nega e volge le spalle!"».

49 Disse [Faraone]: «O Mosè, chi è il vostro Signore?». 50 Rispose: «Il nostro Signore è Colui Che ha dato ad ogni cosa la sua propria natura e poi l'ha guidata sulla retta via». 51 Disse: «Cosa ne è delle generazioni antiche?». 52 Rispose: «La conoscenza di ciò è in una Scrittura presso il mio Signore. Il mio Signore non sbaglia e non dimentica».

53 È Lui che vi ha dato la terra come culla e vi ha tracciato sentieri e dal cielo fa scendere l'acqua, per mezzo della quale facciamo germinarediverse specie di piante. 54 Mangiatene e fatevi pascolare il vostro bestiame. Ecco segni per coloro che hanno intelletto. 55 Da essa vi abbiamo creati, in essa vi faremo ritornare e da essa vi trarremo un'altra volta.

56 Gli mostrammo tutti i Nostri segni, ma li ha tacciati di menzogna e rinnegati. 57 Disse: «O Mosè, sei venuto per cacciarci dalla nostra terra con la tua magia?» 58 Allora ti opporremo una magia

simile. Fissa per te e per noi un incontro in un luogo appropriato, noi non mancheremo e tu neppure».

[59] Rispose: «L'incontro sarà nel giorno della festa. Che la gente sia riunita al mattino». [60] Si ritirò Faraone, preparò i suoi artifici e poi si presentò. [61] Disse Mosè: «Guai a voi, non inventate menzogne contro Allah: vi annienterebbe per punizione. Chi inventa menzogne è certamente perduto».

[62] Discussero in proposito [i maghi], in segreti conciliaboli. [63] Dissero: «Quei due sono sicuramente due maghi che vogliono cacciarvi dalla vostra terra con la magia e cancellare la vostra esemplare dottrina». [64] «Riunite i vostri incantesimi e venite in fila. Chi avrà oggi il sopravvento sarà il vincitore.»

[65] Dissero: «Getti tu, Mosè, o gettiamo noi per primi?». [66] Disse: «Gettate pure!». Ed ecco che gli parve che le loro corde e i loro bastoni si mettessero a correre per effetto di magia. [67] Mosè ne fu intimorito nell'intimo. [68] Gli dicemmo: «Non aver paura. Avrai il sopravvento. [69] Getta quello che c'è nella tua mano destra: divorerà quello che han fatto, perché quello che han fatto è artificio di mago; e il mago, ovunque vada, non avrà riuscita». [70] I maghi caddero in prosternazione e dissero: «Crediamo nel Signore di Aronne e di Mosè».

[71] Disse [Faraone]: «Crederete in lui prima che io ve lo permetta? E certo lui il vostro maestro che vi ha insegnato la magia. Vi farò tagliare mani e piedi alternati e vi farò crocifiggere a tronchi di palma e capirete chi di noi è più duro e pertinace nel castigo». [72] Dissero: «Non ti potremmo mai preferire a quello che ci è stato provato e a Colui che ci ha creati. Attua pure quello che hai deciso. Le tue decisioni non riguardano che questa vita!

[73]. In verità noi crediamo nel nostro Signore, ché ci perdoni i nostri peccati e la magia che ci hai imposto. Allah è migliore e

duraturo». [74] Chi si presenterà empio al suo Signore, certamente avrà l'Inferno dove non morirà né vivrà. [75] Chi [invece] si presenterà a Lui credente, e avrà compiuto opere buone... ecco coloro che avranno l'onore più grande, [76] i Giardini di Eden dove scorrono i ruscelli e in cui rimarranno in perpetuo. Questo è il compenso per chi si purifica.

[77] In verità ispirammo questo a Mosè: «Parti durante la notte, alla testa dei Miei servi e apri per loro una strada asciutta nel mare: non devi temere che vi raggiungano, non aver alcun timore». [78] Li inseguì Faraone con i suoi armati e furono sommersi dalle onde. [79] Faraone sviò la sua gente e non la guidò [al bene],

[80] O Figli di Israele, vi liberammo dal vostro nemico e vi demmo convegno sul lato destro del Monte. Facemmo scendere su di voi la manna e le quaglie. [81] «Mangiate le ottime cose di cui vi abbiamo provveduto e non ribellatevi o la Mia collera sarà su di voi, e colui sul quale si abbatte la Mia collera è destinato all'abisso!». [82] In verità Io sono Colui Che assolve chi si pente, crede, compie il bene e poi segue la retta via.

[83] «Cos'è che ti ha spinto a sopravanzare il tuo popolo, o Mosè?». [84] Rispose: «Essi sono sui miei passi. Mi sono affrettato verso di Te, o Signore, per compiacerTi». [85] Disse: «In tua assenza abbiamo tentato la tua gente e il Sâmirî li ha traviati».

[86] Ritornò Mosè al suo popolo pieno di collera e dispiacere, disse: «O popol mio, non vi ha fatto il vostro Signore una bella promessa? [L'attesa] del patto era troppo lunga per voi? Avete voluto che fosse su di voi la collera del vostro Signore e così avete mancato alla promessa che mi avevate fatto?».

[87] Dissero: «Non è per nostra volontà che abbiamo mancato alla promessa. Eravamo appesantiti dai gioielli di quella gente. Li abbiamo buttati, il Sâmirî li ha gettati [88] e ne ha tratto un vitello dal corpo mugghiante». E [tutti] dissero: «È il vostro dio, il dio di Mosè.

[Mosè] ha dimenticato [di informarvene]!». [89] Che? Non vedevano che quello non poteva rispondere e non poteva apportar loro né danno né giovamento?

[90] Già Aronne li aveva avvertiti: «O popol mio, siete caduti nella tentazione! il Compassionevole è veramente il vostro Signore. Seguitemi allora e obbedite ai miei ordini». [91] Risposero: «Non cesseremo di adorarlo finché Mosè non sarà di ritorno».

[92] Disse [Mosè]: «O Aronne, cosa ti ha impedito, quando li hai visti sviarsi? [93] Perché non mi hai raggiunto? Hai disobbedito ai miei ordini?». [94] Rispose: «O figlio di mia madre, non prendermi per la barba o per i capelli. Temevo che avresti detto: "Hai creato una divisione tra i Figli di Israele e non hai obbedito alle mie parole"».

[95] Disse [Mosè]: «E tu, Sâmirî, qual era il tuo disegno?». [96] Rispose. «Ho visto quello che non hanno visto, ho preso un pugno di polvere dalla traccia dell'Inviato e l'ho gettata, questo mi ha suggerito l'animo mio». [97] «Vattene – disse [Mosè] – Per [tutta] la vita dovrai avvertire: "Non toccatemi". Sei destinato ad un incontro cui non potrai mancare! Guarda il dio che hai adorato assiduamente: lo bruceremo e disperderemo [le ceneri] nel mare. In verità il vostro Dio è Allah, al di fuori del Quale non c'è divinità alcuna. Egli tutto abbraccia nella Sua Scienza.»

[99] Così ti raccontiamo le storie del passato. E un Monito da parte Nostra che ti abbiamo dato. [100] Chiunque se ne allontana, nel Giorno della Resurrezione porterà un fardello, [101] resteranno perpetuamente in quello stato. Che atroce fardello nel Giorno della Resurrezione! [102] Nel Giorno in cui sarà soffiato nel Como, riuniremo in quel Giorno i malvagi, [e avranno] gli occhi bluastri [103] Bisbiglieranno tra loro: «Non siete rimasti [nella tomba] che dieci [giorni]». [104] Conosciamo meglio [di chiunque altro] quello

che diranno, quando il più ragionevole di loro dirà: «Siete rimasti solo un giorno».

[105] Ti chiederanno [a proposito] delle montagne; di': «Il mio Signore le ridurrà in polvere [106] e ne farà una pianura livellata [107] dove non vedrai asperità o depressioni». [108] In quel Giorno seguiranno indefettibilmente colui che li avrà chiamati e abbasseranno le voci davanti al Compassionevole. Non sentirai altro che un mormorio.

[109] In quel Giorno si potrà godere dell'intercessione solo con il permesso del Compassionevole e da parte di coloro le cui parole saranno da Lui accette. [110] Egli conosce quello che li precede e quello che li segue, mentre la loro scienza non può comprenderLo. [111] Si umilieranno i loro volti davanti al Vivente, Colui che esiste di per Se Stesso e per il Quale sussiste ogni cosa, mentre chi sarà carico di peccati si perderà, [112] e chi sarà stato credente e avrà compiuto il bene, non temerà alcun danno o ingiustizia.

[113] Lo facemmo scendere [sotto forma di] Corano arabo, nel quale formulammo esplicite minacce. Chissà che non divengano timorati o che sia per essi un monito. [114] Sia esaltato Allah, il Re, il Vero. Non aver fretta di recitare prima che sia conclusa la rivelazione, ma di': «Signor mio, accresci la mia scienza».

[115] Già imponemmo il patto ad Adamo, ma lo dimenticò, perché non ci fu in lui risolutezza. [116] E quando dicemmo agli angeli: «Prosternatevi davanti ad Adamo», tutti si prosternarono, eccetto Iblîs, che rifiutò. [117] Dicemmo: «O Adamo, in verità quello è un nemico manifesto, per te e per la tua sposa. Bada a che non vi tragga, entrambi, fuori dal Paradiso, che in tal caso saresti infelice.

[118] [Ti promettiamo che qui] non avrai mai fame e non sarai nudo, [119] non avrai mai sete e non soffrirai la calura del giorno». [120] Gli sussurrò Satana: «O Adamo, vuoi che ti mostri l'albero

dell'eternità e il regno imperituro?». [121] Ne mangiarono entrambi e presero coscienza della loro nudità. Iniziarono a coprirsi intrecciando foglie del giardino. Adamo disobbedì al suo Signore e si traviò. [122] Lo scelse poi il suo Signore, accolse il suo pentimento e lo guidò

[123] e disse: «Scendete insieme! Sarete nemici gli uni degli altri. Quando poi vi giungerà una guida da parte Mia… chi allora la seguirà non si svierà e non sarà infelice». [124] Chi si sottrae al Mio Monito, avrà davvero vita miserabile e sarà resuscitato cieco nel Giorno della Resurrezione. [125] Dirà: «Signore! Perché mi hai resuscitato cieco quando prima ero vedente?». [126] [Allah] Risponderà: «Ecco, ti giunsero i Nostri segni e li dimenticasti; alla stessa maniera oggi sei dimenticato». [127] Compensiamo così il trasgressore che non crede ai segni del suo Signore. In verità il castigo dell'altra vita è più severo e durevole.

[128] Non è servito loro da lezione che facemmo perire le generazioni nelle cui dimore, oggi, si aggirano? In verità in ciò vi sono certo segni per coloro che hanno intelletto. [129] Se non fosse stato per una precedente parola del tuo Signore e per un termine già stabilito, già [tutto questo] sarebbe avvenuto. [130] Sopporta dunque con pazienza quello che dicono, glorifica e loda il tuo Signore prima del levarsi del sole e prima che tramonti. GlorificaLo durante la notte e agli estremi del giorno, così che tu possa essere soddisfatto.

[131] Non volgere lo sguardo ai beni effimeri che abbiamo concesso ad alcuni di loro per metterli alla prova. Il compenso del tuo Signore è certamente migliore e più duraturo! [132] Comanda la preghiera alla tua gente e assiduamente assolvila. Non ti chiediamo alcun nutrimento: siamo Noi a nutrirti! Il felice esito è nel timore di Allah.

[133] Dicono: «Perché mai non ci porta un segno da parte del suo

Signore?». Non è forse giunta a loro la Prova che era [annunciata] nelle antiche scritture?

134 Se per castigo li avessimo fatti perire prima della sua venuta, avrebbero certamente detto: «O Signor nostro, perché non ci hai inviato un messaggero? Avremmo seguito i Tuoi segni, prima di essere umiliati e coperti di abominio». 135 Di': «Tutti aspettano, aspettate allora, e ben presto saprete chi sono i compagni della retta via e chi sono i ben guidati».

SURA 21 : AL-ANBIYÂ'

I PROFETI

In nome di Allah, il Compassionevole, il Misericordioso.

1. Si avvicina per gli uomini la resa dei loro conti, mentre essi incuranti trascurano. 2 Non giunse loro alcun Monito da parte del loro Signore che non ascoltassero irriverenti, 3 con i cuori distratti, mentre gli ingiusti tengono tra loro segreti conciliaboli: «Chi è costui se non un uomo come voi? Volete lasciarvi andare alla magia, voi che lucidamente vedete?». 4 Disse: «Il mio Signore conosce [ogni] parola [pronunciata] nel cielo e sulla terra, Egli tutto ascolta e conosce».

5 Dissero: «Sono invece incubi confusi! O è lui che li ha inventati. Non è che un poeta! Ci mostri piuttosto un segno, come quelli che furono inviati agli antichi [profeti]». 6 Tutte le comunità che facemmo perire prima di loro non credettero. Crederanno questi?

7 Prima di te non inviammo che uomini, ai quali comunicammo la Rivelazione. Chiedete alla gente della Scrittura, se non lo sapete.

8 Non ne facemmo corpi che facessero a meno del cibo, e neppure

erano eterni! ⁹ Realizzammo su di loro la promessa: salvammo loro e quelli che volemmo e facemmo perire i prevaricatori.

¹⁰ In verità abbiamo fatto scendere su di voi un Libro contenente il Monito per voi. Non comprenderete? ¹¹ Quante ingiuste città distruggemmo per suscitare poi un altro popolo! ¹² Quando avvertirono la Nostra severità fuggirono precipitosamente. ¹³ «Non fuggite, ritornate nel lusso e nelle vostre case! Forse ve ne sarà chiesto conto.» ¹⁴ Dissero: «Guai a noi! Invero siamo stati ingiusti!». ¹⁵ Non smisero di gridarlo, finché ne facemmo messi falciate, senza vita.

¹⁶ Non è per gioco che creammo il cielo e la terra e quel che vi è frammezzo. ¹⁷ Se avessimo voluto divertirci, lo avremmo fatto presso Noi stessi, se mai avessimo voluto farlo. ¹⁸ E invece no, scagliamo la verità sulla menzogna, che le schiacci la testa, ed ecco che essa scompare. Siate maledetti per quello che affermate!

¹⁹ Solo a Lui appartengono tutti quelli che sono nei cieli e sulla terra! Coloro che sono presso di Lui non disdegnano di adorarLo e non se nestancano. ²⁰ Lo glorificano notte e giorno, ininterrottamente,

²¹ [oppure] han tratto dalla terra divinità che risuscitano? ²² Se nei cieli e sulla terra ci fossero altre divinità oltre ad Allah, già gli uni e l'altra sarebbero corrotti. Gloria ad Allah, Signore del Trono, ben al di sopra di quello che Gli attribuiscono. ²³ Non sarà Lui ad essere interrogato, sono loro che lo saranno.

²⁴ Si son presi dèi all'infuori di Lui? Di': «Mostrate la vostra prova!». Questo è un Monito per coloro che sono con me e per coloro che furono prima di me ; ma la maggior parte di essi non conoscono la verità e se ne discostano. ²⁵ Non inviammo prima di te nessun messaggero senza rivelargli: «Non c'è altro dio che Me. AdorateMi!».

²⁶ Dicono: «Il Compassionevole Si è preso un figlio». Gloria a Lui,

quelli non sono che servi onorati, 27 che mai precedono il Suo dire e che agiscono secondo il Suo ordine. 28 Egli conosce quel che li precede e quel che li segue ed essi non intercedono se non in favore di coloro di cui Si compiace, e sono compenetrati di timor di Lui. 29 Chi di loro dicesse: «Davvero io sono un dio all'infuori di Lui», lo compenseremo con l'Inferno. È così che compensiamo gli ingiusti.

30 Non sanno dunque i miscredenti che i cieli e la terra formavano una massa compatta? Poi li separammo e traemmo dall'acqua ogni essere vivente. Ancora non credono?

31. Abbiamo infisso sulla terra le montagne, affinché non oscilli coinvolgendoli e vi ponemmo larghi passi. Si sapranno dirigere? 32 E del cielo abbiamo fatto una volta sicura. Eppure essi si distolgono dai segni. 33 Egli è Colui che ha creato la notte e il giorno, il sole e la luna: ciascuno naviga nella sua orbita.

34. Non concedemmo l'immortalità a nessuno uomo che ti ha preceduto. Dovresti forse morire, se essi fossero immortali? 35 Ogni anima gusterà la morte. Vi sottoporremo alla tentazione con il male e con il bene e poi a Noi sarete ricondotti.

36 Quando i miscredenti ti vedono, non fanno che burlarsi di te: «Cosa? È costui che dice male dei vostri dèi?» e negano il Monito del Compassionevole.

37. L'uomo è stato creato di impazienza. Vi mostrerò i Miei segni. Non chiedeteMi di affrettarli. 38 Dicono: «Quando [si realizzerà] questa promessa? [Ditecelo] se siete veritieri». 39 Ah! se i miscredenti conoscessero il momento in cui non potranno allontanare il fuoco dai loro volti e dalle loro schiene e non potranno essere soccorsi! 40 E invece giungerà loro all'improvviso, e ne saranno sbalorditi. Non potranno allontanarlo e non sarà dato loro un rinvio. 41 Già furono derisi i messaggeri che ti precedettero. Ciò di cui si burlavano avvolgerà coloro che deridevano.

⁴² Di': «Chi potrebbe mai proteggervi, notte e giorno, dal Compassionevole?». E invece sono indifferenti al Monito del loro Signore. ⁴³ Dispongono forse, all'infuori di Noi, di dèi che sappiano proteggerli? Questi non possono neppure difendere loro stessi né trovare altri che li difendano contro di Noi.

⁴⁴ In effetti concedemmo a loro e ai loro avi un godimento effimero finché non furono longevi. Non vedono che investiamo la terra, riducendola da ogni lato? Sono forse loro i vincitori?

⁴⁵ Di': «Non faccio altro che avvertirvi con la Rivelazione». Ma i sordi non odono il richiamo quando li si avverte. ⁴⁶ Se solo li sfiorasse un alito del castigo del tuo Signore, certamente direbbero: «Guai a noi, invero, siamo stati ingiusti!».

⁴⁷ Rizzeremo bilance esatte, nel Giorno della Resurrezione e nessuna anima subirà alcun torto; foss'anche del peso di un granello di senape, lo riesumeremo. Basteremo Noi a tirare le somme.

⁴⁸ In verità demmo a Mosè e ad Aronne il Discrimine, una Luce e un Monito per i pii, ⁴⁹ che temono il loro Signore in quello che è invisibile e che trepidano per l'Ora. ⁵⁰ Questo è un Monito benedetto che abbiamo fatto scendere. Lo rinnegherete?

⁵¹ Siamo Noi che conducemmo Abramo sulla retta via, Noi che lo conoscevamo. ⁵² Quando disse a suo padre e alla sua gente: «Cosa sono queste statue in cui credete?». ⁵³ Risposero: «Trovammo i nostri avi che le adoravano». ⁵⁴ Disse: «Certo siete stati nell'errore più palese, voi e i vostri avi».

⁵⁵ Dissero: «Sei venuto con la Verità o stai scherzando?». ⁵⁶ Disse: «Certo che no! Il vostro Signore è il Signore dei cieli e della terra, è Lui che li ha creati e io sono tra coloro che lo attestano. ⁵⁷ E [giuro] per Allah che tramerò contro i vostri idoli non appena volterete le spalle!». ⁵⁸ E infatti li ridusse in briciole, eccetto il più grande, affinché si rivolgessero ad esso.

⁵⁹ Dissero: «Chi ha fatto questo ai nostri dèi è certo un iniquo!». ⁶⁰ Disse [qualcuno di loro]: «Abbiamo sentito un giovane che li disprezzava: si chiama Abramo». ⁶¹ Dissero: «Conducetelo al loro cospetto affinché possano testimoniare». ⁶² Dissero: «O Abramo, sei stato tu a far questo ai nostri dèi?». ⁶³ Disse: «È il più grande di loro che lo ha fatto. Interrogateli, se possono parlare!».

⁶⁴ Si avvidero del loro imbarazzo e dissero tra loro: «Davvero siete stati ingiusti». ⁶⁵ Fecero un voltafaccia [e dissero]: «Ben sai che essi non parlano!». ⁶⁶ Disse: «Adorate all'infuori di Allah qualcuno che non vi giova e non vi nuoce? ⁶⁷ Vergognatevi di voi stessi e di ciò che adorate all'infuori di Allah! Non ragionate dunque?».

⁶⁸ Dissero: «Bruciatelo e andate in aiuto dei vostri dèi, se siete [in grado] di farlo». ⁶⁹ Dicemmo: «Fuoco, sii frescura e pace per Abramo». ⁷⁰ Tramarono contro di lui, ma facemmo sì che fossero loro i perdenti.

⁷¹ Salvammo lui e Lot e [li guidammo] verso una terra che colmammo di benedizione per i popoli. ⁷² E gli demmo Isacco e Giacobbe e ne facemmo dei devoti. ⁷³ Ne facemmo capi che dirigessero le genti secondo il Nostro ordine. Rivelammo loro di fare il bene, di osservare l'orazione e di versare la decima. Erano Nostri adoratori.

⁷⁴ E a Lot demmo saggezza e scienza e lo salvammo dalla città in cui si commettevano turpitudini: in verità erano un popolo malvagio e perverso; ⁷⁵ lo facemmo entrare nella Nostra misericordia. Egli era davvero un devoto.

⁷⁶. E quando in precedenza Noè implorò, Noi gli rispondemmo e lo salvammo dal terribile cataclisma, insieme con la sua famiglia. ⁷⁷ Gli prestammo soccorso contro la gente che smentiva i Nostri segni. Erano davvero uomini malvagi: tutti li annegammo.

⁷⁸ Davide e Salomone giudicarono a proposito di un campo

coltivato che un gregge di montoni appartenente a certa gente aveva devastato pascolandovi di notte. Fummo testimoni del loro giudizio. [79] Facemmo sì che Salomone comprendesse [correttamente]. Demmo ad entrambi saggezza e scienza. Costringemmo le montagne a rendere gloria insieme con Davide e gli uccelli insieme. Siamo Noi che lo abbiamo fatto.b [80] Gli insegnammo, a vostro vantaggio, la fabbricazione delle cotte di maglia, affinché vi proteggessero dalla vostra stessa violenza. Ne sarete mai riconoscenti?

[81] E [sottomettemmo] il vento impetuoso a Salomone: al suo ordine soffiava sulla terra che abbiamo benedetta. Noi conosciamo ogni cosa. [82] E fra i dèmoni alcuni si tuffavano per lui e compivano altre opere ancora ; eravamo Noi a sorvegliarli.

[83] E si rivolse Giobbe al suo Signore: «Il male mi ha colpito, ma Tu sei il più misericordioso dei misericordiosi!». [84] Gli rispondemmo e lo sollevammo dal male che lo affliggeva e gli restituimmo la sua famiglia e un'altra ancora, segno di misericordia da parte Nostra e Monito per coloro che [Ci] adorano.

[85] E Ismaele e Idris e Dhû 'l-Kifl! Tutti furono perseveranti, [86] che facemmo beneficiare della Nostra misericordia: tutti erano dei devoti. [87] E l'Uomo del Pesce, quando se ne andò irritato, pensava che non lo mettessimo alla prova. Poi implorò così nelle tenebre: «Non c'è altro dio all'infuori di Te! Gloria a Te! Io sono stato un ingiusto!». [88] Gli rispondemmo e lo salvammo dalla disperazione. Così salviamo coloro che credono.

[89] E Zaccaria si rivolse al suo Signore: «Non lasciarmi solo, Signore, Tu sei il migliore degli eredi».

[90] Lo esaudimmo e gli demmo Giovanni e sanammo la sua sposa. In verità s'affrettavano al bene, Ci invocavano con amore e trepidazione ed erano umili davanti a Noi.

[91] E [ricorda] colei che ha mantenuto la sua castità! Insufflammo

in essa del Nostro Spirito e facemmo di lei e di suo figlio un segno per i mondi.

92 Sì, questa vostra Comunità è un'unica Comunità e Io sono il vostro Signore. AdorateMi! 93 Si divisero invece. Ma infine tutti a Noi faranno ritorno. 94 Chi compie il bene ed è credente non vedrà disconosciuto il suo sforzo, ché Noi lo registriamo.

95 [Agli abitanti] delle città che facemmo perire è vietato ritornare [al mondo] 96 fino al momento in cui si scateneranno Gog e Magog e dilagheranno da ogni altura. 97 La vera promessa si approssima e gli sguardi dei miscredenti si fanno sbarrati: «Guai a noi! Siamo stati distratti. Peggio ancora, siamo stati ingiusti!».

98 «Voi e quelli che adoravate all'infuori di Allah, sarete combusti- bile dell'Inferno. Non potrete evitarlo. 99 Se quegli altri fossero stati dèi, non vi sarebbero entrati. Vi rimarranno tutti in perpetuo. 100 Colà gemeranno, ma nessuno li ascolterà.» 101 Ne saranno esclusi coloro per i quali il Nostro bene ha avuto il sopravvento; 102 non ne sentiranno il fragore e godranno per sempre quel che le loro anime desiderano. 103 Non li affliggerà la grande angoscia e gli angeli li accoglieranno: «Ecco il Giorno che vi era stato promesso».

104 Il Giorno in cui avvolgeremo il cielo come gli scritti sono avvolti in rotoli. Come iniziammo la prima creazione, così la reitereremo; è Nostra promessa: saremo Noi a farlo. 105 Lo abbiamo scritto nel Salterio, dopo che venne il Monito: «La terra sarà ereditata dai Miei servi devoti». 106 In verità in ciò vi è un messaggio per un popolo di adoratori!

107. Non ti mandammo se non come misericordia per il creato. 108 Di': «In verità mi è stato rivelato che il vostro Dio è un Dio unico. Sarete musulmani?». 109. Se poi volgono le spalle, allora di': «Io vi ho avvertiti tutti, senza discriminazioni; ma non so se ciò che vi è stato

promesso è prossimo o lontano. [110]. Egli conosce quello che proclamate e quello che tenete segreto. [111]. Non so se ciò sia una tentazione per voi, un effimero godimento!». [112]. Di': «Mio Signore, giudica secondo verità! Il nostro Signore è il Compassionevole, da Lui invochiamo aiuto contro ciò che affermate».

SURA 22 : AL-HAJJ

IL PELLEGRINAGGIO

In nome di Allah, il Compassionevole, il Misericordioso.

[1] O uomini, temete il vostro Signore. Il sisma dell'Ora sarà cosa terribile. [2] Il Giorno in cui la vedrete ogni nutrice dimenticherà il suo lattante e ogni femmina gravida abortirà. E vedrai ebbri gli uomini mentre non lo saranno ma sarà questo il tremendo castigo di Allah. [3] C'è gente che polemizza a proposito di Allah senza [alcuna] scienza e seguono ogni diavolo ribelle, [4] del quale è scritto che travierà e guiderà verso il castigo della Fiamma chi lo avrà preso per patrono.

[5] O uomini, se dubitate della Resurrezione, sappiate che vi creammo da polvere e poi da sperma e poi da un'aderenza e quindi da un pezzetto di carne, formata e non formata – così Noi vi spieghiamo – e poniamo nell'utero quello che vogliamo fino a un termine stabilito. Vi facciamo uscire lattanti per condurvi poi alla pubertà. Qualcuno di voi muore e altri portiamo fino all'età decrepita, tanto che non sanno più nulla, dopo aver saputo. Vedrai [alla stessa maniera] la terra dissecata che freme e si gonfia quando vi facciamo scendere l'acqua e lascia spuntare ogni splendida specie di piante. [6] Così avviene perché Allah è la Verità, è Lui che ridà la vita ai morti. Egli è onnipotente. [7] Già l'Ora si avvicina, nessun dubbio in proposito, e Allah resusciterà quelli che sono nelle tombe.

[8] Ci sono uomini che polemizzano a proposito di Allah, senza conoscenza, senza direzione, senza una Scrittura che li illumini. [9] Gireranno il collo per sviare dal sentiero di Allah. Li attende abominio in questa vita e, nel Giorno della Resurrezione, il castigo dell'Incendio. [10] «Ecco il compenso per ciò che le tue mani hanno commesso!» Allah non è mai ingiusto nei confronti dei Suoi servi. [11] Fra gli uomini c'è chi adora Allah tentennando. Se gli giunge il bene, si acquieta; se gli giunge una prova fa voltafaccia e perde in questa vita e nell'altra. Questa è una perdita evidente.

[12] Invocano, all'infuori di Allah, chi non reca loro né danno né giovamento. Ecco il traviarsi più netto. [13] Invocano ciò che reca loro danno piuttosto che giovamento. Che pessimo patrono, che pessimo compagno! [14] In verità coloro che credono e operano il bene, Allah li farà entrare nei Giardini dove scorrono i ruscelli. In verità fa quello che vuole!

[15] Chi pensa che Allah non darà la vittoria [al Suo Inviato] in questa vita e nell'Altra, tenda una corda al soffitto fino a soffocarsi. Vedrà così se il suo artificio farà sparire ciò che lo fa andare in collera. [16] Così lo facemmo scendere dal cielo in versetti espliciti. In verità Allah guida chi vuole!

[17] E certamente, nel Giorno della Resurrezione, Allah giudicherà tra coloro che hanno creduto, i giudei, i sabei, i cristiani, i magi e coloro che attribuiscono associati ad Allah. In verità Allah è testimone di ogni cosa.

[18] Non vedi dunque che è davanti ad Allah che si prosternano tutti coloro che sono nei cieli e tutti coloro che sono sulla terra e il sole e la luna e le stelle e le montagne e gli alberi e gli animali e molti tra gli uomini? Contro molti [altri] si realizzerà il castigo. E chi sarà disprezzato da Allah non sarà onorato da nessuno. Allah fa quello che vuole.

[19] Ecco due avversari che polemizzano a proposito del loro Signore. Ai miscredenti saranno tagliate vesti di fuoco e sulle loro teste verrà versata acqua bollente, [20] che fonderà le loro viscere e la loro pelle. [21] Subiranno mazze di ferro, [22] e ogni volta che vorranno uscirne per la disperazione vi saranno ricacciati: «Gustate il supplizio della Fornace».

[23] In verità Allah introdurrà nei Giardini dove scorrono i ruscelli coloro che credono e operano il bene. Colà saranno adornati di bracciali d'oro e di perle e le loro vesti saranno di seta. [24] Saranno guidati alla Parola migliore, saranno guidati alla via del Degno di lode.

[25] Quanto ai miscredenti che distolgono [le genti] dalla via di Allah e dalla Santa Moschea che abbiamo istituito per gli uomini...- e chi vi risiede e chi vi si reca sono uguali – e a chiunque insolentemente la profana, faremo provare un doloroso castigo.

[26] Stabilimmo per Abramo il sito della Casa (dicendogli): «Non associare a Me alcunché, mantieni pura la Mia Casa per coloro che vi girano attorno, per coloro che si tengono ritti [in preghiera], per coloro che si inchinano e si prosternano.

[27] Chiama le genti al pellegrinaggio: verranno a te a piedi e con cammelli slanciati da ogni remota contrada, [28] per partecipare ai benefici che sono stati loro concessi; ed invocare il Nome di Allah nei giorni stabiliti, sull'animale del gregge che è stato loro attribuito in nutrimento. Mangiatene voi stessi e datene al bisognoso e al povero. [29] Ritornino poi alla cura del corpo, assolvano i voti e girino attorno alla Casa antica».

[30] Questo è quanto; e chi rispetterà gli interdetti, sarà buon per lui presso il suo Signore. E il bestiame vi è stato reso lecito, eccetto quello che vi è stato menzionato : fuggite l'abominio degli idoli e astenetevi dalle espressioni mendaci.

[31] Siate sinceri nei confronti di Allah e non associateGli alcunché.

Chi attribuisce consimili ad Allah è come se fosse precipitato dal cielo preda di uccelli o del vento che lo scaglia in un luogo lontano.

³² Questo è quanto [vi è stato prescritto] e chi rispetta i sacri simboli di Allah sa che ciò scaturisce dal timore del cuore. ³³ Di esse godrete fino ad un termine stabilito. Quindi il luogo del sacrificio sarà presso la Casa antica.

³⁴ Ad ogni comunità assegnammo un rito, affinché menzionassero il Nome di Allah sul capo di bestiame che Egli ha concesso loro. Il vostro Dio è un Dio unico. A Lui sottomettetevi. Danne la lieta novella agli umili,

³⁵ coloro i cui cuori fremono al ricordo di Allah, coloro che sopportano con costanza quello che li colpisce e coloro che assolvono l'orazione e sono generosi di ciò di cui li provvedemmo.

³⁶ E le [vittime sacrificali] imponenti ve le indicammo come elementi rituali. In ciò vi è un bene per voi! Menzionate su di loro il Nome di Allah quando le apprestate [al sacrificio], poi, quando giacciono [senza vita] sul fianco, mangiatene e nutrite chi è discreto nel bisogno e chi chiede l'elemosina. Così ve le assoggettammo affinché siate riconoscenti. ³⁷ Le loro carni e il loro sangue non giungono ad Allah, vi giunge invece il vostro timor [di Lui]. Così ve le ha assoggettate, affinché proclamiate la grandezza di Allah Che vi ha guidato. Danne la lieta novella a coloro che operano il bene.

³⁸ In verità Allah difende coloro che credono. Allah non ama il traditore ingrato. ³⁹ A coloro che sono stati aggrediti è data l'autorizzazione [di difendersi], perché certamente sono stati oppressi e, in verità, Allah ha la potenza di soccorrerli; ⁴⁰ a coloro che senza colpa sono stati scacciati dalle loro case solo perché dicevano: «Allah è il nostro Signore». Se Allah non respingesse gli uni per mezzo degli altri, sarebbero ora distrutti monasteri e chiese, sinagoghe e moschee nei quali il Nome di Allah è spesso menzionato. Allah verrà in aiuto

di coloro che sostengono [la Sua religione].In verità Allah è forte e possente. [41] [Essi sono] coloro che quando diamo loro potere sulla terra, assolvono all'orazione, versano la decima, raccomandano le buone consuetudini e proibiscono ciò che è riprovevole. Appartiene ad Allah l'esito di tutte le cose.

[42] E se ti considerano un impostore, ebbene [sappi che] prima di loro tacciarono di menzogna [i loro profeti] il popolo di Noè, gli 'Ad, i Thamùd, [43] e il popolo di Abramo, il popolo di Lot, [44] e gli abitanti di Madian. Mosè fu trattato da impostore! Ho dato tregua ai miscredenti e poi li ho afferrati: quale fu la Mia riprovazione!

[45] Quante città facemmo perire perché furono ingiuste! Ora sono ridotte in rovine, quanti pozzi deserti e palazzi abbandonati! [46] Non percorrono dunque la terra? Non hanno cuori per capire e orecchi per sentire? Ché in verità non sono gli occhi ad essere ciechi, ma sono ciechi i cuori nei loro petti.

[47] Ti chiedono di affrettare il castigo. Giammai Allah mancherà alla Sua promessa. Invero un solo giorno presso il tuo Signore vale come mille anni di quelli che contate. [48] E a quante città ho concesso un rinvio, anche se erano ingiuste. Quindi le afferrai. A Me tutto ritornerà.

[49] Di': «Uomini, io per voi non sono altro che un ammonitore esplicito». [50] Coloro che credono e operano il bene avranno il perdono e premio generoso. [51] Quelli che [invece] si adoperano contro i Nostri segni, quelli sono i compagni della Fornace.

[52] Non inviammo prima di te nessun messaggero e nessun profeta senza che Satana si intromettesse nella sua recitazione. Ma Allah abroga quello che Satana suggerisce. Allah conferma i Suoi segni. Allah è sapiente, saggio.

[53] [Allah] fa sì che i suggerimenti di Satana siano una tentazione per coloro che hanno una malattia nel cuore, per coloro che hanno i cuori induriti. In verità gli ingiusti sono immersi nella discordia.

⁵⁴ Coloro che [invece] hanno ricevuto la scienza sanno che questa è la Verità che viene dal tuo Signore, credono in essa e i loro cuori vi si sottomettono umilmente. In verità Allah dirige sulla retta via coloro che credono.

⁵⁵ I miscredenti non smetteranno di essere nel dubbio, finché non giunga improvvisa l'Ora o il castigo di un Giorno nefasto. ⁵⁶ In quel Giorno la sovranità apparterrà ad Allah, ed Egli giudicherà tra di loro. Poi, quelli che avranno creduto e ben operato [andranno] nei Giardini delle delizie; ⁵⁷ e i miscredenti, che avranno smentito i segni Nostri, avranno un castigo avvilente.

⁵⁸ Quanto a coloro che sono emigrati per la causa di Allah, che furono uccisi o morirono, Allah li ricompenserà nel migliore dei modi. In verità Allah è il Migliore dei compensatori! ⁵⁹ Li introdurrà in un luogo di cui saranno soddisfatti. In verità Allah è il Sapiente, il Magnanimo.

⁶⁰ Allah certamente proteggerà chi risponda proporzionatamente all'offesa e ancora subisca rappresaglie, poiché in verità Allah è indulgente, perdonatore.

⁶¹ È così poiché Allah fa entrare la notte nel giorno e il giorno nella notte, ed in verità Allah è Colui Che tutto ascolta ed osserva.

⁶² È così poiché Allah è la Verità, mentre ciò che invocano all'infuori di Lui è certamente menzogna. In verità Allah è l'Altissimo, il Grande.

⁶³ Non hai visto come Allah fa scendere dal cielo un'acqua che rinverdisce la terra? In verità Allah è il Sottile, il Ben Informato. ⁶⁴ A Lui [appartiene] ciò che è nei cieli e ciò che sta sulla terra. Allah è certamente Colui Che basta a Se Stesso, è il Degno di lode.

⁶⁵ Non hai visto che Allah vi ha assoggettato tutto quello che sta sulla terra e la nave che per ordine Suo solca i mari? E lui che trattiene il cielo dall'abbattersi sulla terra senza il Suo permesso. In verità Allah è dolce e misericordioso nei confronti degli uomini. ⁶⁶ Egli è Colui Che

vi dà la vita e poi vi farà morire e poi vi ridarà la vita. Invero l'uomo
è ingrato!

[67] Ad ogni comunità abbiamo indicato un culto da osservare. E
non polemizzino con te in proposito. Chiamali al tuo Signore, che in
verità sei sulla retta via. [68] E se polemizzano con te, allora di': «Allah
ben conosce quello che fate. [69] Allah giudicherà tra di voi, nel Giorno
della Resurrezione, a proposito delle vostre divergenze». [70] Non sai che
Allah conosce ciò che c'è nei cieli e sulla terra? Tutto ciò [è racchiuso]
in un Libro; ciò è facile per Allah!

[71] Adorano all'infuori di Lui cose su cui Egli non ha fatto scendere
autorità alcuna, ciò su cui non possiedono nessuna scienza. Ebbene, gli
ingiusti non avranno chi li soccorra. [72] E quando vengono recitati loro i
Nostri chiari versetti, potrai leggere il fastidio sul volto dei miscredenti,
e manca poco che si scaglino su quelli che recitano loro i Nostri versetti.
Di': «Vi dovrò annunciare qualcosa di peggiore? Il Fuoco promesso ai
miscredenti? Qual triste divenire!».

[73] O uomini, vi è proposta una metafora, ascoltatela: «Coloro che
invocate all'infuori di Allah non potrebbero creare neppure una mosca,
neanche se si unissero a tal fine; e se la mosca li depredasse di qualcosa,
non avrebbero modo di riprendersela. Quanta debolezza in colui che
sollecita e in colui che viene sollecitato!». [74] Non considerano Allah
nella Sua vera realtà.

[75] Allah sceglie messaggeri tra gli angeli e tra gli uomini. In verità
Allah tutto ascolta e osserva. [76] Egli conosce quello che sta loro innanzi
e ciò che è dietro di loro. A Lui fanno ritorno tutte le cose.

[77] O voi che credete, inchinatevi, prosternatevi e adorate il vostro
Signore e operate il bene, sì che possiate prosperare. [78] Lottate per Allah
come Egli ha diritto [che si lotti]. Egli vi ha scelti e non ha posto nulla
di gravoso nella religione, quella del vostro padre Abramo che vi ha
chiamati «musulmani». Già allora e qui ancora, sì che il Messaggero

testimoni nei vostri confronti e voi testimoniate nei confronti delle genti. Assolvete all'orazione e versate la decima e aggrappatevi ad Allah: Egli è il vostro patrono. Qual miglior patrono, qual miglior alleato!

I CREDENTI

In nome di Allah, il Compassionevole, il Misericordioso.

[1] Invero prospereranno i credenti, [2] quelli che sono umili nell'orazione, [3] che evitano il vaniloquio, [4] che versano la decima [5] e che si mantengono casti, [6] eccetto che con le loro spose e con schiave che possiedono – e in questo non sono biasimevoli, [7]. mentre coloro che desiderano altro sono i trasgressori – [8] che rispettano ciò che è loro stato affidato e i loro impegni; [9] che sono costanti nell'orazione: [10] essi sono gli eredi, [11] che erediteranno il Giardino, dove rimarranno in perpetuo.

[12]. In verità creammo l'uomo da un estratto di argilla. [13] Poi ne facemmo una goccia di sperma [posta] in un sicuro ricettacolo, [14] poi di questa goccia facemmo un'aderenza e dell'aderenza un embrione; dall'embrione creammo le ossa e rivestimmo le ossa di carne. E quindi ne facemmo un'altra creatura. Sia benedetto Allah, il Migliore dei creatori! [15] E dopo di ciò certamente morirete, [16] e nel Giorno del Giudizio sarete risuscitati.

[17] In verità creammo sopra di voi sette cieli e non siamo incuranti della creazione. [18] E facemmo scendere l'acqua dal cielo in quantità misurata e la mantenemmo sulla terra, anche se abbiamo la capacità di farla sparire. [19] E per suo tramite produciamo per voi palmeti e vigneti in cui [trovate] i molti frutti che mangiate, [20] come quest'albero che sorge dal monte Sinai che vi offre olio

e condimento per i vostri cibi. [21] Invero, anche nel bestiame vi è argomento [di meditazione]: vi diamo da bere di ciò che è nel loro ventre e ne traete molti vantaggi; e di loro vi cibate; [22] viaggiate su di essi e sui vascelli.

[23] Già inviammo Noè al suo popolo. Disse loro: «O popol mio, adorate Allah. Per voi non c'è altro dio che Lui. Non Lo temete?». [24] Allora i notabili della sua gente, che erano miscredenti, dissero: «Costui non è che un uomo come voi! Vuole [solo] elevarsi sopra di voi. Se Allah avesse voluto [che credessimo] avrebbe fatto scendere degli angeli. Ma di questo non abbiamo mai avuto notizia, [neppure] dai nostri antenati più lontani. [25] Certo costui non è che un uomo posseduto. Osservatelo per un po' di tempo…».

[26] Disse [Noè]: «Signore, aiutami, mi trattano da impostore». [27] Perciò gli ispirammo: «Costruisci un'Arca sotto i Nostri occhi secondo quello che ti abbiamo ispirato. Poi, quando giungerà il Decreto Nostro e ribollirà la Fornace, allora imbarca una coppia per ogni specie e la tua famiglia, eccetto colui contro il quale è già stata emessa la sentenza. E non Mi rivolgere suppliche in favore degli ingiusti: saranno annegati.

[28] Quando poi vi sarete sistemati nell'Arca, tu e coloro che saranno con te, di': «Sia lodato Allah che ci ha salvato dagli ingiusti!»; [29] e di': «Signore, dammi approdo in un luogo benedetto, Tu sei il migliore di coloro che danno approdo!». [30] Questi certamente furono segni. In verità Noi siamo Colui che mette alla prova.

[31] E dopo di loro suscitammo un'altra generazione, [32] alla quale inviammo un messaggero dei loro, affinché dicesse: «Adorate Allah, per voi non c'è altro dio all'infuori di Lui. Non Lo temerete dunque?». [33] I notabili della sua gente, che erano miscredenti e che negavano l'altra vita, quelli stessi ai quali concedemmo gli agi in

questa vita, dissero: «Costui non è che un uomo come voi, mangia ciò che voi mangiate, e beve ciò che voi bevete. [34] Se obbedirete ad un vostro simile, sarete certo tra i perdenti!

[35] Davvero vi promette che quando sarete morti, [ridotti a] polvere e ossa, sarete risuscitati? [36] Lontano, lontano è ciò che vi viene promesso! [37] Non esiste altro che questa nostra vita: viviamo e moriamo e non saremo risuscitati. [38] Non è altro che un uomo che ha inventato menzogne contro Allah e noi non gli presteremo alcuna fede!».

[39] Disse [Hüd]: «Signore, aiutami, mi trattano da impostore». [40] Rispose [Allah]: «Ben presto se ne pentiranno, è certo!». [41] Li colpì il Grido in tutta giustizia e li rendemmo come detriti portati dalla corrente. Periscano per sempre gli ingiusti.

[42] Dopo di loro suscitammo altre generazioni. [43] Nessuna comunità anticiperà o ritarderà il termine suo. [44] Inviammo i nostri messaggeri, in successione. Ogni volta che un messaggero giunse a una comunità, lo trattarono da impostore. Facemmo sì che succedessero le une alle altre e ne facemmo [argomento di] leggende. Periscano per sempre le genti che non credono!

[45] Quindi inviammo Mosè e suo fratello Aronne, coi segni Nostri ed autorità evidente, [46] a Faraone e ai suoi notabili che si mostrarono orgogliosi: era gente superba. [47] Dissero: «Dovremmo credere in due uomini come noi, il cui popolo è nostro schiavo?». [48] Li tacciarono di menzogna e furono tra coloro che vennero annientati. [49] Già demmo il Libro a Mosè, affinché seguissero la retta via.

[50] E facemmo un segno del figlio di Maria e di sua madre. Demmo loro rifugio su un colle tranquillo e irrigato.

[51] O Messaggeri, mangiate quello che è puro e operate il bene.Sì,

io conosco bene il vostro agire. [52] In verità questa vostra Comunità è una Comunità unica e Io sono il vostro Signore. TemeteMi dunque

[53] Ma essi si divisero in sette e ogni fazione si gloria di ciò che possiede. [54] Lasciali immersi [nella loro situazione] per un certo periodo. [55] Credono forse che tutto ciò che concediamo loro, beni e prole, [56] [sia un anticipo] sulle buone cose [della vita futura]? Certo che no! Sono del tutto incoscienti.

[57] In verità coloro che fremono per il timore del loro Signore, [58] che credono nei segni del loro Signore, [59] che nulla associano al loro Signore, [60] che danno quello che danno con cuore colmo di timore, pensando al ritorno al loro Signore, [61] essi sono coloro che si affrettano al bene e sono i primi ad assolverlo. [62] Non carichiamo nessuna anima oltre ciò che può portare. Presso di Noi c'è un Libro che dice la verità, ed essi non subiranno alcun torto.

[63] Ma a proposito [di questo Corano] i loro cuori sono distratti. Ci sono azioni verso le quali gli iniqui andranno inevitabilmente. [64] Quando poi colpiamo col Nostro castigo i più agiati tra di loro, lanciano grida d'angoscia: [65] «Non gridate oggi! Nessuno vi proteggerà da Noi! [66] Quando vi erano recitati i Miei segni, volgevate le spalle, [67] gonfi d'orgoglio li denigravate nelle vostre veglie».

[68] Non ne hanno dunque meditato le parole [di Allah]? Forse è giunto loro qualche cosa che mai era pervenuta ai loro antenati ? [69] Già conoscevano il Messaggero, perché poi lo hanno rinnegato? [70] Oppure dicono: «È un posseduto dai dèmoni». E invece la verità, quello che lui ha recato, ma la maggior parte di loro disdegna la verità. [71] Se la verità fosse consona alle loro passioni, certamente si sarebbero corrotti i cieli e la terra e quelli che vi si trovano! No, abbiamo dato loro il Monito, ma essi se ne allontanano.

[72] Oppure stai chiedendo loro un compenso? Il compenso

del tuo Signore è migliore, ed Egli è il migliore dei sostentatori. [73] Certo tu li inviti alla retta via. [74] Invero coloro che non credono all'altra vita se ne allontanano.

[75] Se li facessimo oggetto della misericordia e allontanassimo la miseria che li affligge, certamente persevererebbero alla cieca nella loro ribellione. [76] Già li colpimmo col castigo, ma non si sono arresi al loro Signore, non si sono umiliati. [77] [E non lo faranno] fino a quando non apriremo su di loro la porta del castigo terribile, e allora saranno disperati.

[78] Egli è Colui Che ha creato l'udito, la vista e i cuori. Eppure ben raramente Gli siete riconoscenti. [79] Egli è Colui Che vi ha distribuito sulla terra e presso di Lui sarete riuniti. [80] Egli è Colui Che dà la vita e dà la morte, a Lui [appartiene] l'alternarsi del giorno e della notte. Non capite dunque?

[81] Dicono piuttosto quello che già dissero i loro antenati. [82] Dicono: «Quando saremo morti e ridotti in polvere e ossa, davvero saremo resuscitati? [83] Ci viene promesso questo, come già [fu promesso] ai nostri avi: non sono altro che vecchie storie».

[84] Di' : «A chi [appartiene] la terra e ciò che contiene? [Ditelo] se lo sapete!». [85] Risponderanno: «Ad Allah». Di': «Non rifletterete dunque?». [86] Di': «Chi è il Signore dei sette cieli, il Signore del Trono Sublime?». [87] Risponderanno: «Allah». Di': «Non Lo temerete dunque?». [88] Di': «Chi [tiene] nella Sua mano il regno di tutte le cose? Chi è Colui Che protegge e contro il Quale nessuno può essere protetto? [Ditelo] se lo sapete!». [89] Risponderanno: «Allah». Di': «Com'è dunque che siete stregati?».

[90] Abbiamo dato loro la verità, ma essi sono dei bugiardi. [91] Allah non Si è preso figlio alcuno e non esiste alcun dio al Suo fianco; ché altrimenti ogni dio se ne sarebbe andato con ciò che ha creato e ognuno [di loro] avrebbe cercato di prevalere sugli

altri. Gloria ad Allah, ben oltre quello che affermano! [92] [Egli è il] Conoscitore del visibile e dell'invisibile. Egli è ben più alto di quanto [Gli] associano!

[93] Di': «Mio Signore, se mai mi mostrerai quello che hai promesso loro… [94] ebbene, mio Signore, non mi annoverare tra gli ingiusti». [95] In verità Noi possiamo mostrarti quello che abbiamo loro promesso.

[96] Respingi il male con ciò che è migliore. Ben sappiamo quel che dicono. [97] E di': «Signore, mi rifugio in Te contro le seduzioni dei diavoli [98] e mi rifugio in Te, Signore, contro la loro presenza vicino a me».

[99] Quando poi si presenta la morte a uno di loro, egli dice: «Mio Signore! Fatemi ritornare! [100] Che io possa fare il bene che ho omesso». No! Non è altro che la [vana] parola che [Egli] pronuncia e dietro di loro sarà eretta una barriera fino al Giorno della Resurrezione. [101] Quando poi sarà suonato il Corno, in quel Giorno non ci saranno tra loro più legami parentali, e non si porranno più domande. [102] Coloro che avranno bilance pesanti avranno la beatitudine; [103] ma coloro che avranno bilance leggere, saranno quelli che avranno perduto loro stessi: rimarranno in perpetuo nell'Inferno, [104] il fuoco brucerà i loro volti e avranno torte le labbra.

[105] «Non vi sono stati recitati i Miei versetti? E non li consideraste imposture?» [106] Risponderanno: «Nostro Signore, ha vinto la disgrazia, eravamo gente traviata. [107] Signore, facci uscire di qui! Se poi persisteremo [nel peccato], saremo allora davvero ingiusti». [108] Dirà: «Rimanetevi e non parlateMi più». [109] Invero c'era una parte dei Miei servi che diceva: «Signore, noi crediamo: perdonaci e usaci misericordia! Tu sei il Migliore dei misericordiosi!». [110] E invece li avete scherniti al punto da perdere il Ricordo di Me,

mentre di essi ridevate. [111] In verità oggi li ho compensati di ciò che hanno sopportato con pazienza; essi sono coloro che hanno conseguito [la beatitudine].

[112] Dirà: «Quanti anni siete rimasti sulla terra?». [113] Risponderanno: «Siamo rimasti un giorno, o parte di un giorno. Interroga coloro che tengono il computo». [114] Dirà: «Davvero siete rimasti ben poco. Se lo aveste saputo!

[115] Pensavate che vi avessimo creati per celia e che non sareste stati ricondotti a Noi?». [116] Sia esaltato Allah, il vero Re. Non c'è altro dio all'infuori di Lui, il Signore del Trono Sublime. [117] E chi invoca insieme ad Allah un'altra divinità senza averne prova alcuna, dovrà renderne conto al suo Signore. Certamente i miscredenti non prospereranno. [118] E di': «Signore, perdona e usaci misericordia, Tu sei il Migliore dei misericordiosi».

SURA 24 : AN-NÛR
....

LA LUCE

In nome di Allah, il Compassionevole, il Misericordioso.

[1] [Questa è] una sura che abbiamo rivelato e imposto e per mezzo della quale abbiamo fatto scendere segni inequivocabili perché possiate comprendere. [2] Flagellate la fornicatrice e il fornicatore, ciascuno con cento colpi di frusta e non vi impietosite [nell'applicazione] della Religione di Allah, se credete in Lui e nell'Ultimo Giorno, e che un gruppo di credenti sia presente alla punizione. [3] Il fornicatore non sposerà altri che una fornicatrice o una associa- trice. E la fornicatrice non sposerà altri che un fornicatore o un associatore, poiché ciò è interdetto ai credenti.

[4] E coloro che accusano le donne oneste senza produrre quattro

testimoni, siano fustigati con ottanta colpi di frusta e non sia mai più accettata la loro testimonianza. Essi sono i corruttori, [5] eccetto coloro che in seguito si saranno pentiti ed emendati. In verità Allah è perdonatore, misericordioso.

[6] Quanto a coloro che accusano le loro spose senza aver altri testimoni che se stessi, la loro testimonianza sia una quadruplice attestazione in [Nome] di Allah testimoniante la loro veridicità, [7] e con la quinta [attestazione invochi], la maledizione di Allah su se stesso se è tra i mentitori. [8] E sia risparmiata [la punizione alla moglie] se ella attesta quattro volte in Nome di Allah che egli è tra i mentitori, [9] e la quinta [attestazione invocando] l'ira di Allah su se stessa se egli è tra i veritieri. [10] Se non fosse per la grazia di Allah nei vostri confronti e per la Sua misericordia...! Allah è Colui Che accetta il pentimento, il Saggio.

[11]. Invero molti di voi son stati propalatori della calunnia. Non consideratelo un male, al contrario è stato un bene per voi. A ciascuno di essi spetta il peccato di cui si è caricato, ma colui che se ne è assunto la parte maggiore avrà un castigo immenso.

[12] Perché, quando ne sentirono [parlare], i credenti e le credenti non pensarono al bene in loro stessi e non dissero: «Questa è una palese calunnia?». [13]. Perché non produssero quattro testimoni in proposito? Se non portano i [quattro] testimoni, allora davanti ad Allah sono essi i bugiardi.

[14] E se non fosse per la grazia di Allah nei vostri confronti e la Sua misericordia in questa vita e nell'altra, vi avrebbe colpito un castigo immenso per quello che avete propalato, [15] quando con le vostre lingue riportaste e con le vostre bocche diceste cose di cui non avevate conoscenza alcuna. Pensavate che non fosse importante, mentre era enorme davanti ad Allah. [16] Perché quando ne sentiste parlare non diceste: «Perché mai dovremmo parlarne? Gloria a Te

[o Signore]! È una calunnia immensa»? [17] Allah vi esorta a non fare mai più una cosa del genere, se siete credenti. [18] Allah vi rende noti i Suoi segni. Allah è sapiente, saggio.

[19] In verità coloro che desiderano che si diffonda lo scandalo tra i credenti, avranno un doloroso castigo in questa vita e nell'altra. Allah sa e voi non sapete. [20] Se non fosse per la grazia di Allah su di voi e per la Sua misericordia! In verità Allah è dolce, misericordioso!

[21] O voi che credete, non seguite le tracce di Satana. A chi segue le tracce di Satana egli comanda scandalo e disonore. Se non fosse per la grazia di Allah nei vostri confronti e la Sua misericordia, nessuno di voi sarebbe mai puro, ma Allah rende puro chi vuole Lui. Allah è audiente, sapiente.

[22] Coloro di voi che godono di favore e agiatezza, non giurino di non darne ai parenti, ai poveri e a coloro che emigrano sul sentiero di Allah. Perdonino e passino oltre! Non desiderate che Allah vi perdoni? Allah è perdonatore, misericordioso.

[23] Coloro che calunniano le [donne] oneste, distratte [ma] credenti, sono maledetti in questa vita e nell'altra e toccherà loro castigo immenso, [24] nel Giorno in cui le loro lingue, le loro mani e i loro piedi te- stimonieranno contro di loro per quello che avranno fatto. [25] In quel Giorno Allah pagherà il loro vero compenso! Sapranno, allora, che Allah è il Vero, l'Evidente.

[26] Le malvagie ai malvagi e i malvagi alle malvagie. Le buone ai buoni e i buoni alle buone. Essi sono indenni da quello di cui sono accusati. Saranno perdonati e avranno ricompensa generosa.

[27] O voi che credete, non entrate in case che non siano le vostre senza aver chiesto il permesso e aver salutato la gente [che le abita]; questo è meglio per voi. Ve ne ricorderete? [28] Se non vi trovate nessuno, non entrate comunque finché non ve ne sia dato il permesso; e se vi si dice: «Andatevene!», tornate- vene indietro. Ciò

è più puro per voi. Allah ben conosce quel che fate. [29] «Non ci sarà colpa da parte vostra se entrerete in case diverse dalle abitazioni, nelle quali si trovi qualcosa a voi utile». Allah conosce quello che palesate e quello che nascondete.

[30]. Di' ai credenti di abbassare il loro sguardo e di essere casti. Ciò è più puro per loro. Allah ben conosce quello che fanno.

[31]. E di' alle credenti di abbassare i loro sguardi ed essere caste e di non mostrare, dei loro ornamenti, se non quello che appare; di lasciar scendere il loro velo fin sul petto e non mostrare i loro ornamenti ad altri che ai loro mariti, ai loro padri, ai padri dei loro mariti, ai loro figli, ai figli dei loro mariti, ai loro fratelli, ai figli dei loro fratelli, ai figli delle loro sorelle, alle loro donne, alle schiave che possiedono, ai servi maschi che non hanno desiderio, ai ragazzi impuberi che non hanno interesse per le parti nascoste delle donne. E non battano i piedi sì da mostrare gli ornamenti che celano. Tornate pentiti ad Allah tutti quanti, o credenti, affinché possiate prosperare.

[32] Unite in matrimonio quelli tra voi che non sono sposati e i vostri schiavi, maschi e femmine che siano onesti. E se sono bisognosi, Allah li arricchirà della Sua Grazia. Allah è largo nel dare e sapiente. [33] E coloro che non hanno [i mezzi] per sposarsi cerchino la castità, finché Allah non li arricchisca con la Sua Grazia. Ai vostri schiavi che ve lo chiedano concedete l'affrancamento contrattuale, se sapete che in essi c'è del bene, e date loro parte dei beni che Allah ha dato a voi. Per brama dei beni di questa vita, non costringete a prostituirsi le vostre schiave che vogliono mantenersi caste. E se vi sono costrette, ebbene a causa di tale costrizione Allah concederà il Suo perdono e la Sua misericordia. [34] Già vi rivelammo, in versetti chiarissimi, l'esempio di coloro che vi precedettero, esortazione per i timorati.

35 Allah è la luce dei cieli e della terra. La Sua luce è come quella di una nicchia in cui si trova una lampada, la lampada è in un cristallo, il cristallo è come un astro brillante; il suo combustibile viene da un albero benedetto, un olivo né orientale né occidentale, il cui olio sembra illuminare senza neppure essere toccato dal fuoco. Luce su luce. Allah guida verso la Sua luce chi vuole Lui e propone agli uomini metafore. Allah è onnisciente.

36 [E si trova questa luce] nelle case che Allah ha permesso di innalzare, in cui il Suo Nome viene menzionato, in cui al mattino e alla sera Egli è glorificato. 37 da uomini che il commercio e gli affari non distraggono dal ricordo di Allah, dall'esecuzione dell'orazione, dall'erogazione della decima e che temono il Giorno in cui i cuori e gli sguardi saranno sconvolti. 38 Affinché Allah li compensi delle loro opere più belle e aggiunga loro della Sua Grazia. Allah provvede a chi vuole senza misura.

39 Quanto a coloro che sono miscredenti, le loro opere sono come un miraggio in una piana desertica che l'assetato scambia per acqua e poi, quando vi giunge, non trova nulla; anzi, nei pressi trova Allah che gli salda il conto. Allah è rapido al conto. 40 Oppure [le loro opere sono paragonabili] a tenebre di un mare profondo, le onde lo coprono, [onde] al di sopra delle quali si ergono [altre] onde sulle quali vi sono le nuvole. [Ammassi di] tenebre le une sulle altre, dove l'uomo che stende la mano quasi non può vederla. Per colui cui Allah non ha dato la luce, non c'è alcuna luce.

41 Non vedi come Allah è glorificato da tutti coloro che sono nei cieli e sulla terra e gli uccelli che dispiegano [le ali]? Ciascuno conosce come adorarLo e renderGli gloria. Allah ben conosce quello che fanno. 42 Appartiene ad Allah la sovranità sui cieli e sulla terra. Verso Allah è il ritorno ultimo.

43 Non vedi che Allah spinge le nuvole e poi le raduna per

farne ammassi? E vedi la pioggia scaturire dai loro recessi. E fa scendere dal cielo montagne gonfie di grandine. Colpisce con esse chi vuole e ne preserva chi vuole e per poco il lampo della folgore [che le accompagna] non rapisce la vista. 44 Allah alterna la notte e il giorno. Questa è certamente una lezione per coloro che hanno occhi [per vedere].

45 Dall'acqua Allah ha creato tutti gli animali. Alcuni di loro strisciano sul ventre, altri camminano su due piedi e altri su quattro. Allah crea ciò che vuole. In verità Allah è onnipotente. 46 Già rivelammo segni chiarissimi. Allah dirige chi vuole sulla retta via.

47 Dicono: «Crediamo in Allah e nel Messaggero e obbediamo», poi alcuni di loro volgono le spalle. Costoro non sono affatto credenti. 48 Quando vengono chiamati ad Allah e al Suo Inviato affinché egli giudichi tra di loro, alcuni si sottraggono. 49 Se il diritto fosse dalla loro parte, allora verrebbero a lui sottomessi! 50 C'è una malattia [26] nei loro cuori? dubitano? O credono forse che Allah e il Suo Inviato li opprimano? No, sono loro gli ingiusti!

51 Quando i credenti sono chiamati ad Allah e al Suo Inviato affinché egli giudichi tra loro, la loro risposta è «Ascoltiamo e obbediamo». Essi sono coloro che prospereranno! 52 Coloro che obbediscono ad Allah e al Suo Inviato paventano Allah e Lo temono. Essi sono coloro che avranno il successo!

53 Giurano in [Nome di] Allah con solenni dichiarazioni che se tu dessi loro l'ordine, uscirebbero [a combattere]. Di': «Non giurate. La vostra obbedienza [verbale] è ben nota! Allah ben conosce quello che fate». 54 Di': «Obbedite ad Allah e obbedite all'Inviato». Se poi volgete le spalle, [sappiate che] a lui incomberà il suo peso e a voi il vostro. Se obbedirete sarete ben guidati. L'Inviato non deve che trasmettere in modo esplicito [il Messaggio].

55 Allah ha promesso a coloro che credono e compiono il bene

di farne [Suoi] vicari sulla terra, come già fu per quelli che li
precedettero, di rafforzarli nella religione che Gli piacque dar loro
e di trasformare in sicurezza il loro timore. Mi adoreranno senza
associarMi alcunché. Quanto a colui che dopo di ciò ancora sarà
miscredente… Ecco quelli che sono iniqui!

⁵⁶ Eseguite l'orazione, versate la decima e obbedite all'Inviato,
sì che possiate essere oggetto della misericordia. ⁵⁷ Non crediate
che i miscredenti possano opporsi alla potenza [di Allah] sulla terra.
Il Fuoco sarà il loro asilo; qual tristo destino!

⁵⁸ O voi che credete, vi chiedano il permesso [di entrare] i vostri
servi e quelli che ancora sono impuberi, in tre momenti [del giorno]:
prima dell'orazione dell'alba, quando vi spogliate dei vostri abiti a
mezzogiorno e dopo l'orazione della notte. Questi sono tre momenti
di riservatezza per voi. A parte ciò, non ci sarà alcun male né per voi
né per loro se andrete e verrete gli uni presso gli altri. Così Allah
vi spiega i segni, e Allah è sapiente, saggio. ⁵⁹ E quando i vostri
figli raggiungono la pubertà, chiedano il permesso [di entrare],
come fanno quelli che prima di loro [la raggiunsero]. Così Allah vi
spiega i Suoi segni, Allah è sapiente, saggio. ⁶⁰ Quanto alle donne
in menopausa, che non sperano più di sposarsi, non avranno colpa
alcuna se abbandoneranno i loro veli, senza peraltro mettersi in
mostra; ma se saranno pudiche, meglio sarà per loro. Allah è Colui
che tutto ascolta e conosce.

⁶¹. Non ci sarà colpa per il cieco, né per lo storpio, né per il
malato, né per voi stessi, se mangerete nelle vostre case, o nelle
case dei vostri padri, o nelle case delle vostre madri, o nelle case dei
vostri fratelli, o nelle case delle vostre sorelle, o nelle case dei vostri
zii paterni, o nelle case delle vostre zie paterne, o nelle case dei
vostri zii materni, o nelle case delle vostre zie materne o in [altre]
case di cui possediate le chiavi o presso un vostro amico. E nessuna

colpa se mangerete in compagnia o da soli. Quando entrate nelle case datevi il saluto, benedetto e puro, che viene da Allah. Così Allah vi spiega i Suoi segni, affinché comprendiate.

⁶² [I veri] credenti sono coloro che credono in Allah e nel Suo Inviato e che, quando sono presso di lui per una questione che li accomuna non se ne vanno senza chiedere il permesso [di congedarsi]. Quelli che chiedono il permesso sono coloro che credono in Allah e nel Suo Inviato. Se dunque ti chiedono il permesso per qualcosa che preme loro concedilo a chi vuoi e chiedi ad Allah di perdonarli. In verità Allah è perdonatore, misericordioso.

⁶³ Non rivolgetevi all'Inviato nello stesso modo in cui vi rivolgete gli uni agli altri. Allah ben conosce coloro che si defilano di nascosto Coloro che si oppongono al suo comando stiano in guardia che nor giunga loro una prova o non li colpisca un castigo doloroso. ⁶⁴ In verità ad Allah [appartiene] tutto ciò che è nei cieli e sulle terra. Egli conosce le vostre condizioni e nel Giorno in cui li ricondurrà a Sé li informerà a proposito del loro agire. Allah conosce ogn cosa.

SURA 25 : AL-FURQÂN
....

IL DISCRIMINE

In nome di Allah, il Compassionevole, il Misericordioso.

¹ Benedetto Colui Che ha fatto scendere il Discrimine sul Suo servo, affinché potesse essere un ammonitore per tutti i mondi. ² Colui Cui [appartiene] la sovranità dei cieli e della terra, Che non si è preso figlio alcuno, Che non ha consoci nella sovranità, Che ha creato ogni cosa e le ha dato giusta misura. ³ E invece si sono presi , all'infuori di Lui, divinità che, esse stesse create, nulla creano, e che

non sono in grado neanche di fare il male o il bene a loro stesse, che non son padrone né della morte, né della vita, né della Resurrezione.

⁴ I miscredenti dicono: «Tutto questo non è altro che menzogna che costui ha inventato con l'aiuto di un altro popolo».Hanno commesso ingiustizia e falsità. ⁵ E dicono: «Favole degli antichi che si è fatto scrivere! Che gli dettano al mattino e alla sera». ⁶ Di': «Lo ha fatto scendere Colui Che conosce i segreti dei cieli e della terra. In verità è perdonatore, misericordioso».

⁷ E dicono: «Ma che Inviato è costui che mangia cibo e cammina nei mercati? Perché non è stato fatto scendere un angelo che fosse ammonitore assieme a lui? ⁸ Perché non gli viene lanciato un tesoro [dal cielo]? Non ha neppure un suo giardino di cui mangiare [i frutti]?». Dicono gli ingiusti: «Voi seguite un uomo stregato!». ⁹ Guarda in che maniera ti considerano! Si sono sviati e non potranno [trovare] il sentiero.

¹⁰ Benedetto Colui che, se vuole, ti concederà cose ancora migliori di queste: Giardini in cui scorrono i ruscelli e ti darà palazzi. ¹¹ Invece tacciano di menzogna l'Ora. Per coloro che tacciano di menzogna l'Ora, abbiamo preparato la Fiamma; ¹² e quando li vedrà da lontano, potranno sentirne la furia e il crepitio. ¹³ E quando, legati insieme, saranno gettati in uno spazio angusto, invocheranno l'annientamento totale. ¹⁴ [Sarà detto loro]: «Oggi non invocate l'annientamento una sola volta, ma invocatelo molte volte». ¹⁵ Di': «È forse meglio questa [Fiamma] o il Giardino perpetuo che è stato promesso ai timorati come premio e ultima destinazione? ¹⁶ Avranno colà tutto ciò che desidereranno e perpetua dimora». Promessa che il tuo Signore manterrà.

¹⁷. Il Giorno in cui saranno riuniti, essi e coloro che adoravano al- l'infuori di Allah, [Egli dirà [a questi ultimi]: «Siete voi che avete sviato questi Miei servi o hanno smarrito la via da soli?».

¹⁸ Risponderanno: «Gloria a Te! Che vantaggio avremmo avuto a scegliere alleati e protettori all'infuori di Te? Ma Tu colmasti loro e i loro avi di [tanta ricchezza di] beni, [che] dimenticarono il Ricordo [di Te] e furono uomini perduti». ¹⁹ «Già hanno smentito quello che dite. Non potrete sfuggire [al castigo], né avrete soccorso alcuno. A tutti gli ingiusti daremo un grande castigo.»

²⁰ Prima di te non inviammo alcun Messaggero che non mangiasse cibo e non camminasse nei mercati. E designammo alcuni come tentazioni per gli altri. Persevererete? Il tuo Signore tutto osserva. ²¹ E coloro che non sperano di incontrarci dicono: «Perché non sono stati fatti scendere angeli su di noi, [perché] non vediamo il nostro Signore?». Hanno riempito di orgoglio le anime loro e travalicato i limiti dell'arroganza. ²² Il Giorno in cui vedranno gli angeli, in quel Giorno gli ingiusti non avranno nessuna buona novella, sarà detto loro: «Rifugio inaccessibile!». ²³ Abbiamo giudicato le loro opere e ne abbiamo fatto polvere dispersa. ²⁴ In quel Giorno le genti del Paradiso avranno il miglior rifugio e il più bel luogo per riposare.

²⁵ Il Giorno in cui le nuvole del cielo si apriranno e scenderanno di discesa gli angeli, ²⁶ in quel Giorno la vera sovranità [apparterrà] al Compassionevole e sarà un Giorno difficile per i miscredenti. ²⁷ Il Giorno in cui l'ingiusto si morderà le mani e dirà: «Me disgraziato! Ah, se avessi seguito la via con il Messaggero! ²⁸ Guai a me, me disgraziato! Se non avessi scelto il tale per amico! ²⁹ Sicuramente mi ha sviato dal Monito dopo che mi giunse». In verità Satana è il traditore degli uomini. ³⁰ Il Messaggero dice: «Signore, il mio popolo ha in avversione questo Corano!». ³¹ Ad ogni profeta assegnammo un nemico scelto tra i malvagi. Ti basti il tuo Signore come guida e ausilio!

³² I miscredenti dicono: «Perché il Corano non è stato fatto

scendere su di lui in un'unica soluzione!». [Lo abbiamo invece rivelato] in questo modo per rafforzare il tuo cuore. E te lo facciamo recitare con cura. [33] Non proporranno alcun interrogativo senza che [Noi] ti forniamo la verità [in proposito] e la migliore spiegazione. [34] Coloro che saranno trascinati sui loro volti verso l'Inferno, quelli sono coloro che avranno la peggiore delle condizioni, i più sviati dalla retta via.

[35] Già demmo a Mosè la Toràh e gli concedemmo suo fratello Aronne come ausilio. [36] Dicemmo: «Andate presso il popolo che tacciò di menzogna i segni Nostri». E lo colpimmo poi di distruzione totale. [37] E il popolo di Noè, quando tacciarono di menzogna i messaggeri, li annegammo e ne facemmo un segno per gli uomini. Abbiamo preparato un castigo doloroso per gli ingiusti. [38] [Ricorda] gli 'Âd, i Thamùd e le genti di ar-Rass e molte altre generazioni intermedie! [39] A tutti loro proponemmo delle metafore e poi li sterminammo totalmente. [40] Certamente quegli altri sono passati nei pressi della città sulla quale cadde una pioggia di sventura. Non l'han forse vista? No, perché ancora non sperano nella Resurrezione!

[41] Quando ti vedono non fanno altro che schernirti: «È costui che Allah ha mandato come messaggero? [42] C'è mancato poco che non ci sviasse dai nostri dèi, se solo non fossimo rimasti perseveranti». Ma presto sapranno, quando vedranno il castigo, chi è il più sviato dalla [retta] via.

[43] Non hai visto quello che ha elevato a divinità le sue passioni? Vuoi forse essere un garante per lui? [44] Credi che la maggior parte di loro ascolti e comprenda? Non son altro che animali, e ancora più sviati dalla [retta] via.

[45] Non hai visto come distende l'ombra, il tuo Signore? E se avesse voluto l'avrebbe fatta immobile. Invece facemmo del sole

il suo riferimento; [46] e poi la prendiamo [per ricondurla] a Noi con facilità. [47] Egli è Colui che della notte ha fatto una veste per voi, del sonno un riposo e ha fatto del giorno un risveglio. [48] Egli è Colui che invia i venti come annuncio che precede la Sua misericordia; e facciamo scendere dal cielo un'acqua pura, [49] per rivivificare con essa la terra morta e dissetare molti degli animali e degli uomini che abbiamo creati.

[50] L'abbiamo distribuita tra loro affinché ricordino. Ma la maggior parte degli uomini rifiutò tutto, eccetto la miscredenza. [51] Se avessimo voluto, avremmo suscitato un ammonitore in ogni città. [52] Non obbedire ai miscredenti; lotta con esso vigorosamente.

[53] Egli è Colui Che ha fatto confluire le due acque: una dolce e gradevole, l'altra salata e amara, e ha posto tra loro una zona intermedia, una barriera insormontabile. [54] Egli è Colui Che dall'acqua, ha creato una specie umana e l'ha resa consanguinea ed affine. Il tuo Signore è potente.

[55] Adorano, all'infuori di Allah, ciò che non reca loro né giovamento né danno. Il miscredente sarà sempre alleato dei nemici contro il suo Signore. [56] Ebbene, Noi ti abbiamo inviato solo come nunzio e ammonitore. [57] Di': «Non vi chiedo ricompensa alcuna, ma solo che, chi lo voglia, segua la via [che conduce] al suo Signore».

[58] Confida nel Vivente che mai non muore, lodaLo e glorificaLo Egli basta a Se Stesso nella conoscenza dei peccati dei Suoi servi. [59]. Egli è Colui che, in sei giorni, ha creato i cieli e la terra e quello che vi è frammezzo e quindi Si è innalzato sul Trono, il Compassionevole. Chiedi a qualcuno ben informato su di Lui. [60] E quando si dice loro: «Prosternatevi al Compassionevole» dicono: «E cos'è mai il Compassionevole? Dovremmo prosternarci a chi tu ci comandi?». E la loro ripulsa s'accresce.

[61] Benedetto Colui Che ha posto in cielo le costellazioni, un

luminare e una luna che rischiara! [62] Egli è Colui Che ha stabilito l'alternarsi del giorno e della notte, per chi vuole meditare o essere riconoscente.

[63] I servi del Compassionevole : sono coloro che camminano sulla terra con umiltà e quando gli ignoranti si rivolgono loro, rispondono: «Pace!»; [64] coloro che passano la notte prosternati e ritti davanti al loro Signore; [65] coloro che invocano: «Signore, allontana da noi il castigo dell'Inferno, che in verità questo è un castigo perpetuo; [66] qual tristo rifugio e soggiorno!»; [67] coloro che quando spendono non sono né avari né prodighi, ma si tengono nel giusto mezzo; [68] coloro che non invocano altra divinità assieme ad Allah; che non uccidono, se non per giustizia , un'anima che Allah ha reso sacra; e non si danno alla fornicazione. E chi compie tali azioni avrà una punizione, [69] avrà castigo raddoppiato nel Giorno della Resurrezione e vi rimarrà in perpetuo coperto d'ignominia, [70] a meno che non si penta, creda e operi il bene, ché a costoro Allah cambierà le loro cattive azioni in buone. Allah è perdonatore, misericordioso; [71] chi si pente e opera il bene, il suo pentimento è verso Allah.

[72] [E sono coloro] che non rendono falsa testimonianza e quando passano nei pressi della futilità se ne allontanano con dignità; [73] coloro che, quando vengono ammoniti con i versetti del loro Signore, non sono né sordi né ciechi [74] e dicono: «Signore, dacci conforto nelle nostre spose e nei nostri figli e fai di noi una guida per i timorati [di Allah]».

[75] Per la loro costanza saranno compensati con il livello più alto [del Paradiso] e saranno ricevuti con l'augurio di pace, [76] per rimanervi in perpetuo. Quale splendido rifugio e soggiorno! [77] Di': «Il mio Signore non si curerà affatto di voi se non Lo invocherete.

[Ma] già tacciaste di menzogna [la Sua Rivelazione] e presto [ne subirete] le inevitabili [conseguenze]».

....

I POETI

In nome di Allah, il Compassionevole, il Misericordioso.

[1] *Tâ, Sîn, Mîm .*

[2] Questi sono i versetti del Libro chiarissimo. [3] Forse ti affliggi perché essi non sono credenti: [4] se volessimo, faremmo scendere su di loro un segno dal cielo, di fronte al quale piegherebbero il capo. [5] Non giunge loro alcun nuovo Monito del Compassionevole senza che se ne allontanino. [6] Lo hanno tacciato di menzogna. Ben presto avranno notizie di ciò che scherniscono.

[7] Non hanno visto quante nobili specie abbiamo fatto germogliare sulla terra? [8] Questo è davvero un segno, ma la maggior parte di loro non crede. [9] Sì, il tuo Signore è l'Eccelso, il Misericordioso.

[10] [Ricorda] quando il tuo Signore chiamò Mosè: «Recati presso il popolo degli oppressori, [11] presso il popolo di Faraone: non avranno timore di [Me]?». [12] Disse: «Signore, invero temo che mi trattino da bugiardo. [13] È oppresso il mio petto e la mia lingua legata. Manda Aronne piuttosto. [14] Di fronte a loro io sono in colpa. Temo che mi uccidano».

[15] Disse: «Invece no, andate entrambi con i Nostri segni. Noi saremo con voi e ascolteremo. [16] Andate da Faraone e ditegli: "Noi siamo gli inviati del Signore dei mondi, [17] affinché tu lasci partire con noi i Figli di Israele"». [18] Rispose: «Non ti abbiamo forse

allevato presso di noi quando eri bambino, non sei forse rimasto con noi molti anni della tua vita? [19] Poi hai commesso l'atto di cui ti macchiasti e fosti un ingrato».

[20] Disse: «Ho fatto ciò quando ancora ero uno degli smarriti. [21] Sono fuggito da voi perché ho avuto paura di voi. [Ora] il mio Signore mi ha dato il discernimento e ha fatto di me uno dei [Suoi] Messaggeri. [22] Mi vuoi forse rinfacciare questo favore, mentre schiavizzi i Figli di Israele?». [23] Disse Faraone: «E chi è questo Signore dei mondi?». [24] Rispose: «Il Signore dei cieli e della terra e di ciò che vi è tra essi. Se solo poteste esserne convinti!». [25] Disse [Faraone] a quelli che lo attorniavano: «Non avete sentito?». [26] Disse [Mosè]: «È il vostro Signore, il Signore dei vostri antenati più lontani!». [27] Disse [Faraone]: «Davvero il messaggero che vi è stato inviato è un folle». [28] Disse [Mosè]: «[È] il Signore dell' Oriente e dell'Occidente, e di ciò che vi è frammezzo, se solo lo capiste». [29] Disse: «Se prenderai un dio dall'infuori di me, certamente farò di te un prigioniero». [30] Rispose [Mosè]: «Anche se ti portassi una prova evidente?». [31] Disse: «Portala dunque, se sei fra i veritieri». [32] Gettò il suo bastone, ed ecco che [divenne] palesemente un serpente. [33] Trasse la sua mano, ed essa [apparve] bianca a coloro che guardavano. [34] Disse [Faraone] ai notabili che lo attorniavano: «È davvero un mago sapiente, [35] vuole cacciarvi dalla vostra terra con la sua magia. Ebbene, che cosa deliberate?».

[36] Dissero: «Rimnda lui e suo fratello e invia messi nelle città, [37] affinché ti conducano ogni grande mago sapiente». [38] Si riunirono i maghi per l'incontro nel giorno stabilito. [39] E si disse al popolo: «Vi riunirete in massa, [40] così da poter seguire i maghi, se saranno vincitori?». [41] Poi, quando i maghi furono convenuti dissero a Faraone: «Davvero avremo una ricompensa se saremo vincitori?». [42] Rispose: «Sì, e in tal caso sarete tra i favoriti».

43 Mosè disse loro: «Gettate quello che avete da gettare». 44 Gettarono le loro corde e i loro bastoni e dissero: «Per la maestà di Faraone, saremo noi i vincitori!». 45 Gettò Mosè il suo bastone ed esso inghiottì i loro artifici. 46 Allora i maghi si gettarono in prosternazione 47 dicendo: «Crediamo nel Signore dei mondi, 48 il Signore di Mosè e di Aronne».

49 Disse [Faraone]: «Crederete in Lui prima che io ve lo permetta? In verità è lui il vostro gran maestro, colui che vi ha insegnato la magia! Presto imparerete [a vostre spese]: vi farò tagliare mani e piedi alternati e vi farò crocifiggere tutti quanti». 50 Risposero: «Non sarà un male: al nostro Signore faremo ritorno. 51 Bramiamo che il nostro Signore perdoni i nostri peccati per essere stati i primi a credere».

52 E rivelammo a Mosè: «Fa' partire i Miei servi nottetempo. Certamente sarete inseguiti». 53 Faraone mandò messi in tutte le città: 54 [perché dicessero:] «Invero sono un gruppo esiguo, 55 e ci hanno irritato, 56 mentre noi siamo ben vigili». 57 Facemmo sì che abbandonassero giardini e fonti, 58 tesori e graziose dimore. 59 Così fu, e [tutto] demmo in eredità ai Figli di Israele.

60 Al levarsi del sole li inseguirono. 61 Quando le due schiere si avvistarono, i compagni di Mosè dissero: «Saremo raggiunti!». 62 Disse [Mosè]: «Giammai, il mio Signore è con me e mi guiderà». 63 Rivelammo a Mosè: «Colpisci il mare con il tuo bastone». Subito si aprì e ogni parte [dell'acqua] fu come una montagna enorme. 64 Facemmo avvicinare gli altri, 65 e salvammo Mosè e tutti coloro che erano con lui, 66 mentre annegammo gli altri. 67 In verità in ciò vi è un segno! Ma la maggior parte di loro non crede. 68 In verità il tuo Signore è l'Eccelso, il Misericordioso.

69 E recita loro la storia di Abramo: 70 quando disse a suo padre e al suo popolo: «Cosa adorate?». 71 Risposero: «Adoriamo gli idoli e

resteremo fedeli a loro». [72] Disse [Abramo]: «Vi ascoltano, quando li invocate? [73] Vi giovano o vi recano danno?». [74] Risposero: «No, ma trovammo i nostri avi che facevano così!».

[75] Disse: «Avete ben riflettuto su ciò che avete adorato [76] sia voi che i vostri lontani antenati? [77] Essi sono tutti miei nemici, eccetto il Signore dei mondi, [78] Colui Che mi ha creato e mi guida, [79] Colui Che mi nutre e mi dà da bere, [80] Colui Che, quando sono malato, mi guarisce, [81]. Colui Che mi farà morire e mi ridarà la vita; [82] ed è da Lui che bramo il perdono delle mie colpe, nel Giorno del Giudizio.

[83] Signore, dammi discernimento e annoverami tra i giusti, [84] concedimi la stima sincera dei posteri. [85] Fa' che sia uno degli eredi del Giardino delle Delizie [86] e perdona a mio padre: davvero è stato uno degli sviati. [87] E non coprirmi di abominio nel Giorno in cui [gli uomini] saranno resuscitati, [88] il Giorno in cui non gioveranno né ricchezze né progenie, [89] eccetto per colui che verrà ad Allah con cuore puro».

[90] Il Giardino sarà alla portata dei timorati [91] e la Fornace apparirà per i traviati, [92] e verrà detto loro: «Dove sono coloro che adoravate [93] all'infuori di Allah? Vi sono d'aiuto o sono d'aiuto a loro stessi?». [94] Vi saranno gettati, loro e i traviati, [95] e tutte le schiere di Iblîs. [96] Diranno, disputando tra loro: [97] «Per Allah, certamente eravamo in errore evidente [98] quando vi considerammo uguali al Signore dei mondi! [99] Coloro che ci hanno sviato non sono altro che iniqui: [100] per noi non ci sono intercessori, [101] e neppure un amico cordiale. [102] Se solo ci fosse [possibile] un ritorno, saremmo allora tra i credenti». [103] Questo è davvero un segno , ma la maggior parte di loro non crede. [104] In verità il tuo Signore è l'Eccelso, il Misericordioso!

[105] Il popolo di Noè tacciò di menzogna gli inviati. [106] [Ricorda] quando il loro fratello Noè disse loro: «Non sarete dunque timorati?

[107] Invero sono per voi un messaggero degno di fede! [108] Temete Allah e obbeditemi. [109] Non vi chiedo ricompensa alcuna, ché la mia ricompensa è presso il Signore dei mondi. [110] Temete Allah e obbeditemi». [111] Risposero: «Dovremmo credere in te nonostante che siano i più miserabili [di noi] a seguirti?». [112] Disse [Noè]: «Io non conosco il loro operato. [113] Il giudizio su di loro spetta al mio Signore. Se solo ne foste consapevoli! [114] Non sarò certo io a respingere i credenti. [115] Io non sono altro che un nunzio esplicito».

[116] Dissero: «O Noè, se non smetti sarai certamente lapidato». [117] Disse: «O Signor mio, la mia gente mi tratta da bugiardo. [118] Apri una via tra me e loro, e salva me e i credenti che sono con me». [119] Salvammo lui e quelli che erano insieme con lui sull'Arca stracolma. [120] Gli altri li annegammo. [121] Ecco certamente un segno, tuttavia la maggior parte di loro non crede. [122] In verità il tuo Signore è l'Eccelso, il Misericordioso!

[123] Gli 'Ad smentirono gli inviati. [124] [Ricorda] quando il loro fratello Hûd disse loro: «Non sarete dunque timorati? [125] Invero sono per voi un messaggero degno di fede! [126] Temete Allah e obbeditemi. [127] Non vi chiedo ricompensa alcuna, ché la mia ricompensa è presso il Signore dei mondi. [128] Eleverete un edificio su ogni collina, [solo] per futilità? [129] E costruirete fortezze come se doveste vivervi in perpetuo? [130] E quando colpirete, lo farete come tiranni? [131] Temete Allah e obbeditemi, [132] e temete Colui Che vi ha provvisto di ciò che ben sapete: [133] vi ha provvisto di bestiame e di progenie, [134] di giardini e fonti, [135] Invero temo per voi il castigo di un Giorno terribile».

[136] Dissero: «Che tu ci ammonisca o non lo faccia, per noi è la stessa cosa. [137] Questi nostri costumi non sono che quelli degli antichi: [138] [pertanto] non saremo certo puniti». [139] Lo trattarono da bugiardo e Noi li facemmo perire. Questo è certo un segno, ma

la maggior parte di loro non crede. [140] In verità il tuo Signore è l'Eccelso, il Misericordioso!

[141] I Thamùd accusarono di menzogna gli inviati. [142] Quando il loro fratello Ṣâlih disse loro: «Non sarete dunque timorati? [143] Invero sono per voi un messaggero degno di fede! [144] Temete Allah e obbeditemi. [145] Non vi chiedo ricompensa alcuna, ché la mia ricompensa è presso il Signore dei mondi. [146] Siete certi di poter essere sempre qui al sicuro, [147] tra giardini e fonti, [148] tra messi e palmeti dalle spate stracariche, [149] a scavare con maestria case nelle montagne? [150] Temete Allah e obbeditemi. [151] Non obbedite ai comandi degli empi, [152] che spargono la corruzione sulla terra senza mai emendarsi».

[153] Dissero: «Tu non sei altro che uno stregato! [154] Sei un uomo come noi. Dacci un segno se sei veridico». [155] Disse: «Questa è una cammella: berrà e voi berrete nei giorni stabiliti. [156] Non fatele alcun male o vi colpirà il castigo di un Giorno tremendo». [157] Le tagliarono i garretti, ma ebbero a pentirsene! [158] Li colpì il castigo. Ecco certo un segno! Ma la maggior parte di loro non crede. [159] In verità il tuo Signore è l'Eccelso, il Misericordioso!

[160] Il popolo di Lot accusò di menzogna gli inviati. [161] Quando il loro fratello Lot disse loro: «Non sarete dunque timorati [di Allah]? [162] Invero sono per voi un messaggero degno di fede. [163] Temete Allah e obbeditemi. [164] Non vi chiedo ricompensa alcuna, ché la mia ricompensa è presso il Signore dei mondi. [165] Tra tutte le creature bramerete i maschi [166] lasciando da parte le spose che il vostro Signore ha creato per voi? Ma voi siete un popolo di trasgressori!».

[167] Dissero: «Se non la smetti, certamente sarai scacciato». [168] Disse: «Io aborrisco il vostro comportamento. [169] Signore, preserva me e la mia famiglia dalle loro azioni». [170] Noi lo salvammo insieme con tutta la sua famiglia [171] a parte una vecchia che restò indietro.

[172] Quindi annientammo tutti gli altri: [173] facemmo scendere su di loro una pioggia, una pioggia orribile su coloro che erano stati [invano] avvertiti. [174] Questo è certo un segno! Ma la maggior parte di loro non crede. [175] In verità il tuo Signore è l'Eccelso, il Misericordioso!

[176]. Il popolo di al-Aykah accusò di menzogna gli inviati. [177] Quando Shu'ayb disse loro: «Non sarete dunque timorati [di Allah]? [178] Invero sono per voi un messaggero degno di fede! [179] Temete Allah e obbeditemi. [180] Non vi chiedo ricompensa alcuna, ché la mia ricompensa è presso il Signore dei mondi. [181] Colmate la misura e non siate fraudolenti, [182] e pesate con giusta bilancia. [183] Non date agli uomini meno di quel che spetta loro e non corrompete la terra portandovi disordine. [184] Temete Colui che ha creato voi e le generazioni antiche».

[185] Dissero: «Davvero tu sei uno stregato, [186] e non sei che un uomo come noi; davvero pensiamo che tu sia un bugiardo. [187] Fai cadere su di noi dei pezzi di cielo, se sei veridico!». [188] Disse: «Il mio Signore ben conosce quello che fate». [189] Lo trattarono da bugiardo. Li colpì allora il castigo del Giorno dell'Ombra. In verità fu il castigo di un Giorno terribile. [190] Questo è certo un segno! Ma la maggior parte di loro non crede. [191] In verità il tuo Signore è l'Eccelso, il Misericordioso!

[192] In verità esso è davvero ciò che il Signore dei mondi ha rivelato, [193] è sceso con esso lo Spirito fedele, [194] sul cuore tuo, affinché tu fossi un ammonitore [195] in lingua araba esplicita. [196]. E già era nelle scritture degli antichi. [197] Non è un segno per loro che lo riconoscano i sapienti dei Figli di Israele?

[198] Se lo avessimo rivelato ad un non arabo, [199] e questi lo avesse recitato loro, non vi avrebbero creduto. [200] In tal modo lo facemmo entrare nel cuore dei miscredenti: [201] ma non crederanno

in esso prima di aver visto il castigo doloroso [202] che giungerà loro all'improvviso, senza che se ne accorgano. [203] Diranno allora: «Ci sarà concesso un rinvio?».

[204] E il Nostro castigo che vogliono affrettare? [205] Non vedi che, se concedessimo loro di godere per anni, [206] e quindi giungesse loro ciò di cui furono minacciati, [207] non gioverebbe loro quel che hanno goduto. [208] Nessuna città distruggemmo senza che avesse avuto ammonitori [209] che la avvertissero – ché Noi non siamo ingiusti. [210] Non sono i diavoli che l'hanno fatto scendere: [211] ché Esso non si addice loro, e neppure avrebbero potuto [produrlo], [212] poiché invero sono esclusi dall'ascolto.

[213] Non invocare assieme ad Allah un'altra divinità, ché saresti tra i dannati. [214] Danne l'annuncio ai tuoi parenti più stretti [215] e sii benevolo con i credenti che ti seguono. [216] Se poi ti disobbediscono allora di': «In verità sconfesso quello che fate!». [217] E confida nell'Eccelso, nel Misericordioso, [218] che ti vede quando ti alzi [per l'orazione], [219] e [vede] i tuoi movimenti tra coloro che si prosternano. [220] In verità Egli è Colui Che tutto ascolta e conosce.

[221] «[Volete che] vi indichi quelli sui quali scendono i diavoli? [222] Scendono su ogni mentitore peccaminoso. [223] Tendono l'orecchio, ma la maggior parte di loro sono bugiardi. [224] E quanto ai poeti, sono i traviati che li seguono... [225] Non vedi come errano in ogni valle, [226] e dicono cose che non fanno? [227] Eccetto coloro che credono, compiono il bene e spesso ricordano Allah, e che si difendono quando sono vittime di un'ingiustizia. Gli ingiusti vedranno ben presto il destino verso il quale si avviano

LE FORMICHE

In nome di Allah, il Compassionevole, il Misericordioso.

1. *Tâ, Sìn.*

Ecco i versetti del Corano e di un Libro chiarissimo, 2 guida e buona novella per i credenti 3 che assolvono all'orazione, pagano la decima e credono con fermezza all'altra vita. 4 Quanto a coloro che non credono nell'altra vita, facemmo [sembrar] belle le loro azioni, sì che procedessero alla cieca. 5 [Appartiene] a loro il peggiore dei castighi e nell'altra vita saranno i più grandi perdenti. 6 Certo tu ricevi il Corano da parte di un Saggio, un Sapiente.

7 [Ricorda] quando Mosè disse alla sua famiglia: «Ho visto un fuoco, vi porterò notizie di esso o tornerò con un tizzone acceso, affinché vi possiate riscaldare ! ». 8 Quando vi giunse fu chiamato: «Sia benedetto Colui Che è nel fuoco e chi è attorno ad esso e gloria ad Allah, Signore del creato!». 9 «O Mosè, in verità Io sono Allah l'Eccelso, il Saggio. 10 Getta il tuo bastone!» Quando lo vide contorcersi come fosse un serpente, volse le spalle, ma non tornò sui suoi passi. «Non aver paura, Mosè. Gli Inviati non hanno niente da temere nei Miei confronti. 11 [Hanno da temere] soltanto coloro che sono stati ingiusti. Ma per coloro che sostituiscono il male con il bene, in verità Io sono perdonatore, misericordioso! 12 Infila la tua mano nell'apertura della tua tunica, la trarrai bianca senza male alcuno, è uno dei nove segni [destinati] a Faraone e al suo popolo; essi sono davvero un popolo di empi!» 13 Quando poi giunsero loro i Nostri segni evidenti, dissero: «Questa è magia evidente!».

[14] Ingiusti e orgogliosi li negarono, anche se intimamente ne erano certi. Guarda cosa è accaduto ai corruttori!

[15] Già demmo scienza a Davide e Salomone. Dissero: «Lode ad Allah, Che ci ha concesso eccellenza su molti dei Suoi servi credenti!». [16] Salomone succedette a Davide e disse: «O uomini, ci è stato insegnato il linguaggio degli uccelli e ci è stata data abbondanza di ogni cosa: invero questa è grazia evidente!».

[17] Furono riunite per Salomone le sue schiere di dèmoni, di uomini e di uccelli e furono allineate in ranghi distinti. [18] Quando giunsero alla valle delle formiche, una formica disse: «O formiche, rientrate nelle vostre dimore, che non vi schiaccino inavvertitamente Salomone e le sue truppe». [19] [Salomone] sorrise a queste sue parole e disse: «Concedimi, o Signore, di esserTi grato per il favore che hai concesso a me a mio padre e a mia madre e [concedimi] di compiere il bene che Tu gradisci e, per la Tua misericordia, fammi entrare tra i Tuoi virtuosi servitori».

[20] Passò in rivista gli uccelli e disse: «Perché mai non vedo l'upupa? È forse tra gli assenti? [21] Le infliggerò un severo castigo, o la sgozzerò, a meno che non adduca una valida scusa». [22] Ma non tardò ancora per molto. Disse: «Ho appreso qualcosa che tu non conosci: ti porto notizie certe sui Sabâ: [23] ho scoperto che una donna è loro regina, che è provvista di ogni bene e che possiede un trono magnifico. [24] L'ho scorta prosternarsi, insieme col suo popolo, davanti al sole invece che ad Allah. Satana ha reso belle le loro azioni agli occhi loro, li ha sviati dalla retta via e non hanno guida alcuna. [25] Perché mai non si prosternano dinanzi ad Allah, Che svela ciò che è nascosto nei cieli e sulla terra e che conosce quel che celate e quel che palesate? [26] Allah! Non c'è dio all'infuori di Lui, il Signore del Trono immenso».

[27] Disse [Salomone]: «Presto vedremo se hai detto la verità o se

hai mentito. [28] Va' con questa mia lettera e falla cadere su di loro; mettiti poi in disparte e aspetta ciò che le sarà risposto». [29] Disse [la regina]: «O notabili, mi è stata fatta pervenire una nobile lettera. [30] Giunge da Salomone, [dice]: In nome di Allah, il Compassionevole, il Misericordioso, [31] non siate arroganti nei miei confronti e venite a me sottomessi ad Allah». [32] Disse : «O notabili, datemi il vostro parere su questo affare: non prendo mai una decisione a vostra insaputa». [33] Risposero: «Disponiamo di forza e temibile determinazione. La decisione spetta a te: stabilisci dunque quello che vuoi ordinare». [34] Disse: «In verità, quando i re penetrano in una città, la saccheggiano e riducono in miseria i più nobili dei suoi abitanti. È così che agiscono. [35] Io gli invierò un dono e valuterò ciò che i messi riporteranno».

[36] Quando giunsero presso Salomone, [egli] disse: «Volete forse lusingarmi con le ricchezze? Ciò che Allah mi ha concesso è meglio di quello che ha concesso a voi. No, siete voi che vi gloriate del vostro dono. [37] Ritornate dai vostri. Marceremo contro di loro con armate alle quali non potranno resistere e li scacceremo, umiliati e miserabili».

[38] Disse [Salomone]: «O notabili, chi di voi mi porterà il suo trono prima che vengano a me sottomessi?». [39] Un ifrit tra i dèmoni disse: «Te lo porterò prima ancora che tu ti sia alzato dal tuo posto, ne sono ben capace e son degno di fiducia». [40] Uno che aveva conoscenza del Libro disse: «Te lo porterò prima ancora che tu possa battere ciglio». Quando poi [Salomone] lo vide posarsi presso di sé, disse: «Questo è parte della grazia del mio Signore per mettermi alla prova, [e vedere] se sarò riconoscente o ingrato. Quanto a chi è riconoscente, lo è per se stesso, e chi è ingrato… [sappia che] il mio Signore basta a Se Stesso ed è generoso».

[41] E disse: «Rendetele irriconoscibile il suo trono: vedremo se lo

riconoscerà o se fa parte di coloro che non sono guidati». [42] Quando giunse, le fu detto: «È questo il tuo trono?». Rispose: «Sembrerebbe che lo sia». [Disse Salomone]: «Già ci fu data la scienza e già fummo sottomessi ad Allah». [43] Ciò che adorava all'infuori di Allah l'aveva distolta. Invero faceva parte di un popolo miscredente. [44] Le fu detto: «Entra nel palazzo». Quando lo vide, credette che fosse un'acqua profonda e si scoprì le gambe. [Allora Salomone] disse: «E un palazzo lastricato di cristallo». Disse [quella]: «Signore! Sono stata ingiusta nei miei stessi confronti. Mi sottometto con Salomone ad Allah, Signore dei mondi».

[45] Ai Thamùd inviammo il loro fratello Ṣâlih: [disse] «Adorate Allah». Invece si divisero in due gruppi in discordia tra loro. [46] Disse: «O popol mio, perché volete affrettare il male piuttosto che il bene? Perché non chiedere il perdono ad Allah, affinché vi usi misericordia?». [47] Dissero: «In te e in coloro che sono con te, vediamo un uccello di malaugurio». Disse: «Il vostro augurio dipende da Allah. Siete un popolo messo alla prova».

[48] Nella città c'era una banda di nove persone che spargevano corruzione sulla terra e non facevano alcun bene. [49] Dissero, giurando fra loro [in nome] di Allah : «Attaccheremo di notte, lui e la sua famiglia. Poi diremo a chi vorrà vendicarlo: "Non siamo stati testimoni dello sterminio della sua famiglia. Davvero siamo sinceri"». [50] Ordirono una trama e Noi ordimmo una trama senza che se ne accorgessero. [51] Guarda cosa ne è stato della loro trama: li facemmo perire insieme con tutto il loro popolo. [52] Ecco le loro case in rovina a causa dei loro misfatti. Questo è certo un segno per la gente che ha conoscenza! [53] E salvammo coloro che avevano creduto ed erano timorati.

[54] [E ricorda] Lot, quando disse al suo popolo: «Vi darete alla turpitudine pur riconoscendola? [55] Vi accosterete agli uomini

piuttosto che alle femmine, per placare il vostro desiderio? Siete davvero un popolo ignorante». [56] La risposta del suo popolo fu solo: «Scacciate dalla vostra città la famiglia di Lot! E gente che pretende di essere pura». [57] Lo salvammo insieme con la sua famiglia, eccetto sua moglie, per la quale decidemmo che fosse tra coloro che sarebbero stati annientati. [58] Facemmo scendere su di loro una pioggia, una pioggia orribile su coloro che erano stati [invano] avvertiti. [59] Di' : «Lode ad Allah e pace sui Suoi servi che ha prescelti!». E migliore Allah o quel che Gli associano?

[60] Egli è Colui Che ha creato i cieli e la terra; e dal cielo ha fatto scendere per voi un'acqua per mezzo della quale Noi abbiamo fatto germogliare giardini rigogliosi; i cui alberi voi non sapreste far germogliare. Vi è forse un'altra divinità assieme ad Allah? No, quella è gente che attribuisce eguali [ad Allah]. [61] Non è Lui Che ha fatto della terra uno stabile rifugio, Che vi ha fatto scorrere i fiumi, vi ha posto immobili montagne e stabilito una barriera tra le due acque? Vi è forse un'altra divinità assieme ad Allah? No, la maggior parte di loro non sanno.

[62] Non è Lui Che risponde quando l'affranto Lo invoca, Che libera dal male e Che ha fatto di voi luogotenenti sulla terra? Vi è forse un'altra divinità assieme ad Allah? Quanto poco riflettete! [63] Non è Lui Che vi guida nelle tenebre della terra e del mare, Colui Che invia i venti nunzi della buona novella che precedono la Sua misericordia? Vi è forse un'altra divinità assieme ad Allah? Allah è ben più Alto di ciò che [Gli] associano. [64] Non è Lui Che ha dato inizio alla creazione e la reitera, Colui Che vi nutre dal cielo e dalla terra? Vi è forse un'altra divinità assieme ad Allah? Di': «Producete la vostra prova, se siete veridici».

[65] Di': «Nessuno di coloro che sono nei cieli e sulla terra conosce l'invisibile, eccetto Allah». E non sanno quando saranno

resuscitati. [66] La loro conoscenza dell'altra vita [è nulla]. Sono in preda ai dubbi, sono del tutto ciechi [in proposito], [67] I miscredenti dicono: «Quando saremo polvere noi e i nostri avi, veramente saremo resuscitati? [68] Già ci è stato promesso, a noi e ai nostri avi. Non sono che favole degli antichi». [69] Di': «Viaggiate sulla terra e considerate quale fu la sorte degli iniqui».

[70] Non ti affliggere per loro, non essere angosciato per le loro trame. [71] Dicono: «Quando [si realizzerà] questa promessa, se siete veridici?». [72] Di': «Forse parte di quel che volete affrettare è già imminente». [73] In verità il tuo Signore è pieno di grazia per gli uomini, ma la maggior parte di loro non sono riconoscenti. [74] In verità il tuo Signore conosce quello che celano i loro petti e ciò che palesano. [75] Non c'è nulla di occulto nel cielo e sulla terra che non sia in un Libro chiarissimo. [76] Questo Corano narra ai Figli di Israele la maggior parte delle cose sulle quali divergono, [77] mentre è, per i credenti, guida e misericordia. [78] In verità il tuo Signore giudicherà tra di loro, col Suo giudizio; Egli è l'Eccelso, il Saggio. [79] Confida dunque in Allah: tu sei davvero nella verità chiarissima. [80] Certo non puoi far sentire i morti, e neppure far sentire ai sordi il richiamo, quando fuggono voltando le spalle. [81] E neppure potrai trarre i ciechi dal loro sviamento. Solo ti potrai far ascoltare da coloro che credono nei Nostri segni e si sottomettono.

[82] Quando il Decreto cadrà loro addosso, faremo uscire, per loro, una bestia dalla terra. [Essa] proclamerà che gli uomini non erano convinti della verità dei Nostri segni. [83] In quel Giorno riuniremo, da ogni comunità, una massa di coloro che tacciarono di menzogna i Nostri segni, e saranno divisi in schiere.

[84] Quando saranno colà, [Allah] dirà: «Avete tacciato di menzogna i Miei segni senza neppure conoscerli? Che cosa dunque avete fatto?». [85] Il Decreto cadrà loro addosso, perché furono

ingiusti e non parleranno [più]. [86] Non han forse visto che in verità abbiamo fatto la notte affinché riposino in essa e il giorno affinché vedano con chiarezza? Invero questi sono segni per un popolo che crede!

[87] E, nel Giorno in cui sarà soffiato nella Tromba, saranno atterriti tutti coloro che sono nei cieli e tutti coloro che sono sulla terra, eccetto coloro che Allah vorrà. Tutti torneranno a Lui umiliandosi. [88] E vedrai le montagne, che ritieni immobili, passare come fossero nuvole. Opera di Allah, Che rende perfetta ogni cosa. Egli è ben informato di quello che fate! [89] Chi verrà con il bene avrà qualcosa ancora migliore. In quel Giorno saranno al sicuro dal terrore. [90] E coloro che verranno con il male, avranno i volti gettati nel Fuoco: «Siete compensati diversamente da quel che avete operato?».

[91] In verità mi è stato solo ordinato di adorare il Signore di questa città che Egli ha resa inviolabile. A Lui tutto [appartiene] e mi ha comandato di essere uno dei musulmani [92] e di recitare il Corano. Chi segue la retta via lo fa a suo vantaggio. E di' a chi si svia: «Io non son altro che uno degli ammonitori». [93] Di': «La lode appartiene ad Allah! Presto vi farà vedere i Suoi segni e li riconoscerete». Il tuo Signore non è incurante di quello che fate..

SURA 28 : AL-QASAS
....

IL RACCONTO

In nome di Allah, il Compassionevole, il Misericordioso.

[1]. *Tâ, Sìn, Mìm.*

[2] Questi sono i versetti del Libro chiarissimo. [3] Ti racconteremo secondo verità la storia di Mosè e di Faraone, per un popolo di

credenti. [4] Davvero Faraone era altero sulla terra; divise in fazioni i suoi abitanti per approfittare della debolezza di una parte: sgozzava i loro figli maschi e lasciava vivere le femmine. In verità era uno dei corruttori. [5] Invece Noi volevamo colmare di favore quelli che erano stati oppressi, farne delle guide e degli eredi. [6] [Volevamo] consolidarli sulla terra e, loro tramite, far vedere a Faraone e Hâmân e alle loro armate quello che paventavano.

[7] Rivelammo alla madre di Mosè: «Allattalo e, quando temerai per lui, gettalo nel fiume e non temere e non essere afflitta: Noi te lo restituiremo e faremo di lui uno degli Inviati». [8] Lo raccolse la gente di Faraone, sì che potesse diventare loro nemico e causa di tristezza. Davvero Faraone e Hâmân e le loro armate erano colpevoli. [9] Disse la moglie di Faraone: «[Questo bambino sarà] la gioia dei miei occhi e dei tuoi! Non lo uccidete! Forse ci sarà utile, o lo adotteremo come un figlio». Non avevano alcun sospetto.

[10] Il cuore della madre di Mosè fu come fosse vuoto. Poco mancò che non svelasse ogni cosa, se non avessimo rafforzato il suo cuore sì che rimanesse credente. [11] Disse alla di lui sorella: «Seguilo», e quella lo osservò di nascosto. Non avevano alcun sospetto. [12] E Noi gli interdicemmo ogni nutrice. Allora [la sorella] disse: «Posso indicarvi la gente di una casa che potrà occuparsene per conto vostro e che gli sarà benevola?». [13] Lo restituimmo a sua madre affinché si consolassero i suoi occhi, non fosse più afflitta e si convincesse che la promessa di Allah è verità. Ma la maggior parte di loro non sanno nulla. [14] Quando raggiunse l'età adulta e il pieno del suo sviluppo, gli demmo discernimento e scienza. Così ricompensiamo coloro che operano il bene.

[15] Avvenne che, entrando in città in un momento di disattenzione dei suoi abitanti, trovò due uomini che si battevano, uno era dei suoi e l'altro uno degli avversari. Quello che era dei suoi gli chiese aiuto

contro l'altro dell'avversa fazione: Mosè lo colpì con un pugno e
lo uccise. Disse [Mosè]: «Questa è certamente opera di Satana! È
davvero un nemico, uno che svia gli uomini». [16] Disse: «Signore,
ho fatto torto a me stesso, perdonami!». Gli perdonò, Egli è il
Perdonatore, il Misericordioso. [17] Disse: «Mio Signore, grazie ai
favori che mi hai elargito, non sarò mai un alleato degli iniqui».

[18] L'indomani era nella città timoroso e guardingo, ed ecco
che colui che il giorno prima gli aveva chiesto aiuto, di nuovo lo
chiamò a gran voce. Gli disse Mosè: «Davvero sei un provocatore
evidente!». [19] Quando poi stava per colpire quello che era avversario
di entrambi, questi disse: «O Mosè, vuoi uccidermi come l'uomo
che uccidesti ieri? Non vuoi essere altro che un tiranno sulla terra,
non vuoi essere uno dei conciliatori». [20] Dall'altro capo della
città giunse correndo un uomo. Disse: «O Mosè, i notabili sono
riuniti in consiglio per decidere di ucciderti. Fuggi! Questo è un
buon consiglio». [21] Uscì dalla città, timoroso e guardingo. Disse:
«Signore, salvami da questo popolo ingiusto».

[22] Dirigendosi verso Madian disse: «Spero che il mio Signore
mi guidi sulla retta via». [23] Quando giunse all'acqua di Madian, vi
trovò una moltitudine di uomini che abbeverava e scorse due donne
che si tenevano in disparte trattenendo [i loro animali]. Disse: «Cosa
vi succede?». Risposero: «Non abbevereremo finché i pastori non
saranno partiti; nostro padre è molto vecchio». [24] Abbeverò per
loro, poi si mise all'ombra e disse: «Davvero, Signore, ho molto
bisogno di qualsiasi bene che farai scendere su di me». [25] Una delle
due donne gli si avvicinò timidamente. Disse: «Mio padre ti invita
per ricompensarti di aver abbeverato per noi». Quando giunse al
suo cospetto e gli raccontò la sua storia, disse [il vecchio]: «Non
temere, sei sfuggito a gente ingiusta». [26] Una di quelle disse: «O
padre mio, assumilo: è davvero il migliore che tu possa assoldare:

è forte e fidato». ²⁷ Disse: «Vorrei sposarti ad una di queste mie figlie, a condizione che tu mi serva per otto anni. Se vorrai restare dieci [anni], sarà di tua spontanea volontà. Non ti imporrò nulla di gravoso e, se Allah vuole, troverai che sono un uomo del bene». ²⁸ Rispose: «Questo [sarà] tra me e te. Qualunque dei due termini compirò, nessuna colpa mi sarà rinfacciata. Allah sia garante di quello che diciamo».

²⁹ Quando Mosè si mise in viaggio con la famiglia dopo aver concluso il periodo, scorse un fuoco sul fianco del Monte. Disse alla sua famiglia: «Aspettate, ho visto un fuoco. Forse vi porterò qualche notizia o un tizzone acceso, sì che possiate riscaldarvi». ³⁰ Quando giunse colà, fu chiamato dal lato destro della Valle, un lembo di terra benedetta, dal centro dell'albero: «O Mosè, sono Io, Allah, il Signore dei mondi». ³¹ E: «Getta il tuo bastone». Quando lo vide contorcersi come fosse un serpente, volse le spalle, ma non tornò sui suoi passi. «O Mosè, avvicinati e non aver paura: tu sei uno dei protetti. ³² Infila nel tuo seno la tua mano, la trarrai bianca senza male alcuno. Stringi il braccio al petto contro il terrore. Ecco due prove del tuo Signore per Faraone e per i suoi notabili: davvero è un popolo perverso!».

³³ Disse: «Signore, ho ucciso uno dei loro e temo che mi uccidano. ³⁴ Mio fratello Aronne ha lingua più eloquente della mia. Mandalo insieme con me, come aiutante e per rafforzarmi: davvero temo che mi trattino da bugiardo!». ³⁵ Disse [Allah]: «Rafforzeremo il tuo braccio con tuo fratello e daremo ad entrambi autorità: non potranno toccarvi grazie ai Nostri segni. Voi due e quelli che vi seguiranno sarete vittoriosi».

³⁶ Quando poi Mosè giunse loro con i Nostri segni evidenti, dissero: «Non è altro che artificio di magia. Non abbiamo mai sentito parlare di ciò, neppure dai nostri più lontani antenati». ³⁷ E

disse Mosè: «Il mio Signore conosce meglio chi è giunto da parte Sua con la Guida e a chi appartiene l'ultima Dimora. In verità gli ingiusti non avranno successo!». [38] Disse Faraone: «O notabili! Per voi non conosco altra divinità che me. O Hâmân, accendi un fuoco sull'argilla e costruiscimi una torre, chissà che non ascenda fino al Dio di Mosè! Io penso che sia un bugiardo!».

[39] Fu superbo sulla terra, senza ragione, e le sue armate insieme con lui. E davvero credevano che non sarebbero stati ricondotti a Noi! [40] Lo afferrammo, lui e i suoi soldati, e li gettammo nelle onde. Guarda quale è stata la fine degli ingiusti! [41] Ne facemmo guide che invitano al Fuoco e, nel Giorno della Resurrezione, non saranno soccorsi. [42] Li perseguimmo con una maledizione in questo mondo e nel Giorno della Resurrezione saranno quelli di cui si avrà orrore. [43] Dopo aver distrutto le generazioni precedenti, invero abbiamo dato il Libro a Mosè, richiamo alla corretta visione per gli uomini, guida e misericordia. Se ne ricorderanno?

[44] Tu non eri sul lato occidentale, quando demmo l'ordine a Mosè, tu non eri fra i testimoni. [45] Abbiamo creato generazioni la cui vita si prolungò; tu non dimoravi tra la gente di Madian per recitare loro i Nostri segni: siamo stati Noi a inviare [i messaggeri]. [46] E non eri sul fianco del Monte quando chiamammo. Ma [sei giunto come] una misericordia da parte del tuo Signore, affinché tu ammonisca un popolo al quale non giunse alcun ammonitore prima di te. [47] Se una disgrazia li colpisce, per quel che le loro mani hanno commesso, dicono: «Signore, perché mai non ci hai inviato un messaggero? Avremmo seguito i Tuoi segni e saremmo stati credenti!».

[48] Ma quando giunse loro la verità da parte Nostra, hanno detto «Perché non gli è stato dato quello che è stato dato a Mosè?». Ma già non furono increduli di quello che fu dato a Mosè? Dicono:

«Due magie che si sostengono a vicenda». E dicono: «Sì, non crediamo in nessuna».

⁴⁹ Di': «Portate, da parte di Allah, un Libro che sia migliore guida di entrambi, ché lo possa seguire, [portatelo] se siete veridici!». ⁵⁰ E se non ti rispondono, sappi allora che seguono [solo] le loro passioni, niente di più. Chi è più sviato di chi segue la sua passione senza guida alcuna da parte di Allah? In verità Allah non guida gli ingiusti. ⁵¹ E già facemmo giungere loro la Parola, affinché ricordassero.

⁵² Coloro ai quali abbiamo dato il Libro prima che a lui, credono in esso. ⁵³ Quando glielo si recita dicono: «Noi crediamo in esso. Questa è la verità proveniente dal nostro Signore. Già eravamo sottomessi a Lui prima che giungesse».

⁵⁴ Essi sono coloro cui verrà data ricompensa doppia per la loro perseveranza, per aver respinto il male con il bene e per essere stati generosi di quello che Noi abbiamo concesso loro. ⁵⁵ Quando sentono discorsi vani, se ne allontanano dicendo: «A noi le opere nostre e a voi le opere vostre. Pace su di voi! Noi non cerchiamo gli ignoranti». ⁵⁶ Non sei tu che guidi coloro che ami : è Allah Che guida chi vuole Lui. Egli ben conosce coloro che sono ben guidati.

⁵⁷. E dicono : «Se seguissimo la Guida insieme con te, saremmo scacciati dalla nostra terra!». Non li abbiamo forse resi stabili in un territorio inviolabile verso il quale sono recati ogni genere di frutti, provvidenza da parte Nostra? Ma la maggior parte di essi non sanno.

⁵⁸ E quante città abbiamo distrutto che erano ingrate [pur vivendo nell'abbondanza]! Ecco le loro case che non sono più abitate o quasi. Siamo Noi l'Erede finale. ⁵⁹ Non si addice al tuo Signore distruggere una comunità prima di aver suscitato nella Madre [delle

città] un inviato che reciti loro i Nostri segni. Noi distruggiamo le città solo quando i suoi abitanti sono ingiusti.

[60] Tutti i beni che vi sono stati concessi non sono che un prestito di questa vita, un ornamento per essa, mentre quello che è presso Allah è migliore e duraturo. Non comprendete dunque? [61] Colui al quale facemmo una bella promessa e che la incontrerà, è forse paragonabile a colui cui diamo godimento effimero in questa vita e che, nel Giorno della Resurrezione, sarà di quelli che saranno condotti [al fuoco]?

[62] [Allah] dirà loro, il Giorno che li chiamerà: «Dove sono coloro che pretendevate essere Miei consoci?». [63] Coloro sui quali si realizzerà il Decreto diranno: «Ecco, Signore, quelli che abbiamo traviato: li abbiamo traviati come abbiamo traviato noi stessi. Li rinneghiamo al Tuo cospetto: non siamo noi che essi adoravano». [64] Verrà detto: «Invocate i vostri associati. Li chiameranno, ma essi non risponderanno. Quando vedranno il castigo, desidereranno di aver seguito la retta via».

[65] [Allah] dirà loro il Giorno che li chiamerà: «Che cosa avete risposto agli inviati?». [66] In quel Giorno i loro argomenti saranno oscuri e non si porranno alcuna questione. [67] Chi invece si sarà pentito, avrà creduto e compiuto il bene, forse sarà tra coloro che avranno riuscita.

[68] Il tuo Signore crea ciò che vuole e sceglie [ciò che vuole]; a loro invece non appartiene la scelta. Gloria ad Allah! Egli è ben più alto di quello che Gli associano! [69] Il tuo Signore conosce ciò che celano i loro cuori e quello che palesano. [70] Egli è Allah, non c'è dio all'infuori di Lui. Sia lodato in questo mondo e nell'altro. A Lui [appartiene] il giudizio e a Lui sarete ricondotti.

[71] Di': «Cosa credete? Se Allah vi desse la notte continua fino al Giorno della Resurrezione, quale altra divinità all'infuori

di Allah potrebbe darvi la luce? Non ascoltate dunque?». [72] Di': «Cosa credete? Se Allah vi desse il giorno continuo, fino al Giorno della Resurrezione, quale altra divinità all'infuori di Allah potrebbe darvi una notte in cui possiate riposare? Non osservate dunque? [73] È grazie alla Sua misericordia, che stabilisce per voi la notte e il giorno affinché possiate riposare e procurarvi la Sua grazia e affinché Gli siate riconoscenti».

[74] [Allah] dirà loro il Giorno che li chiamerà: «Dove sono coloro che pretendevate essere Miei associati?». [75] Da ogni comunità trarremo un testimone, poi diremo: «Producete la vostra prova!». Sapranno allora che la verità appartiene ad Allah e quello che avevano li abbandonerà. [76] Invero Qàrùn faceva parte del popolo di Mosè, ma poi si rivoltò contro di loro. Gli avevamo concesso tesori le cui sole chiavi sarebbero state pesanti per un manipolo di uomini robusti. Gli disse la sua gente: «Non essere tronfio! In verità Allah non ama i superbi. [77] Cerca, con i beni che Allah ti ha concesso, la Dimora Ultima. Non trascurare i tuoi doveri in questo mondo, sii benefico come Allah lo è stato con te e non corrompere la terra. Allah non ama i corruttori».

[78] Rispose: «Ho ottenuto tutto ciò grazie alla scienza che possiedo». Ignorava forse che già in precedenza Allah aveva fatto perire generazioni ben più solide di lui e ben più numerose? I malfattori non saranno interrogati a proposito delle loro colpe.

[79] Poi uscì, [mostrandosi] al suo popolo in tutta la sua pompa. Coloro che bramavano questa vita dissero: «Disgraziati noi, se avessimo quello che è stato dato a Qàrùn! Gli è stata certo data immensa fortuna!». [80] Coloro che invece avevano avuto la scienza dissero: «Guai a voi! La ricompensa di Allah è la migliore, per chi crede e compie il bene». Ma essa viene data solo a quelli che perseverano.

[81] Facemmo sì che la terra lo inghiottisse, lui e la sua casa. E non vi fu schiera che lo aiutasse contro Allah, non potè soccorrere se stesso. [82] E coloro che la vigilia si auguravano di essere al posto suo, dissero: «Ah! È ben evidente che Allah concede con larghezza o lesina a chi vuole tra i Suoi servi. Se Allah non ci avesse favorito, certamente ci avrebbe fatto sprofondare. Ah! È ben evidente che i miscredenti non prospereranno».

[83] Questa Dimora Ultima la riserviamo a coloro che non vogliono essere superbi sulla terra e non seminano corruzione. L'esito finale appartiene ai timorati [di Allah]. [84] Chi verrà con il bene, avrà meglio ancora; chi verrà con il male, [sappia che] coloro che avranno commesso il male saranno ricompensati per ciò che avranno fatto.

[85] In verità Colui che ti ha imposto il Corano ti ricondurrà al luogo del ritorno. Di': «Il mio Signore conosce meglio chi viene con la Guida e chi è in manifesto errore».

[86] Tu non speravi che ti sarebbe stato rivelato il Libro. È stato solo per la misericordia del tuo Signore. Dunque, non essere mai un sostegno per i miscredenti; [87] e non ti distolgano dai segni di Allah dopo che sono stati fatti scendere su di te. Invita al tuo Signore e non essere uno degli associatori. [88] Non invocare nessun altro dio insieme con Allah. Non c'è dio all'infuori di Lui. Tutto perirà, eccetto il Suo Volto. A lui appartiene il giudizio e a Lui sarete ricondotti.

SURA 29 : AL-'ANKABÛT
....

IL RAGNO

In nome di Allah, il Compassionevole, il Misericordioso.

1. *Alif, Làm, Mìm.*

2 Gli uomini credono che li si lascerà dire: «Noi crediamo», senza metterli alla prova? 3 Già mettemmo alla prova coloro che li precedettero. Allah conosce perfettamente coloro che dicono la verità e conosce perfettamente i bugiardi.

4 O forse coloro che commettono cattive azioni credono di poterci sfuggire? Quanto giudicano male! 5 Chi spera di incontrare Allah [sappia che] in verità il termine di Allah si avvicina. Egli è Colui Che tutto ascolta e conosce. 6 E chi lotta, è per se stesso che lotta. Che in verità Allah basta a Se Stesso, non ha bisogno del creato.

7 Cancelleremo i peccati di coloro che credono e compiono il bene e li ricompenseremo delle loro azioni migliori.

8 Ordinammo all'uomo di trattare bene suo padre e sua madre; e: «…se essi ti vogliono obbligare ad associarMi ciò di cui non hai conoscenza alcuna, non obbedir loro». A Me ritornerete e vi informerò su quello che avete fatto. 9 E coloro che credono e compiono il bene, li faremo entrare tra i devoti.

10 Fra gli uomini vi è chi dice: «Noi crediamo in Allah»; ma non appena soffrono [per la causa di] Allah, considerano la persecuzione degli uomini un castigo di Allah. Quando giunge poi l'ausilio del loro Signore, dicono: «Noi eravamo con voi!». Forse che Allah non conosce meglio cosa c'è nei petti delle creature? 11 Allah conosce perfettamente i credenti e perfettamente conosce gli ipocriti.

12 I miscredenti dicono a coloro che credono: «Seguite il

nostro sentiero: porteremo noi [il peso del]le vostre colpe». Ma non porteranno affatto il peso delle loro colpe. In verità sono dei bugiardi. [13] Porteranno i loro carichi e altri carichi oltre i loro. Nel Giorno della Resurrezione saranno interrogati su quello che inventavano.

[14] Già inviammo Noè al suo popolo; rimase con loro mille anni meno cinquantanni. Li colpì poi il Diluvio perché erano ingiusti. [15] Salvammo lui e i compagni dell'Arca. Ne facemmo un segno per i mondi.

[16] E [ricorda] Abramo, quando disse al suo popolo: «Adorate Allah e temeteLo. E il bene per voi, se lo sapeste!». [17] Voi adorate idoli in luogo di Allah e inventate una menzogna. Coloro che adorate all'infuori di Allah, non sono in grado di provvedere a voi in nulla. Cercate provvidenza presso Allah, adorateLo e siateGli riconoscenti: a Lui sarete ricondotti. [18] E se tacciate di menzogna, già altre comunità lo fecero prima di voi. Al Messaggero non [incombe] che la trasmissione esplicita.

[19] Non vedono come Allah inizia la creazione e la reitera? Ciò è facile per Allah. [20] Di': «Percorrete la terra e guardate come Egli ha dato inizio alla creazione. Poi sarà Allah a dare origine all'ultima generazione. Allah è onnipotente». [21] Castiga chi vuole e usa misericordia a chi vuole. A Lui sarete ricondotti. [22] Non potrete sminuire la Sua potenza, né sulla terra né in cielo; all'infuori di Allah, non c'è per voi né padrone né difensore. [23] Quelli che non credono nei segni di Allah e nell'incontro con Lui, non hanno speranza nella Mia misericordia. Avranno doloroso castigo.

[24] La sola risposta del suo popolo fu: «Uccidetelo o bruciatelo»; ma Allah lo salvò dal fuoco. Questi sono segni per un popolo che crede. [25] Disse: «Invero non avete adottato gli idoli all'infuori di Allah se non per amore reciproco in questo mondo. Poi, nel

Giorno della Resurrezione gli uni disconosceranno gli altri e gli uni
malediranno gli altri; vostra dimora sarà il fuoco e non avrete chi vi
soccorrerà». [26] Lot credette in lui e disse: «Sì, emigro verso il mio
Signore; Egli è l'Eccelso, il Saggio». [27] Concedemmo [ad Abramo]
Isacco e Giacobbe e nella sua progenie stabilimmo la profezia e il
Libro. Gli pagammo la sua mercede in questa vita e nell'altra sarà
tra i giusti.

[28] E quando Lot disse al suo popolo: «Davvero commettete una
turpitudine che mai nessuno al mondo ha commesso prima di voi.
[29] Concupite i maschi, vi date al brigantaggio e perpetrate le azioni
più nefande nelle vostre riunioni». La sola risposta del suo popolo
fu: «Attira su di noi il castigo di Allah, se sei uno che dice il vero!».
[30] Disse: «Mio Signore, dammi la vittoria su questo popolo di
perversi!».

[31] Quando i Nostri angeli portarono ad Abramo la lieta novella,
dissero: «Sì, [abbiamo l'incarico di] annientare gli abitanti di questa
città, poiché in verità sono ingiusti». [32] Disse: «Ma colà abita Lot».
Risposero: «Ben conosciamo chi vi abita. Lo salveremo, lui e la
sua famiglia, eccetto sua moglie che sarà tra coloro che rimarranno
indietro». [33] Quando i Nostri angeli giunsero presso Lot, egli ebbe
pena per loro e si sentì incapace di proteggerli. Dissero: «Non temere
e non affliggerti: siamo incaricati di salvare te e la tua famiglia,
eccetto tua moglie che sarà tra coloro che rimarranno indietro.
[34] In verità siamo [mandati] per far cadere dal cielo un castigo sugli
abitanti di questa città, per la loro turpitudine». [35] Già ne abbiamo
fatto un segno evidente per coloro che capiscono.

[36]. E ai Madianiti [mandammo] il loro fratello Shu'ayb, che
disse loro: «O popol mio, adorate Allah e sperate nell'Ultimo
Giorno, non commettete crimini sulla terra, non siate malfattori». [37]

Lo trattarono da bugiardo. Li colpì il cataclisma e il mattino li trovò che giacevano senza vita nelle loro case.

[38] Ugualmente [accadde] agli 'Âd e i Thamùd; prova ne siano, per voi, le loro abitazioni. Satana abbellì agli occhi loro le loro azioni e li sviò dalla retta via nonostante fossero stati invitati ad essere lucidi.

[39] Ugualmente [accadde] a Qàrùn e Faraone e Hâmân, quando Mosè portò loro le prove, ma furono superbi sulla terra. Non poterono sfuggirci. [40] Ognuno colpimmo per il suo peccato: contro alcuni mandammo un ciclone, altri furono trafitti dal Grido, altri facemmo inghiottire dalla terra e altri annegammo. Allah non fece loro torto: furono essi a far torto a loro stessi.

[41] Coloro che si sono presi patroni all'infuori di Allah assomigliano al ragno che si è dato una casa. Ma la casa del ragno è la più fragile delle case. Se lo sapessero! [42] In verità Allah ben conosce tutto ciò che invocano all'infuori di Lui. Egli è l'Eccelso, il Saggio. [43] Queste metafore Noi le proponiamo agli uomini, ma non le capiscono se non i sapienti. [44] Allah ha creato i cieli e la terra secondo verità. Questo è un segno per i credenti.

[45] Recita quello che ti è stato rivelato del Libro ed esegui l'orazione. In verità l'orazione preserva dalla turpitudine e da ciò che è riprovevole. Il ricordo di Allah è certo quanto ci sia di più grande. Allah conosce perfettamente quello che operate.

[46] Non dialogate se non nella maniera migliore con la gente della Scrittura, eccetto quelli di loro che sono ingiusti. Dite [loro]: «Crediamo in quello che è stato fatto scendere su di noi e in quello che è stato fatto scendere su di voi, il nostro Dio e il vostro sono lo stesso Dio ed è a Lui che ci sottomettiamo».

[47] Così abbiamo fatto scendere su di te il Libro. Coloro ai quali abbiamo dato il Libro credono in esso e anche tra loro c'è chi crede.

Solo i miscredenti negano i Nostri segni. [48] Prima di questo non recitavi alcun Libro e non scrivevi con la tua destra; [ché altrimenti] coloro che negano la verità avrebbero avuto dubbi. [49] Sono invece chiari segni [custoditi] nei cuori di coloro ai quali è stata data la scienza. Solo gli ingiusti negano i Nostri segni.

[50] E dissero: «Perché non sono stati fatti scendere su di lui segni da parte del suo Signore?». Di': «I segni sono solo presso Allah. Io non sono che un ammonitore esplicito». [51] Non basta loro che ti abbiamo rivelato il Libro che recitano? Questa è davvero una misericordia e un Monito per coloro che credono! [52] Di': «Mi basta Allah come testimone tra me e voi, Lui che conosce tutto ciò che è nei cieli e sulla terra. Coloro che credono alla falsità e negano Allah saranno i perdenti».

[53] Ti chiedono di affrettare il castigo. Se non ci fosse un termine stabilito, già sarebbe giunto il castigo. Verrà loro all'improvviso, senza che ne abbiano sentore. [54] Cercano di farti affrettare il castigo... Sarà l'Inferno a circondare i miscredenti [55] nel Giorno in cui il castigo li avvolgerà da sopra e da sotto i piedi e dirà loro: «Gustate [le conseguenze di] quello che avete fatto!».

[56] O Miei servi credenti! In verità è grande la Mia terra! AdorateMi! [57] Ogni anima dovrà provare la morte e poi sarete ricondotti verso di Noi. [58] Quanto a coloro che credono e operano il bene, li porremo in alti luoghi del Paradiso sotto i quali scorrono i ruscelli e vi rimarranno in perpetuo. Quanto è meraviglioso il premio di chi opera [il bene], [59] di coloro che perseverano e hanno fiducia nel loro Signore! [60] Quanti esseri viventi non si preoccupano del loro nutrimento! È Allah che nutre loro e voi. È Lui che tutto ascolta e conosce.

[61] Se domandi loro: «Chi ha creato i cieli e la terra e ha sottomesso il sole e la luna?». Certamente risponderanno: «Allah». Perché poi

si distolgono [dalla retta via]? [62] Allah provvede con larghezza a
chi vuole tra i Suoi servi, oppure lesina. In verità Allah conosce
ogni cosa. [63] Se domandi loro: «Chi fa scendere l'acqua dal cielo e
ridà vita alla terra che già era morta?». Certamente risponderanno:
«Allah». Di': «La lode appartiene ad Allah!». Ma la maggior parte
di loro non ragiona.

[64] Questa vita terrena non è altro che gioco e trastullo. La dimora
ultima è la [vera] vita, se solo lo sapessero! [65] Quando salgono su
una nave, invocano Allah rendendoGli un culto sincero. Quando
poi Egli li mette in salvo sulla terraferma, Gli attribuiscono dei
consoci, [66] per disconoscere quel che Noi abbiamo concesso loro e
per effimeri godimenti: ben presto sapranno.

[67] Non vedono forse che abbiamo dato loro un [territorio]
inviolabile, mentre tutt'attorno la gente è depredata? Crederanno
dunque al falso e disconosceranno i favori di Allah? [68] Chi è
peggior ingiusto di colui che inventa una menzogna contro Allah
o che smentisce la Verità quando essa gli è giunta? Non c'è forse
nell'Inferno una dimora per i miscredenti? [69] Quanto a coloro che
fanno uno sforzo per Noi, li guideremo sulle Nostre vie. In verità
Allah è con coloro che fanno il bene.

SURA 30. AR-RÙM
....
I ROMANI

In nome di Allah, il Compassionevole, il Misericordioso.

[1] *Alif, Lâm, Mîm.*

[2] Sono stati sconfitti i Romani [3] nel paese limitrofo; ma poi, dopo
essere stati vinti, saranno vincitori, [4] tra meno di dieci anni [3] –

appartiene ad Allah il destino del passato e del futuro – e in quel giorno i credenti si rallegreranno [5] dell'aiuto di Allah: Egli aiuta chi vuole, Egli è l'Eccelso, il Misericordioso. [6] Promessa di Allah. Allah non manca alla Sua promessa, ma la maggior parte degli uomini non sa: [7] essi conoscono [solo] l'apparenza della vita terrena e non si curano affatto dell'altra vita.

[8] Non hanno riflettuto in loro stessi? Allah ha creato i cieli e la terra e tutto ciò che vi è frammezzo secondo verità e per un termine stabilito. Molti uomini però non credono nell'incontro con il loro Signore. [9] Non hanno forse viaggiato sulla terra, e visto quel che è accaduto a coloro chi li hanno preceduti? Erano più forti di loro e avevano coltivato e popolato la terra più di quanto essi non l'abbiano fatto. Giunsero con prove evidenti Messaggeri della loro gente: non fu Allah a far loro torto, furono essi a far torto a se stessi. [10] E fu triste il destino di quelli che fecero il male, smentirono i segni di Allah e li schernirono.

[11] E Allah che dà inizio alla creazione e la reitera; quindi a Lui sarete ricondotti. [12] Il Giorno in cui si leverà l'Ora, saranno disperati i colpevoli. [13] E non avranno più intercessori tra coloro che associavano [ad Allah], ma rinnegheranno le loro stesse divinità.

[14] E il Giorno in cui giungerà l'Ora, in quel Giorno verranno separati. [15] Coloro che avranno creduto e compiuto il bene, gioiranno in un prato fiorito. [16] Mentre coloro che saranno stati miscredenti e avranno tacciato di menzogna i Nostri segni e l'incontro nell'altra vita, saranno condotti al castigo. [17] Rendete gloria ad Allah, alla sera e al mattino. [18] A Lui la lode nei cieli e sulla terra, durante la notte e quando il giorno comincia a declinare.

[19] Dal morto trae il vivo e dal vivo trae il morto e ridà vita alla terra che già era morta. Così vi si farà risorgere. [20] Fa parte dei Suoi segni l'avervi creati dalla polvere ed eccovi uomini che si

distribuiscono [sulla terra]. [21] Fa parte dei Suoi segni l'aver creato da voi, per voi, delle spose, affinché riposiate presso di loro, e ha stabilito tra voi amore e tenerezza. Ecco davvero dei segni per coloro che riflettono.

[22] E fan parte dei Suoi segni, la creazione dei cieli e della terra, la varietà dei vostri idiomi e dei vostri colori. In ciò vi sono segni per coloro che sanno. [23] E fan parte dei Suoi segni il sonno della notte e del giorno e la vostra ricerca della Sua grazia. Ecco davvero dei segni per coloro che sentono. [24] E fa parte dei Suoi segni farvi scorgere il lampo, con timore e brama, e il far scendere dal cielo l'acqua con la quale ridà vita alla terra che già era morta. Ecco davvero segni per coloro che ragionano.

[25] E fa parte dei Suoi segni che il cielo e la terra si tengan ritti per ordine Suo. Quando poi vi chiamerà d'un solo richiamo, ecco che sorgerete [dalle tombe], [26] Appartengono a Lui tutti quelli che sono nei cieli e sulla terra: tutti Gli obbediscono. [27] Egli è Colui Che inizia la creazione e la reitera e ciò Gli è facile. A Lui appartiene la similitudine più sublime nei cieli e sulla terra. È Lui l'Eccelso, il Saggio!

[28] Da voi stessi trae una similitudine: ci sono, tra gli schiavi che possedete, alcuni che fate vostri soci al pari in ciò che Allah vi ha concesso? Li temete forse quanto vi temete [a vicenda]? Così esplicitiamo i Nostri segni per coloro che ragionano. [29] Gli ingiusti cedono invece alle loro passioni senza sapere. Chi può guidare colui che Allah allontana? Essi non avranno chi li soccorra.

[30] Rivolgi il tuo volto alla religione come puro monoteista, natura originaria che Allah ha connaturato agli uomini; non c'è cambiamento nella creazione di Allah. Ecco la vera religione, ma la maggior parte degli uomini non sa. [31] Ritornate a Lui, temeteLo, assolvete all'orazione e non siate associatori. [32] E neppure [siate

tra] coloro che hanno scisso la loro religione e hanno formato sette,
ognuna delle quali è tronfia di quello che afferma.

33 Quando un male colpisce gli uomini, invocano il loro Signore
e tornano a Lui. Quando poi li gratifica con una misericordia che
proviene da Lui, alcuni di loro Gli attribuiscono consoci, 34 così
da rinnegare quello che abbiamo dato loro. Godete dunque, presto
saprete! 35 Abbiamo forse fatto scendere su di loro un'autorità che
dia loro ragione di ciò che Gli associano?

36 Quando gratifichiamo gli uomini di una misericordia, se ne
rallegrano. Se poi li coglie una disgrazia per ciò che le loro mani
hanno perpetrato, ecco che se ne disperano. 37 Non hanno visto che
Allah dona con larghezza a chi vuole e lesina anche? Questi sono
segni per coloro che credono. 38 Riconosci il loro diritto al parente,
al povero e al viandante diseredato. Questo è il bene per coloro che
bramano il volto di Allah: questi sono coloro che prospereranno.
39 Ciò che concedete in usura, affinché aumenti a detrimento dei beni
altrui, non li aumenta affatto presso Allah. Quello che invece date in
elemosina bramando il volto di Allah, ecco quel che raddoppierà.

40 Allah è Colui Che vi ha creati, poi vi ha nutriti, poi vi darà
la morte e quindi vi darà la vita. C'è una delle vostre divinità che
faccia qualcuna di queste cose? Gloria a Lui! Egli è ben più alto di
ciò che Gli associano. 41 La corruzione è apparsa sulla terra e nel
mare a causa di ciò che hanno commesso le mani degli uomini,
affinché Allah faccia gustare parte di quello che hanno fatto.
Forse ritorneranno [sui loro passi]? 42 Di': «Percorrete la terra e
considerate ciò che è avvenuto a coloro che vi hanno preceduto. La
maggior parte di loro erano associatori».

43 Rivolgi il tuo volto alla vera religione, prima che da Allah
venga un Giorno che non sarà possibile respingere. In quel Giorno
saranno separati: 44 chi sarà stato miscredente, la sua miscredenza

gli si rivolgerà contro. Quanto a chi avrà compiuto il bene, è per se stesso che avrà preparato. ⁴⁵ Così Allah ricompenserà con la Sua grazia coloro che hanno creduto e compiuto il bene. In verità Egli non ama i miscredenti.

⁴⁶ E fa parte dei Suoi segni mandare i venti come nunzi per farvi gustare la Sua misericordia e far navigare la nave al Suo comando, sì che possiate procurarvi la Sua grazia. Forse sarete riconoscenti. ⁴⁷ Già mandammo prima di te messaggeri ai loro popoli. E vennero loro con prove evidenti. Poi ci vendicammo di quelli che commettevano crimini: Nostra cura è soccorrere i credenti.

⁴⁸ Allah è Colui che invia i venti che sollevano una nuvola; la distende poi nel cielo come vuole e la frantuma, e vedi allora le gocce uscire dai suoi recessi. Quando poi ha fatto sì che cadano su chi vuole tra i Suoi servitori, questi ne traggono lieta novella, ⁴⁹ anche se, prima che cadessero su di loro, erano disperati. ⁵⁰ Considera le tracce della misericordia di Allah, come Egli ridà la vita ad una terra dopo che era morta. Egli è Colui Che fa rivivere i morti. Egli è onnipotente.

⁵¹ Se inviassimo loro un vento che ingiallisse [le coltivazioni] rimarrebbero ingrati. ⁵² Tu non potrai far sì che sentano i morti o far sì che i sordi sentano il richiamo quando ti volgono le spalle. ⁵³ Non sei tu a guidare i ciechi dal loro obnubilamento: solo potrai far udire quelli che credono nei Nostri segni e sono sottomessi.

⁵⁴ Allah è Colui Che vi ha creati deboli e quindi dopo la debolezza vi ha dato la forza e dopo la forza vi riduce alla debolezza e alla vecchiaia. Egli crea quello che vuole, Egli è il Sapiente, il Potente. ⁵⁵ Il Giorno in cui sorgerà l'Ora, giureranno i criminali di non essere rimasti che un'ora. Già mentivano [sulla terra]. ⁵⁶ Mentre coloro cui fu data la scienza e la fede diranno: «Voi rimaneste [com'è stabilito] nel Libro di Allah fino al Giorno della Resurrezione: ecco il Giorno

della Resurrezione, ma voi nulla sapete». [57] In quel Giorno le scuse saranno inutili a coloro che furono ingiusti: non saranno ascoltati.

[58] In questo Corano abbiamo proposto agli uomini ogni specie di metafora. Quando però porti loro un segno, i miscredenti diranno: «Non siete altro che impostori». [59] Così Allah sigilla i cuori di coloro che nulla conoscono. [60] Sopporta dunque con pazienza [o Muhammad]. La promessa di Allah è veritiera e non ti rendano leggero coloro che non hanno certezza.

SURA 31 : LUQMÀN

LUQMÀN

In nome di Allah, il Compassionevole, il Misericordioso.

[1] *Alif, Làm, Mìm.*

[2] Questi sono i versetti del Libro saggio [3] guida e misericordia per coloro che compiono il bene [4] che assolvono all'orazione e pagano la decima e fermamente credono nell'altra vita, [5] che seguono la guida del loro Signore: questi sono coloro che prospereranno.

[6] Tra gli uomini vi è chi compra storie ridicole per distogliere la gente dal sentiero di Allah e burlarsi di esso: quelli avranno un castigo umiliante. [7] Quando gli si recitano i Nostri versetti, volge le spalle superbo come se non li avesse sentiti, come se avesse un peso nelle orecchie. Dagli annuncio di un doloroso castigo. [8] Coloro che credono e compiono il bene avranno i Giardini della Delizia, [9] dove rimarranno in perpetuo: questa in verità la promessa di Allah. Egli è l'Eccelso, il Saggio.

[10] Ha creato i cieli senza pilastri che possiate vedere, ha infisso le montagne sulla terra, ché altrimenti si sarebbe mossa e voi con

essa e l'ha popolata di animali di tutte le specie. Abbiamo fatto scendere un'acqua [dal cielo] e abbiamo fatto germogliare ogni tipo di magnifica specie [di piante], [11] Questa la creazione di Allah. Mostratemi allora quello che hanno creato gli altri [che adorate] all'infuori di Lui. No, gli ingiusti sono in errore palese.

[12] Certamente fummo Noi a dare la saggezza a Luqmàn: «Sii riconoscente ad Allah: chi è riconoscente lo è per se stesso. Quanto a colui che è ingrato, in verità Allah è Colui che basta a Se Stesso, il Degno di lode». [13] E [ricorda] quando Luqmàn disse a suo figlio: «Figlio mio, non attribuire ad Allah associati. AttribuirGli associati è un'enorme ingiustizia».

[14] Abbiamo imposto all'uomo di trattare bene i suoi genitori: lo portò sua madre di travaglio in travaglio e lo svezzò dopo due anni: «Sii riconoscente a Me e ai tuoi genitori. Il destino ultimo è verso di Me. [15] E se entrambi ti obbligassero ad associarMi ciò di cui non hai conoscenza alcuna, non obbedire loro, ma sii comunque cortese con loro in questa vita e segui la via di chi si rivolge a Me. Poi a Me farete ritorno e vi informerò su quello che avrete fatto».

[16] «O figlio mio, anche se fosse come il peso di un granello di senape, nel profondo di una roccia o nei cieli o sulla terra, Allah lo porterà alla luce. Allah è dolce e ben informato. [17] O figlio mio, assolvi all'orazione, raccomanda le buone consuetudini e proibisci il biasimevole e sopporta con pazienza quello che ti succede: questo il comportamento da tenere in ogni impresa. [18] Non voltare la tua guancia dagli uomini e non calpestare la terra con arroganza: in verità Allah non ama il superbo vanaglorioso. [19] Sii modesto nel camminare e abbassa la tua voce: invero la più sgradevole delle voci è quella dell'asino.»

[20] Non vedete come Allah vi ha sottomesso quel che è nei cieli e sulla terra e ha diffuso su di voi i Suoi favori, palesi e nascosti?

Ciononostante vi è qualcuno tra gli uomini che polemizza a proposito di Allah senza avere né scienza né guida né un Libro luminoso. [21] E quando si dice loro: «Seguite quello che Allah ha rivelato», rispondono: «Seguiremo invece quello che abbiamo trovato presso i nostri avi!». [Insisterebbero così] anche se Satana li chiamasse al castigo della Fiamma?

[22] Chi sottomette il suo volto ad Allah e compie il bene, si afferra all'ansa più salda. In Allah è l'esito di tutte le cose! [23] Quanto a chi è miscredente, non ti affligga la sua miscredenza: a Noi faranno ritorno e li informeremo di quel che avranno fatto. Allah conosce perfettamente cosa c'è nei cuori. [24] Diamo loro godimento effimero per un po' di tempo e poi li spingeremo con forza nel castigo terribile.

[25] Se domandi loro: «Chi ha creato i cieli e la terra?», certamente risponderanno: «Allah». Di': «Lode ad Allah!». Ma la maggior parte di loro non sanno. [26] [Appartiene] ad Allah tutto quello che è nei cieli e sulla terra. Allah basta a Se Stesso, è il Degno di lode. [27] Anche se tutti gli alberi della terra diventassero calami, e il mare e altri sette mari ancora [fossero inchiostro], non potrebbero esaurire le parole di Allah. In verità Allah è eccelso, saggio

[28] La vostra creazione e resurrezione [per Allah] è [facile] come quella di una sola anima. Allah è l'Audiente, Colui Che tutto osserva. [29] Non hai visto come Allah ha fatto sì che la notte compenetri il giorno e il giorno compenetri la notte? E [come] ha sottomesso il sole e la luna, ciascuno dei quali procede [nel suo corso] fino a un termine stabilito? [30] Ciò in quanto Allah è la Verità, mentre quel che invocano all'infuori di Lui è falsità. Allah è l'Altissimo, il Grande.

[31] Non hai visto che è per grazia di Allah che la nave solca il mare, affinché vi mostri qualcuno dei Suoi segni? In verità in ciò vi sono segni per ogni uomo di perseveranza, di riconoscenza.

³² Quando li copre un'onda come fosse tenebra, invocano Allah e Gli rendono un culto puro; quando poi [Allah] li mette al sicuro sulla terra ferma, alcuni di loro seguono una via intermedia. Solo il peggior traditore, il peggior ingrato rinnegherà i Nostri segni.

³³ Uomini, temete il vostro Signore e paventate il Giorno in cui il padre non potrà soddisfare il figlio né il figlio potrà soddisfare il padre in alcunché. La promessa di Allah è verità. Badate che non vi inganni la vita terrena e non vi inganni, su Allah, l'Ingannatore. ³⁴ In verità la scienza dell'Ora è presso Allah, Colui Che fa scendere la pioggia e conosce quello che c'è negli uteri. Nessuno conosce ciò che guadagnerà l'indomani e nessuno conosce la terra in cui morrà. In verità Allah è il Sapiente, il Ben informato.

SURA 32 : AS-SAJDA
....

LA PROSTERNAZIONE

In nome di Allah, il Compassionevole, il Misericordioso.

¹ *Alif, Lâm, Mîm.*

² La rivelazione del Libro [proviene] senza alcun dubbio dal Signore dei mondi. ³ Diranno: "L'ha inventato?". È invece una verità che [proviene] dal tuo Signore, affinché tu ammonisca un popolo a cui non giunse, prima di te, alcun ammonitore, affinché si lascino guidare.

⁴ Allah è Colui Che ha creato in sei giorni i cieli e la terra e tutto ciò che vi è frammezzo, quindi Si è innalzato sul Trono. Al di fuori di Lui non avete alcun patrono o intercessore. Non ve ne ricorderete? ⁵ Dal cielo dirige le cose della terra e poi tutto risalirà a Lui, in un Giorno che sarà come mille anni del vostro contare.

[6] Egli è Colui Che conosce il palese e l'invisibile; è l'Eccelso, il Misericordioso; [7] è Colui Che ha perfezionato ogni cosa creata e dall'argilla ha dato inizio alla creazione dell'uomo, [8] quindi ha tratto la sua discendenza da una goccia d'acqua insignificante; [9] quindi gli ha dato forma e ha insufflato in lui del Suo Spirito. Vi ha dato l'udito, gli occhi e i cuori. Quanto poco siete riconoscenti!

[10] E dicono: "Quando saremo dispersi nella terra godremo di una nuova creazione?". È che non credono all'incontro con il loro Signore! [11] Di': "L'angelo della morte che si occuperà di voi, vi farà morire e poi sarete ricondotti al vostro Signore". [12] Se allora potessi vedere i malvagi, [dire col] capo chino davanti al loro Signore: "Nostro Signore, abbiamo visto e sentito, lasciaci tornare, sì che possiamo fare il bene; [ora] crediamo con certezza". [13] "Se avessimo voluto, avremmo dato ad ogni anima la sua direzione; si è invece compiuta la mia sentenza: riempirò l'Inferno di uomini e di dèmoni insieme". [14] Gustate allora [il castigo] per aver dimenticato l'incontro di questo Giorno. In verità [anche] Noi vi dimentichiamo. Gustate il castigo perpetuo per quello che avete fatto!" [15] In verità credono nei Nostri segni solo coloro che, quando vengono loro rammentati, si gettano in prosternazione, lodano il loro Signore rendendoGli gloria e non sono tronfi di orgoglio. [16] Strappano i loro corpi dai letti* per invocare il loro Signore, per timore e speranza, e sono generosi di quello che abbiamo loro concesso. [17] Nessuno

---

* [Strappano i loro corpi dai letti]: l'espressione coranica descrive con grande efficacia lo sforzo di volontà del credente che, durante la notte si alza per adorare il suo Signore (gloria a Lui l'Altissimo) e ricordarLo. L'Inviato di Allah (pace e benedizioni su di lui) disse che le preghiere e le invocazioni compiute nell'ultimo terzo della notte sono particolarmente accette ed esaudite da Allah]

conosce la gioia immensa che li attende, ricompensa per quello che avranno fatto.

[18] Forse il credente è come l'empio? Non sono affatto uguali. [19] Coloro che credono e compiono il bene saranno ospitati nei giardini del Rifugio, premio per quello che avranno fatto, [20] mentre coloro che saranno stati empi avranno per rifugio il fuoco. Ogni volta che vorranno uscirne vi saranno ricondotti e sarà detto loro: "Provate il castigo del fuoco che tacciavate di menzogna!". [21] Daremo loro un castigo immediato prima del castigo più grande, affinché ritornino [sulla retta via]. [22] Chi è peggior ingiusto di colui che si distoglie dai segni di Allah dopo che gli sono stati ricordati? In verità ci vendicheremo dei trasgressori.

[23] Già demmo il Libro a Mosè [dicendogli]: "Non dubitare circa il Suo incontro". Ne facemmo una guida per i Figli di Israele. [24] E [finché] furono perseveranti e credettero con fermezza nei Nostri segni, scegliemmo tra loro dei capi che li dirigessero secondo il Nostro comando. [25] In verità il tuo Signore nel Giorno della Resurrezione giudicherà tra loro, a proposito delle loro divergenze. [26] Non è servito loro da lezione che prima di loro abbiamo fatto perire tante generazioni, nelle cui case [in rovina] si aggirano? In verità in ciò vi sono segni. Non ascolteranno dunque?

[27] Non hanno visto come spingiamo l'acqua verso una terra arida, suscitando poi una vegetazione che nutre il loro bestiame e loro stessi? Non vedranno dunque? [28] E dicono: "Quando verrà questa vittoria, se siete veridici?". [29] Di': "Nel Giorno della Vittoria sarà vano il credere dei miscredenti! Non avranno alcun rinvio". [30] Allontanati dunque da loro, e aspetta. Anche loro aspetteranno!

I COALIZZATI

In nome di Allah, il Compassionevole, il Misericordioso.

[1] O Profeta, temi Allah e non obbedire né ai miscredenti né agli ipocriti. In verità Allah è sapiente, saggio. [2] Segui ciò che ti è stato rivelato dal tuo Signore. In verità Allah è ben informato di quel che fate. [3] Riponi fiducia in Allah: Allah è sufficiente patrono.

[4] Allah non ha posto due cuori nel petto di nessun uomo, né ha fatto vostre madri le spose che paragonate alla schiena delle vostre madri, e neppure ha fatto vostri figli i figli adottivi. Tutte queste non son altro che parole delle vostre bocche; invece Allah dice la verità, è Lui che guida sulla [retta] via. [5] Date loro il nome dei loro padri: ciò è più giusto davanti ad Allah. Ma se non conoscete i loro padri siano allora vostri fratelli nella religione e vostri protetti. Non ci sarà colpa per voi per ciò che fate inavvertitamente, ma per quello che i vostri cuori fanno volontariamente. Allah è perdonatore, misericordioso.

[6] Il Profeta è più vicino ai credenti di loro stessi e le sue spose sono le loro madri. Secondo il Libro di Allah, [nella successione] i legami parentali hanno priorità su quelli tra i credenti e tra gli immigrati, a meno che non vogliate lasciare un legato a favore dei vostri fratelli nella religione. Questo è scritto nel Libro [di Allah].

[7] [Ricorda] quando accettammo il patto dei profeti: il tuo, quello di Noè, di Abramo, di Mosè e di Gesù figlio di Maria; concludemmo con loro un patto solenne, [8] affinché Allah chieda conto ai sinceri della loro sincerità. Per i miscredenti ha preparato un castigo doloroso.

[9] O credenti, ricordatevi dei favori che Allah vi ha concesso,

quando vi investirono gli armati. Contro di loro mandammo un uragano e schiere che non vedeste. Allah vede perfettamente quello che fate. [10] Quando vi assalirono dall'alto e dal basso, si offuscarono i vostri sguardi: avevate il cuore in gola e vi lasciavate andare ad ogni sorta di congettura a proposito di Allah. [11] Furono messi alla prova i credenti e turbati da un urto violento.

[12] E [ricorda] quando gli ipocriti e coloro che hanno una malattia nel cuore dicevano: «Allah e il Suo Messaggero ci hanno fatto promesse per ingannarci» ! [13] E un gruppo di loro disse: «Gente di Yatrib! Non potrete resistere, desistete», cosicché una parte di loro chiese al Profeta di poter andar via dicendo: «Le nostre case sono indifese», mentre non lo erano; volevano solo fuggire. [14] Se fosse stata fatta un'incursione dai limiti esterni [della città] e se fosse stato chiesto loro di abiurare, lo avrebbero fatto senza indugio, [15] anche se prima avevano stretto con Allah il patto di non voltare le spalle. Saranno interrogati a proposito del patto con Allah! [16] Di' [loro]: «La fuga non vi sarà utile. Se fuggite la morte o l'essere uccisi, non avrete altro che breve gioia». [17] Di': «Chi mai vi porrà oltre la portata di Allah se [Egli] vuole un male per voi o se per voi vuole una misericordia?». Non troveranno, al- l'infuori di Allah, alcun patrono o soccorritore.

[18] Certamente Allah conosce quali di voi frappongono ostacoli e quali dicono ai loro fratelli: «Venite da noi», e ben di rado vanno a combattere, [19] sono avari verso di voi. Quando li prende il panico, li vedrai guardarti con gli occhi allucinati di chi è svenuto per paura della morte. [Poi], appena passata la paura, vi investono con toni esacerbati, avidi di bottino. Costoro non sono affatto credenti e Allah vanificherà le loro azioni. Ciò è facile per Allah. [20] Pensavano che i coalizzati non se ne sarebbero andati. Se i coalizzati ritornassero, se ne andrebbero nel deserto a vagare tra i beduini e chiederebbero

vostre notizie. Se fossero rimasti con voi avrebbero combattuto ben poco.

[21] Avete nel Messaggero di Allah un bell'esempio per voi, per chi spera in Allah e nell'Ultimo Giorno e ricorda Allah frequentemente. [22] Quando i credenti videro i coalizzati, dissero: «Ciò è quanto Allah e il Suo Messaggero ci avevano promesso: Allah e il Suo Messaggero hanno detto la verità». E ciò non fece che accrescere la loro fede e la loro sottomissione. [23] Tra i credenti ci sono uomini che sono stati fedeli al patto che avevano stretto con Allah. Alcuni di loro hanno raggiunto il termine della vita, altri ancora attendono; ma il loro atteggiamento non cambia, [24] affinché Allah compensi i fedeli della loro fedeltà e castighi, se vuole, gli ipocriti, oppure accetti il loro pentimento. Allah è perdonatore, misericordioso.

[25] Allah ha respinto nel loro astio i miscredenti, senza che abbiano conseguito alcun bene, e ha risparmiato ai credenti la lotta. Allah è forte ed eccelso. [26] Ha fatto uscire dalle loro fortezze coloro, fra la gente del Libro, che avevano spalleggiato i coalizzati ed ha messo il panico nei loro cuori. Ne uccideste una parte e un'altra parte la faceste prigioniera. [27] Vi ha dato in eredità la loro terra, le loro dimore e i loro beni e anche una terra che mai avevate calpestato. Allah è onnipotente.

[28] O Profeta, di' alle tue spose: «Se bramate il fasto di questa vita, venite: vi darò modo di goderne e vi darò grazioso congedo. [29] Se invece bramate Allah e il Suo Inviato e la Dimora Ultima, [sappiate] che Allah ha preparato una ricompensa enorme per quelle di voi che fanno il bene». [30] O mogli del Profeta, quella fra voi che si renderà colpevole di una palese turpitudine, avrà un castigo raddoppiato due volte. Ciò è facile per Allah.

[31] Mentre a quella di voi che rimane devota ad Allah e al Suo Inviato, e compie il bene, concederemo ricompensa doppia: le

abbiamo riservato generosa provvidenza. [32] O mogli del Profeta, non siete simili ad alcuna delle altre donne. Se volete comportarvi devotamente, non siate accondiscendenti nel vostro eloquio, ché non vi desideri chi ha una malattia nel cuore. Parlate invece in modo conveniente.

[33] Rimanete con dignità nelle vostre case e non mostratevi come era costume ai tempi dell'ignoranza. Eseguite l'orazione, pagate la decima ed obbedite ad Allah e al Suo Inviato. O gente della casa, Allah non vuole altro che allontanare da voi ogni sozzura e rendervi del tutto puri. [34] E ricordate i versetti di Allah che vi sono recitati nelle vostre case e la saggezza. In verità Allah è perspicace e ben informato.

[35] In verità i musulmani e le musulmane, i credenti e le credenti, i devoti e le devote, i leali e le leali, i perseveranti e le perseveranti, i timorati e le timorate, quelli che fanno l'elemosina e quelle che fanno l'elemosina, i digiunatori e le digiunatrici, i casti e le caste, quelli che spesso ricordano Allah e quelle che spesso ricordano Allah, sono coloro per i quali Allah ha disposto perdono ed enorme ricompensa. [36] Quando Allah e il Suo Inviato hanno decretato qualcosa, non è bene che il credente o la credente scelgano a modo loro Chi disobbedisce ad Allah e al Suo Inviato palesemente si travia.

[37] [Ricorda] quando dicevi a colui che Allah aveva gradito e che tu stesso avevi favorito: «Tieni per te la tua sposa e temi Allah», mentre nel tuo cuore tenevi celato quel che Allah avrebbe reso pubblico. Temevi gli uomini, mentre Allah ha più diritto ad essere temuto. Quando poi Zayd non ebbe più relazione con lei, te l'abbiamo data in sposa, cosicché non ci fosse più, per i credenti, alcun impedimento verso le spose dei figli adottivi, quando essi non abbiano più alcuna relazione con loro. L'ordine di Allah deve essere

eseguito. [38] Pertanto nessuna colpa al Profeta per ciò che Allah gli
ha imposto: questa è stata la norma di Allah [anche] per coloro
che vissero in precedenza. L'ordine di Allah è decreto immutabile.
[39] [Essi] trasmettevano i messaggi di Allah, Lo temevano e non
temevano altri che Allah. Allah è il più esauriente dei contabili.
[40] Muhammad non è padre di nessuno dei vostri uomini, egli è
l'Inviato di Allah e il sigillo dei profeti. Allah conosce ogni cosa.

[41] O voi che credete, ricordate spesso il Nome di Allah [42] e
glorificateLo al mattino e alla fine del giorno. [43] Egli è Colui Che
effonde le Sue benedizioni su di voi, assieme ai Suoi angeli, per
trarvi dalle tenebre alla luce. Egli è misericordioso per i credenti.
[44] Nel Giorno in cui Lo incontreranno, il loro saluto sarà: «Pace».
Egli ha preparato per loro generosa ricompensa.

[45] O Profeta, ti abbiamo mandato come testimone, nunzio e
ammonitore, [46] che chiama ad Allah, con il Suo permesso; e come
lampada che illumina. [47] E da' ai credenti la lieta novella che per
loro c'è una grande grazia di Allah; [48] non obbedire ai miscredenti e
agli ipocriti, non ti curare della loro persecuzione e confida in Allah.
Allah è sufficiente come protettore.

[49] O credenti! Quando sposate le credenti e poi divorziate da
esse senza averle toccate, non saranno obbligate a rispettare un
periodo d'attesa. Date loro qualcosa e date loro grazioso congedo.

[50] O Profeta, ti abbiamo reso lecite le spose alle quali hai versato
il dono nuziale, le schiave che possiedi che Allah ti ha dato dal
bottino. Le figlie del tuo zio paterno e le figlie delle tue zie paterne,
le figlie del tuo zio materno e le figlie delle tue zie materne che
sono emigrate con te e ogni donna credente che si offre al Profeta,
a condizione che il Profeta voglia sposarla. Questo è un privilegio
che ti è riservato, che non riguarda gli altri credenti. Ben sappiamo
quello che abbiamo imposto loro a proposito delle loro spose e delle

schiave che possiedono, così che non ci sia imbarazzo alcuno per te. Allah è perdonatore, misericordioso.

[51] Se farai aspettare quelle che vorrai e chiamerai da te quella che vorrai e se andrai a riprenderne una che avevi fatto aspettare, non ci sarà colpa per te, così che siano confortate e cessi la loro afflizione e siano contente di ciò che avrai concesso loro. Allah conosce quel che c'è nei vostri cuori. Allah è sapiente e magnanimo. [52] D'ora in poi non ti è più permesso di prendere altre mogli e neppure di cambiare quelle che hai con altre, anche se ti affascina la loro bellezza, eccetto le schiave che possiedi. Allah osserva ogni cosa.

[53] O credenti, non entrate nelle case del Profeta, a meno che non siate invitati per un pasto e dopo aver atteso che il pasto sia pronto. Quando poi siete invitati, entrate; e dopo aver mangiato andatevene senza cercare di rimanere a chiacchierare familiarmente. Ciò è offensivo per il Profeta, ma ha vergogna di [dirlo a] voi, mentre Allah non ha vergogna della verità. Quando chiedete ad esse un qualche oggetto, chiedetelo da dietro una cortina: ciò è più puro per i vostri cuori e per i loro. Non dovete mai offendere il Profeta e neppure sposare una delle sue mogli dopo di lui: sarebbe un'ignominia nei confronti di Allah. [54] Sia che rendiate palese qualcosa o la nascondiate, in verità Allah conosce ogni cosa.

[55] Nessuna colpa [per le spose del Profeta, se si mostreranno] ai loro padri, ai loro figli, ai figli dei loro fratelli, ai figli delle loro sorelle, alle loro donne o alle loro schiave. E temano Allah, Allah è testimone di ogni cosa.

[56] In verità Allah e i Suoi angeli benedicono il Profeta. O voi che credete, beneditelo e invocate su di lui la pace. [57] Coloro che offendono Allah e il Suo Messaggero sono maledetti da Allah in questa vita e nell'altra: [Allah] ha preparato per loro un castigo

avvilente. [58] E quelli che ingiustamente offendono i credenti e le credenti si fan carico di calunnia e di evidente peccato.

[59] O Profeta, di' alle tue spose, alle tue figlie e alle donne dei credenti di coprirsi dei loro veli, così da essere riconosciute e non essere molestate. Allah è perdonatore, misericordioso.

[60] Se gli ipocriti, coloro che hanno un morbo nel cuore e coloro che spargono la sedizione non smettono, ti faremo scendere in guerra contro di loro e rimarranno ben poco nelle tue vicinanze. [61] Maledetti! Ovunque li si troverà saranno presi e messi a morte. [62] Questa è stata la consuetudine di Allah nei confronti di coloro che vissero precedentemente. Non troverai alcun cambiamento nella consuetudine di Allah. [63] Ti interrogano gli uomini a proposito dell'Ora. Di': «La scienza di ciò è solo presso Allah». Cosa ne sai? Forse l'Ora è vicina. [64] In verità Allah ha maledetto i miscredenti ed ha preparato per loro la Fiamma, [65] affinché vi rimangano in perpetuo, senza trovare né protettore né ausilio. [66] Il Giorno in cui i loro volti saranno rivoltati nel Fuoco, diranno: «Ahinoi, ah, se avessimo obbedito ad Allah, se avessimo obbedito al Messaggero!». [67] E diranno: «Nostro Signore, noi abbiamo obbedito ai nostri capi e ai nostri notabili. Sono loro che ci hanno sviato dalla [retta] via. [68] Signor nostro, da' loro doppio castigo e maledicili della maledizione più grande».

[69] O credenti! Non siate come coloro che molestarono Mosè: già Allah lo scagionò da quello che avevano detto. Egli è in grande onore presso Allah. [70] O credenti, temete Allah e parlate onestamente,[71] sì che corregga il vostro comportamento e perdoni i vostri peccati. Chi obbedisce ad Allah e al Suo Inviato otterrà il più grande successo. [72] In verità proponemmo ai cieli, alla terra e alle montagne la responsabilità [della fede] ma rifiutarono e ne ebbero paura, mentre l'uomo se ne fece carico. In verità egli è ingiusto e ignorante. [73] [Ed

è così affinché] Allah castighi gli ipocriti e le ipocrite, gli associatori e le associatrici e accolga Allah il pentimento dei credenti e delle credenti. Allah è perdonatore, misericordioso.

SURA 34. SABÂ'

···································

SABÂ'

In nome di Allah, il Compassionevole, il Misericordioso.

[1] Lode ad Allah, Colui Cui appartiene tutto quel che è nei cieli e sulla terra. Lode a Lui nell'altra vita, Egli è il Saggio, il Ben Informato, [2] conosce quello che penetra nella terra e quel che ne esce, quel che scende dal cielo e quel che vi ascende. Egli è il Misericordioso, il Perdonatore.

[3] I miscredenti dicono: «Non ci raggiungerà l'Ora». Di' [loro]: «No, per il mio Signore: certamente giungerà a voi, per Colui Che conosce l'invisibile», Colui al Quale non sfugge il peso di un atomo, nei cieli e sulla terra, e non c'è nulla di più grande o più piccolo che non sia in un Libro chiarissimo, [4] affinché [Allah] ricompensi coloro che credono e compiono il bene. Saranno perdonati e avranno un dono generoso. [5] Coloro invece che avranno cercato di vanificare i Nostri segni, subiranno il castigo del tormento doloroso. [6] Coloro cui è stata data la scienza vedono che quel che ti è stato rivelato da parte del tuo Signore è verità e guida sulla via dell'Eccelso, del Degno di lode.

[7] Dicono i miscredenti: «Volete che vi mostriamo un uomo che vi predirà una nuova creazione dopo che sarete stati del tutto dispersi? [8] Ha inventato menzogne contro Allah? O forse è posseduto?». No, coloro che non credono nell'altra vita [sono destinati] al castigo e ad errare lontano. [9] Non vedono forse quel che di cielo e di terra c'è

davanti a loro e dietro di loro? Se volessimo, li faremmo inghiottire
dalla terra o [faremmo] cadere su di loro brandelli di cielo! In
verità in ciò vi è un segno per ogni servo [che torna a Lui] pentito.
10 Già concedemmo a Davide una grazia [speciale]: «Glorificate,
montagne! E anche voi uccelli insieme con lui!». E gli rendemmo
malleabile il ferro. 11 [dicendogli]: «Fabbrica cotte di maglia e
stringi bene le maglie». Agite bene: in verità Io osservo quello che
fate.

12 [Sottomettemmo] a Salomone il vento che percorre un
mese [di marcia] il mattino e un mese la sera e facemmo scorrere
la fonte di rame. Lavoravano i dèmoni sotto di lui col permesso
del suo Signore. Se uno qualunque di loro si fosse allontanato dal
Nostro ordine, gli avremmo fatto provare il castigo della Fiamma.
13 Costruivano per lui quel che voleva: templi e statue, vassoi
[grandi] come abbeveratoi e caldaie ben stabili. «O famiglia di
Davide, lavorate con gratitudine!» E invece sono ben pochi i Miei
servi riconoscenti.

14 Quando poi decidemmo che morisse, fu solo la «bestia della
terra» che li avvertì della sua morte, rosicchiando il suo bastone.
Poi, quando cadde, ebbero la prova i dèmoni che se avessero
conosciuto l'invisibile, non sarebbero rimasti nel castigo avvilente.

15 C'era invero, per la gente di Sabâ', un segno nella loro terra:
due giardini, uno a destra e uno a sinistra. «Mangiate quel che il
vostro Signore vi ha concesso e siateGli riconoscenti: [avete] una
buona terra e un Signore che perdona!» 16 Si allontanarono [da
Noi] e allora inviammo contro di loro lo straripamento delle dighe
e trasformammo i loro due giardini in due giardini di frutti amari,
tamarischi e qualche loto. 17 Così li ricompensammo per la loro
miscredenza. Castighiamo in tal modo altri che il miscredente?

18 Situammo tra loro e le città che avevamo benedetto altre

città visibili [l'una dall'altra] e calcolammo la distanza tra loro. «Viaggiate di notte e di giorno, in sicurezza.» [19] Dissero: «Signore, aumenta la distanza tra le nostre soste». Così danneggiarono loro stessi. Ne facemmo argomento di leggende e li disperdemmo in ogni luogo. In verità in ciò vi sono segni per ogni uomo perseverante e riconoscente.

[20] E Iblìs si convinse di aver visto il giusto a loro proposito. Lo seguirono dunque, eccetto un gruppo di credenti. [21] Non aveva su di loro alcun potere, eccetto per il fatto che volevamo distinguere chi credeva nell'altra vita e chi ne dubitava. Il tuo Signore è Colui Che preserva ogni cosa.

[22] Di': «Invocate coloro che pretendete [essere divinità] all'infuori di Allah. Non sono padroni neppure del peso di un atomo nei cieli e sulla terra: in quelli e in questa non hanno parte alcuna [con Allah] e in loro Egli non ha nessun sostegno. [23] Nessuna intercessione varrà presso di Lui, eccetto per colui al quale [Egli] lo avrà permesso». Quando poi il terrore avrà lasciato i loro cuori, verranno interrogati: «Cosa diceva il vostro Signore?». Risponderanno: «La verità». Egli è l'Altissimo, il Grande.

[24] Di': «Chi provvede a voi dai cieli e dalla terra?». Di': «Allah». In verità o noi siamo sulla retta via oppure in evidente errore. [25] Di': «Non sarete interpellati a proposito di quel che noi avremo commesso e noi non lo saremo a proposito di quel che avrete fatto voi». [26] Di': «Il nostro Signore ci riunirà, quindi giudicherà tra noi, secondo verità. Egli è il Giudice Che tutto conosce». [27] Di': «Mostratemi quelli che Gli avete attribuito come soci. Niente affatto: Egli è Allah, l'Eccelso, il Saggio».

[28] Non ti abbiamo mandato se non come nunzio ed ammonitore per tutta l'umanità, ma la maggior parte degli uomini non sanno. [29] E dicono: «Quando si realizzerà questa promessa? [Ditecelo], se

siete veridici!». [30] Di': «Vi aspetta un Giorno che non sapreste né ritardare né anticipare di un'ora».

[31] I miscredenti dicono: «Non crederemo mai in questo Corano e neppure a ciò che lo precede». Se potessi vedere quando gli ingiusti saranno davanti al loro Signore, immobili s'interpelleranno gli uni con gli altri. E coloro che erano considerati deboli diranno a quelli che erano tronfi d'orgoglio: «Se non fosse stato per voi, certamente avremmo creduto». [32] E quelli che erano tronfi d'orgoglio diranno a coloro che consideravano deboli: «Vi abbiamo forse impedito [di seguire] la retta via dopo che essa vi giunse? No, anche voi siete stati colpevoli». [33] E coloro che erano considerati deboli diranno a quelli che erano tronfi d'orgoglio: «No, furono le vostre perfidie, di giorno e di notte, quando ci ordinavate di disconoscere Allah e attribuirGli consimili!». Celeranno il loro rimorso quando vedranno il castigo, [perché] porremo i gioghi al collo dei miscredenti. Saranno compensati per altro che per le opere loro?

[34] Non mandammo un ammonitore a una comunità senza che coloro che vivevano nell'agiatezza dicessero: «Non crediamo in ciò per cui siete stati inviati». [35] Dissero: «Abbiamo ricchezze più grandi e figli, quindi non saremo castigati». [36] Di': «In verità il mio Signore concede generosamente a chi vuole e lesina a chi vuole, ma la maggior parte degli uomini non lo sa». [37] I vostri beni e i vostri figli non vi potranno avvicinare a Noi, eccetto per chi crede e compie il bene: essi sono coloro che avranno ricompensa raddoppiata per quel che facevano: saranno al sicuro negli alti livelli [del Paradiso]. [38] Coloro che invece cercano di vanificare i Nostri segni saranno obbligati a presentarsi al castigo. [39] Di': «In verità il mio Signore concede generosamente a chi vuole e lesina a chi vuole. E vi restituirà tutto ciò che avrete dato. Egli è il Migliore dei dispensatori».

[40] Un Giorno tutti li riunirà e dirà agli angeli: «È voi che costoro adoravano?». [41] Diranno: «Gloria a Te, sei Tu il nostro patrono. No, essi adoravano i dèmoni. La maggior parte di loro credeva in essi». [42] In quel Giorno non potrete giovarvi o nuocervi a vicenda e Noi diremo a coloro che furono ingiusti: «Gustate il castigo del Fuoco che tacciavate di menzogna!».

[43] Quando vengono recitati loro i Nostri chiari versetti, dicono: «Costui non è altro che un uomo che ci vuole allontanare da quello che adoravano i vostri avi»; e dicono: «Questa non è altro che una menzogna inventata». Quando giunge loro la Verità, i miscredenti dicono di essa: «Questa non è che evidente magia!». [44] In passato non demmo loro libri da studiare, né prima di te inviammo loro un ammonitore. [45] Coloro che li precedettero già tacciarono di menzogna [le rivelazioni], mentre essi non hanno raggiunto nemmeno un decimo di quello [splendore] che concedemmo a quegli altri. Trattarono da bugiardi i Miei messaggeri. Quale riprovazione fu la Mia!

[46] Di': «Ad una sola [cosa] vi esorto: state ritti per Allah, a coppie o singolarmente e riflettete: non c'è alcun demone nel vostro compagno, egli per voi non è altro che un ammonitore che precede un severo castigo». [47] Di': «Non vi chiedo nessuna ricompensa. Essa vi appartiene. La mia ricompensa spetta ad Allah. Egli è il Testimone di tutte le cose».

[48] Di': «Certamente il mio Signore rivela la Verità Egli ha perfetta conoscenza di ogni cosa nascosta». [49] Di': «È giunta la Verità. Il falso non può dar inizio a nulla e nulla rinnovare». [50] Di': «Se mi perdo, è solo contro me stesso che mi perdo; se mi mantengo sulla Retta via, è grazie a quello che il mio Signore mi ha rivelato. In verità Egli è Colui Che ascolta, Colui Che è vicino»

[51] Se li vedessi quando saranno atterriti, senza nessuna via

d'uscita e afferrati da presso! [52] Allora diranno: «Crediamo in Lui».
Ma come raggiungeranno [la fede] da così lontano, [53] quando in
precedenza erano miscredenti e da lontano rifiutavano l'invisibile?
[54] Si porrà [un ostacolo] tra loro e quel che desiderano, come
già avvenne per i loro emuli, che rimasero in preda al dubbio e
all'incertezza.

SURA 35. FÂTIR
....

COLUI CHE DÀ ORIGINE

In nome di Allah, il Compassionevole, il Misericordioso.

[1] La lode appartiene ad Allah, Colui Che ha dato origine ai cieli e
alla terra, Che ha fatto degli angeli messaggeri dotati di due, tre o
quattro ali. Egli aggiunge alla creazione quello che vuole. In verità
Allah è onnipotente. [2] Nessuno può trattenere ciò che Allah concede
agli uomini in misericordia e nessuno può concedere ciò che Egli
trattiene. E Lui l'Eccelso, il Saggio.

[3] O uomini, ricordate il favore che Allah vi ha concesso.
All'infuori di Lui c'è forse un creatore che vi nutra dal cielo e dalla
terra? Non c'è altro dio all'infuori di Lui. Come potete allontanarvi
[da Lui]? [4] E se ti trattano da bugiardo, [sappi] che già trattarono
da bugiardi i messaggeri che ti precedettero. Tutto quanto ritorna
ad Allah.

[5] O uomini, la promessa di Allah è verità. [Badate] che non
vi inganni la vita terrena e l'Ingannatore vi distolga da Allah. [6]
In verità Satana è vostro nemico, trattatelo da nemico. Egli invita
i suoi adepti ad essere i compagni della Fiamma. [7] I miscredenti
avranno un duro castigo, mentre coloro che credono e compiono il
bene avranno il perdono e ricompensa grande.

[8] [Cosa ne sarà di] colui al quale è stata edulcorata la nefandezza della sua azione al punto che la considera buona? Ma Allah svia chi vuole e guida chi vuole. Quindi non ti affliggere per causa loro: Allah ben conosce quello che hanno operato.

[9] Allah è Colui Che manda i venti: essi sollevano nuvole che spingiamo verso una contrada morta; quindi ridiamo la vita alla terra dopo che era morta. Allo stesso modo [avverrà] la Resurrezione!
[10] E chi desidera potenza… [sappia che] tutta la potenza [appartiene] ad Allah: ascende a Lui la buona parola ed Egli eleva alta l'azione devota. Coloro che invece tramano le azioni malvagie, avranno un castigo severo. La loro trama è destinata al fallimento. [11] Allah vi ha creati dalla terra e poi da una goccia di sperma e quindi vi ha disposti a coppie. Non c'è femmina che sia gravida o partorisca a Sua insaputa. A nessuno sarà prolungata o abbreviata la vita senza che ciò non sia [scritto] in un Libro. In verità ciò è facile per Allah.

[12] I due mari non sono uguali: uno di acqua fresca, dolce, da bere e l'altro di acqua salata, amara, eppure da entrambi mangiate una carne freschissima e traete gioielli di cui vi adornate. E vedrai le navi solcarli sciabordando, affinché possiate procurarvi la grazia di Allah. Sarete riconoscenti? [13] Egli fa sì che la notte compenetri il giorno e il giorno compenetri la notte e ha sottomesso il sole e la luna. Ciascuno orbita fino ad un termine stabilito. Questi è Allah, il vostro Signore: appartiene a Lui la sovranità, mentre coloro che invocate all'infuori di Lui non posseggono neppure una pellicola di seme di dattero. [14] Se li invocate non odono la vostra invocazione e se mai la udissero non saprebbero rispondervi. Nel Giorno della Resurrezione, rinnegheranno il vostro associare. Nessuno può informarti come Colui Che è il Ben Informato.

[15] O uomini, voi siete bisognosi di Allah, mentre Allah è Colui Che basta a Se Stesso, il Degno di lode. [16] Se volesse, vi farebbe

perire e susciterebbe una nuova creazione. [17] Ciò non è difficile
per Allah. [18] Nessuno porterà il peso di un altro. Se qualcuno
pesantemente gravato chiederà aiuto per il carico che porta, nessuno
potrà alleggerirlo, quand'anche fosse uno dei suoi parenti. Tu devi
avvertire solo coloro che temono il loro Signore in ciò che non è
visibile e assolvono all'orazione. Chi si purifica è solo per se stesso
che lo fa e la meta è in Allah.

[19] Non sono uguali il cieco e colui che vede, [20] né le tenebre e
la luce, [21] né l'ombra e la calura, [22] né i morti sono uguali ai vivi.
In verità Allah fa udire chi vuole, mentre tu non puoi far sentire
coloro che sono nelle tombe. [23] Tu non sei che un ammonitore.
[24] Ti abbiamo inviato con la Verità, nunzio ed ammonitore, e non
c'è comunità in cui non sia venuto un ammonitore. [25] E se ti trattano
da bugiardo, già coloro che li precedettero tacciarono di menzogna
i loro messaggeri, anche se avevano recato le prove evidenti,
Scritture e il Libro che illumina: [26] poi afferrai i miscredenti e
quanto [grande] fu la Mia riprovazione.

[27] Non hai visto che Allah fa scendere l'acqua dal cielo e che
suscitiamo da essa frutti di diversi colori? E le montagne hanno
striature bianche e rosse, di diversi colori e anche nere, corvine.
[28] E in egual modo anche gli uomini, gli animali e le greggi, hanno
anche essi colori diversi. Tra i servi di Allah solo i sapienti Lo
temono. Allah è il Potente, il Perdonatore.

[29] In verità coloro che recitano il Libro di Allah, assolvono
all'orazione e segretamente e in pubblico danno di ciò che abbiamo
loro concesso, sperano in un commercio imperituro: [30] e che Allah
li compensi pienamente e aggiunga della Sua Grazia. Sì, Egli è
perdonatore, riconoscente. [31] Ciò che ti abbiamo rivelato del Libro
è la Verità, conferma di ciò che già era prima di esso. In verità Allah
è ben informato sui Suoi servi, è Colui Che vede con chiarezza.

³² Facemmo poi eredi della Scrittura i Nostri servi che scegliemmo. Fra essi c'è chi fa torto a se stesso, chi segue una via intermedia, chi vince la gara del bene con il permesso di Allah: questa è la grazia immensa. ³³ Entreranno nei Giardini di Eden, ornati di braccialli d'oro e di perle e saranno di seta i loro vestiti. ³⁴ Diranno: «Sia lodato Allah Che ha allontanato da noi la tristezza. In verità il nostro Signore è perdonatore, riconoscente. ³⁵ È Colui Che ci ha introdotti per grazia Sua, nella Dimora della quiete, in cui non ci affliggerà nessuna fatica o stanchezza».

³⁶ Coloro che invece non credono, avranno il fuoco dell'Inferno: giammai sarà decisa la loro morte e nulla sarà sottratto al castigo. Ricompenseremo così ogni ingrato. ³⁷ E colà grideranno: «Signore, facci uscire, affinché possiamo compiere il bene, invece di quel che già abbiamo fatto!». [Verrà loro risposto]: «Non vi abbiamo dato una vita abbastanza lunga, tale che potesse ricordarsi [¹⁹] chi avesse voluto ricordare? Eppure vi era giunto l'ammonitore! Gustate dunque il castigo, ché per gli ingiusti non ci sarà soccorritore».

³⁸ Sì, Allah è Colui Che conosce l'invisibile dei cieli e della terra. In verità Egli conosce quello che c'è nei petti. ³⁹ Egli è Colui Che vi ha fatti eredi della terra. Quanto a chi sarà miscredente, la sua miscredenza è a suo danno. La loro miscredenza non fa che accrescere l'abominio dei miscredenti di fronte al loro Signore; la loro miscredenza non fa che accrescere la loro rovina.

⁴⁰ Di': «Cosa ne pensate dei vostri associati che invocate all'infuori di Allah? Mostratemi quel che della terra hanno creato. Oppure è nella creazione dei cieli che sono associati [ad Allah]? O forse demmo loro un Libro affinché [si appoggino] a una prova?». No, quel che gli ingiusti si promettono a vicenda non è che frode. ⁴¹ Allah trattiene i cieli e la terra affinché non sprofondino, ché, se

sprofondassero, nessuno li potrebbe trattenere all'infuori di Lui. In verità Egli è magnanimo, perdonatore.

⁴² Giurano [in nome] di Allah con solenni giuramenti che se giungesse loro un ammonitore, agirebbero più rettamente di qualsiasi altra comunità. Poi, quando giunge loro un ammonitore, ciò non fa che accrescere la loro avversione, ⁴³ la loro superbia sulla terra e le loro trame malvagie. Ma la trama malvagia non fa che avvolgere i suoi artefici. Si aspettano un'altra consuetudine [diversa] da quella che fu adottata per i loro avi? Non troverai mai un cambiamento nella consuetudine di Allah, non troverai deviazione alcuna nella consuetudine di Allah. ⁴⁴ Non hanno viaggiato sulla terra? Non hanno visto ciò che è avvenuto a coloro che li precedettero, che [pure] erano più forti di loro? Nulla, nei cieli e sulla terra, potrebbe annullare [la potenza di] Allah. In verità Egli è sapiente, potente. ⁴⁵ Se Allah punisse gli uomini per ciò che si meritano, non lascerebbe alcun essere vivente sulla terra. Ma Egli li rinvia fino ad un termine stabilito. Poi, quando giungerà il termine loro... [sapranno che] Allah osserva attentamente i Suoi servi.

SURA 36 : YÂ SÎN
....

YÂ SÎN

In nome di Allah, il Compassionevole, il Misericordioso.

¹ *Yâ, Sîn.*

² Per il saggio Corano. ³ In verità tu sei uno degli inviati. ⁴ su una retta via. ⁵ Rivelazione del Potente, il Misericordioso, ⁶ affinché tu avverta un popolo i cui avi non sono stati avvertiti e che dunque sono incuranti.

[7] Già si è realizzato il Decreto contro la maggior parte di loro: non crederanno. [8] Sì, porremo ai loro colli gioghi che saliranno fino al mento: saranno irrigiditi. [9] E metteremo una barriera davanti a loro e una barriera dietro di loro, poi li avvilupperemo affinché non vedano niente. [10] Che tu li avverta oppure no, per loro sarà la stessa cosa, non crederanno. [11] In verità avvertirai solo colui che segue il Monito e teme il Compassionevole in ciò che è invisibile. Annunciagli il perdono e generosa ricompensa.

[12] In verità siamo Noi a ridare la vita ai morti, registriamo quello che hanno fatto e le conseguenze dei loro atti. Abbiamo enumerato tutte le cose in un Archetipo esplicito.

[13] Proponi loro la metafora degli abitanti della città quando vi giunsero gli inviati. [14] Quando gliene inviammo due, essi li trattarono da bugiardi. Mandammo loro il rinforzo di un terzo. Dissero: «In verità siamo stati inviati a voi». [15] Risposero: «Non siete altro che uomini come noi: il Compassionevole non ha rivelato nulla, non siete altro che dei bugiardi». [16] Dissero: «Il nostro Signore sa che in verità siamo stati inviati a voi [17] con il solo obbligo della comunicazione esplicita». [18] Dissero: «Siete di malaugurio. Se non desistete vi lapideremo, e vi faremo subire un severo castigo». [19] Risposero: «Il malaugurio è su di voi. [È così che vi comportate] quando siete esortati? Siete gente perversa».

[20] Da un estremo della città giunse correndo un uomo. Disse: «O popol mio, seguite gli inviati, [21] seguite coloro che non vi chiedono alcuna ricompensa e che sono ben diretti.

[22] Perché mai non dovrei adorare Colui Che mi ha creato e al Quale sarete tutti ricondotti? [23] Mi prenderò altre divinità all'infuori di Lui? Se il Compassionevole volesse del male per me, la loro intercessione non mi gioverebbe in alcunché, né saprebbero salvarmi: [24] sarei allora nell'errore evidente. [25] In verità credo nel

vostro Signore, ascoltatemi dunque!». ²⁶ Gli fu detto: «Entra nel Paradiso». Disse: «Se la mia gente sapesse ²⁷ come mi ha perdonato il mio Signore e mi ha posto tra coloro che sono onorati!».

²⁸ Dopo di lui non facemmo scendere dal cielo nessuna armata. Non abbiamo voluto far scendere nulla sul suo popolo. ²⁹ Non ci fu altro che il Grido, uno solo e furono spenti. ³⁰ Oh, miseria sui servi [di Allah]! Non giunge loro un messaggero che essi non scherniscano. ³¹ Non hanno visto quante generazioni abbiamo fatto perire prima di loro? Esse non torneranno mai più [sulla terra]. ³² E saranno tutti quanti obbligati a presentarsi davanti a Noi! ³³ Ecco un segno per loro: la terra morta cui ridiamo la vita e dalla quale facciamo uscire il grano che mangiate.

³⁴ Abbiamo posto su di essa giardini di palmeti e vigne e vi abbiamo fatto sgorgare le fonti, ³⁵ affinché mangiassero i Suoi frutti e quel che le loro mani non hanno procurato. Non saranno riconoscenti? ³⁶ Gloria a Colui Che ha creato le specie di tutto quello che la terra fa crescere, di loro stessi e di ciò che neppure conoscono.

³⁷ E un segno per loro la notte che spogliamo del giorno ed allora sono nelle tenebre. ³⁸ E il sole che corre verso la sua dimora: questo è il Decreto dell'Eccelso, del Sapiente. ³⁹ E alla luna abbiamo assegnato le fasi, finché non diventa come una palma invecchiata. ⁴⁰ Non sta al sole raggiungere la luna e neppure alla notte sopravanzare il giorno. Ciascuno vaga nella sua orbita.

⁴¹ E un segno per loro, che portammo la loro progenie su di un vascello stracarico. ⁴² E per loro ne creammo di simili sui quali s'imbarcano. ⁴³ Se volessimo li annegheremmo, e allora non avrebbero alcun soccorso e non sarebbero salvati ⁴⁴ se non da una Nostra misericordia e come temporaneo godimento.

⁴⁵ Quando si dice loro: «Temete ciò che vi sta dinnanzi e quello

che è dietro di voi, affinché possiate essere oggetto di misericordia», [46] non giunge loro un solo segno, tra i segni del loro Signore, senza che se ne distolgano. [47] E quando si dice loro: «Siate generosi di ciò che Allah vi ha concesso», i miscredenti dicono ai credenti: «Dovremmo nutrire chi sarebbe nutrito da Allah, se Lui lo volesse? Siete in evidente errore».

[48] E dicono: «Quando [si realizzerà] questa promessa se siete veridici?». [49] Non aspettano altro che un Grido, uno solo, che li afferrerà mentre saranno in piena polemica. [50] E non potranno dunque fare testamento e neppure ritornare alle loro famiglie. [51] Sarà soffiato nel Corno ed ecco che dalle tombe si precipiteranno verso il loro Signore [52] dicendo: «Guai a noi! Chi ci ha destato dalle nostre tombe ! È quello che il Compassionevole aveva promesso: gli inviati avevano detto il vero». [53] Sarà solo un Grido, uno solo, e tutti saranno condotti davanti a Noi.

[54] E in quel Giorno nessuno subirà un torto e non sarete compensati se non per quello che avrete fatto. [55] In quel Giorno, i compagni del Paradiso avranno gioiosa occupazione, [56] essi e le loro spose, distesi all'ombra su alti letti. [57] Colà avranno frutta e tutto ciò che desidereranno. [58] E «Pace» sarà il saluto [rivolto loro] da un Signore misericordioso.

[59] E [sarà detto]: «Tenetevi in disparte in quel Giorno, o iniqui! [60] O figli di Adamo, non vi ho forse comandato di non adorare Satana – in verità è un vostro nemico dichiarato – [61] e di adorare Me? Questa è la retta via. [62] Egli ha sviato molti di voi. Non comprendete dunque? [63] Ecco l'Inferno che vi è stato promesso. [64] Bruciate in esso quest'oggi, poiché siete stati miscredenti!». [65] In quel Giorno sigilleremo le loro bocche, parleranno invece le loro mani e le loro gambe daranno testimonianza di quello che avranno fatto.

[66] E se volessimo, cancelleremmo i loro occhi e si

precipiterebbero allora sul sentiero. Ma come potrebbero vedere?
[67] E se volessimo li pietrificheremmo sul posto e non saprebbero né
avanzare né ritornare indietro. [68] Noi incurviamo la statura di tutti
coloro ai quali concediamo una lunga vita . Non capiscono ancora?
[69] Non gli abbiamo insegnato la poesia, non è cosa che gli si addice;
questa [rivelazione] non è che un Monito e un Corano chiarissimo,
[70] affinché avverta ogni vivente e si realizzi il Decreto contro i
miscredenti.

[71] Non hanno visto che tra ciò che abbiamo creato per loro con
le Nostre mani, c'è il bestiame che essi possiedono? [72] Lo abbiamo
sottomesso a loro: di alcuni fanno cavalcature e di altri si nutrono, [73]
e ne traggono benefici e bevanda. Non saranno dunque riconoscenti?
[74] Si prendono divinità all'infuori di Allah, nella speranza di essere
soccorsi. [75] Esse non potranno soccorrerli, saranno anzi un'armata
schierata contro di loro. [76] Non ti affliggano i loro discorsi. Noi ben
conosciamo quello che celano e quello che palesano.

[77] Non vede l'uomo che lo abbiamo creato da una goccia di
sperma? Ed eccolo in spudorata polemica. [78] Ci propone un luogo
comune e, dimentico della sua creazione, [dice]: «Chi ridarà la vita
ad ossa polverizzate?». [79] Di': «Colui Che le ha create la prima
volta ridarà loro la vita. Egli conosce perfettamente ogni creazione.
[80] Egli è Colui Che nell'albero verde ha posto per voi un fuoco con
cui accendete. [81] Colui Che ha creato i cieli e la terra non sarebbe
capace di creare loro simili? Invece sì! Egli è il Creatore incessante,
il Sapiente. [82] Quando vuole una cosa, il Suo ordine consiste nel dire
«Sii» ed essa è. [83] Gloria a Colui nella Cui mano c'è la sovranità su
ogni cosa, Colui al Quale sarete ricondotti.

I RANGHI

In nome di Allah, il Compassionevole, il Misericordioso.

[1] Per coloro che si schierano in ranghi, [2] per coloro che respingono con forza, [3] per coloro che recitano il monito : [4] «In verità il vostro Dio è Uno, [5] Signore dei cieli e della terra e di quello che vi è in mezzo, il Signore degli Orienti!».

[6] Invero abbiamo ornato di stelle il cielo più vicino, [7] per proteggerlo contro ogni diavolo ribelle. [8] Non potranno origliare il Supremo Consesso (saranno bersagliati da ogni lato [9] e scacciati: avranno il castigo perpetuo) [10] eccetto colui che ne afferri un dettaglio, ma lo inseguirà allora un bolide fiammeggiante.

[11] Chiedi loro se la loro natura è più forte di quella degli altri esseri che Noi abbiamo creato: in verità li creammo di argilla impastata! [12] Tu stupisci e loro scherniscono! [13] Quando viene loro ricordato [il Monito], non vi badano affatto; [14] quando scorgono un segno, se ne prendon beffa [15] e dicono: «Questa è evidente magia. [16] Quando saremo morti, [ridotti] a polvere e ossa, saremo resuscitati? [17] E così [pure] i nostri avi?». [18] Di': «Sì, e sarete umiliati».

[19] Ci sarà uno squillo, uno solo, ed ecco che vedranno [20] e diranno: «Guai a noi! Ecco il Giorno del Giudizio!». [21] È il Giorno della Separazione, che tacciavate di menzogna.» [22] «Riunite gli ingiusti e le loro spose e quelli che adoravano [23] all'infuori di Allah, e vengano condotti sulla via della Fornace. [24] Fermateli, devono essere interrogati.» [25] «Perché ora non vi aiutate a vicenda?» [26] Ma in quel Giorno vorranno sottomettersi,

[27] e si rivolgeranno gli uni agli altri interrogandosi.

²⁸ Diranno: «Vi presentavate dalla parte destra».
²⁹ Risponderanno: «Voi piuttosto, non eravate credenti: ³⁰ non
avevamo alcuna autorità su di voi ! Eravate gente ribelle: ³¹
[perciò] la promessa di Allah si è realizzata contro di noi e ne
avremo esperienza. ³² Noi vi abbiamo traviato perché in verità noi
stessi eravamo traviati». ³³ In quel Giorno saranno accomunati nel
castigo. ³⁴ In verità agiamo così con gli iniqui. ³⁵ Quando si diceva
loro: «Non c'è dio all'infuori di Allah», si gonfiavano d'orgoglio
³⁶ e dicevano: «Dovremmo abbandonare i nostri dèi per un poeta
posseduto?». ³⁷ Sì, è venuto con la verità, e ha confermato gli inviati
[che lo hanno preceduto]. ³⁸ In verità gusterete il castigo doloroso,
³⁹ ma non sarete compensati per altro che per quel che avrete fatto;

⁴⁰ eccetto i servi devoti di Allah: ⁴¹ essi avranno una nota
provvigione ⁴² di frutti e saranno colmati di onori ⁴³ nei Giardini
della Delizia, ⁴⁴ su giacigli rivolti gli uni verso gli altri. ⁴⁵ Girerà tra
loro una coppa di [bevanda] sorgiva, ⁴⁶ chiara e deliziosa da bersi,
⁴⁷ che non produce ubriachezza, né stordimento. ⁴⁸ E accanto a loro
ci saranno quelle dagli sguardi casti, dagli occhi grandi, ⁴⁹ simili a
uova nascoste.

⁵⁰ Si rivolgeranno gli uni agli altri, interrogandosi. ⁵¹ Uno di loro
dirà: «Avevo un compagno ⁵² che [mi] diceva: "Sei uno di quelli
che credono? ⁵³ Quando saremo morti, [ridotti a] polvere ed ossa,
dovremo rendere conto?"». ⁵⁴ E dirà: «Volete guardare dall'alto?».
⁵⁵ Guarderà dall'alto e vedrà l'altro in mezzo alla Fornace.
⁵⁶ Gli griderà: «Per Allah, davvero stavi per causare la mia rovina!
⁵⁷ Senza la benevolenza del mio Signore, sarei stato certamente uno
dei dannati. ⁵⁸ Siamo dunque morti ⁵⁹ solo di quella prima morte e
non subiremo alcun castigo!». ⁶⁰ Davvero questa è la beatitudine
immensa. ⁶¹ A tal fine agiscano coloro che agiscono.

⁶² Questa è miglior accoglienza oppure [i frutti del]l'albero di

Zaqqùm? [63] In verità ne abbiamo fatto una prova per gli ingiusti. [64] È un albero che spunta dal fondo della Fornace. [65] I suoi frutti sono come teste di diavoli. [66] Essi ne mangeranno e se ne riempiranno i ventri [67] e vi berranno sopra una mistura bollente. [68] E poi ritorneranno verso la Fornace. [69] In verità hanno trovato i loro avi smarriti [70] e si sono lanciati sulle loro tracce. [71] E prima di loro, certamente, si smarrirono la maggior parte dei loro avi. [72] Già inviammo presso di loro degli ammonitori. [73] Considera cosa avvenne a quelli che furono ammoniti, [74] eccetto i servi devoti di Allah.

[75] Invero Ci invocò Noè e fummo i migliori a rispondergli: [76] salvammo lui e la sua famiglia dall'angoscia più grande, [77] e facemmo della sua progenie i superstiti. [78] Lasciammo [il ricordo] di lui ai posteri. [79] Pace su Noè nel creato! [80] Compensiamo così coloro che fanno il bene. [81] In verità era uno dei Nostri servi devoti. [82] Annegammo gli altri.

[83] In verità Abramo era certamente uno dei suoi seguaci, [84] quando si accostò al suo Signore con cuore puro. [85] Disse a suo padre e al suo popolo: «Cos'è che adorate? [86] Volete, fallacemente, degli dèi all'infuori di Allah? [87] Cosa pensate del Signore dell'universo?».

[88] Gettò poi uno sguardo agli astri, [89] e disse: «Sono malato». [90] Gli voltarono le spalle e se ne andarono. [91] Scivolò presso i loro dèi e disse: «Non mangiate dunque? [92] Che avete, perché non parlate?». [93] Poi li colpì con la mano destra. [94] Accorsero in tutta fretta. [95] Disse: «Adorate ciò che scolpite voi stessi [96] mentre è Allah che vi ha creati, voi e ciò che fabbricate». [97] Risposero: «Costruite un forno e gettatelo nella fornace!». [98] Tramarono contro di lui, ma furono loro gli umiliati. [99] Disse: «In verità vado verso il mio

Signore, Egli mi guiderà. [100] Signore, donami un [figlio] devoto».
[101] Gli demmo la lieta novella di un figlio magnanimo.

[102] Poi, quando raggiunse l'età per accompagnare [suo padre,
questi] gli disse: «Figlio mio, mi sono visto in sogno, in procinto
di immolarti. Dimmi cosa ne pensi». Rispose: «Padre mio, fai quel
che ti è stato ordinato: se Allah vuole, sarò rassegnato». [103] Quando
poi entrambi si sottomisero, e lo ebbe disteso con la fronte a terra,
[104] Noi lo chiamammo: «O Abramo, [105] hai realizzato il sogno.
Così Noi ricompensiamo quelli che fanno il bene. [106] Questa è
davvero una prova evidente». [107] E lo riscattammo con un sacrificio
generoso. [108] Perpetuammo il ricordo di lui nei posteri. [109] Pace
su Abramo ! [110] Così ricompensiamo coloro che fanno il bene.
[111] In verità era uno dei nostri servi credenti. [112] E gli demmo la lieta
novella di Isacco, profeta tra i buoni. [113] Elargimmo su di lui e su
Isacco [la pienezza della benedizione]. Tra i loro discendenti c'è il
virtuoso e colui che è palesemente ingiusto nei suoi stessi confronti.

[114] Già colmammo di favore Mosè e Aronne, [115] salvammo
loro e il loro popolo dall'angoscia più grande, [116] prestammo loro
soccorso ed essi ebbero il sopravvento. [117] Demmo ad entrambi la
Scrittura esplicita, [118] e li guidammo sulla retta via, [119] perpetuammo
il loro ricordo nei posteri. [120] Pace su Mosè e su Aronne! [121] Così
ricompensiamo coloro che fanno il bene. [122] Erano entrambi Nostri
servi credenti.

[123] In verità Elia era uno degli Inviati. [124] Disse al suo
popolo: «Non sarete timorati [di Allah]?». [125] Invocherete Baal e
trascurerete il Migliore dei creatori: [126] Allah, il vostro Signore e
il Signore dei vostri avi più antichi? [127] Lo trattarono da bugiardo.
Infine saranno condotti [al castigo], [128] eccetto i servi devoti di
Allah. [129] Perpetuammo il ricordo di lui nei posteri. [130] Pace su Elia!

131 Così ricompensiamo coloro che fanno il bene. 132 In verità era uno dei nostri servi credenti.

133 In verità Lot era uno degli inviati: 134 lo salvammo insieme con tutta la sua famiglia,135 eccetto una vecchia [che fu] tra coloro che restarono indietro, 136 e gli altri li annientammo. 137 Passate su di loro, il mattino 138 e durante la notte. Non capite dunque?

139 In verità Giona era uno degli inviati. 140 Fuggì sulla nave stipata. 141 Quando tirarono a sorte, fu colui che doveva essere gettato [in mare]. 142 Lo inghiottì un pesce, mentre si rammaricava. 143 Se non fosse stato uno di coloro che glorificano Allah, 144 sarebbe rimasto nel suo ventre fino al Giorno della Resurrezione. 145 Lo gettammo sofferente sulla nuda riva 146 e facemmo crescere su di lui una pianta di zucca. 147 Lo inviammo a centomila [uomini], o ancor di più. 148 Credettero e concedemmo loro temporaneo godimento.

149. Poni loro questa domanda: «Il tuo Signore avrebbe figlie e loro figli?». 150 Abbiamo forse creato angeli femmine ed essi ne furono testimoni? 151 Non è forse vero che, nella loro calunnia, dicono: 152 «Allah ha generato». In verità sono bugiardi! 153 Avrebbe forse preferito le figlie ai figli? 154 Che cosa avete? Come giudicate? 155 Non riflettete? 156 Vi basate su un'autorità incontestabile? 157 Portate la vostra Scrittura, se siete veritieri.

158 Stabiliscono una parentela tra Lui e i dèmoni, ma i dèmoni sanno bene che dovranno comparire. 159 Gloria ad Allah, Egli è ben più alto di quel che Gli attribuiscono! 160 Eccetto i servi devoti di Allah. 161 In verità né voi, né ciò che adorate, 162 potreste tentare [nessuno], 163 se non chi sarà bruciato nella Fornace. 164 «Non c'è nessuno di noi che non abbia un posto stabilito. 165 In verità siamo schierati in ranghi. 166 In verità siamo noi che glorifichiamo Allah!» 167 Anche se dicevano:

168 «Se avessimo avuto un monito [tramandatoci] dagli antichi,

[169] saremmo stati servi sinceri di Allah!». [170] Invece non vi prestarono fede, presto sapranno. [171] Già la Nostra Parola pervenne agli inviati Nostri servi. [172] Saranno loro ad essere soccorsi, [173] e le Nostre schiere avranno il sopravvento. [174] Allontanati da loro per un periodo [175] e osservali: presto vedranno!

[176] E il nostro castigo che cercano di sollecitare? [177] Se si abbatte nei loro pressi, ah, che mattino terribile per coloro che sono stati avvertiti! [178] Allontanati da loro per un periodo [179] e osservali: presto vedranno! [180] Gloria al tuo Signore, Signore dell'onnipotenza, ben al di sopra di quel che Gli attribuiscono [181] e pace sugli inviati, [182] e lode ad Allah, Signore dei mondi.

SURA 38 : SÂD
....

SÂD

In nome di Allah, il Compassionevole, il Misericordioso.

[1] Sâd.

Per il Corano [che contiene] il Monito. [2] Sono i miscredenti ad essere nell'orgoglio e nello scisma! [3] Quante generazioni abbiamo annientato prima di loro! Lanciarono grida [d'aiuto] quando non c'era più tempo per sfuggire [al castigo].

[4] Essi stupiscono che sia giunto un ammonitore della loro gente. I miscredenti dicono: «È uno stregone, un gran bugiardo. [5] Ridurrà forse gli dèi ad un Dio unico? Questa è davvero una cosa strana». [6] E i notabili se ne andarono [dicendo]: «Andatevene e rimanete fedeli ai vostri dèi: questa è davvero la cosa più augurabile. [7] Non sentimmo niente di ciò nell'ultima religione, si tratta di [pura]

invenzione. [8] È [solo] su di lui che sarebbe stato fatto scendere il Monito?». Sono perplessi a proposito del Mio Monito. Non hanno ancora gustato il [Mio] castigo!

[9] Hanno forse i tesori della misericordia del tuo Signore, l'Eccelso, il Munifico? [10] O posseggono la sovranità dei cieli e della terra e di quello che vi è frammezzo? E allora lasciali ascendere per le vie del cielo. [11] Un'armata di fazioni alleate che saranno annientate in questo stesso luogo. [12] Prima di loro accusarono di menzogna [gli Inviati] il popolo di Noè, gli 'Âd e Faraone, il Signore dei pali, [13] e i Thamûd, e la gente di Lot, e quelli di Al-'Aikah, erano questi i faziosi. [14] Non ce ne fu alcuno che non abbia tacciato di menzogna i Messaggeri: hanno meritato il Mio castigo. [15] Non aspetteranno altro che un Grido, improrogabile. [16] Dicono: «Signore, anticipaci la nostra parte prima del Giorno del Rendiconto».

[17] Sopporta con pazienza quel che dicono e ricordati del Nostro servo Davide, così forte, così pronto al pentimento. [18] Obbligammo le montagne a renderci gloria con lui, alla sera e al mattino; [19] e, insieme, gli uccelli riuniti [attorno a lui]. Tutto Gli obbedisce. [20] Consolidammo la sua sovranità e gli demmo saggezza e capacità di giudizio.

[21] Ti è giunta la storia dei due litiganti che scalarono le mura del tempio? [22] Quando si pararono davanti a Davide, spaventandolo, dissero: «Non aver paura. Siamo due in lite tra loro, uno di noi ha fatto torto all'altro; giudica tra di noi con giustizia, non essere iniquo e guidaci sulla retta via.

[23] Questi è mio fratello, possiede novantanove pecore, mentre io non ne possiedo che una sola. Mi ha detto: "Affidamela" ed ebbe la meglio nella discussione». [24] Disse: «Certamente ha mancato nei tuoi confronti, chiedendoti la tua pecora in aggiunta alle sue. In verità molti associati [in un affare] si fanno torto a vicenda, eccetto

coloro che credono e compiono il bene, ma essi sono ben pochi!».
Davide capì che lo avevamo messo alla prova, implorò il perdono
del suo Signore, cadde in prosternazione e si pentì. 25 Allora lo
perdonammo. Egli ha un posto vicino a Noi e buon luogo di ritorno.

26 «O Davide, abbiamo fatto di te un vicario sulla terra: giudica
con equità tra gli uomini e non inclinare alle tue passioni, ché
esse ti travieranno dal sentiero di Allah.» In verità coloro che si
allontanano dal sentiero di Allah subiranno un severo castigo per
aver dimenticato il Giorno del Rendiconto.

27 Non creammo invano il cielo e la terra e quello che vi è
frammezzo. Questo è ciò che pensano i miscredenti. Guai ai
miscredenti per il fuoco [che li attende] ! 28 Tratteremo forse
coloro che credono e fanno il bene alla stessa stregua di coloro
che seminano disordine sulla terra? Tratteremo i timorati come i
malvagi? 29 [Ecco] un Libro benedetto che abbiamo fatto scendere
su di te, affinché gli uomini meditino sui suoi versetti e ne traggano
un monito i savi.

30 Abbiamo dato a Davide, Salomone, un servo eccellente [di
Allah], pronto al pentimento. 31. Una sera, dopo che gli furono
esibiti alcuni magnifici cavalli, ritti su tre zampe, 32 disse: «In verità
ho amato i beni [terreni] più che il Ricordo del mio Signore, finché
non sparì [il sole] dietro il velo [della notte]. 33 Riconduceteli a me».
E iniziò a tagliar loro i garretti e i colli.

34 Mettemmo alla prova Salomone, mettendo un corpo sul suo
trono. Poi si pentì 35 e disse: «Signore, perdonami e concedimi
una sovranità che nessun altro avrà dopo di me. In verità Tu sei il
Munifico». 36 Gli assoggettammo il vento, soffiava al suo comando
[fin] dove voleva inviarlo, 37 e [gli asservimmo] tutti i dèmoni,
costruttori e nuotatori di ogni specie. 38 E altri ancora incatenati a
coppie. 39 «Questo è il Nostro dono, dispensa o tesaurizza, senza

[doverne] rendere conto.» [40] In verità egli ha un posto vicino a Noi e un buon luogo di ritorno.

[41] E ricorda il Nostro servo Giobbe, quando chiamò il suo Signore: «Satana mi ha colpito con disgrazia e afflizioni». [42] «Batti il tallone: avrai acqua fresca per lavarti e per bere.» [43] Gli restituimmo la sua famiglia e con essa un'altra simile, [segno di] misericordia da parte Nostra e Monito per coloro che sono dotati di intelletto. [44] [Gli ordinammo:] «Stringi nella tua mano una manciata d'erba, colpisci con quella e non mancare al tuo giuramento». Lo trovammo perseverante, un servo ottimo, pronto al pentimento.

[45] E ricorda i Nostri servi Abramo, Isacco e Giacobbe, forti e lungimiranti. [46] Ne facemmo degli eletti, [affinché fossero] il monito della Dimora [ultima]. [47] In verità sono presso di Noi, tra i migliori degli eletti. [48] E ricorda Ismaele, Eliseo e Dhù'l Kifl, ciascuno di loro è tra i migliori.

[49] Questo è un Monito. In verità i timorati avranno soggiorno bello: [50] i Giardini di Eden, le cui porte saranno aperte per loro. [51] Colà, comodamente appoggiati, chiederanno abbondanza di frutta e bevande. [52] E staranno loro vicine quelle dallo sguardo casto, coetanee. [53] Ciò è quanto vi è promesso per il Giorno del Rendiconto. [54] In verità questi sono i beni che vi concediamo e che non si esauriranno mai.

[55] Così sarà. I ribelli avranno invece il peggiore dei soggiorni: [56] l'Inferno in cui saranno precipitati; qual tristo giaciglio. [57] Così sarà. E allora che assaggino acqua bollente e acqua fetida [58] ed altri simili tormenti. [59] Questa è una folla che si precipita insieme con voi: non avranno benvenuto e cadranno nel Fuoco. [60] Diranno: «Non c'è benvenuto per voi, per voi che ci avete preparato tutto ciò!». Qual tristo rifugio. [61] Diranno: «Signore, raddoppia il castigo nel Fuoco a chiunque ce lo abbia preparato». [62] Diranno: «Perché mai

non vediamo [tra noi] quegli uomini che consideravamo miserabili, [63] dei quali ci facevamo beffe e che evitavamo di guardare?». [64] Invero saranno queste le mutue recriminazioni della gente del Fuoco.

[65] Di': «Io non sono altro che un ammonitore. Non c'è altro dio all'infuori di Allah, l'Unico, il Dominatore, [66] il Signore dei cieli e della terra e di ciò che vi è frammezzo, l'Eccelso, il Perdonatore». [67] Di': «Questo è un annuncio solenne, [68] ma voi ve ne allontanate. [69] Non avevo nessuna conoscenza della discussione del supremo consesso; [70] mi è stato solo rivelato che non sono che un ammonitore esplicito».

[71] [Ricorda] quando il tuo Signore disse agli angeli: «Creerò un essere umano con l'argilla. [72] Dopo che l'avrò ben formato e avrò soffiato in lui del Mio Spirito, gettatevi in prosternazione davanti a lui». [73] Tutti gli angeli si prosternarono assieme, [74] eccetto Iblìs, che si inorgoglì e divenne uno dei miscredenti. [75] [Allah] disse: «O Iblìs, cosa ti impedisce di prosternarti davanti a ciò che ho creato con le Mie mani? Ti gonfi d'orgoglio? Ti ritieni forse uno dei più elevati?». [76] Rispose: «Sono migliore di lui: mi hai creato dal fuoco, mentre creasti lui dalla creta». [77] [Allah] disse: «Esci di qui, in verità sei maledetto; [78] e la Mia maledizione sarà su di te fino al Giorno del Giudizio!».

[79] Disse: «Signore, concedimi una dilazione fino al Giorno in cui saranno resuscitati». [80] Rispose [Allah]: «Tu sei fra coloro cui è concessa dilazione [81] fino al Giorno dell'Istante noto». [82] Disse: «Per la Tua potenza, tutti li travierò, [83] eccetto quelli, fra loro, che sono Tuoi servi protetti». [84] [Allah] disse: «[Questa è] la Verità, Io dico in Verità, [85] che riempirò l'Inferno di te e di tutti quelli di loro che ti seguiranno».

[86] Di' : «Non vi chiedo ricompensa alcuna, né sono fra coloro

che vogliono imporsi. [87] Questo non è che un Monito per le creature. [88] E tra qualche tempo ne avrete certamente notizia».

SURA 39 : AZ-ZUMAR

I GRUPPI

In nome di Allah, il Compassionevole, il Misericordioso.

[1] La rivelazione del Libro [proviene] da Allah, l'Eccelso, il Saggio. [2] In verità ti abbiamo rivelato il Libro con la Verità; adora dunque Allah e rendiGli un culto sincero. [3] Non appartiene forse ad Allah il culto sincero? Coloro che si prendono padroni all'infuori di Lui [si giustificano dicendo]: «Li adoriamo solo perché ci avvicinano ad Allah». Giudicherà tra loro Allah, in merito alle loro divergenze. Allah non guida chi è bugiardo, ingrato.

[4] Se Allah avesse voluto darSi un figlio, avrebbe scelto chi voleva tra ciò che ha creato. Gloria a Lui! Egli è Allah, l'Unico, il Dominatore. [5] Ha creato i cieli e la terra in tutta verità. Arrotola la notte sul giorno e il giorno sulla notte, e il sole e la luna ha costretto [a orbitare] fino ad un termine stabilito. Non è forse Lui l'Eccelso, il Perdonatore?

[6] Vi ha creati da un solo essere, da cui ha tratto la sua sposa. Del bestiame vi diede otto coppie, Vi crea nel ventre delle vostre madri, creazione dopo creazione, in tre tenebre [successive]. Questi è Allah, il vostro Signore! [Appartiene] a Lui la sovranità. Non c'è altro dio all'infuori di Lui. Come potete allontanarvi [da Lui]?

[7] Se siete miscredenti, [sappiate che] Allah è Colui Che basta a Se Stesso, ma non accetta la miscredenza dei Suoi servi. Se invece siete credenti Se ne compiace. Nessuno porterà il peso di un altro.

Ritornerete poi al vostro Signore ed Egli vi informerà in merito a ciò che avrete fatto, poiché Egli conosce quello che c'è nei petti.

8 Quando una sventura lo coglie, l'uomo invoca il suo Signore e si volge a Lui pentito. Poi, quando Allah gli concede una grazia, dimentica la ragione per cui si raccomandava e attribuisce ad Allah consimili per allontanare gli altri dalla Sua via. Di' [a codesto uomo]: «Goditi la tua miscredenza! In verità sei tra i compagni del Fuoco».

9 Ma come? Chi passa in devozione le ore della notte, prosternato e ritto, timorato per l'Altra vita e speranzoso nella misericordia del suo Signore... Di': «Sono forse uguali coloro che sanno e coloro che non sanno?». Solo gli uomini dotati di intelletto riflettono.

10 Di': «O Miei servi che credete, temete il vostro Signore!». Coloro che in questa vita fanno il bene, [avranno] un bene. Vasta è la terra di Allah. Coloro che sono perseveranti riceveranno la loro incalcolabile ricompensa.

11 Di': «Mi è stato ordinato di adorare Allah e renderGli un culto puro; 12 mi è stato ordinato di essere il primo di coloro che Gli Si sottomettono». 13 Di': «Se disobbedisco al mio Signore, temo il castigo di un Giorno terribile». 14 Di': «È Allah che adoro e Gli rendo un culto puro.

15 Adorate [pure] ciò che volete all'infuori di Lui!». Di': «Coloro che nel Giorno della Resurrezione [constateranno] la rovina delle loro persone e delle loro famiglie, saranno i [veri] perdenti». Non è forse questa la perdita palese?

16 Avranno sopra di loro nuvole di fuoco, e nuvole di fuoco sotto di loro. Ecco la minaccia di Allah ai Suoi servi: «O Miei servi, temeteMi!». 17 [Annuncia] la lieta novella a coloro che si separano dagli idoli per non adorarli e si inchinano ad Allah. Annuncia la lieta novella ai Miei servi, 18 che ascoltano [attenti] la Parola e

obbediscono a quanto di meglio essa contiene. Essi sono coloro che
Allah ha guidato, sono i dotati di intelletto.

[19] Ma come? Quello il cui castigo è già deciso… Potrai salvarlo
dal Fuoco? [20] Coloro che temono il loro Signore [abiteranno agli
alti] piani, al di sopra dei quali sono stati costruiti altri piani e sotto
di loro scorreranno i ruscelli. Promessa di Allah! Allah non manca
alla Sua promessa.

[21] Non vedi dunque che Allah ha fatto scendere l'acqua dal
cielo e poi l'ha guidata, nella terra, verso fonti sgorganti; quindi
per suo tramite fa germinare graminacee dai diversi colori che
poi appassiscono, e così le vedi ingiallite, e infine ne fa secchi
frammenti. Certo questo è un Monito per coloro che hanno
intelletto. [22] Colui cui Allah apre il cuore all'Islàm e che possiede
una luce che proviene dal suo Signore… Guai a coloro che hanno
i cuori insensibili al Ricordo di Allah. Essi sono in errore evidente.

[23] Allah ha fatto scendere il più bello dei racconti, un Libro
coerente e reiterante, [alla lettura del quale] rabbrividisce la pelle di
coloro che temono il loro Signore e poi si distende la pelle insieme
coi cuori al Ricordo di Allah. Questa è la Guida di Allah con cui Egli
guida chi vuole. E coloro che Allah svia, non avranno direzione.

[24] Forse colui che nel Giorno della Resurrezione tenterà invano
di preservare il suo volto dal peggiore dei castighi…? E sarà detto
agli ingiusti: «Gustate quel che avete meritato!». [25] Già coloro che
li precedettero tacciarono di menzogna; giunse loro il castigo da
dove non se lo aspettavano. [26] Allah fece provare loro l'ignominia
in questa vita; ma il castigo nell'Altra vita è certamente più grande,
se lo sapessero.

[27] Già in questo Corano abbiamo proposto agli uomini parabole
di ogni genere, affinché riflettano. [28] [Abbiamo dato loro] un Corano
arabo, esente da tortuosità, affinché temano [Allah]. [29] Allah vi

propone la metafora di un uomo che dipende da soci in lite tra loro e di un altro che sottostà ad un [unico] padrone. Sono forse nella stessa condizione? Lode ad Allah, ma la maggior parte degli uomini non sanno. [30] In verità dovrai morire ed essi dovranno morire; [31] poi, nel Giorno della Resurrezione, polemizzerete [tra voi] davanti al vostro Signore.

[32] Chi è più ingiusto di colui che inventa menzogne contro Allah e smentisce la verità quando essa [gli] giunge? Nell'Inferno non c'è forse una dimora per i miscredenti? [33] Chi ha recato la Verità e chi vi si è attenuto: ecco i timorati. [34] Presso il loro Signore, avranno tutto quel che vorranno. Questa è la ricompensa di chi compie il bene. [35] Infatti Allah cancellerà le loro azioni peggiori e li compenserà per ciò che di meglio avranno fatto.

[36] Non basta forse Allah al Suo servo, quando gli uomini ti minacciano [con le sanzioni] di coloro [che adorano] all'infuori di Allah? E coloro che Allah svia non avranno direzione. [37] Coloro che Allah guida, nessuno li potrà sviare. Allah non è forse eccelso, padrone del castigo?

[38] Se domandassi loro: «Chi ha creato i cieli e la terra?», certamente risponderebbero: «Allah». Di': «Considerate allora coloro che invocate all'infuori di Allah. Se Allah volesse un male per me saprebbero dissiparlo? Se volesse per me una misericordia, saprebbero trattenere la Sua misericordia?». Di': «Allah mi basta: in Lui confidino coloro che confidano». [39] Di': «O popol mio, agite alla vostra maniera, io agirò [alla mia]». Quanto prima saprete [40] chi sarà colpito da un ignominioso castigo e chi riceverà un duraturo castigo. [41] Su di te abbiamo fatto scendere il Libro per gli uomini, secondo verità. Chi ne è ben diretto, lo fa per se stesso, chi svia si svia a suo danno. Tu non sei responsabile di loro.

[42] Allah accoglie le anime al momento della morte e durante il

sonno. Trattiene poi quella di cui ha deciso la morte e rinvia l'altra fino ad un termine stabilito. In verità in ciò vi sono segni per coloro che riflettono.

[43] Si sono presi intercessori all'infuori di Allah? Di': «Anche se non possiedono niente? [Anche se] non comprendono niente?». [44] Di': «Tutta l'intercessione [appartiene] ad Allah. [Appartiene] a Lui la sovranità dei cieli e della terra. A Lui sarete ricondotti». [45] Quando viene menzionato il Nome di Allah l'Unico, si crucciano i cuori di coloro che non credono nell'altra vita; quando invece vengono menzionati quelli [che essi adorano] all'infuori di Lui, ecco che se ne rallegrano. [46] Di': «O Allah, Creatore dei cieli e della terra, conoscitore del visibile e dell'invisibile! Tu giudicherai tra i Tuoi servi sulle loro divergenze». [47] Se gli ingiusti possedessero tutto quel che si trova sulla terra, e altrettanto ancora, nel Giorno del Giudizio non esiterebbero a darlo per riscattarsi dal peggiore dei castighi. Allah mostrerà loro quel che mai si sarebbero aspettati, [48] e si manifesteranno i mali che avranno commesso e ciò di cui si burlavano li avvolgerà.

[49] Quando una disgrazia lo colpisce, l'uomo Ci invoca. Poi, quando gli concediamo una grazia, dice: «Questo proviene dalla mia scienza!». Si tratta invece di una tentazione, ma la maggior parte di loro non lo sa. [50] È quel che dicevano coloro che li precedettero, ma ciò che fecero non giovò loro; [51] li colpì il male che avevano fatto. Quelli di loro che sono stati ingiusti presto saranno colpiti dai mali che avranno commesso e non potranno ridurre [Allah] all'impotenza. [52] Non sanno forse che Allah concede a chi vuole e a chi vuole lesina? In ciò vi sono segni per coloro che credono. [53] Di': «O Miei servi, che avete ecceduto contro voi stessi, non disperate della misericordia di Allah. Allah perdona tutti i peccati. In verità Egli è il Perdonatore, il Misericordioso. [54]. Tornate pentiti al vostro

Signore e sottomettetevi a Lui prima che vi colga il castigo, ché allora non sarete soccorsi.

55 Seguite dunque la meravigliosa rivelazione del vostro Signore prima che, all'improvviso, vi colpisca il castigo mentre non ne avete sentore, 56 [prima] che un'anima dica: "Ahimè, quanto sono stata negligente nei confronti di Allah! Certo son stato fra coloro che schernivano"; 57 o [prima che] dica: "Se Allah mi avesse guidato sarei stato certamente uno dei timorati", 58 o [ancora] dica vedendo il castigo: "Se solo potessi tornare [sulla terra], sarei uno di coloro che fanno il bene"». 59 No, già ti giunsero i Miei segni e li tacciasti di menzogna, ti mostrasti altero e fosti uno dei miscredenti! 60 Nel Giorno della Resurrezione vedrai coloro che inventavano menzogne contro Allah con i volti anneriti. Non c'è nell'Inferno una dimora per gli arroganti? 61 Allah condurrà al successo coloro che Lo avranno temuto, nessun male li colpirà e non saranno afflitti.

62 Allah è il Creatore di tutte le cose e di tutte le cose è il Garante. 63 Egli detiene le chiavi dei cieli e della terra. Coloro che non credono nei segni di Allah sono i perdenti. 64 Di': «O ignoranti, vorreste forse ordinarmi di adorare altri che Allah?». 65 Invero a te e a coloro che ti precedettero è stato rivelato: «Se attribuirai associati [ad Allah], saranno vane le opere tue e sarai tra i perdenti. 66 No, adora solo Allah e sii fra i riconoscenti».

67 Non hanno considerato Allah nella Sua vera realtà. Nel Giorno della Resurrezione, di tutta la terra farà una manciata e terrà ripiegati i cieli nella Sua Mano destra. Gloria a Lui, Egli è ben al di sopra di quel che Gli associano! 68 Sarà soffiato nel Corno e cadranno folgorati tutti coloro che saranno nei cieli e sulla terra, eccetto coloro che Allah vorrà. Quindi vi sarà soffiato un'altra volta e si alzeranno in piedi a guardare. 69 La terra risplenderà della luce del suo Signore, sarà aperto il Registro e saranno condotti i profeti e

i testimoni. Saranno giudicati con equità e nessuno subirà un torto.
[70] Ogni anima sarà ricompensata con esattezza per quello che avrà
fatto. Egli ben conosce quello che fanno.

[71] I miscredenti saranno condotti in gruppi all'Inferno. Quando
vi giungeranno saranno aperte le sue porte e i suoi guardiani diranno:
«Non vi giunsero forse i messaggeri della vostra gente, che vi
recitarono i versetti del vostro Signore e vi avvertirono dell'incontro
di questo Giorno?». Risponderanno: «Sì, ma la promessa del castigo
si realizza contro i miscredenti!». [72] Verrà detto loro: «Entrate per
le porte dell'Inferno per rimanervi in perpetuo». Quant'è orribile la
dimora degli arroganti.

[73]. E coloro che avranno temuto il loro Signore saranno condotti
in gruppi al Paradiso. Quando vi giungeranno, saranno aperte le sue
porte e i suoi guardiani diranno [loro]: «Pace su di voi! Siete stati
buoni; entrate qui per rimanervi in perpetuo». [74] Risponderanno:
«Lode ad Allah, Che ha mantenuto la Sua promessa nei nostri
confronti e ci ha fatto eredi della terra. Abiteremo nel Paradiso
ovunque vorremo». Quant'è magnifica la ricompensa di coloro che
hanno [ben] operato! [75] [In quel Giorno] vedrai gli angeli circondare
il Trono e rendere gloria e lode al loro Signore. Sarà giudicato tra
loro con equità e sarà detto: «La lode appartiene ad Allah, Signore
dei mondi».

SURA 40 : AL-GHÂFIR

IL PERDONATORE

In nome di Allah, il Compassionevole, il Misericordioso.

1. *Hà', Mìm.*

2 La Rivelazione del Libro [proviene] da Allah, l'Eccelso, il Sapiente, 3 Colui che perdona il peccato, che accoglie il pentimento, che è severo nel castigo, il Magnanimo. Non c'è altro dio all'infuori di Lui. La meta è verso di Lui,

4 solo i miscredenti polemizzano sui segni di Allah. Non ti lasciar suggestionare dal loro andirivieni in questa terra. 5 Prima di loro il popolo di Noè tacciò di menzogna e dopo di loro [lo fecero] i coalizzati. Ogni comunità tramò contro il suo messaggero, cercando di impadronirsene. Polemizzarono con falsi [argomenti] per respingere la verità. Li afferrai infine, e quale fu la Mia sanzione! 6 Si realizza così la Parola del tuo Signore contro i miscredenti: «Saranno i compagni del Fuoco».

7 Coloro che sostengono il Trono e coloro che lo circondano, glorificano e lodano il loro Signore, credono in Lui e invocano il perdono per i credenti: «Signore, la Tua misericordia e la Tua scienza, si estendono su tutte le cose: perdona a coloro che si pentono e seguono la Tua via, preservali dal castigo della Fornace. 8 Signore! Falli entrare nei Giardini di Eden che hai promesso loro, e a quanti fra i loro padri, le loro spose e i loro discendenti saranno stati virtuosi. Sì, Tu sei l'Eccelso, il Saggio. 9 Preservali dalle cattive azioni, perché in quel Giorno colui che avrai preservato dal male, beneficerà della Tua misericordia». Questo è l'immenso successo.

10 Verrà gridato ai miscredenti: «L'avversione di Allah verso

di voi è certamente maggiore di quanto lo era la vostra contro voi stessi, allorché eravate invitati alla fede e la rifiutavate». [11] Diranno: «Nostro Signore, due volte ci hai fatti morire e due volte ci hai fatti rivivere. Riconosciamo i nostri peccati, c'è una via di scampo?». [12] «Questo [avviene] perché quando Allah, l'Unico, era invocato, restavate increduli e quando invece Gli attribuivano associati credevate [in essi]. Il Giudizio appartiene ad Allah, l'Altissimo, il Grande.»

[13] Egli è Colui Che vi mostra i Suoi segni e vi fa scendere dal cielo una provvidenza. [Ma] se ne ricorda solo chi torna a Lui pentito. [14] Invocate Allah e rendeteGli un culto puro, nonostante ciò spiaccia ai miscredenti. [15] Egli è Colui Che eleva ai livelli più alti, il Padrone del Trono. Invia il Suo Spirito, dall'ordine Suo, su chi vuole tra i Suoi servi, così che questi possa avvertire del Giorno dell'Incontro, [16] del Giorno in cui compariranno e nulla di loro sarà celato ad Allah. A chi apparterrà la sovranità in quel Giorno? Ad Allah, l'Unico, il Dominatore. [17] In quel Giorno ciascuno sarà compensato per quello che avrà meritato: in quel Giorno non ci sarà ingiustizia. Allah è rapido al conto.

[18] Avvertili [o Muhammad] del Giorno che si avvicina, quando angosciati avranno i cuori in gola. Gli ingiusti non avranno né amici solleciti né intercessori ascoltati. [19] Egli conosce il tradimento degli occhi e quel che i petti nascondono. [20] Allah decide con equità, mentre coloro che essi invocano all'infuori di Lui, non decidono nulla. In verità Allah è Colui Che tutto ascolta e osserva.

[21] Non hanno viaggiato sulla terra e osservato quel che avvenne a coloro che li precedettero, che pure erano più potenti di loro e [lasciarono] maggiori vestigia sulla terra? Li afferrò Allah a causa dei loro peccati e non ebbero protettore alcuno contro Allah. [22] Così [avvenne] perché non credettero nonostante i loro messaggeri

avessero recato loro prove inequivocabili. Allora Allah li afferrò. In verità Egli è il Forte, il Severo nel castigo.

²³ Già inviammo Mosè, con i Nostri segni ed autorità evidente, ²⁴ a Faraone, Hâmân e Qârûn. Essi dissero: «È un mago, un impostore». ²⁵ Quando poi portò loro la verità che veniva da Noi, ordinarono: «Vengano uccisi i figli di coloro che credono insieme con lui e lasciate in vita [solo] le femmine». La trama dei miscredenti non conduce a buon fine.

²⁶ Disse Faraone: «Lasciatemi uccidere Mosè, che invochi pure il suo Signore. Temo che alteri la vostra religione e che semini corruzione sulla terra». ²⁷ Disse Mosè: «Mi rifugio nel mio e vostro Signore contro ogni arrogante che non crede nel Giorno del Rendiconto».

²⁸ Un credente che apparteneva alla famiglia di Faraone e che celava la sua fede, disse: «Uccidereste un uomo [solo] perché ha detto: "Allah è il mio Signore" e [nonostante sia] giunto a voi con prove provenienti dal vostro Signore? Se mente, la sua menzogna [ricadrà] su di lui; se invece è sincero, subirete parte di ciò di cui vi minaccia. Allah non guida chi è iniquo e bugiardo. ²⁹ O popol mio, oggi la sovranità è vostra e trionfate su questa terra. Ma quando giungerà il rigore di Allah, chi ci aiuterà?». Disse Faraone: «Vi mostro solo quello ch'io vedo e vi guido sulla via della rettitudine».

³⁰ E colui che credeva disse: «O popol mio, pavento per voi un giorno come quello delle fazioni, ³¹ come quello del popolo di Noè, degli 'Âd e dei Thamûd, o di quelli [che vissero] dopo di loro: Allah non accetta che i Suoi servi [subiscano] ingiustizia. ³² O popol mio, pavento per voi il Giorno del Reciproco Appello, ³³ il Giorno in cui, sbandandovi, volterete le spalle e non avrete alcun difensore contro Allah. Nessuno potrà guidare colui che Allah smarrisce.

³⁴ Già in precedenza Giuseppe vi recò prove evidenti, ma non

smetteste di dubitare di quello che vi aveva portato. Quando poi morì diceste: "Dopo di lui Allah non susciterà un altro inviato".Allah allontana così l'iniquo e il dubbioso. [35] Coloro che polemizzano sui segni di Allah, senza aver ricevuto nessuna autorità [per farlo], suscitano l'avversione di Allah e dei credenti. In tal modo Allah pone un suggello sul cuore di ogni orgoglioso tiranno».

[36] Disse Faraone: «O Hâmân, costruiscimi una torre: forse potrò raggiungere le vie, [37] le vie dei cieli, e ascenderò al Dio di Mosè, nonostante lo ritenga un bugiardo». Così la peggior azione di Faraone fu resa bella ai suoi occhi. Fu sviato dalla [retta] via. L'astuzia di Faraone non fu destinata che al fallimento.

[38] E colui che credeva disse: «O popol mio, seguitemi e vi condurrò sulla retta via. [39] O popol mio, questa vita è solo godimento effimero, mentre in verità l'altra vita è la stabile dimora. [40] Chi farà un male, subirà una sanzione corrispondente, mentre chi fa il bene, essendo credente, maschio o femmina, sarà fra coloro che entreranno nel Giardino in cui riceveranno di ogni cosa a profusione. [41] O popol mio, perché vi chiamo alla salvezza mentre voi mi chiamate al Fuoco? [42] Mi esortate a non credere in Allah e ad attribuirGli consoci di cui non ho conoscenza alcuna, mentre io vi chiamo all'Eccelso, al Perdonatore. [43] Non c'è dubbio che mi chiamate a chi non può essere invocato né in questa vita né nell'altra. Il nostro ritorno è verso Allah, e gli iniqui sono loro i compagni del Fuoco. [44] [Ben presto] vi ricorderete di quel che vi dico. Io rimetto ad Allah la mia sorte. In verità Allah osserva bene i Suoi servi».

[45] Allah lo protesse dai mali che tramavano [contro di lui] e il peggiore dei castighi avvolse la gente di Faraone: [46] vengono esposti al Fuoco, al mattino e alla sera. Il Giorno in cui sorgerà

l'Ora, [sarà detto]: «Introducete la gente di Faraone nel più severo dei castighi!».

⁴⁷ E quando [i dannati] disputeranno tra loro nel Fuoco, diranno i deboli a coloro che erano superbi: «Noi vi seguivamo, potresti darci un po' di riparo da [questo] Fuoco?». ⁴⁸ E coloro che erano stati superbi diranno: «In verità tutti noi ci siamo dentro. Allah ha emesso la sentenza sui Suoi servi». ⁴⁹ Coloro che saranno nel Fuoco diranno ai guardiani dell'Inferno: «Pregate il vostro Signore, ché ci sollevi dal castigo, [anche] di un [solo] giorno». ⁵⁰ Risponderanno: «Non vi recarono le prove evidenti i vostri messaggeri?». Diranno: «Sì!». E quelli: «Invocate allora!». Ma l'invocazione dei miscredenti è destinata al fallimento.

⁵¹ Aiuteremo i Nostri inviati e coloro che credono, in questa vita e nel Giorno in cui si alzeranno i testimoni ⁵² nel Giorno in cui nessuna scusa sarà utile agli ingiusti, [saranno] maledetti e avranno la peggiore delle dimore. ⁵³ Già demmo la guida a Mosè e facemmo dei Figli di Israele gli eredi della Scrittura, ⁵⁴ come direzione e monito per coloro che hanno intelletto. ⁵⁵ Sii paziente, ché la promessa di Allah è verità. Chiedi perdono per il tuo peccato e glorifica e loda il tuo Signore alla sera e al mattino.

⁵⁶ Coloro che polemizzano sui segni di Allah, senza aver ricevuto nessuna autorità [per farlo], non hanno altro che invidia nei loro petti: non raggiungeranno il loro scopo. Implora dunque la protezione di Allah. Egli è Colui che tutto ascolta e osserva. ⁵⁷ La creazione dei cieli e della terra è [certamente] più grandiosa di quella degli uomini, ma la maggior parte di loro non sa nulla. ⁵⁸ Il cieco e colui che vede non sono simili tra loro né lo sono coloro che credono e fanno il bene e i malvagi. Quanto poco riflettete! ⁵⁹ In verità l'Ora si avvicina, non c'è dubbio alcuno, ma la maggior parte degli uomini non crede.

[60] Il vostro Signore ha detto: «InvocateMi, vi risponderò. Coloro che per superbia non Mi adorano, entreranno presto nell'Inferno, umiliati». [61]. Allah è Colui Che ha stabilito per voi la notte affinché riposiate e il giorno affinché vediate con chiarezza. In verità Allah è colmo di grazie per gli uomini, ma la maggior parte di loro non sono riconoscenti. [62] Questi è Allah, il vostro Signore, il Creatore di tutte le cose. Non c'è altro dio all'infuori di Lui. Come potrete lasciarvi sviare? [63] Così se ne allontanano coloro che negano i segni di Allah.

[64] È Allah che vi ha concesso la terra come stabile dimora e il cielo come un tetto e vi ha dato forma – e che armoniosa forma vi ha dato – e vi ha nutrito di cose eccellenti. Questi è Allah, il vostro Signore. Sia benedetto Allah, Signore dei mondi. [65] Egli è il Vivente. Non c'è altro dio all'infuori di Lui. InvocateLo rendendoGli un culto puro. La lode appartiene ad Allah, Signore dei mondi.

[66] Di' : «Dopo che mi sono giunte le prove da parte del mio Signore, mi è stato vietato di adorare coloro che invocate all'infuori di Allah e mi è stato ordinato di sottomettermi al Signore dei mondi». [67] Egli è Colui Che vi ha creati dalla terra, poi da una goccia di sperma e poi da una aderenza. Vi ha fatto uscire neonati [dal grembo materno] perché possiate poi raggiungere la pienezza e poi la vecchiaia – ma qualcuno di voi muore prima – affinché giungiate ad un termine stabilito. Rifletterete dunque? [68] Egli è Colui Che dà la vita e dà la morte. Quando decide una cosa, dice solo «sii», ed essa è.

[69] Non hai visto coloro che polemizzano a proposito dei segni di Allah, come si sono allontanati [da Lui]? [70] Coloro che tacciano di menzogna il Libro e ciò con cui inviammo i Nostri Messaggeri? Ben presto sapranno, [71] quando avranno gioghi ai colli e saranno trascinati in catene [72] nell'acqua bollente e poi precipitati nel Fuoco. [73] Sarà detto loro: «Dove sono coloro che avete associato [nel culto]

[74] all'infuori di Allah?». Risponderanno: «Si sono allontanati da noi: anzi, non invocavamo altro che il nulla!». Così Allah svia i miscredenti. [75] Ciò in quanto vanamente esultaste sulla terra e perché foste orgogliosi. [76] Entrate dunque dalle porte dell'Inferno, dove rimarrete in perpetuo. Quanto è triste la dimora dei superbi.

[77] Sii paziente: la promessa di Allah è vera. Sia che ti mostriamo una parte di ciò che minacciamo loro, sia che ti richiamiamo, a Noi saranno ricondotti.

[78] Già inviammo dei messaggeri prima di te. Di alcuni ti abbiamo raccontato la storia, di altri non te l'abbiamo raccontata. Un messaggero non può recare un segno se non con il permesso di Allah. Quando giunge l'ordine di Allah, tutto è deciso con equità e coloro che proferiscono menzogne saranno i perdenti.

[79] Allah è Colui Che vi ha dato il bestiame, affinché alcuni animali siano cavalcature e di altri vi cibiate; [80] e [affinché] ne traiate altri vantaggi e conseguiate, loro tramite, qualche desiderio che vi sta a cuore. Vi servono inoltre da mezzo di trasporto, al pari delle navi. [81] Egli vi mostra i Suoi segni. Quali dunque dei segni di Allah negherete?

[82] Non hanno viaggiato sulla terra e visto quel che avvenne a coloro che li precedettero e che pure erano più numerosi di loro, più forti e lasciarono maggiori vestigia sulla terra? Quel che avevano acquisito non fu loro di nessuna utilità. [83] Quando i loro messaggeri recarono le prove evidenti, si rallegravano della scienza che già possedevano e perciò li avvolse quel che schernivano. [84] Poi, quando videro la Nostra severità, gridarono: «Crediamo in Allah, l'Unico, e rinneghiamo coloro che [Gli] avevamo associato». [85] Ma la loro [tardiva] fede non fu loro di nessuna utilità, dopo che ebbero visto la Nostra severità. Questa è la consuetudine di Allah nei confronti dei Suoi servi. Saranno perduti i miscredenti!

SURA 41: FUSSILAT
....

« ESPOSTI CHIARAMENTE»

In nome di Allah, il Compassionevole, il Misericordioso.

¹ *Hà', Mìm.*

² Rivelazione da parte del Compassionevole, del Misericordioso.
³ Un Libro i cui versetti sono stati esposti chiaramente; un Corano
arabo, per uomini che conoscono, ⁴ annunzio e monito; ma la
maggior parte di loro si sottrae, senza ascoltare. ⁵ Dicono: «I nostri
cuori sono avviluppati [in qualcosa che li isola] da ciò cui ci inviti,
e c'è un peso nelle nostre orecchie. C'è un velo tra noi e te. Fai pure
[quello che vuoi] e noi [faremo] quello che vogliamo!».

⁶ Di': «Io non sono che un uomo come voi: mi è solo stato
rivelato che il vostro Dio è un Dio unico. Rivolgetevi a Lui e
implorate il Suo perdono». Guai agli associatori, ⁷ che non pagano
la decima e non credono nell'Altra vita. ⁸ In verità coloro che
credono e compiono il bene avranno una ricompensa che non sarà
mai diminuita.

⁹ Di': «Vorreste forse rinnegare Colui Che in due giorni ha
creato la terra [e vorreste] attribuirGli consimili? Egli è il Signore
dei mondi. ¹⁰ Ha infisso [sulla terra] le montagne, l'ha benedetta e in
quattro giorni di uguale durata ha distribuito gli alimenti»; [questa è
la risposta] a coloro che interrogano. ¹¹ Poi si rivolse al cielo che era
fumo e disse a quello e alla terra: «Venite entrambi, per amore o per
forza». Risposero: «Veniamo obbedienti!». ¹² Stabilì in due giorni i
sette cieli e ad ogni cielo assegnò la sua funzione. E abbellimmo il
cielo più vicino di luminarie e di una protezione. Questo è il decreto
dell'Eccelso, del Sapiente!

¹³ Se si allontanano, di' loro: «Vi dò l'avvertimento di una folgore, uguale alla folgore [che colpì] gli 'Àd e i Thamùd». ¹⁴ Quando da ogni parte giunsero loro i messaggeri dicendo: «Non adorate altri che Allah», risposero: «Se il nostro Signore avesse voluto [che credessimo], avrebbe certamente fatto scendere gli angeli. Dunque non crediamo a ciò con cui siete stati inviati».

¹⁵ Gli 'Àd furono ingiustamente superbi sulla terra e dissero: «Chi è più forte di noi?». Ma come, non avevano visto che Allah, Che li aveva creati, era più forte di loro? Negarono i Nostri Segni. ¹⁶ Inviammo contro di loro un vento impetuoso e glaciale, in giorni nefasti, affinché gustassero ignominioso castigo già in questa vita. Ma il castigo dell'altra vita è più avvilente e non saranno soccorsi. ¹⁷ Guidammo i Thamùd, ma preferirono l'accecamento alla guida. La folgore del castigo umiliante li colpì per quel che si erano meritati. ¹⁸ Salvammo [solo] coloro che credevano ed erano timorati [di Allah].

¹⁹ Il Giorno in cui i nemici di Allah saranno riuniti [e condotti] verso il Fuoco, saranno divisi [in gruppi], ²⁰ Quando vi giungeranno, il loro udito, i loro occhi e le loro pelli renderanno testimonianza contro di loro, per quello che avranno fatto. ²¹ E diranno alle loro pelli: «Perché avete testimoniato contro di noi?». Risponderanno: «È stato Allah a farci parlare, [Egli è] Colui Che fa parlare tutte le cose. Egli è Colui Che ci ha creati la prima volta e a Lui sarete ricondotti». ²² Non eravate celati a tal punto che non potessero testimoniare contro di voi il vostro udito, i vostri occhi e le vostre pelli. Pensavate invece che Allah non conoscesse quello che facevate. ²³ Questa vostra supposizione a proposito del vostro Signore vi ha condotti alla rovina e ora siete fra i perduti. ²⁴ Se insistono, il Fuoco sarà il loro asilo; quand'anche accampino scuse, non saranno scusati.

25 Demmo loro compagni che abbellirono [agli occhi loro] il loro futuro e il loro passato. Si realizzò su di loro la sentenza che già era stata pronunziata contro altre comunità di dèmoni e di uomini che li precedettero. Invero furono tra i perdenti.

26 I miscredenti dicono: «Non ascoltate questo Corano, discorrete futilmente : forse avrete il sopravvento!». 27 Certamente faremo gustare un duro castigo ai miscredenti, e li compenseremo in base alle loro peggiori azioni. 28 Così il compenso dei nemici di Allah sarà il Fuoco, in cui rimarranno in perpetuo: [punizione] per aver smentito i Nostri segni.

29 Diranno i miscredenti: «Signore, mostraci coloro tra i dèmoni e gli uomini che ci traviavano, ché possiamo calpestarli, ché siano tra i più abbietti». 30 Gli angeli scendono su coloro che dicono: «Il nostro Signore è Allah», e che perseverano [sulla retta via]. [Dicono loro:] «Non abbiate paura e non affliggetevi; gioite per il Giardino che vi è stato promesso. 31 Noi siamo vostri alleati in questa vita e nell'altra, e in quella avrete ciò che l'anime vostre desidereranno e quel che chiederanno. 32 Questa è l'ospitalità del Perdonatore, del Misericordioso».

33 Chi mai proferisce parola migliore di colui che invita ad Allah, e compie il bene e dice: «Sì, io sono uno dei Musulmani»? 34 Non sono certo uguali la cattiva [azione] e quella buona. Respingi quella con qualcosa che sia migliore: colui dal quale ti divideva l'inimicizia, diventerà un amico affettuoso. 35 Ma ricevono questa [facoltà] solo coloro che pazientemente perseverano; ciò accade solo a chi già possiede un dono immenso. 36 E se mai Satana ti tentasse, rifugiati in Allah. In verità Egli tutto ascolta e conosce.

37 La notte e il giorno, il sole e la luna sono fra i Suoi segni: non prosternatevi davanti al sole o davanti alla luna, ma prosternatevi davanti ad Allah che li ha creati, se è Lui che adorate. 38 Se si

mostrano protervi, [sappiano che] quelli che sono presso il Tuo
Signore Lo glorificano notte e giorno, senza mai stancarsi.

^{39} Fa parte dei Suoi segni la terra che vedi come affranta. Poi,
quando facciamo scendere l'acqua, palpita e rigonfia. In verità Colui
Che le ridà la vita è Colui Che ridarà la vita ai morti. In verità Egli
è l'Onnipotente. ^{40} Non ci sono ignoti coloro che travisano i Nostri
segni! Colui che sarà precipitato nel Fuoco avrà forse sorte migliore
di chi giungerà con sicurezza al Giorno della Resurrezione? Fate
pure quel che volete, Egli ben osserva quello che fate.

^{41} In verità essi non credono al Monito che giunse loro, eppure
questo è davvero un Libro venerato, ^{42} non lo tange la falsità in
niuna delle sue parti. É una rivelazione da parte di un Saggio, Degno
di lode. ^{43} Non ti sarà detto altro che quel che fu detto ai messaggeri
che ti precedettero. In verità il tuo Signore è il Padrone del perdono,
il Padrone del castigo doloroso.

^{44} Se ne avessimo fatto un Corano in una lingua straniera,
avrebbero detto: «Perché non sono stati espressi chiaramente
i suoi versetti? Un [messaggio in un] idioma straniero ad un.
[Messaggero] arabo?». Di': «Esso è guida e panacea per coloro che
credono». Coloro che invece non credono, sono colpiti da sordità e
accecamento, [ed è come se fossero] chiamati da un luogo remoto.

^{45} Già demmo a Mosè il Libro su cui polemizzarono. Se non
fosse per una precedente Parola del tuo Signore, sarebbe già stato
deciso tra di loro; sono invece immersi nel dubbio [a proposito del
Corano]. ^{46} Chi fa il bene lo fa a suo vantaggio, e chi fa il male lo fa
a suo danno. Il tuo Signore non è ingiusto con i Suoi servi.

^{47} [Appartiene] a Lui la scienza dell'Ora e non c'è frutto che
esca dal suo involucro o femmina gestante o partoriente di cui non
abbia conoscenza. Nel Giorno in cui li convocherà [dirà]: «Dove
sono coloro che Mi associavate?»; risponderanno: «Ti informiamo

che tra noi non c'è nessuno che lo testimoni». ⁴⁸ E coloro che invocavano si saranno allontanati da loro ed essi si renderanno conto di non aver nessuna via di scampo.

⁴⁹ L'uomo non si stanca mai di invocare il bene. Quando poi lo coglie la sventura, si dispera, affranto. ⁵⁰ Se gli facciamo gustare una misericordia da parte nostra dopo che lo ha toccato l'avversità, certamente dice: «Questo mi era dovuto; non credo che sorgerà l'Ora e se mai fossi ricondotto al mio Signore, avrò presso di Lui la migliore delle ricompense». Allora informeremo i miscredenti di quello che avranno commesso e faremo gustare loro un penoso tormento.

⁵¹ Quando colmiamo di favore l'uomo, egli si sottrae e si allontana. Quando invece lo colpisce una sventura, allora invoca a lungo. ⁵² Di': «Non vedete? Se [questo Corano] viene da Allah e voi lo rinnegate, chi sarà più traviato di chi si allontana nello scisma?

⁵³ Mostreremo loro i Nostri segni nell'universo e nelle loro stesse persone, finché non sia loro chiaro che questa è la Verità». Non ti basta che il tuo Signore sia testimone di ogni cosa? ⁵⁴ Non è forse vero che dubitano dell'incontro con il loro Signore, mentre in verità Egli abbraccia ogni cosa [nella Sua Scienza]?

SURA 42 : ASH-SHÛRÂ

LA CONSULTAZIONE

In nome di Allah, il Compassionevole, il Misericordioso.

¹ *Hâ', Mîm* ² *Aìn, Sin, Qàf* .

³ Ciò in quanto Allah, l'Eccelso, il Saggio rivela a te e a coloro che ti precedettero. ⁶ [Appartiene] a Lui tutto quello che è nei

cieli e tutto quello che è sulla terra. Egli è l'Altissimo, il Sublime.
5 Quasi sprofondano i cieli, gli uni sugli altri, quando gli angeli
glorificano il loro Signore, Lo lodano e implorano perdono per
coloro che sono sulla terra. In verità Allah è il Perdonatore, il
Misericordioso. 6 Allah osserva coloro che si sono presi patroni
all'infuori di Lui. Tu non sei responsabile di loro.

7 In tal modo Ti abbiamo rivelato un Corano arabo, affinché tu
ammonisca la Madre delle città e coloro che [le abitano] attorno,
e affinché tu avverta del Giorno della Riunione, sul quale non c'è
dubbio alcuno: una parte [di loro] sarà nel Giardino, un'altra parte
nella Fiamma.

8 Se Allah avesse voluto, avrebbe fatto [degli uomini] un'unica
comunità. Ma Egli lascia entrare chi vuole nella Sua misericordia.
Gli ingiusti non avranno né patrono né alleato. 9 Prenderanno forse
patroni all'infuori di Lui? Allah, Egli è il solo patrono. Colui Che
ridà la vita ai morti, Egli è l'Onnipotente. 10 Su tutte le vostre
controversie, il giudizio [appartiene] ad Allah. Questi è Allah, il mio
Signore: a Lui mi affido e a Lui mi volgo pentito.

11 È il Creatore dei cieli e della terra. Da voi stessi ha tratto le
vostre spose, e [vi ha dato] il bestiame a coppie. Così vi moltiplica.
Niente è simile a Lui. Egli è l'Audiente, Colui Che tutto osserva.
12 [Appartengono] a Lui le chiavi dei cieli e della terra. Elargisce
generosamente a chi vuole e a chi vuole lesina. In verità Egli è
onnisciente.

13 [Egli] ha stabilito per voi, nella religione, la stessa via
che aveva raccomandato a Noè, quella che riveliamo a te, [o
Muhammad,] e che imponemmo ad Abramo, a Mosè e a Gesù:
«Assolvete al culto e non fatene motivo di divisione». Ciò a cui li
inviti è invero gravoso per gli associatori: Allah sceglie e avvicina a
Sé chi vuole e a Sé guida chi Gli Si rivolge [pentito],

[14] Non si divisero, opponendosi gli uni agli altri, se non dopo che giunse loro la conoscenza [della Verità]. Se non fosse per una precedente Parola del tuo Signore, già sarebbe stato deciso tra loro. In verità coloro che ricevettero la Scrittura dopo di loro, sono immersi nel dubbio in proposito.

[15] Invitali dunque [alla fede], procedi con rettitudine come ti è stato ordinato e non seguire le loro passioni. Di': «Credo in tutta la Scrittura che Allah ha rivelato. Mi è stato ordinato di giudicare con equità tra voi. Allah è il nostro Signore e il vostro Signore. A noi le nostre azioni, a voi le vostre. Nessuna polemica tra noi e voi. Ci riunirà Allah e verso Lui è la meta [ultima]». [16] Coloro che polemizzano a proposito di Allah dopo che già è stato risposto al Suo appello, hanno argomenti che non hanno alcun valore presso Allah. Su di loro [si abbatterà] la [Sua] collera e avranno un severo castigo.

[17] Allah è Colui che ha rivelato secondo verità il Libro e la Bilancia. Chi ti potrà rendere edotto? Forse l'Ora è vicina. [18] Vogliono affrettarne la venuta coloro che non credono in essa, mentre i credenti sono intimoriti, sapendo che è verità. Coloro che polemizzano sull'Ora sono in evidente errore.

[19] Allah è dolce con i Suoi servi e concede a chi vuole. Egli è il Forte, l'Eccelso. [20] A chi avrà voluto arare [il campo del]l'altra vita, accresceremo la sua aratura mentre a chi avrà voluto arare [il campo di] questa vita, concederemo una parte [dei frutti], ma non avrà parte alcuna dell'altra vita.

[21] Hanno forse associati che, a proposito della religione, abbiano stabilito per loro una via che Allah non ha consentito? Se non fosse stata presa la Decisione finale, già sarebbe stato giudicato tra loro! Gli ingiusti avranno doloroso castigo. [22] Vedrai gli ingiusti impauriti di ciò che avranno meritato e che ricadrà su di loro. Coloro

che credono e compiono il bene, saranno nei prati del Giardino e avranno tutto ciò che vorranno presso il loro Signore. Questa è la grazia grande! ²³ Questa è la [buona] novella che Allah dà ai Suoi servi che credono e compiono il bene. Di': «Non vi chiedo alcuna ricompensa, oltre all'amore per i parenti». A chi compie una buona azione, Noi daremo qualcosa di migliore. In verità Allah è perdonatore, riconoscente.

²⁴ Diranno invece: «Ha inventato menzogne contro Allah». Se Allah volesse, sigillerebbe il tuo cuore. Con le Sue parole Allah cancella il falso e realizza la verità. Egli conosce quello che nascondono i petti. ²⁵ Egli è Colui che accoglie il pentimento dei Suoi servi, perdona i loro peccati e conosce quello che fate. ²⁶ Esaudisce coloro che credono e compiono il bene e li accresce della Sua grazia. I miscredenti avranno severo castigo.

²⁷ Se Allah avesse dato abbondanza di ricchezze ai Suoi servi, si sarebbero ribellati sulla terra. Elargisce invece ciò che vuole, con misura. Egli è ben informato sui Suoi servi e li osserva. ²⁸ Egli è Colui che fa scendere la pioggia, quando già se ne dispera; così diffonde la Sua misericordia. E il Patrono, il Degno di lode. ²⁹ Fra i Suoi segni vi è la creazione dei cieli e della terra e degli esseri viventi che vi ha sparso; Egli è in grado di riunire tutti quando Lo vorrà.

³⁰ Qualunque sventura vi colpisca, sarà conseguenza di quello che avranno fatto le vostre mani, ma [Allah] molto perdona. ³¹ Non potrete opporvi [alla Sua potenza] sulla terra e, all'infuori di Allah, non avrete né patrono né alleato.

³² Fra i Suoi segni vi sono le navi, [salde] come montagne sul mare. ³³ Se vuole, calma i venti ed ecco che stanno immobili sulla superficie [marina]. In verità in ciò vi sono segni per tutti i pazienti e i riconoscenti. ³⁴ Oppure le annienta per quel che si meritarono;

ma Egli molto perdona. [35] Coloro che polemizzano sui Nostri segni, sappiano di non avere nessuna via d'uscita.

[36] Tutto ciò che vi è stato concesso non è che godimento effimero di questa vita, mentre quel che è presso Allah è migliore e duraturo; [lo avranno] coloro che credono e confidano nel loro Signore, [37] coloro che evitano i peccati più gravi e le turpitudini e che perdonano quando si adirano, [38] coloro che rispondono al loro Signore, assolvono all'orazione, si consultano vicendevolmente su quel che li concerne e sono generosi di ciò che Noi abbiamo concesso loro; [39] coloro che si difendono quando sono vittime dell'ingiustizia. [40] La sanzione di un torto è un male corrispondente, ma chi perdona e si riconcilia, avrà in Allah il suo compenso. In verità Egli non ama gli ingiusti. [41] Chi si difende per aver subìto un torto non incorre in nessuna sanzione. [42] Non c'è sanzione se non contro coloro che sono ingiusti con gli uomini e, senza ragione, spargono la corruzione sulla terra: essi avranno doloroso castigo. [43] Quanto invece a chi è paziente e indulgente, questa è davvero la miglior disposizione.

[44] Colui che Allah svia, non avrà oltre a Lui patrono alcuno. Vedrai gli ingiusti che, alla vista del castigo, grideranno: «C'è un modo per ritornare?».

[45] Li vedrai, ad esso esposti, umiliati e impotenti, lanciarsi sguardi furtivi, mentre i credenti diranno: «In verità, coloro che avranno causato la loro rovina e quella delle loro famiglie, nel Giorno della Resurrezione saranno i perdenti». In verità gli ingiusti avranno duraturo castigo. [46] Non avranno patroni che li aiuteranno contro Allah. Colui che Allah svia non ha nessuna via [di salvezza].

[47] Rispondete al vostro Signore, prima che venga un Giorno il cui termine Allah non differirà. In quel Giorno non avrete rifugio e non potrete negare alcunché. [48] Se volgono le spalle, [sappi] che

non ti inviammo loro affinché li custodissi: tu devi solo trasmettere [il messaggio]. Quando facciamo gustare all'uomo una misericordia che proviene da Noi, egli se ne rallegra; se lo coglie invece una sventura, per ciò che le sue mani hanno commesso, subito l'uomo diventa ingrato. 49 Appartiene ad Allah la sovranità dei cieli e della terra. Egli crea quello che vuole. Concede femmine a chi vuole e, a chi vuole, maschi; 50 oppure concede maschi e femmine insieme e rende sterile chi vuole. In verità Egli è il Sapiente, il Potente.

51 Non è dato all'uomo che Allah gli parli, se non per ispirazione o da dietro un velo, o inviando un messaggero che gli riveli, con il Suo permesso, quel che Egli vuole. Egli è altissimo, saggio. 52 Ed è così che ti abbiamo rivelato uno spirito [che procede] dal Nostro ordine. Tu non conoscevi né la Scrittura né la fede. Ne abbiamo fatto una luce per mezzo della quale guidiamo chi vogliamo, tra i Nostri servi. In verità tu guiderai sulla retta via, 53 la via di Allah, Cui appartiene tutto quel che è nei cieli e sulla terra. Sì, ritornano ad Allah tutte le cose.

SURA 43 : AZ-ZUKHRUF
....

GLI ORNAMENTI D'ORO

In nome di Allah, il Compassionevole, il Misericordioso.

1 *Hà , Mìm.*

2 Per il Libro esplicito. 3 Ne abbiamo fatto un Corano arabo, affinché comprendiate! 4 Esso è presso di Noi, nella Madre del Libro [3] , sublime e colmo di saggezza.

5 Dovremmo dunque escludervi dal Monito perché siete gente perversa? 6 Quanti profeti abbiamo inviato agli antichi! 7 E nessun

profeta venne loro senza che lo schernissero. [8] Ne facemmo perire di ben più temibili! Già è nota la sorte degli antichi.

[9] E se chiedi loro: «Chi ha creato i cieli e la terra?», di certo risponderanno: «Li ha creati l'Eccelso, il Sapiente». [10] Colui Che della terra ha fatto una culla e vi ha tracciato i sentieri affinché possiate guidarvi, [11] e dal cielo ha fatto scendere con misura un'acqua tramite la quale ridiamo la vita ad una terra morta: allo stesso modo vi resusciterà. [12] Ha creato tutte le specie e vi ha dato vascelli e animali sui quali montate, [13] sicché possiate sedere sui loro dorsi e ricordiate i favori del vostro Signore dicendo: «Gloria a Colui Che ha messo tutto ciò a nostro servizio, mentre non eravamo neppure in grado di domarli! [14] In verità noi ritorneremo verso il nostro Signore».

[15] Gli hanno ascritto i Suoi servi come fossero una parte [di Lui]. L'uomo è davvero ingrato. [16] Si sarebbe forse preso delle figlie tra ciò che ha creato e avrebbe concesso a voi i maschi? [17] Quando si annuncia a uno di loro ciò che attribuisce al Compassionevole, si adombra il suo viso e si rattrista. [18] «Quest'essere allevato tra i fronzoli, illogico nella discussione?» [19] Considerano femmine gli angeli, i servi del Compassionevole. Sono forse stati testimoni della loro creazione? La loro affermazione sarà scritta e saranno interrogati in proposito.

[20] Dicono: «Se il Compassionevole avesse voluto, non le avremmo adorate». Non hanno alcuna scienza in proposito, non esprimono che mere supposizioni. [21] O forse, prima di questo, demmo loro una Scrittura alla quale si attengono? [22] No, dicono piuttosto: «Abbiamo trovato i nostri avi far parte di una comunità, noi seguiamo le loro orme». [23] Mai inviammo prima di te alcun ammonitore ad una città, senza che quelli che vivevano nell'agiatezza dicessero: «Abbiamo trovato i nostri avi far parte di una comunità

e ricalchiamo le loro orme». [24] Diceva [l'ammonitore]: «Anche se vi portassi una Guida migliore di quella che seguivano i vostri avi?». Rispondevano: «Invero non crediamo in quello con cui siete stati inviati». [25] Ci vendicammo di loro. Considera perciò quel che subirono quanti tacciavano di menzogna.

[26] E [ricorda] quando Abramo disse a suo padre e al suo popolo: «Io rinnego tutto quello che voi adorate, [27] eccetto Colui Che mi ha creato, poiché è Lui che mi guiderà». [28] E di ciò fece una parola che doveva perpetuarsi nella sua discendenza: forse ritorneranno [ad Allah]. [29] E anzi, concessi a quelle genti e ai loro avi temporaneo godimento, finché fosse giunta loro la Verità e un Messaggero esplicito. [30] Ma quando la Verità giunse loro, dissero: «È magia, noi non crediamo in essa!».

[31] E dicono: «Perché questo Corano non è stato rivelato ad un maggiorente di una di queste due città?». [32] Sono forse loro i dispensatori della misericordia del tuo Signore? Siamo Noi che distribuiamo tra loro la sussistenza in questa vita, che innalziamo alcuni di loro sugli altri, in modo che gli uni prendano gli altri a loro servizio. La misericordia del tuo Signore è però [di gran lunga] migliore di quello che accumulano. [33] Se non fosse per il fatto che [in tal modo] gli uomini sarebbero diventati una sola comunità [di miscredenti], avremmo fatto d'argento i tetti delle case di coloro che non credono al Compassionevole, e scale per accedervi. [34] [Ugualmente avremmo fatto] per le loro case, porte e divani [d'argento] sui quali distendersi, [35] e ornamenti d'oro. Tutto ciò non sarebbe che godimento effimero di questa vita, mentre l'Altra vita, presso il tuo Signore, è per i timorati.

[36] Assegneremo la compagnia inseparabile di un diavolo a chi si distoglie dal Monito del Compassionevole. [37] In verità [i diavoli] frappongono ostacoli sulla via di Allah e [gli uomini] credono di

essere sulla buona strada. [38] Quando poi [un tal uomo] verrà a Noi, dirà: «Ahimè, quanto vorrei che tra te e me ci fosse la distanza che separa i due Orienti!». Che detestabile compagno! [39] Ma non vi servirà a nulla in quel Giorno, poiché siete stati ingiusti e pertanto sarete insieme nel castigo.

[40] Puoi forse far sentire il sordo o dirigere il cieco e colui che persiste nell'errore palese? [41] Ci vendicheremo di loro, sia che ti facciamo morire, [42] sia che ti facciamo vedere quel che gli promettemmo, poiché Noi prevarremo su di loro. [43] Stringi con forza quello che ti è stato rivelato. Tu sei sulla retta via. [44] In verità questo è un Monito per te e per il tuo popolo; presto sarete interrogati [in proposito], [45] Chiedi ai Nostri messaggeri che inviammo prima di te, se mai indicammo dèi da adorare all'infuori del Compassionevole.

[46] Già inviammo Mosè con i Nostri segni a Faraone e ai suoi notabili. Disse: «Io sono il messaggero del Signore dei mondi». [47] Quando mostrò loro i Nostri segni, essi li schernirono, [48] mentre ogni segno che facemmo vedere loro era più grande dell'altro! Li colpimmo con il castigo affinché tornassero a Noi... [49] Dissero: «O mago, implora per noi il tuo Signore, in nome del patto che ha stretto con te. Allora certamente ci lasceremo guidare». [50] Quando poi allontanammo il castigo da loro, vennero meno [al giuramento].

[51] Faraone arringò il suo popolo e disse: «O popol mio, forse non mi appartiene il regno dell'Egitto, con questi canali che scorrono ai miei piedi? Non vedete dunque? [52] Non son forse migliore di questo miserabile che sa appena esprimersi? [53] Perché non gli sono stati lanciati braccialetti d'oro [dal cielo], perché non lo accompagnano schiere di angeli?». [54] Cercò così di confondere il suo popolo ed essi gli obbedirono: era gente malvagia. [55] Quando poi Ci irritarono, Ci vendicammo di loro e li affogammo tutti. [56] Facemmo di loro un ricordo e un esempio per i posteri.

⁵⁷ Quando viene proposto l'esempio del figlio di Maria, il tuo popolo lo rifiuta ⁵⁸ dicendo: «I nostri dèi non sono forse migliori di lui?». Ti fanno questo esempio solo per amor di polemica, ché sono un popolo litigioso. ⁵⁹ Egli non era altro che un Servo, che Noi abbiamo colmato di favore e di cui abbiamo fatto un esempio per i Figli di Israele. ⁶⁰ Se volessimo, trarremmo angeli da voi ed essi vi sostituirebbero sulla terra. ⁶¹ Egli è un annuncio dell'Ora. Non dubitatene e seguitemi, questa è la retta via. ⁶² Non ve ne distolga Satana, egli è vostro dichiarato nemico.

⁶³ Quando Gesù portò le prove evidenti disse: «Sono venuto a voi con la saggezza e per rendervi esplicita una parte delle cose su cui divergete. Temete Allah e obbeditemi. ⁶⁴ In verità Allah è il mio e vostro Signore. AdorateLo allora. Ecco la retta via». ⁶⁵ Ma le loro fazioni furono tra loro discordi. Guai agli ingiusti per via del castigo di un Giorno doloroso.

⁶⁶ Aspettano altro che l'Ora? Verrà all'improvviso, senza che se ne avvedano. ⁶⁷ In quel Giorno gli amici saranno nemici gli uni degli altri, eccetto i timorati. ⁶⁸ [Verrà loro detto:] «O Miei servi, oggi non avrete paura e non sarete afflitti, ⁶⁹ [poiché siete] coloro che credono nei Miei segni e siete sottomessi: ⁷⁰ entrate nel Paradiso, voi e le vostre spose, sarete onorati – ⁷¹ circoleranno tra loro vassoi d'oro e calici, e colà ci sarà quel che desiderano le anime e la delizia degli occhi – e vi rimarrete in perpetuo. ⁷² Ecco il Paradiso che vi è stato fatto ereditare per quel che avete fatto. ⁷³ E vi saranno molti frutti e ne mangerete».

⁷⁴ I malvagi rimarranno in eterno nel castigo dell'Inferno ⁷⁵ che non sarà mai attenuato e in cui si dispereranno. ⁷⁶ Non saremo Noi ad essere ingiusti nei loro confronti: sono loro gli ingiusti. ⁷⁷ Urleranno: «O Mâlik, che ci finisca il tuo Signore!». Risponderà: «In verità siete qui per rimanervi». ⁷⁸ Già vi portammo la verità, ma

la maggior parte di voi detestava la verità. [79] Hanno voluto tendere le loro trame? Anche Noi abbiamo tramato. [80] O forse credono che non ascoltiamo i loro segreti e le loro confidenze? Invece sì, i Nostri angeli registrano dinnanzi a loro. [81] Di': «Se il Compassionevole avesse un figlio, sarei il primo ad adorarlo». [82] Gloria al Signore dei cieli e della terra, al Signore del Trono, ben al di sopra di quel che Gli attribuiscono. [83] Lasciali divagare e giocare, finché non incontreranno il Giorno che è stato loro promesso.

[84] Egli è Colui Che è Dio nel cielo e Dio sulla terra. Egli è il Saggio, il Sapiente. [85] Sia benedetto Colui Cui appartiene la sovranità dei cieli, della terra e di quel che vi è frammezzo. Presso di Lui è la scienza dell'Ora. A Lui sarete ricondotti. [86] Coloro che essi invocano all'infuori di Lui, non hanno alcun potere di intercessione, eccetto coloro che avranno testimoniato la verità con piena conoscenza. [87] Se chiedi loro chi li abbia creati, risponderanno certamente: «Allah». Come possono allora allontanarsi da Lui? [88] E [a] quel grido [del Profeta]: «O Signore! Questo è un popolo che non crede!», [89] [risponderà Allah]: «Allontanati da loro [o Muhammad] e di': "Pace". Presto sapranno»

SURA 44 : AD-DUKHÂN

IL FUMO

In nome di Allah, il Compassionevole, il Misericordioso.

[1] Hâ',Mîm.

[2] Per il Libro esplicito. [3] Lo abbiamo fatto scendere in una notte benedetta, – in verità siamo Noi ad ammonire – [4] durante la quale è stabilito ogni saggio decreto, [5] decreto che emana da Noi. Siamo

Noi ad inviare [i messaggeri], ⁶ [segno della] misericordia del tuo Signore: Egli è audiente, sapiente, ⁷ il Signore dei cieli, della terra e di quel che vi è frammezzo. Se solo ne foste convinti! ⁸ Non c'è dio all'infuori di Lui, Colui Che dà la vita e dà la morte, il vostro Signore e il Signore dei vostri più lontani antenati. ⁹ Ma quella gente invece dubita e scherza! ¹⁰ Ebbene, aspetta il Giorno in cui il cielo recherà un fumo ben visibile, ¹¹ che avvolgerà gli uomini. Ecco un castigo doloroso! ¹² [Diranno]: «Signore, allontana da noi il castigo, perché [ora] crediamo». ¹³ Da dove viene questa loro coscienza? Già giunse loro un messaggero esplicito, ¹⁴ e gli voltarono le spalle dicendo: «È un neofita invasato». ¹⁵ Se, per un istante, allontanassimo il castigo da voi, certamente sareste recidivi. ¹⁶ Il Giorno in cui li afferreremo con implacabile stretta, Ci vendicheremo.

¹⁷ Prima di loro mettemmo alla prova il popolo di Faraone, quando giunse loro un nobilissimo messaggero. ¹⁸ [che disse]: «Datemi i servi di Allah! Io sono per voi un messaggero affidabile! ¹⁹ Non siate insolenti nei confronti di Allah! In verità vengo a voi con evidente autorità. ²⁰ Mi rifugio in Colui che è mio Signore e vostro Signore, affinché voi non mi lapidiate. ²¹ Se non volete credere in me, almeno non siatemi ostili».

²² Invocò poi il suo Signore: «In verità sono un popolo di malvagi». ²³ [Disse il Signore]: «Fai viaggiare di notte i Miei servi: sarete inseguiti. ²⁴ Lascerai il mare aperto: sarà un'armata di annegati». ²⁵ Quanti giardini e sorgenti abbandonarono, ²⁶ e campi, e comode residenze, ²⁷ e il benessere di cui si deliziavano! ²⁸ Così fu: demmo tutto ciò in eredità ad altro popolo. ²⁹ Non li piansero né il cielo né la terra e non fu concessa loro dilazione alcuna.

³⁰ Salvammo i Figli di Israele dall'umiliante tormento, ³¹ da Faraone che era tiranno e prevaricatore. ³² Con conoscenza di causa

ne facemmo degli eletti tra le creature. [33] Demmo loro segni che contenevano una prova palese.

[34] Ora questi dicono: [35] «Non avremo altro che la prima morte e non saremo risuscitati. [36] Fate risorgere i nostri avi, se siete veritieri». [37] Son essi migliori, o il popolo di Tubba' o coloro che li precedettero? Li annientammo perché in verità erano malvagi.

[38] Non creammo i cieli e la terra e quel che vi sta frammezzo per gioco, [39] non li creammo che secondo verità. Ma la maggior parte di loro non lo sa. [40] Invero il Giorno del Verdetto è fissato per tutti quanti, [41] il Giorno in cui nessun alleato darà rifugio al suo alleato in alcunché e non saranno soccorsi, [42] eccetto chi avrà la misericordia di Allah. In verità Egli è l'Eccelso, il Misericordioso.

[43] In verità l'albero di Zaqqùm, [44] è il cibo del peccatore. [45] Ribollirà nel [suo] ventre come metallo liquefatto, [46] come bolle l'acqua bollente. [47] «Afferratelo e trascinatelo nel fondo della Fornace [48] e gli si versi sul capo il castigo dell'acqua bollente. [49] Gusta [questo]: sei forse tu l'eccelso, il nobile?» [50] Ecco quello di cui dubitavate!

[51] I timorati avranno asilo sicuro, [52] tra giardini e sorgenti. [53] Saranno vestiti di seta e broccato e staranno gli uni di fronte agli altri. [54] Sarà così e daremo loro in spose fanciulle dai grandi occhi. [55] Colà chiederanno senza timore ogni tipo di frutto. [56] E non proveranno altra morte oltre a quella prima morte [terrena]. [Allah] li ha preservati dal tormento della Fornace, [57] per grazia del tuo Signore: questa è la più grande beatitudine.

[58] Abbiamo reso facile questo [Corano], nel tuo idioma, affinché riflettano. [59]. Aspetta dunque, ché anche loro aspettano

SURA 45 : AL-JÂTHIYA

LA GENUFLESSA

In nome di Allah, il Compassionevole, il Misericordioso.

[1] *Hà', Mîm.*

[2] La rivelazione del Libro proviene da Allah, l'Eccelso, il Saggio.
[3] In verità nei cieli e sulla terra ci sono segni per coloro che credono,
[4] nella vostra creazione e negli animali che dissemina [sulla terra],
ci sono segni per coloro che credono con fermezza. [5] Nell'alternarsi
della notte e del giorno, nell'acqua che Allah fa scendere dal cielo
e per mezzo della quale vivifica la terra dopo che era morta, nel
dispiegarsi dei venti, ci sono segni per coloro che ragionano.
[6] Ecco i versetti di Allah, che noi ti recitiamo in tutta verità. In quale
discorso e in quali segni potranno credere, oltre a [quelli] di Allah?

[7] Guai ad ogni bugiardo peccatore, [8] che ode recitare davanti
a sé i versetti di Allah, ma insiste nella sua superbia, come se non
li avesse affatto uditi! Annunciagli dunque un doloroso castigo.
[9] Se impara qualcuno dei Nostri versetti, li volge in scherno. Ecco
coloro che avranno l'umiliante tormento: [10] li attende l'Inferno.
Non servirà a niente quel che avranno fatto, né gli alleati che si sono
presi all'infuori di Allah. Avranno un castigo terribile. [11] Questa è la
guida. Coloro che non credono nei segni del loro Signore avranno
doloroso supplizio.

[12] Allah è Colui Che ha messo il mare al vostro servizio, affinché
vi scivoli la nave per ordine Suo e voi vi procuriate la Sua grazia,
affinché siate riconoscenti. [13] E vi ha sottomesso tutto quello che è
nei cieli e sulla terra: tutto [proviene] da Lui. In verità in ciò vi sono
segni per coloro che riflettono.

[14] Di' ai credenti di perdonare coloro che non sperano nei Giorni

di Allah: [Egli] compenserà ogni popolo per quello che si è meritato.
¹⁵ Chi fa il bene, lo fa per se stesso, e chi fa il male lo fa contro di sé.
Infine sarete tutti ricondotti al vostro Signore.

¹⁶ Già abbiamo dato ai Figli di Israele la Scrittura, la saggezza
e la profezia. Concedemmo loro cibi eccellenti e li preferimmo agli
altri popoli. ¹⁷ Demmo loro prove evidenti del [Nostro] Ordine;
non si divisero, astiosi gli uni con gli altri se non dopo che giunse
loro la scienza. In verità nel Giorno della Resurrezione il tuo
Signore giudicherà tra di loro, a proposito delle loro divergenze.
¹⁸ In seguito ti abbiamo posto sulla via dell'Ordine. Seguila
e non seguire le passioni di coloro che non conoscono nulla.
¹⁹ Non potranno giovarti in nulla contro Allah. In verità gli ingiusti
sono alleati gli uni degli altri, mentre Allah è alleato dei timorati.
²⁰ Questo [Corano] per gli uomini è un appello al veder chiaro, una
guida e una misericordia per coloro che credono fermamente.

²¹ Coloro che commettono il male credono che Noi li tratteremo
alla stessa stregua di coloro che credono e compiono il bene, come
se fossero uguali nella loro vita e nella loro morte? Come giudicano
male! ²² Allah creò in tutta verità i cieli e la terra, affinché ogni
uomo sia compensato per quel che avrà fatto. Nessuno subirà un
torto.

²³ Non hai visto quello che assume a divinità le sue passioni?
Allah scientemente lo allontana, suggella il suo udito e il suo cuore
e stende un velo sui suoi occhi. Chi lo potrà dirigere dopo che Allah
[lo ha sviato]? Non rifletterete dunque?

²⁴ Dicono: «Non c'è che questa vita terrena: viviamo e moriamo;
quello che ci uccide è il tempo che passa». Invece non possiedono
nessuna scienza, non fanno altro che illazioni. ²⁵ Quando vengono
recitati a loro i Nostri versetti espliciti, non hanno altro argomento
eccetto: «Fate risorgere i nostri avi, se siete sinceri». ²⁶ Di': «Allah

vi dà la vita e poi vi dà la morte, quindi vi riunirà nel Giorno della
Resurrezione. Non c'è dubbio in proposito, ma la maggior parte
degli uomini non lo sa».

27 [Appartiene] ad Allah la sovranità dei cieli e della terra; e
nel Giorno in cui scoccherà l'Ora, saranno perduti i seguaci della
falsità. 28 E vedrai ogni comunità genuflessa. Ogni comunità sarà
convocata davanti al suo libro: «Oggi sarete compensati per quello
che avete fatto». 29 Ecco il Nostro Libro che rivela la verità su di
voi: sì, abbiamo tenuto nota di [tutto] ciò che facevate.

30 Quanto a coloro che avranno creduto e compiuto il bene, il
Signore li accoglierà nella Sua misericordia. Questo è il successo
evidente! 31 A coloro che invece non avranno creduto [sarà detto]:
«Non vi sono stati recitati i Miei versetti? Ma eravate superbi ed
eravate un popolo di malvagi». 32 Quando si diceva: «In verità la
promessa di Allah è veritiera e non c'è dubbio alcuno sull'Ora»,
voi rispondevate: «Non sappiamo cos'è l'Ora, facciamo solo
supposizioni, senza peraltro esserne convinti».

33 Appariranno loro [le conseguenze] di quel che avranno fatto
e ciò di cui si burlavano li avvolgerà. 34 E sarà detto loro: «Oggi
Noi vi dimentichiamo, come voi dimenticavate l'incontro di questo
vostro Giorno. Il vostro soggiorno sarà il Fuoco e non avrete chi vi
soccorra. 35 Ciò perché schernivate i segni di Allah e vi seduceva la
vita terrena». In quel Giorno, non saranno fatti uscire e non saranno
accettate le loro scuse.

36 La lode appartiene ad Allah, Signore dei cieli e della terra,
Signore dei mondi. 37 [Appartiene] a Lui la magnificenza dei cieli e
della terra. Egli è l'Eccelso, il Saggio.

AL-'AHQÀF

In nome di Allah, il Compassionevole, il Misericordioso.

[1] *Hâ'. Mîm.*

[2] La rivelazione del Libro proviene da Allah, l'Eccelso, il Saggio. [3] Non creammo i cieli e la terra e quel che vi è frammezzo se non con verità e fino ad un termine stabilito, ma i miscredenti non badano a ciò di cui sono stati avvertiti.

[4] Di': «Guardate coloro che invocate all'infuori di Allah. Mostratemi quel che hanno creato della terra. Oppure è nei cieli che sono associati [ad Allah]? Se siete sinceri, portate una Scrittura anteriore a questa, o una traccia di scienza». [5] E chi è più sviato di colui che invoca, all'infuori di Allah, chi non saprà rispondergli fino al Giorno della Resurrezione? Essi non hanno neppure coscienza dell'invocazione che viene loro rivolta, [6] e quando gli uomini saranno riuniti, saranno loro nemici e rinnegheranno la loro adorazione.

[7] Quando vengono recitati loro i Nostri versetti espliciti, i miscredenti dicono della verità che viene ad essi: «È magia evidente». [8] Oppure dicono: «L'ha inventato lui». Di': «Se l'avessi inventato io, non potreste fare nulla per me contro [la punizione di] Allah. Egli ben conosce quello che propalate ed è testimone sufficiente tra me e voi». Egli è il Perdonatore, il Misericordioso.

[9] Di': «Non costituisco un'innovazione rispetto agli inviati né conosco quel che avverrà a me e a voi. Non faccio che seguire quello che mi è stato rivelato. Non sono che un ammonitore esplicito». [10] Di': «Ma non vedete? Se esso viene da Allah e voi non credete

in esso, mentre un testimone dei Figli di Israele conferma la sua conformità e crede, mentre voi lo rifiutate per orgoglio...?». In verità Allah non guida gli ingiusti.

¹¹ I miscredenti dicono ai credenti: «Se esso fosse un bene, costoro non ci avrebbero preceduto». Siccome non sono affatto guidati, diranno: «Questa non è che una vecchia menzogna».

¹² Prima di esso c'era la Scrittura di Mosè, guida e misericordia. Questo Libro ne è la conferma, in lingua araba, per ammonire gli ingiusti ed essere lieta novella per coloro che fanno il bene. ¹³ Sì, coloro che dicono: «Il nostro Signore è Allah!» e agiscono rettamente non avranno nulla da temere e non saranno afflitti. ¹⁴ Essi saranno i compagni del Giardino, in cui rimarranno in perpetuo, compenso per quel che avranno fatto.

¹⁵ Abbiamo ordinato all'uomo la bontà verso i genitori: sua madre lo ha portato con fatica e con fatica lo ha partorito. Gravidanza e svezzamento durano trenta mesi. Quando raggiunge la maturità ed è giunto ai quarant'anni dice: «Signore, dammi modo di renderti grazia del favore di cui hai colmato me e i miei genitori, affinché compia il bene di cui Ti compiaci e concedimi una discendenza onesta. Io mi volgo pentito a Te e sono uno dei sottomessi». ¹⁶ Accetteremo le loro azioni più belle e sorvoleremo sui loro misfatti. [Saranno] tra i compagni del Giardino. Promessa veritiera fatta a loro.

¹⁷ Quanto invece a colui che dice ai suoi genitori: «Uff... a voi; vorreste promettermi che sarò fatto risorgere, quando già passarono molte generazioni prima di me?», essi invocheranno l'ausilio di Allah [dicendo]: «Guai a te! Credi, ché la promessa di Allah è veritiera». Risponderà: «Sono le favole degli antichi». ¹⁸ Essi sono coloro contro i quali si realizza la sentenza, [come si realizzò] fra

le comunità di uomini e di dèmoni che li precedettero: in verità saranno i perdenti.

19 Ci saranno gradi [di merito] per ciascuno di loro in base a quello che avranno fatto. [Allah] li compenserà pienamente delle loro opere e non subiranno alcun torto. 20 Nel Giorno in cui i miscredenti saranno condotti al Fuoco, [sarà detto loro]: «Avete dissipato i vostri beni nella vita terrena e ne avete goduto. Oggi siete compensati con un castigo avvilente, per l'orgoglio che, senza alcun diritto, manifestavate sulla terra e per la vostra perversione.

21 E ricorda il fratello degli 'Àd, quando ammonì il suo popolo presso al-'Ahqàf; vennero prima di lui e dopo di lui gli ammonitori. Disse: «Non adorate altri che Allah. Temo per voi il castigo di un Giorno terribile». 22 Dissero: «Sei venuto per allontanarci dai nostri dèi? Fa' venire ciò di cui ci minacci, se sei sincero». 23 Disse: «La Scienza è solo presso Allah. Io vi comunico ciò con cui sono stato inviato, ma vedo che siete gente ignorante».

24 Quando videro una densa nuvola dirigersi verso le loro valli, dissero: «Ecco una nuvola, sta per piovere». No, è proprio quello che cercavate di affrettare, è un vento che porta seco un doloroso castigo, 25 che tutto distruggerà per ordine del suo Signore. Al mattino non erano visibili che [i resti delle] loro case. Così compensiamo i malvagi.

26 Avevamo dato loro mezzi che a voi non abbiamo dato. Avevamo donato loro l'udito, gli occhi e i cuori, ma il loro udito i loro occhi e i loro cuori non giovarono loro, perché negavano i segni di Allah. Li avvolse ciò di cui si burlavano. 27 Già annientammo le città attorno a voi, eppure avevamo mostrato loro i Nostri segni affinché ritornassero [a Noi pentiti]. 28 Perché mai non li soccorsero coloro che si erano presi come intermediari e dèi, all'infuori di

Allah? Anzi, li abbandonarono, non erano altro che calunnie e menzogne.

²⁹ E [ricorda] quando ti conducemmo una schiera di dèmoni affinché ascoltassero il Corano; si presentarono dicendosi: «[Ascoltate in] silenzio». Quando poi [la lettura] fu conclusa, fecero ritorno al loro popolo per avvertirlo. ³⁰ Dissero: «O popolo nostro, in verità abbiamo sentito [la recitazione] di un Libro rivelato dopo [quello di] Mosè, a conferma di quello che lo precede: guida alla verità e alla retta via. ³¹ O popolo nostro, rispondete all'Araldo di Allah e credete in Lui, affinché Egli vi perdoni una [parte dei] vostri peccati e vi preservi dal doloroso castigo. ³² Quanto a colui che non risponde all'Araldo di Allah, non potrà diminuire [la Sua potenza] sulla terra e non avrà patroni all'infuori di Lui. Costoro sono in manifesto errore.

³³ Non vedono che Allah ha creato i cieli e la terra, che non Si è stancato della loro creazione ed è capace di ridare la vita ai morti? Sì, in verità Egli è l'Onnipotente».

³⁴ E il Giorno in cui i miscredenti saranno condotti al Fuoco [verrà chiesto loro]: «Non è questa la verità?». Diranno: «Sì, per il nostro Signore!». Dirà [Allah]: «Gustate allora il castigo della vostra miscredenza».

³⁵. Sopporta con pazienza, come sopportarono i messaggeri risoluti. Non cercare di affrettare alcunché per loro. Il Giorno in cui vedranno quel che è stato promesso loro, sarà come se fossero rimasti solo un'ora del giorno. [Questo è solo un] annuncio: chi altri sarà annientato se non i perversi?

MUHAMMAD

In nome di Allah, il Compassionevole, il Misericordioso.

¹ Allah vanificherà le opere dei miscredenti e di quelli che distolgono dalla Sua via. ² Rimetterà i peccati e volgerà al bene lo spirito di coloro che credono e compiono il bene e credono in quel che è stato rivelato a Muhammad. Questa è la verità che proviene dal loro Signore, ³ perché i miscredenti seguono il falso, mentre i credenti seguono la verità [proveniente] dal loro Signore. Così Allah propone il loro esempio agli uomini.

⁴ Quando [in combattimento] incontrate i miscredenti, colpiteli al collo finché non li abbiate soggiogati, poi legateli strettamente. In seguito liberateli graziosamente o in cambio di un riscatto, finché la guerra non abbia fine. Questo è [l'ordine di Allah]. Se Allah avesse voluto, li avrebbe sconfitti, ma ha voluto mettervi alla prova, gli uni contro gli altri. E farà sì che non vadano perdute le opere di coloro che saranno stati uccisi sulla via di Allah: ⁵ li guiderà, migliorerà la loro condizione, ⁶ e li introdurrà nel Paradiso di cui li ha resi edotti.

⁷ O credenti, se farete trionfare [la causa di] Allah, Egli vi soccorrerà e renderà saldi i vostri passi, ⁸ mentre coloro che non credono, saranno perduti: Egli vanificherà le loro opere. ⁹ Poiché ebbero ripulsa di quello che Allah ha rivelato, Egli vanificherà le loro opere. ¹⁰ Non hanno viaggiato sulla terra e non hanno visto quale fu la sorte di coloro che li precedettero? Allah li ha annientati. La stessa fine è riservata ai miscredenti. ¹¹ Ciò in quanto Allah è il Patrono dei credenti, mentre i miscredenti non hanno patrono alcuno.

¹² Quanto a coloro che credono e fanno il bene, Allah li farà

entrare nei Giardini dove scorrono i ruscelli. Coloro che non
credono avranno effimero godimento e mangeranno come mangia il
bestiame: il Fuoco sarà il loro asilo. [13] E quante città distruggemmo,
che pure erano più potenti della tua città che ti ha bandito. Non
ebbero nessun soccorritore.

[14] Colui che si basa su una prova del suo Signore è forse eguale a
colui cui è stata abbellita la sua azione peggiore e che si abbandona
alle sue passioni? [15] [Ecco] la descrizione del Giardino che è stato
promesso ai timorati [di Allah]: ci saranno ruscelli di un'acqua che
mai sarà malsana e ruscelli di latte dal gusto inalterabile e ruscelli di
un vino delizioso a bersi, e ruscelli di miele purificato. E ci saranno,
per loro, ogni sorta di frutta e il perdono del loro Signore. Essi
sono forse simili a coloro che rimangono in perpetuo nel Fuoco e
che verranno abbeverati di un'acqua bollente che devasterà le loro
viscere?

[16] Fra loro ci sono quelli che fanno finta di ascoltarti, ma,
quando sono usciti dalla tua casa, dicono a coloro cui è stata data
la scienza: «Che cosa ha detto poc'anzi?». Essi sono coloro cui
Allah ha suggellato i cuori e che si abbandonano alle loro passioni.
[17] Quanto invece a coloro che si sono aperti alla guida, Egli accresce
la loro guida e ispira loro il timore [di Allah].

[18] Cos'altro aspettano [i miscredenti], se non che venga
improvvisa l'Ora? Già i segni precursori son giunti, ma quando
Essa sarà giunta, a che cosa mai servirà loro il ricordarsi [di Allah]?
[19] Sappi che in verità non c'è dio all'infuori di Allah e implora
perdono per la tua colpa e per i credenti e le credenti. Allah ben
conosce il vostro affanno e il vostro rifugio.

[20] I credenti dicono: «Perché non è stata fatta scendere una
sura?». Quando poi viene rivelata una sura esplicita, in cui viene
menzionato il combattimento, vedi coloro che hanno una malattia

nel cuore guardarti con lo sguardo di chi è obnubilato davanti alla morte. Per voi sarebbe meglio [21] obbedire e parlare onestamente. Quando fosse stabilito il da farsi, sarebbe meglio per loro che si mostrassero sinceri di fronte ad Allah. [22] Se volgeste le spalle, potreste spargere corruzione sulla terra e rompere i legami del sangue? [23] Essi sono coloro che Allah maledice: li rende sordi e acceca i loro occhi.

[24] Non mediteranno sul Corano? Hanno forse catenacci sui cuori? [25] Coloro che volgono le spalle dopo che a loro è stata resa evidente la Guida, sono quelli che Satana ha sedotto e illuso. [26] Perché hanno detto a coloro che hanno ripulsa di quello che Allah ha fatto scendere: «Vi obbediremo in una parte della questione». Allah ben conosce i loro segreti. [27]. Cosa faranno, quando gli angeli li finiranno colpendo i loro volti e le loro schiene? [28] Ciò [avverrà] perché perseguono quello che suscita l'ira di Allah e hanno in odio ciò di cui Egli Si compiace, sicché [Allah] renderà vane le opere loro.

[29] Oppure coloro che hanno una malattia nel cuore credono che Allah non saprà far trasparire il loro odio? [30] Se volessimo, te li mostreremmo – ma già tu li riconosci dai loro tratti – e li riconosceresti dal tono nel parlare. Allah conosce le vostre opere.

[31] Certamente vi metteremo alla prova per riconoscere quelli di voi che combattono e resistono e per verificare quello che si dice sul vostro conto. [32] In verità coloro che non credono e distolgono dalla via di Allah e si sono separati dall'Inviato dopo che è stata loro resa evidente la guida, non sapranno nuocere ad Allah in alcunché ed Egli vanificherà il loro agire.

[33] O credenti! Obbedite ad Allah e obbedite al Messaggero e non vanificate le opere vostre. [34] In verità Allah non perdonerà mai coloro che non credono, distolgono dalla Via di Allah e muoiono

nella miscredenza. ³⁵ Non siate dunque deboli e non proponete l'armistizio mentre siete preponderanti. Allah è con voi e non diminuirà [il valore del]le vostre azioni.

³⁶ La vita terrena non è altro che gioco e distrazione. Se invece credete e siete timorati, Egli vi darà il vostro compenso senza chiedere i vostri beni. ³⁷ Se ve li chiedesse con insistenza, vi mostrereste avari e fareste trasparire il vostro odio. ³⁸ Ecco, siete invitati ad essere generosi per la causa di Allah, ma qualcuno di voi è avaro. Chi si mostrerà avaro lo sarà nei confronti di se stesso. Allah è Colui Che basta a Se Stesso, mentre siete voi ad essere poveri. Se volgerete le spalle vi sostituirà con un altro popolo e costoro non saranno uguali a voi.

SURA 48: AL-FATH
························

LA VITTORIA

In nome di Allah, il Compassionevole, il Misericordioso.

¹ In verità ti abbiamo concesso una vittoria evidente, ² affinché Allah ti perdoni le tue colpe passate e future, perfezioni su di te il Suo favore e ti guidi sulla retta via; ³ e affinché Allah ti presti ausilio possente.

⁴ Egli è Colui che ha fatto scendere la Pace nel cuore dei credenti, affinché possano accrescere la loro fede: [appartengono] ad Allah le armate dei cieli e della terra, Allah è sapiente, saggio. ⁵ [Lo ha fatto] per far entrare i credenti e le credenti nei Giardini in cui scorrono i ruscelli, dove rimarranno in perpetuo, per mondarli dei loro peccati – questo è successo enorme presso Allah – ⁶ e per castigare gli ipocriti e le ipocrite, gli associatori e le associa- trici che hanno cattiva opinione di Allah. Che la sventura si abbatta su

di loro! Allah è adirato contro di loro, li ha maledetti e ha preparato per loro l'Inferno: qual triste avvenire! [7] [Appartengono] ad Allah le armate dei cieli e della terra, Allah è eccelso, saggio.

[8] In verità ti abbiamo mandato come testimone, nunzio e ammonitore, [9] affinché crediate in Allah e nel Suo Messaggero e affinché Lo assistiate, Lo onoriate e Gli rendiate gloria al mattino e alla sera. [10] In verità coloro che prestano giuramento [di fedeltà], è ad Allah che lo prestano: la mano di Allah è sopra le loro mani. Chi mancherà al giuramento lo farà solo a suo danno; a chi invece si atterrà al patto con Allah, Egli concederà una ricompensa immensa.

[11] Quei beduini che sono rimasti indietro ti diranno: «Ci hanno trattenuto i nostri beni e le nostre famiglie: chiedi perdono per noi». Con le loro lingue pronunciano cose che non sono nei loro cuori. Di': «Chi mai potrà [intervenire] in vostro favore di fronte ad Allah, che Egli voglia per voi un male o un bene? Sì, Allah è ben informato di quello che fate». [12] Pensavate anzi che il Messaggero e i credenti non sarebbero mai più tornati alla loro famiglia. Questa convinzione è parsa bella ai vostri cuori e avete concepito un cattivo pensiero: foste gente perduta. [13] Abbiamo preparato la Fiamma per i miscredenti, per coloro che non credono in Allah e nel Suo Inviato. [14] [Appartiene] ad Allah la sovranità sui cieli e sulla terra. Egli perdona chi vuole e castiga chi vuole. Allah è perdonatore, misericordioso.

[15] Coloro che sono rimasti indietro, quando vi metterete in marcia per impadronirvi di un bottino, diranno: «Lasciate che vi seguiamo». Vorrebbero cambiare la Parola di Allah. Di': «Giammai ci seguirete: Allah ha detto così in precedenza». Diranno: «Siete gelosi di noi». Sono loro invece a capire ben poco.

[16] Di' a quei beduini che sono rimasti indietro: «Presto sarete chiamati [a combattere] contro gente di grande valore: dovrete

combatterli finché non si sottomettono. Se obbedirete, Allah vi darà una bella ricompensa; se invece volgerete le spalle come già le avete voltate, vi punirà con un doloroso castigo». [17] Non ci sarà colpa per il cieco, né per lo storpio, né per il malato. Quanto a chi obbedisce ad Allah e al Suo Messaggero, Allah lo introdurrà nei Giardini in cui scorrono i ruscelli. Quanto invece a chi volgerà le spalle, Egli lo punirà con un doloroso castigo.

[18] Già Allah si è compiaciuto dei credenti quando ti giurarono [fedeltà] sotto l'albero. Sapeva quello che c'era nei loro cuori e fece scendere su di loro la Pace: li ha ricompensati con un'imminente vittoria [19] e con l'abbondante bottino che raccoglieranno. Allah è eccelso, saggio. [20] Allah vi promette l'abbondante bottino che raccoglierete, ha propiziato questa [tregua] e ha trattenuto le mani di [quegli] uomini, affinché questo sia un segno per i credenti e per guidarvi sulla Retta via. [21] [Vi ha promesso] altre [vittorie] che allora non erano alla vostra portata, ma Allah li ha soverchiati. Allah è onnipotente.

[22] Se coloro che non credono vi combattono, certo volgeranno le spalle e non troveranno nessun alleato, nessun soccorritore. [23] Già questa fu la consuetudine di Allah, e non troverai mai cambiamento nella consuetudine di Allah. [24] Egli è Colui Che nella valle della Mecca ha trattenuto da voi le loro mani e da loro le vostre, dopo avervi concesso la supremazia. Allah osserva quel che fate.

[25] Sono i miscredenti che hanno ostruito la via [per raggiungere] la Sacra Moschea e hanno impedito che le vittime sacrificali giungessero al luogo del sacrificio. Se non ci fossero stati uomini credenti e donne credenti che voi non conoscevate e che avreste potuto calpestar inconsapevolmente, rendendovi così colpevoli di una guerra contro di loro … Così Allah farà entrare chi vuole nella Sua misericordia. Se [i credenti] si fossero fatti riconoscere,

certamente avremmo colpito con doloroso castigo coloro che non credevano.

²⁶ E quando i miscredenti riempirono di furore i loro cuori, il furore dell'ignoranza, Allah fece scendere la Sua Pace sul Suo Messaggero e sui credenti e li volse all'espressione del timore [di Allah], di cui erano più degni e più vicini. Allah conosce tutte le cose.

²⁷ Allah mostrerà la veridicità della visione [concessa] al Suo Messaggero: se Allah vuole, entrerete in sicurezza nella Santa Moschea, le teste rasate [o] i capelli accorciati, senza più avere timore alcuno. Egli conosce quello che voi non conoscete e già ha decretato oltre a ciò una prossima vittoria.

²⁸ Egli è Colui Che ha inviato il Suo Messaggero con la guida e la religione della verità, per farla prevalere su ogni altra religione. Allah è testimone sufficiente.

²⁹ Muhammad è il Messaggero di Allah e quanti sono con lui sono duri con i miscredenti e compassionevoli fra loro. Li vedrai inchinarsi e prosternarsi, bramando la grazia di Allah e il Suo compiacimento. Il loro segno è, sui loro volti, la traccia della prosternazione: ecco l'immagine che ne dà di loro la Toràh. L'immagine che invece ne dà il Vangelo è quella di un seme che fa uscire il suo germoglio, poi lo rafforza e lo ingrossa, ed esso si erge sul suo stelo nell'ammirazione dei seminatori. Tramite loro Allah fa corrucciare i miscredenti. Allah promette perdono e immensa ricompensa a coloro che credono e compiono il bene.

LE STANZE ÌNTIME

In nome di Allah, il Compassionevole, il Misericordioso.

[1] O credenti, non anticipate Allah e il suo Messaggero e temete Allah! Allah è audiente, sapiente.

[2] O credenti, non alzate la vostra voce al di sopra di quella del Profeta, e non alzate con lui la voce come l'alzate quando parlate tra voi, ché rischiereste di rendere vane le opere vostre a vostra insaputa. [3] Coloro che abbassano la voce davanti all'Inviato di Allah, sono quelli cui Allah ha disposto il cuore al timore [di Lui]. Avranno il perdono e ricompensa immensa. [4] Quanto a coloro che ti chiamano dall'esterno delle tue stanze intime... la maggior parte di loro non comprendono nulla. [5] Se avessero atteso con pazienza finché tu non esca loro incontro, sarebbe stato meglio per loro. Allah è perdonatore, misericordioso.

[6] O credenti, se un malvagio vi reca una notizia, verificatela, affinché non portiate, per disinformazione, pregiudizio a qualcuno e abbiate poi a pentirvi di quel che avrete fatto. [7] E sappiate che il Messaggero di Allah è tra voi. Se in molte questioni accondiscendesse ai vostri [desideri], voi sareste in gravi difficoltà; ma Allah vi ha fatto amare la fede e l'ha resa bella ai vostri cuori, così come vi ha fatto detestare la miscredenza, la malvagità e la disobbedienza. Essi sono i ben diretti; [8] [questa] è la grazia di Allah e il Suo favore. Allah è sapiente, saggio.

[9] Se due gruppi di credenti combattono tra loro, riconciliateli. Se poi [ancora] uno di loro commettesse degli eccessi, combattete quello che eccede, finché non si pieghi all'Ordine di Allah. Quando si sarà piegato, ristabilite, con giustizia, la concordia tra di loro

e siate equi, poiché Allah ama coloro che giudicano con equità.
¹⁰ In verità i credenti sono fratelli: ristabilite la concordia tra i vostri
fratelli e temete Allah. Forse vi sarà usata misericordia.

¹¹ O credenti, non scherniscano alcuni di voi gli altri, ché forse
questi sono migliori di loro. E le donne non scherniscano altre
donne, ché forse queste sono migliori di loro. Non diffamatevi a
vicenda e non datevi nomignoli. Com'è infame l'accusa di iniquità
rivolta a chi è credente ! Coloro che non si pentono sono gli iniqui.

¹² O credenti, evitate di far troppe illazioni, ché una parte
dell'illazione è peccato. Non vi spiate e non sparlate gli uni degli
altri. Qualcuno di voi mangerebbe la carne del suo fratello morto?
Ne avreste anzi orrore! Temete Allah! Allah sempre accetta il
pentimento, è misericordioso.

¹³ O uomini, vi abbiamo creato da un maschio e una femmina e
abbiamo fatto di voi popoli e tribù, affinché vi conosceste a vicenda.
Presso Allah, il più nobile di voi è colui che più Lo teme. In verità
Allah è sapiente, ben informato.

¹⁴ I Beduini hanno detto: «Crediamo». Di': «Voi non credete.
Dite piuttosto Ci sottomettiamo», poiché la fede non è ancora
penetrata nei vostri cuori. Se obbedirete ad Allah e al Suo Inviato,
Egli non trascurerà nessuna delle vostre [buone] azioni. In verità
Allah è perdonatore, misericordioso». ¹⁵ I veri credenti sono coloro
che credono in Allah e nel Suo Inviato senza mai dubitarne e che
lottano con i loro beni e le loro persone per la causa di Allah: essi
sono i sinceri.

¹⁶ Di': «Sareste forse voi ad istruire Allah sulla vostra religione,
mentre Allah conosce ciò che è nei cieli e sulla terra?». Allah
conosce tutte le cose. ¹⁷ Vantano questa sottomissione, come fosse
un favore da parte loro. Di': «Non rinfacciatemi il vostro Islàm
come se fosse un favore. E piuttosto Allah Che vi ricorda il Suo

favore di avervi guidati verso la fede, [che otterrete] se siete sinceri. [18] Allah conosce l'invisibile dei cieli e della terra e Allah ben osserva quel che fate».

QÂF

In nome di Allah, il Compassionevole, il Misericordioso.

[1]. *Qâf*

Per il glorioso Corano! [2] E invece si stupiscono che sia giunto loro un ammonitore della loro gente. Dicono i miscredenti: «Questa è una cosa strana! [3] Ma come, quando saremo morti e ridotti in polvere… ? Sarebbe tornare da lontano!». [4] Ben sappiamo quel che la terra divorerà, presso di Noi c'è un Libro che conserva [ogni cosa]. [5] E invece tacciano di menzogna la verità che è giunta loro, ed ecco che sono in grande confusione.

[6] Non osservano il cielo sopra di loro, come lo abbiamo edificato e abbellito e senza fenditura alcuna? [7] E la terra l'abbiamo distesa, vi infiggemmo le montagne e vi facemmo crescere ogni specie di meravigliosa vegetazione: [8] invito [questo] alla riflessione e monito per ogni servo penitente. [9] Abbiamo fatto scendere dal cielo un'acqua benedetta, per mezzo della quale abbiamo fatto germogliare giardini e il grano delle messi, [10] e palme slanciate dalle spate sovrapposte, [11] sostentamento dei [Nostri] servi. Per suo tramite rivivifichiamo una terra che era morta, e in egual maniera [avverrà] la Resurrezione.

[12] Prima di loro tacciarono di menzogna [i Nostri segni] il popolo di Noè e quelli di ar-Rass, i Thamùd [13] e gli 'Ad e Faraone e i fratelli

di Lot [14] e le genti di al-'Aykah e il popolo di Tubba' : tutti quanti accusarono di menzogna i messaggeri. La Mia minaccia dunque si realizzò. [15] Saremo forse spossati dalla prima creazione? No, sono invece loro ad essere confusi [a proposito] della nuova creazione.

[16] In verità siamo stati Noi ad aver creato l'uomo e conosciamo ciò che gli sussurra l'animo suo. Noi siamo a lui più vicini della sua vena giugulare. [17] Quando i due che registrano seduti alla sua destra e alla sua sinistra, raccoglieranno [il suo dire], [18] [l'uomo] non pronuncerà nessuna parola senza che presso di lui ci sia un osservatore solerte.

[19] L'agonia della morte farà apparire la verità: ecco da cosa fuggivi. [20] Sarà soffiato nel corno. Ecco il Giorno della minaccia! [21] Ogni anima verrà accompagnata da una guida e da un testimone. [22] [Uno dirà]: «Davvero trascuravi tutto ciò: [ora] abbiamo sollevato il tuo velo e quindi oggi la tua vista è acuta». [23] E dirà il suo compagno: «Ecco quello che ho pronto». [24] «O voi due, gettate nell'Inferno ogni miscredente testardo, [25] nemico del bene, trasgressore e scettico, [26] che pose, a fianco di Allah, un'altra divinità: gettatelo nell'orrendo castigo.» [27] Dirà il suo compagno: «Signore, non sono stato io ad incitarlo alla ribellione, già era profondamente traviato». [28] Dirà [Allah]: «Non polemizzate al Mio cospetto: già vi resi nota la minaccia. [29] Di fronte a Me la sentenza non cambia, né sono ingiusto verso i Miei servi».

[30] Il Giorno in cui diremo all'Inferno: «Sei pieno?», esso risponderà: «C'è altro [da aggiungere]?». [31] Il Giardino sarà avvicinato ai timorati, [32] «Ecco quel che vi è stato promesso, a [voi e a] chi è pentito, a chi si preserva [dal peccato], [33] a chi teme il Compassionevole nell'invisibile e ritorna [a Lui] con cuore contrito. [34] Entratevi in pace». Questo è il Giorno della perpetuità; [35] colà avranno tutto quel che vorranno e presso di Noi c'è ancora di più.

³⁶ Quante generazioni sterminammo prima di loro, che pure erano più potenti di loro e che inutilmente cercarono, percorrendo le contrade, di sfuggire [al castigo]! ³⁷ In ciò vi è un monito per chi ha un cuore, per chi presta attenzione e testimonia.

³⁸ Già creammo i cieli, la terra e quel che vi è frammezzo in sei giorni, senza che Ci cogliesse fatica alcuna. ³⁹ Sopporta dunque con pazienza quel che ti dicono e glorifica il tuo Signore prima che si levi il sole e prima che tramonti; ⁴⁰ glorificaLo in una parte della notte e dopo la prosternazione.

⁴¹ Ascolta: il Giorno in cui l'Araldo chiamerà da un luogo vicino, ⁴² il Giorno in cui davvero sentiranno il Grido, quello sarà il Giorno della Resurrezione. ⁴³ Siamo Noi che diamo la vita e che diamo la morte. A Noi ritorna ogni cosa. ⁴⁴ Il Giorno in cui la terra si spaccherà all'improvviso, Ci sarà facile radunarli.

⁴⁵. Ben conosciamo quello che dicono: tu non sei tiranno nei loro confronti! Ammonisci dunque con il Corano chi non teme la Mia minaccia.

SURA 51 : ADH-DHÂRIYÂT

QUELLE CHE SPARGONO

In nome di Allah, il Compassionevole, il Misericordioso.

¹ Per i venti che spargono, ² per quelle che portano un carico, ³ per quelle che scivolano leggere, ⁴ per quelli che trasmettono l'ordine. ⁵ Quello che vi è stato promesso è vero, ⁶ e il Giudizio avverrà inevitabilmente. ⁷ Per il cielo solcato di percorsi, ⁸ invero avete opinioni contrastanti, ⁹ è maldisposto chi è maldisposto.

¹⁰ Maledetti i blasfemi ¹¹ che nell'abisso dimenticano. ¹² Chiedono: «A quando il Giorno del Giudizio?». ¹³ Il Giorno in

cui saranno messi alla prova del Fuoco [14] [sarà detto loro]: «Gustate la vostra prova! Ecco quello che volevate affrettare!». [15] I timorati staranno tra i giardini e le fonti, [16] prendendo ciò che il Signore darà loro, poiché in passato facevano il bene, [17] dormivano poco di notte, [18]. e all'alba imploravano il perdono; [19] e nei loro beni c'era un diritto per il mendicante e il diseredato.

[20] Sulla terra ci sono segni per coloro che credono fermamente, [21] E anche in voi stessi. Non riflettete dunque? [22] Nel cielo c'è la vostra sussistenza e anche ciò che vi è stato promesso. [23] Per il Signore del cielo e della terra: tutto questo è vero come è vero che parlate.

[24] Ti è giunta la storia degli ospiti onorati di Abramo ? [25] Quando entrarono da lui dicendo: «Pace», egli rispose: «Pace, o sconosciuti». [26] Poi andò discretamente dai suoi e tornò con un vitello grasso, [27] e l'offrì loro… [Disse]: «Non mangiate nulla?». [28] Ebbe allora paura di loro. Dissero: «Non aver paura». Gli diedero la lieta novella di un figlio sapiente. [29] Venne dunque sua moglie gridando, colpendosi il volto e dicendo: «Sono una vecchia sterile!». [30] Dissero: «Così ha comandato il tuo Signore. In verità Egli è il Saggio, il Sapiente».

[31]. Disse [Abramo] : «O inviati, qual è la vostra missione?». [32] Risposero: «Siamo stati inviati a un popolo di criminali, [33] per lanciare su di loro pietre d'argilla [34] contrassegnate presso il tuo Signore, per coloro che eccedono». [35] Ne facemmo uscire i credenti [36] e non vi trovammo che una casa di sottomessi. [37] Colà lasciammo un segno per coloro che temono il castigo doloroso;

[38] come in Mosè, quando lo inviammo a Faraone con autorità incontestabile, [39] ma volse le spalle insieme coi suoi. Disse: «È uno stregone o un posseduto». [40] Afferrammo lui e le sue truppe e li gettammo nei flutti, per il suo comportamento biasimevole. [41] E

[ci fu segno] negli 'Àd, quando inviammo contro di loro il vento devastante [42] che nulla lasciava sul suo percorso senza ridurlo in polvere. [43] E [ci fu segno] nei Thamùd, quando fu detto loro: «Godete per un periodo». [44] Trasgredirono l'ordine del loro Signore. Li colpì una folgore mentre ancora guardavano, [45] e non poterono restare in piedi né essere soccorsi. [46] Già [distruggemmo] il popolo di Noè: erano gente malvagia.

[47] Il cielo lo abbiamo costruito con la Nostra potenza e [costantemente] lo estendiamo nell'immensità; [48] la terra l'abbiamo distesa, e quanto bene la distendemmo! [49] Di ogni cosa creammo una coppia, affinché possiate riflettere. [50] «Accorrete allora verso Allah! In verità io sono per voi un ammonitore esplicito da parte Sua. [51] Non associate altra divinità ad Allah. In verità io sono per voi un ammonitore esplicito da parte Sua.»

[52] Non mai giunse un messaggero a quelli che li precedettero senza che gli dicessero: «Sei uno stregone, un pazzo!». [53] È questo quel che si sono tramandati? È davvero gente ribelle. [54] Volgi loro le spalle: non sarai biasimato; [55] e ricorda, ché il ricordo giova ai credenti.

[56] È solo perché Mi adorassero che ho creato i dèmoni e gli uomini.

[57] Non chiedo loro nessun sostentamento e non chiedo che Mi nutrano. [58] In verità Allah è il Sostentatore, il Detentore della forza, l'Irremovibile. [59] Coloro che saranno stati ingiusti avranno la stessa sorte che toccò ai loro simili: non cerchino quindi di affrettarla. [60] Guai a coloro che non credono, per via del Giorno di cui sono stati minacciati.

IL MONTE

In nome di Allah, il Compassionevole, il Misericordioso.

¹ Per il Monte, ² per un Libro scritto ³ su pergamena distesa, ⁴ per la Casa visitata, ⁵ per la volta elevata, ⁶ per il mare ribollente. ⁷ Il castigo del tuo Signore avverrà inevitabilmente, ⁸ nessuno potrà impedirlo. ⁹ Il Giorno in cui il cielo tremante tremerà ¹⁰ e le montagne si metteranno in marcia, ¹¹ guai in quel Giorno, a coloro che tacciano di menzogna, ¹² a coloro che si dilettano nella vanità! ¹³ Il Giorno in cui saranno spinti brutalmente nel fuoco dell'Inferno, ¹⁴ [sarà detto loro]: «Ecco il fuoco che tacciavate di menzogna! ¹⁵ E magia questa? O siete voi che non vedete? ¹⁶ Entrateci! Che lo sopportiate oppure no, sarà per voi la stessa cosa. Sarete compensati solo di quello che avrete fatto».

¹⁷ In verità i timorati saranno nei Giardini, nelle delizie, ¹⁸ a godersi quello che il loro Signore avrà dato loro. Il loro Signore li avrà preservati dal castigo della Fornace. ¹⁹ [Sarà detto loro]: «Mangiate e bevete in serenità, [ricompensa questa] per quel che avete fatto!». ²⁰ [Staranno] appoggiati su divani disposti in ranghi e daremo loro in spose le fanciulle dai grandi occhi neri.

²¹ Coloro che avranno creduto e che saranno stati seguiti nella fede dalla loro progenie, Noi li riuniremo ai loro figli. Non diminuiremo in nulla il merito delle loro azioni, poiché ognuno è pegno di quello che si sarà guadagnato. ²² Provvederemo loro i frutti e le carni che desidereranno. ²³ Si scambieranno un calice immune da vanità o peccato. ²⁴ E per servirli circoleranno tra loro giovanetti simili a perle nascoste. ²⁵ Si andranno vicendevolmente incontro, interpellandosi. ²⁶ Diranno: «Vivevamo tra la nostra gente

nel timore [di Allah] [27] ma Allah ci ha favorito e ci ha protetti dal castigo del Soffio Infuocato. [28] Già noi Lo invocavamo. Egli è veramente il Caritatevole, il Misericordioso».

[29]   Ammonisci   dunque,   poiché   per   grazia   del tuo   Signore   non   sei   né   un   indovino   né   un   folle. [30] Diranno: «È un poeta, aspettiamo che subisca qualche vicissitudine mortale». [31] Di': «Aspettate, ché anch'io aspetterò con voi». [32] E la loro ragione che li induce a ciò, o sono un popolo di superbi? [33] Diranno: «Lo ha inventato lui stesso». Piuttosto [sono loro che] non vogliono credere. [34] Producano dunque un discorso simile a questo, se sono sinceri.

[35] Sono stati forse creati dal nulla oppure sono essi stessi i creatori? [36] O hanno creato i cieli e la terra? In realtà non sono affatto convinti. [37] Hanno presso di loro i tesori del tuo Signore o sono loro i dominatori? [38] Hanno forse una scala per ascoltare? Chi ascolta per conto loro, lo provi irrefutabilmente. [39] [Allah] avrebbe forse figlie e voi figli?

[40] Forse chiedi loro un compenso, [tale] che si sentano gravati da un peso insopportabile? [41] Possiedono l'invisibile in modo tale da descriverlo? [42] Vogliono tramare un'insidia? Saranno piuttosto i miscredenti ad essere ingannati. [43] Oppure hanno un altro dio all'infuori di Allah? Gloria a Lui, Egli è ben al di sopra di quanto [Gli] associano.

[44] Se vedessero cadere un pezzo di cielo, direbbero: «E un cumulo di nuvole». [45] Lasciali [stare] dunque, finché non incontreranno quel loro Giorno in cui saranno folgorati, [46] il Giorno in cui la loro astuzia non gioverà loro in alcunché e non saranno aiutati. [47] In verità gli ingiusti saranno puniti già prima di quello. Ma la maggior parte di loro non lo sa.

[48] Sopporta con pazienza il decreto del tuo Signore, poiché in

verità sei sotto i Nostri occhi. Glorifica e loda il tuo Signore quando ti alzi, [49] e glorificaLo durante la notte e al declinare delle stelle.

....

LA STELLA

In nome di Allah, il Compassionevole, il Misericordioso.

[1] Per la stella quando tramonta. [2] Il vostro compagno non è traviato, non è in errore; [3] e neppure parla d'impulso: [4] non è che una Rivelazione ispirata. [5] Gliel'ha insegnata un fortissimo, [6] di saggezza dotato, che compostamente comparve: [7] [si trovava] all'orizzonte più elevato, [8] poi s'avvicinò scendendo ancora più in basso, [9] [finché] fu alla distanza di due archi o meno. [10] Rivelò al Suo servo quello che rivelò. [11] Il cuore non mentì su quel che vide. [12] Vorreste dunque polemizzare su quel che vide? [13] E invero lo vide in un'altra discesa, [14] vicino al Loto del limite, [15] presso il quale c'è il Giardino di Ma'wa, [16] nel momento in cui il Loto era coperto da quel che lo copriva [17] Non distolse lo sguardo e non andò oltre. [18] Vide davvero i segni più grandi del suo Signore.

[19] Cosa ne dite di al-Lât e al-'Uzzà, [20] e di Manàt, la terza? [21] Avrete voi il maschio e Lui la femmina? [22] Che ingiusta spartizione! [23] Non sono altro che nomi menzionati da voi e dai vostri antenati, a proposito dei quali Allah non fece scendere nessuna autorità. Essi si abbandonano alle congetture e a quello che affascina gli animi loro, nonostante sia giunta loro una guida del loro Signore. [24] L'uomo otterrà forse tutto quel che desidera? [25] Appartengono ad Allah l'altra vita e questa vita.

[26] Quanti angeli nel cielo, la cui intercessione sarà vana finché Allah non l'abbia permessa, e in favore di chi Egli voglia e di chi

Gli aggrada. ²⁷ Invero quelli che non credono nell'altra vita danno agli angeli nomi femminili, ²⁸ mentre non posseggono alcuna scienza: si abbandonano alle congetture, ma la congettura non può nulla contro la verità. ²⁹ Dunque non ti curare di chi volge le spalle al Nostro monito e non brama che la vita terrena. ³⁰ Ecco tutta la portata della loro scienza: in verità il tuo Signore ben conosce chi si allontana dalla Sua via e conosce chi è ben diretto.

³¹ Appartiene ad Allah tutto quello che c'è nei cieli e tutto quello che c'è sulla terra, sì che compensi coloro che agiscono male per ciò che avranno fatto e compensi coloro che agiscono bene con quanto ci sia di più bello. ³² Essi sono coloro che evitano i peccati più gravi e le perversità e non commettono che le colpe più lievi. Invero il perdono del tuo Signore è immenso. Egli vi conosce meglio [di chiunque altro] quando vi ha prodotti dalla terra e quando eravate ancora embrioni nel ventre delle vostre madri. Non vantatevi di essere puri: Egli conosce meglio [di chiunque altro] coloro che [Lo] temono.

³³ Hai visto colui che ti volge le spalle, ³⁴ che dà poco e poi smette [di dare]? ³⁵ Possiede conoscenza dell'invisibile e riesce a vederlo? ³⁶ Non è stato informato di quello che contengono i fogli di Mosè ³⁷ e quelli di Abramo, uomo fedele? ³⁸ Che nessuno porterà il fardello di un altro, ³⁹ E che invero, l'uomo non ottiene che il [frutto dei] suoi sforzi; ⁴⁰ e che il suo sforzo gli sarà presentato [nel Giorno del Giudizio] ⁴¹ e gli sarà dato pieno compenso, ⁴² e che in verità tutto conduce verso il tuo Signore, ⁴³ e che Egli è Colui Che fa ridere e fa piangere, ⁴⁴ e che Egli è Colui Che dà la vita e dà la morte, ⁴⁵ e che Egli è Colui Che ha creato i due generi, il maschio e la femmina, ⁴⁶ da una goccia di sperma quand'è eiaculata, ⁴⁷ e che a Lui incombe l'altra creazione, ⁴⁸ e che invero è Lui Che arricchisce e provvede, ⁴⁹ e che è Lui il Signore di Sirio,

[50] e che Lui annientò gli antichi 'Àd, [51] e i Thamùd, sì che non ne rimase nessuno, [52] come già [accadde] alla gente di Noè, che era ancora più ingiusta e più ribelle, [53] e come già annientò le [città] sovvertite: [54] e fece sì che le ricoprisse quel che le ricoprì! [55] Quale dunque dei favori del tuo Signore vorrai mettere in dubbio?

[56] Questo è un Monito tra gli antichi moniti. [57] L'Imminente s'avvicina, [58] nessuno, all'infuori di Allah, può svelarla! [59] Ma come, vi stupite di questo discorso? [60] Ne riderete invece che piangerne o [61] rimarrete indifferenti? [62] Dunque prosternatevi davanti ad Allah e adorate!

SURA 54 : AL-QAMAR

LA LUNA

In nome di Allah, il Compassionevole, il Misericordioso

[1] L'Ora si avvicina e la luna si spacca. [2] Se vedono un segno, si sottraggono e dicono: «È una magia continua!». [3] Tacciano di menzogna e seguono le loro passioni, ma ogni Decreto è prefissato. [4] Certamente sono giunte a loro storie che dovrebbero dissuaderli [dal male], [5] consolidata saggezza. Ma gli avvertimenti non giovano [loro]. [6] Distogliti da loro [o Muhammad]. Il Giorno in cui l'Araldo chiamerà a qualcosa di orribile, [7] usciranno dalle tombe con gli occhi bassi, come locuste disperse [8] e si precipiteranno impauriti verso l'Araldo. Diranno i miscredenti: «Ecco un Giorno difficile».

[9] Prima di loro il popolo di Noè già tacciò di menzogna. Tacciarono di menzogna il Nostro servo e dissero: «È un pazzo». Lo diffidarono [dal predicare]. [10] Invocò il suo Signore: «Sono sopraffatto: fa' trionfare la Tua causa». [11] Spalancammo le porte del cielo ad un'acqua torrenziale, [12] e da tutta la terra scaturirono

sorgenti e le acque si mescolarono in un ordine prestabilito. [13] E lo portammo su [quella fatta di] tavole e chiodi. [14] Navigò sotto i Nostri occhi: fu il compenso per colui che era stato rinnegato. [15] La lasciammo come segno. C'è qualcuno che se ne ricorda? [16] Quale fu il Mio castigo, quali i Miei moniti! [17] Invero abbiamo reso facile il Corano, che vi servisse da Monito. C'è qualcuno che rifletta [su di esso]?

[18] Gli 'Ad tacciarono di menzogna. Quale fu il Mio castigo, quali i Miei moniti! [19] Scatenammo contro di loro un vento tempestoso, durante un giorno nefasto e interminabile; [20] strappava gli uomini come fossero tronchi di palme sradicate. [21] Quale fu il Mio castigo! Quali i Miei moniti! [22] Invero abbiamo reso facile il Corano, che vi servisse da Monito. C'è qualcuno che rifletta [su di esso]?

[23] I Thamùd tacciarono di menzogna gli ammonimenti; [24] dissero: «Dovremmo seguire un solo mortale fra di noi? Davvero in tal caso saremmo traviati e folli! [25] Ma come? Il Monito è stato affidato solo a lui tra [tutti] noi? È un gran bugiardo, uno sfrontato!». [26] Domani sapranno chi è il gran bugiardo, lo sfrontato! [27] Manderemo loro la cammella come tentazione: osservali e sii paziente. [28] Informali che devono dividere l'acqua [con la cammella]: ognuno il suo turno per bere. [29] Chiamarono uno dei loro che impugnò [la spada] e le tagliò i garretti. [30] Quale fu il Mio castigo, quali i Miei moniti! [31]. Mandammo contro di loro un solo Grido, rimasero come erba disseccata per gli stabbi. [32] Invero abbiamo reso facile il Corano, che vi servisse da Monito. C'e qualcuno che rifletta [su di esso]?

[33] Il popolo di Lot tacciò di menzogna i moniti. [34] Mandammo contro di loro una tempesta di pietre, eccezion fatta per la famiglia di Lot che salvammo sul far dell'alba, [35] favore da parte Nostra: così compensiamo chi Ci è riconoscente. [36]. Egli li aveva avvisati

del Nostro castigo, ma dubitarono di questi moniti. [37]. Pretendevano i suoi ospiti, ma accecammo i loro occhi [dicendo]: «Provate allora il Mio castigo e [la veridicità de] i Miei moniti!». [38] E invero di buon'ora li sorprese un durevole castigo. [39] Provate allora il Mio castigo e [la veridicità de]i Miei moniti! [40] Invero abbiamo reso facile il Corano, che vi servisse da monito. Ce qualcuno che rifletta [su di esso]?

[41] E invero giunsero ammonimenti alla gente di Faraone. [42] Smentirono tutti quanti i Nostri segni, perciò Li afferrammo con la presa di un possente, onnipotente.

[43] I vostri miscredenti [o meccani] sono migliori di quelli? Ci son forse nelle Scritture delle immunità a vostro favore? [44] Oppure diranno: «Siamo una moltitudine capace di vincere». [45] Presto sarà dispersa la moltitudine e volgeranno in fuga. [46] Sarà piuttosto l'Ora il loro appuntamento. L'Ora sarà più atroce e più amara. [47] In verità i malvagi sono nello smarrimento e nella follia. [48] Il Giorno in cui saranno trascinati sui loro volti fino al Fuoco [sarà detto loro]: «Gustate il contatto del Calore che brucia!».

[49] Ogni cosa creammo in giusta misura, [50] e il Nostro ordine è una sola parola, [istantaneo] come battito di ciglia. [51] Invero già annientammo fazioni della vostra specie. C'è forse qualcuno che rifletta in proposito? [52] Tutto quel che fecero è nei registri: [53] ogni cosa piccola o grande vi è segnata. [54] I timorati saranno tra Giardini e ruscelli, [55] in un luogo di verità, presso un Re onnipotente.

IL COMPASSIONEVOLE

In nome di Allah, il Compassionevole, il Misericordioso.

[1] Il Compassionevole, [2] ha insegnato il Corano, [3] ha creato l'uomo [4] e gli ha insegnato ad esprimersi. [5] Il sole e la luna [si muovono] secondo calcolo [preciso]. [6] E si prosternano le stelle e gli alberi. [7] Ha elevato il cielo e ha eretto la bilancia, [8] affinché non frodiate nella bilancia: [9] stabilite il peso con equità e non falsate la bilancia.

[10] La terra l'ha disposta per le creature: [11] vi crescono frutti e palme dalle spate protette [12] e cereali nei loro involucri e piante aromatiche. [13] Quale dunque dei benefici del vostro Signore negherete ? [14] Creò l'uomo di argilla risonante come terraglia [15] e i dèmoni da fiamma di un fuoco senza fumo. [16] Quale dunque dei benefici del vostro Signore negherete? [17] Il Signore dei due Orienti e il Signore dei due Occidenti. [18] Quale dunque dei benefici del vostro Signore negherete? [19] Ha lasciato liberi mari affinché si incontrassero, [20] [ma] fra loro vi è una barriera che non possono oltrepassare. [21] Quale dunque dei benefici del vostro Signore negherete? [22] Da entrambi si estraggono la perla e il corallo. [23] Quale dunque dei benefici del vostro Signore negherete? [24] A Lui [appartengono] le navi, alte sul mare come colline. [25] Quale dunque dei benefici del vostro Signore negherete?

[26] Tutto quel che è sulla terra è destinato a perire, [27] [solo] rimarrà il Volto del tuo Signore, pieno di Maestà e di Magnificenza. [28] Quale dunque dei benefici del vostro Signore negherete? [29] Lo invocano tutti quelli che sono nei cieli e sulla terra. È ogni giorno in [nuova] opera. [30] Quale dunque dei benefici del vostro Signore negherete?

[31] Presto ci occuperemo di voi, o due pesi! [32] Quale dunque dei benefici del vostro Signore negherete? [33] O consesso dei dèmoni e degli uomini, se potrete varcare i limiti dei cieli e della terra, fatelo. Non fuggirete senza un'autorità [proveniente da Allah]. [34] Quale dunque dei benefici del vostro Signore negherete? [35]. Sarà inviata contro entrambi fiamma ardente e rame fuso e non sarete soccorsi. [36] Quale dunque dei benefici del vostro Signore negherete?

[37] Quando si fenderà il cielo e sarà come cuoio rossastro, [38] quale dunque dei benefici del vostro Signore negherete? [39] In quel Giorno né gli uomini né i dèmoni saranno interrogati sui loro peccati. [40] Quale dunque dei benefici del vostro Signore negherete? [41] Gli empi saranno riconosciuti dai loro segni e afferrati per il ciuffo e per i piedi. [42] Quale dunque dei benefici del vostro Signore negherete? [43] [Sarà detto loro:] «Ecco l'Inferno che i colpevoli negavano!» [44] Vagheranno tra esso e il magma ribollente. [45] Quale dunque dei benefici del vostro Signore negherete?

[46] Per chi avrà temuto di presentarsi [al cospetto] del suo Signore ci saranno due Giardini. [47] Quale dunque dei benefici del vostro Signore negherete? [48] Di fresche fronde. [49] Quale dunque dei benefici del vostro Signore negherete? [50] In entrambi sgorgano due fonti. [51] Quale dunque dei benefici del vostro Signore negherete? [52] In entrambi due specie di ogni frutto. [53] Quale dunque dei benefici del vostro Signore negherete? [54] Saranno appoggiati, [i loro ospiti], su divani rivestiti internamente di broccato, e i frutti dei due giardini saranno a portata di mano. [55] Quale dunque dei benefici del vostro Signore negherete? [56] Vi saranno colà quelle dagli sguardi casti, mai toccate da uomini o da dèmoni. [57] Quale dunque dei benefici del vostro Signore negherete? [58] Saranno simili a rubino e corallo. [59] Quale dunque dei benefici del vostro Signore negherete? [60] Qual altro compenso del bene se non il bene? [61] Quale dunque

dei benefici del vostro Signore negherete? ⁶² E [ci saranno] altri due giardini oltre a quelli. ⁶³ Quale dunque dei benefici del vostro Signore negherete? ⁶⁴ Entrambi di un verde scurissimo. ⁶⁵ Quale dunque dei benefici del vostro Signore negherete? ⁶⁶ In entrambi due sorgenti sgorganti. ⁶⁷ Quale dunque dei benefici del vostro Signore negherete? ⁶⁸ In entrambi frutti, palme e melograni. ⁶⁹ Quale dunque dei benefici del vostro Signore negherete? ⁷⁰ E [fanciulle] pie e belle. ⁷¹ Quale dunque dei benefici del vostro Signore negherete? ⁷² E fanciulle dai grandi occhi neri ritirate nelle loro tende. ⁷³ Quale dunque dei benefici del vostro Signore negherete? ⁷⁴ Che nessun uomo o demone mai han toccato. ⁷⁵ Quale dunque dei benefici del vostro Signore negherete? ⁷⁶ Staranno appoggiati su verdi cuscini e meravigliosi tappeti. ⁷⁷ Quale dunque dei benefici del vostro Signore negherete? ⁷⁸ Sia benedetto il Nome del tuo Signore, colmo di Maestà e di Magnificenza.

SURA 56 : AL-WÂQI'A

L'EVENTO

In nome di Allah, il Compassionevole, il Misericordioso.

¹ Quando accadrà l'Evento, ² la cui venuta nessuno potrà negare, ³ abbasserà [qualcuno e altri] innalzerà! ⁴ Quando la terra sarà agitata da una scossa, ⁵ e le montagne sbriciolate ⁶ saranno polvere dispersa, ⁷ sarete allora [divisi] in tre gruppi: ⁸ i compagni della destra ..., e chi sono i compagni della destra? ⁹ i compagni della sinistra..., e chi sono i compagni della sinistra? ¹⁰ i primi ..., sono davvero i primi! ¹¹. Saranno i ravvicinati [ad Allah], ¹² nei Giardini delle Delizie, ¹³ molti tra gli antichi ¹⁴ pochi tra i recenti, ¹⁵ su divani rivestiti d'oro, ¹⁶ sdraiati gli uni di fronte

dei benefici del vostro Signore negherete? [62] E [ci saranno] altri due giardini oltre a quelli. [63] Quale dunque dei benefici del vostro Signore negherete? [64] Entrambi di un verde scurissimo. [65] Quale dunque dei benefici del vostro Signore negherete? [66] In entrambi due sorgenti sgorganti. [67] Quale dunque dei benefici del vostro Signore negherete? [68] In entrambi frutti, palme e melograni. [69] Quale dunque dei benefici del vostro Signore negherete? [70] E [fanciulle] pie e belle. [71] Quale dunque dei benefici del vostro Signore negherete? [72] E fanciulle dai grandi occhi neri ritirate nelle loro tende. [73] Quale dunque dei benefici del vostro Signore negherete? [74] Che nessun uomo o demone mai han toccato. [75] Quale dunque dei benefici del vostro Signore negherete? [76] Staranno appoggiati su verdi cuscini e meravigliosi tappeti. [77] Quale dunque dei benefici del vostro Signore negherete? [78] Sia benedetto il Nome del tuo Signore, colmo di Maestà e di Magnificenza.

SURA 56 : AL-WÂQI'A

L'EVENTO

In nome di Allah, il Compassionevole, il Misericordioso.

[1] Quando accadrà l'Evento, [2] la cui venuta nessuno potrà negare, [3] abbasserà [qualcuno e altri] innalzerà! [4] Quando la terra sarà agitata da una scossa, [5] e le montagne sbriciolate [6] saranno polvere dispersa, [7] sarete allora [divisi] in tre gruppi: [8] i compagni della destra ..., e chi sono i compagni della destra? [9] i compagni della sinistra..., e chi sono i compagni della sinistra? [10] i primi ..., sono davvero i primi! [11]. Saranno i ravvicinati [ad Allah], [12] nei Giardini delle Delizie, [13] molti tra gli antichi [14] pochi tra i recenti, [15] su divani rivestiti d'oro, [16] sdraiati gli uni di fronte

agli altri. [17] Vagheranno tra loro fanciulli di eterna giovinezza, [18] [recanti] coppe, brocche e calici di bevanda sorgiva, [19] che non darà mal di testa né ebbrezza; [20] e i frutti che sceglieranno, [21] e le carni d'uccello che desidereranno. [22] E [ci saranno colà] le fanciulle dai grandi occhi neri, [23] simili a perle nascoste, [24]. compenso per quel che avranno fatto. [25] Colà non sentiranno né vaniloqui né oscenità, [26] ma solo «Pace, Pace».

[27] E i compagni della destra; chi sono i compagni della destra? [28] [Saranno] tra i loti senza spine, [29] e banani dai caschi ben colmi, [30] tra ombra costante, [31] e acqua corrente, [32] e frutti abbondanti, [33] inesauribili e non proibiti, [34] su letti elevati. [35] Le abbiamo create perfettamente, [36] le abbiamo fatte vergini, [37] amabili e coetanee, [38] per i compagni della destra. [39] Molti tra gli antichi, [40] e molti tra gli ultimi venuti.

[41] E i compagni della sinistra, chi sono i compagni della sinistra? [42] [saranno esposti a] un vento bruciante, all'acqua bollente, [43] all'ombra di un fumo nero [44] non fresca, non piacevole. [45] Già furono genti agiate, [46] e persistevano nel grande peccato [47] e dicevano: «Dopo che saremo morti e ridotti in polvere ed ossa, saremo forse resuscitati? [48] E [così pure] i nostri avi?». [49] Di': «In verità sia i primi che gli ultimi [50] saranno riuniti nel convegno del Giorno stabilito». [51] Quindi in verità voi traviati, voi negatori, [52] mangerete dall'albero Zaqqum, [53] ve ne riempirete il ventre, [54] e ci berrete sopra acqua bollente, [55] berrete come cammelli morenti di sete. [56] Ecco cosa sarà offerto loro nel Giorno del Giudizio.

[57] Siamo Noi che vi abbiamo creato. Perché non prestate fede? [58] Non riflettete su quello che eiaculate: [59] siete forse voi a crearlo o siamo Noi il Creatore? [60] Abbiamo decretato per voi la morte e non potremo essere sopravanzati [61] nel sostituirvi con altri simili a voi e nel farvi rinascere [in forme] che ancora non conoscete. [62] Già

conoscete la prima creazione! Perché non ve ne ricordate? [63] Non riflettete su quello che coltivate: [64] siete voi a seminare o siamo Noi i Seminatori? [65] Certamente se volessimo ne faremmo paglia secca e allora stupireste [e direste]: [66] «Siamo oberati di debiti, [67] del tutto diseredati!». [68] Non riflettete sull'acqua che bevete: [69] siete forse voi a farla scendere dalla nuvola o siamo Noi che la facciamo scendere? [70] Se volessimo la renderemmo salmastra: perché mai non siete riconoscenti? [71] Non riflettete sul fuoco che ottenete sfregando, [72] siete stati voi a far crescere l'albero [che lo alimenta] o siamo stati Noi? [73] Ne abbiamo fatto un monito e un'utilità per i viaggiatori del deserto. [74] Glorifica dunque il Nome del tuo Signore, il Supremo!

[75] Lo giuro per il declino delle stelle [76] – e questo è giuramento solenne, se lo sapeste – [77] che questo è in verità un Corano nobilissimo, [78]. [contenuto] in un Libro custodito [79] che solo i puri toccano. [80] È una Rivelazione del Signore dei mondi. [81] Di questo discorso vorreste sospettare? [82] La vostra riconoscenza sarà tacciarlo di menzogna?

[83] Perché mai, quando [l'anima] risale alla gola [84]. sotto i vostri occhi, [85] e Noi gli siamo più vicini, ma non ve ne accorgete, [86] perché mai, se non dovete essere giudicati [87] e se siete sinceri, non la ricondurrete? [88] Se [il morente] fa parte dei ravvicinati [ad Allah], [89] avrà riposo, profumi e un Giardino di delizie. [90] Se è stato uno dei compagni della destra, [91] [gli sarà detto:] «Pace da parte dei compagni della destra!». [92] Ma se è stato uno di quelli che tacciavano di menzogna e che si erano traviati, [93] sarà nell'acqua bollente, [94] e precipitato nella Fornace! [95] Questa è la certezza assoluta. [96] Rendi dunque gloria al Nome del tuo Signore, il Supremo!

IL FERRO

In nome di Allah, il Compassionevole, il Misericordioso.

[1]. Glorifica Allah ciò che è nei cieli e nella terra. Egli è l'Eccelso, il Saggio. [2] Appartiene a Lui la sovranità dei cieli e della terra, dà vita e dà morte, Egli è l'Onnipotente. [3] Egli è il Primo e l'Ultimo, il Palese e l'Occulto, Egli è l'Onnisciente. [4] Egli è Colui che in sei giorni ha creato i cieli e la terra, poi Si è innalzato sul trono. Egli conosce ciò che penetra nella terra e ciò che ne esce, quel che scende dal cielo e quel che vi ascende; Egli è con voi ovunque voi siate. Allah osserva ciò che fate. [5] Appartiene a Lui la sovranità dei cieli e della terra. Ad Allah tutte le cose saranno ricondotte. [6] Fa penetrare la notte nel giorno e il giorno nella notte e conosce perfettamente quel che nascondono i petti.

[7] Credete in Allah e nel Suo Messaggero e date [una parte] di ciò di cui Allah vi ha fatto vicari. Per coloro che credono e saranno generosi, ci sarà ricompensa grande. [8] Perché mai non credete in Allah, nonostante che il Messaggero vi esorti a credere nel vostro Signore? Egli ha accettato il vostro patto, [rispettatelo] se siete credenti. [9] Egli è Colui che ha fatto scendere sul Suo servo segni evidenti, per trarvi dalle tenebre alla luce; in verità Allah è dolce e misericordioso nei vostri confronti. [10] Perché non siete generosi per la causa di Allah, quando ad Allah [appartiene] l'eredità dei cieli e della terra? Non sono eguali coloro di voi che sono stati generosi e hanno combattuto prima della Vittoria essi godranno di un livello più alto – e quelli che saranno generosi e combatteranno dopo. Comunque, a ciascuno di loro Allah ha promesso il meglio. Allah è ben informato di quello che fate.

¹¹ Quanto a chi fa ad Allah un prestito bello, Egli gliclo raddoppia e gli concederà generosa ricompensa. ¹² Un Giorno vedrai i credenti e le credenti circondati dalla loro luce: «Oggi vi è data la lieta novella di Giardini nei quali scorrono i ruscelli, dove rimarrete in perpetuo: questo è davvero l'immenso successo». ¹³ Il Giorno in cui gli ipocriti e le ipocrite diranno ai credenti: «Aspettateci, ché possiamo attingere della vostra luce». Sarà risposto loro: «Tornate indietro a cercare la luce». Fra di loro, sarà poi eretta una muraglia dotata di una porta: al suo interno la misericordia, all'esterno, di fronte, il castigo. ¹⁴ «Non eravamo con voi?», grideranno. «Sì – risponderanno – ma seduceste voi stessi, indugiaste e dubitaste, e vi lasciaste ingannare dalle vostre passioni finché non si realizzò il Decreto di Allah. Vi ingannò a proposito di Allah l'Ingannatore.» ¹⁵ Quest'oggi non sarà accettato riscatto né da voi né da coloro che non credettero. Vostro rifugio sarà il Fuoco: questo è il vostro inseparabile compagno. Qual triste rifugio!

¹⁶ Non è forse giunto, per i credenti, il momento in cui rendere umili i loro cuori nel ricordo di Allah e nella verità che è stata rivelata, e di differenziarsi da quelli che ricevettero la Scrittura in precedenza e che furono tollerati a lungo [da Allah]? I loro cuori si indurirono e molti di loro divennero perversi. ¹⁷ Sappiate che Allah ravviva la terra morta! Invero vi abbiamo esplicitato i segni affinché riflettiate.

¹⁸ Coloro che fanno la carità, uomini o donne, concedono un bel prestito ad Allah; lo riscuoteranno raddoppiato e avranno generoso compenso. ¹⁹ Coloro che credono in Allah e nei Suoi Messaggeri, essi sono i veridici, i testimoni presso Allah: avranno la loro ricompensa e la loro luce. Coloro che invece non credono e tacciano di menzogna i Nostri segni, questi sono i compagni della Fornace.

²⁰ Sappiate che questa vita non è altro che gioco e svago,

apparenza e reciproca iattanza, vana contesa di beni e progenie. [Essa è] come una pioggia: la vegetazione che suscita conforta i seminatori, poi appassisce, la vedi ingiallire e quindi diventa stoppia. Nell'altra vita c'è un severo castigo, ma anche perdono e compiacimento da parte di Allah. La vita terrena non è altro che godimento effimero. [21] Affrettatevi al perdono del vostro Signore e al Giardino vasto come il cielo e la terra, preparato per coloro che credono in Allah e nei Suoi messaggeri. Questa è la grazia di Allah, che Egli dà a chi vuole. Allah possiede immensa grazia.

[22] Non sopravviene sventura né alla terra né a voi stessi, che già non sia scritta in un Libro prima ancora che [Noi] la produciamo; in verità ciò è facile per Allah. [23] E ciò affinché non abbiate a disperarvi per quello che vi sfugge e non esultiate per ciò che vi è stato concesso. Allah non ama i superbi vanagloriosi [24] [e] gli avari che impongono agli altri l'avarizia. Quanto a chi volge le spalle, [sappia che] Allah basta a Se stesso, è il Degno di lode.

[25] Invero inviammo i Nostri messaggeri con prove inequivocabili, e facemmo scendere con loro la Scrittura e la Bilancia, affinché gli uomini osservassero l'equità. Facemmo scendere il ferro, strumento terribile e utile per gli uomini, affinché Allah riconosca chi sostiene Lui e i Suoi messaggeri in ciò che è invisibile. Allah è forte, eccelso.

[26] Invero inviammo Noè e Abramo e concedemmo ai loro discendenti la profezia e la Scrittura. Alcuni di loro furono ben diretti, ma la maggior parte fu empia. [27] Mandammo poi sulle loro orme i Nostri messaggeri e mandammo Gesù figlio di Maria, al quale demmo il Vangelo. Mettemmo nel cuore di coloro che lo seguirono dolcezza e compassione; il monachesimo, invece, lo istituirono da loro stessi, soltanto per ricercare il compiacimento di Allah. Non fummo Noi a prescriverlo. Ma non lo rispettarono come avrebbero

dovuto. Demmo la loro ricompensa a quanti fra loro credettero, ma molti altri furono empi.

28 O credenti, temete Allah e credete nel Suo Messaggero, affinché Allah vi dia due parti della Sua misericordia, vi conceda una luce nella quale camminerete e vi perdoni. Allah è perdonatore, misericordioso. 29 La gente della Scrittura sappia che non ha alcun potere sulla Grazia di Allah. In verità la Grazia è nella mano di Allah ed Egli la concede a chi vuole. Allah possiede immensa Grazia.

SURA 58 : AL-MUJADILA
....

LA DISPUTANTE

In nome di Allah, il Compassionevole, il Misericordioso.

1 Allah ha udito il discorso di colei che discuteva con te a proposito del suo sposo e si lamentava [davanti] ad Allah. Allah ascoltava il vostro colloquio. Allah è audiente e vede con chiarezza.

2 Quanti fra voi che ripudiano le loro mogli dicendo: «Sii per me come la schiena di mia madre» [sappiano che] esse non sono affatto le loro madri. Le loro madri sono quelle che li hanno partoriti. In verità proferiscono qualcosa di riprovevole e una menzogna. Tuttavia Allah è indulgente, perdonatore. 3 Coloro che paragonano le loro mogli alla schiena delle loro madri e poi si pentono di quello che hanno detto, liberino uno schiavo prima di riprendere i rapporti coniugali. Siete esortati a far ciò. Allah è ben informato di quello che fate. 4 E colui che non ne abbia i mezzi, digiuni [allora] per due mesi consecutivi prima di riprendere i rapporti coniugali. E chi non ne abbia la possibilità nutra sessanta poveri. Ciò [vi è imposto] affinché crediate in Allah e nel Suo Inviato. Questi sono i limiti di Allah. I miscredenti avranno un doloroso castigo.

⁵ In verità coloro che si oppongono ad Allah e al Suo Inviato, saranno sgominati come lo furono coloro che li precedettero. Già facemmo scendere prove inequivocabili. I miscredenti subiranno un avvilente castigo, ⁶ nel Giorno in cui Allah tutti li resusciterà e li informerà delle loro opere. Allah le ha contate, mentre essi le hanno dimenticate. Allah è testimone di ogni cosa.

⁷ Non vedi che Allah conosce quel che è nei cieli e sulla terra? Non c'è conciliabolo a tre in cui Egli non sia il quarto, né a cinque in cui non sia il sesto; siano in più o in meno, Egli è con loro ovunque si trovino. Poi, nel Giorno della Resurrezione, li porrà di fronte a quello che avranno fatto. In verità Allah conosce ogni cosa. ⁸ Non hai visto coloro ai quali sono stati vietati i conciliaboli? Hanno ricominciato [a fare] quel che era stato loro vietato e tengono conciliaboli peccaminosi, ostili e di disobbedienza nei confronti dell'Inviato. Quando vengono a te, ti salutano in un modo in cui Allah non ti ha salutato e dicono in cuor loro: «Perché Allah non ci castiga per quello che diciamo?». Basterà loro l'Inferno in cui saranno precipitati. Qual tristo avvenire! ⁹ O credenti, non siano peccaminosi ostili e di disobbedienza nei confronti dell'Inviato i vostri colloqui privati, ma nel bene e nel timor di Allah. Temete Allah, davanti al Quale sarete radunati. ¹⁰ Il conciliabolo non è altro che opera di Satana, per affliggere i credenti; ma in nulla può nuocer loro senza il permesso di Allah. Confidino dunque in Allah i credenti.

¹¹ O credenti, quando vi si dice: «Fate spazio [agli altri] nelle assemblee», allora fatelo: Allah vi farà spazio [in Paradiso]. E quando vi si dice: «Alzatevi», fatelo. Allah innalzerà il livello di coloro che credono e che hanno ricevuto la scienza. Allah è ben informato di quel che fate.

¹² O credenti! Quando desiderate un incontro privato con il

Messaggero, fate precedere il vostro incontro da un'elemosina: è meglio per voi e più puro. Se però non ne avete i mezzi, in verità Allah è perdonatore, misericordioso. [13] Forse temete [di cadere in miseria] se farete precedere un'elemosina ai vostri incontri privati [con l'Inviato]? Se non lo avrete fatto – e che Allah accolga il vostro pentimento – eseguite l'orazione, versate la decima e obbedite ad Allah e al Suo Inviato. Allah è ben informato di quello che fate.

[14] Non hai visto coloro che si sono alleati con quelli con i quali Allah è adirato? Non sono né dei vostri né dei loro, e giurano il falso sapendo di farlo. [15] Allah ha preparato per loro un severo castigo. È malvagio quel che hanno commesso: [16] facendosi scudo dei loro giuramenti, frappongono ostacoli sulla via di Allah. Avranno un avvilente castigo.

[17] I loro beni e la loro progenie non gioveranno loro in alcun modo contro Allah. Sono i compagni del Fuoco, in cui rimarranno in perpetuo. [18] Il Giorno in cui Allah li resusciterà tutti, giureranno [davanti] a Lui come giuravano [davanti] a voi, credendo di basarsi su qualcosa [di vero]. Non sono forse loro i bugiardi? [19] Satana si è impadronito di loro, al punto di far sì che dimenticassero il Ricordo di Allah. Sono il partito di Satana e il partito di Satana in verità è perdente. [20] In verità, coloro che si oppongono ad Allah e al Suo Inviato saranno fra i più umiliati. [21] Allah ha scritto: «Invero vincerò, Io e i Miei messaggeri». In verità Allah è forte, eccelso.

[22] Non troverai alcuno, tra la gente che crede in Allah e nell'Ultimo Giorno, che sia amico di coloro che si oppongono ad Allah e al Suo Inviato, fossero anche i loro padri, i loro figli, i loro fratelli o appartenessero al loro clan. Egli ha impresso la fede nei loro cuori e li ha rafforzati con uno spirito proveniente da Lui. Li farà entrare nei Giardini dove scorrono i ruscelli, in cui rimarranno in perpetuo. Allah si compiace di loro e loro si compiacciono di Lui.

Essi sono il partito di Allah. Ebbene, il partito di Allah non è forse quello di coloro che trionferanno?

L'ESODO

In nome di Allah, il Compassionevole, il Misericordioso.

[1] Glorifica Allah ciò che è nei cieli e ciò che è sulla terra. Egli è Eccelso, Saggio. [2] Egli è Colui Che ha fatto uscire dalle loro dimore, in occasione del primo esodo, quelli fra la gente della Scrittura che erano miscredenti. Voi non pensavate che sarebbero usciti, e loro credevano che le loro fortezze li avrebbero difesi contro Allah. Ma Allah li raggiunse da dove non se Lo aspettavano e gettò il terrore nei loro cuori: demolirono le loro case con le loro mani e con il concorso delle mani dei credenti. Traetene dunque una lezione, o voi che avete occhi per vedere.

[3] E se Allah non avesse decretato il loro bando, li avrebbe certamente castigati in questa vita: nell'altra vita avranno il castigo del Fuoco, [4] poiché si opposero ad Allah e al Suo Inviato. E quanto a chi si oppone ad Allah…, invero Allah è severo nel castigo! [5] Tutte le palme che abbatteste e quelle che lasciaste ritte sulle loro radici, fu con il permesso di Allah, affinché Egli copra gli empi di ignominia.

[6] Il bottino che Allah concesse [spetta] al Suo Inviato; non faceste correre [per conquistarlo] né cavalli, né cammelli. Allah fa trionfare i Suoi Inviati su chi vuole, e Allah è onnipotente. [7] Il bottino che Allah concesse al Suo Inviato, sugli abitanti delle città, appartiene ad Allah e al Suo Inviato, ai [suoi] familiari, agli orfani, ai poveri e al viandante diseredato, cosicché non sia diviso

tra i ricchi fra di voi. Prendete quello che il Messaggero vi dà e astenetevi da quel che vi nega e temete Allah. In verità Allah è severo nel castigo. [8] [Appartiene] inoltre agli emigrati bisognosi che sono stati scacciati dalle loro case e dai loro beni poiché bramavano la grazia e il compiacimento di Allah, ausiliari di Allah e del Suo Inviato: essi sono i sinceri;

[9] e [appartiene] a quanti prima di loro abitavano il paese e [vivevano] nella fede, che amano quelli che emigrarono presso di loro e non provano in cuore invidia alcuna per ciò che hanno ricevuto e che [li] preferiscono a loro stessi nonostante siano nel bisogno. Coloro che si preservano dalla loro stessa avidità, questi avranno successo. [10] Coloro che verranno dopo di loro diranno: «Signore, perdona noi e i nostri fratelli che ci hanno preceduto nella fede, e non porre nei nostri cuori alcun rancore verso i credenti. Signor nostro, Tu sei dolce e misericordioso».

[11] Non hai visto gli ipocriti, mentre dicevano ai loro alleati miscredenti fra la gente della Scrittura: «Se sarete scacciati, verremo con voi e rifiuteremo di obbedire a chiunque contro di voi. Se sarete attaccati vi porteremo soccorso»? Allah è testimone che in verità sono bugiardi. [12] Se verranno scacciati, essi non partiranno con loro, mentre se saranno attaccati non li soccorreranno, e quand'anche portassero loro soccorso, certamente volgerebbero le spalle e quindi non li aiuterebbero affatto.

[13] Voi mettete nei loro cuori più terrore che Allah Stesso, poiché invero è gente che non capisce. [14] Vi combatteranno uniti solo dalle loro fortezze o dietro le mura. Grande è l'acrimonia che regna tra loro. Li ritieni uniti, invece i loro cuori sono discordi: è gente che non ragiona.

[15] Sono simili a coloro che di poco li precedettero: subirono le conseguenze del loro comportamento: riceveranno doloroso

castigo. [16] [Furono traditi] come quando Satana disse all'uomo: «Non credere»; ma quando questo fu miscredente gli disse: «Ti sconfesso, io temo Allah, il Signore dei mondi». [17] La fine di entrambi sarà nel Fuoco, in cui rimarranno in perpetuo. Ecco il compenso degli ingiusti.

[18] O voi che credete, temete Allah e che ognuno rifletta su ciò che avrà preparato per l'indomani. Temete Allah: in verità Allah è ben informato di quello che fate. [19]. Non siate come coloro che dimenticano Allah e cui Allah fece dimenticare se stessi. Questi sono i malvagi. [20] Non saranno uguali i compagni del Fuoco e i compagni del Giardino: i compagni del Giardino avranno la beatitudine.

[21] Se avessimo fatto scendere questo Corano su una montagna, l'avresti vista umiliarsi e spaccarsi per il timor di Allah. Ecco gli esempi che proponiamo agli uomini affinché riflettano. [22] Egli è Allah, Colui all'infuori del Quale non c'è altro dio, il Conoscitore dell'invisibile e del palese. Egli è il Compassionevole, il Misericordioso; [23] Egli è Allah, Colui all'infuori del Quale non c'è altro dio, il Re, il Santo, la Pace, il Fedele, il Custode, l'Eccelso, Colui che costringe al Suo volere, Colui che è cosciente della Sua grandezza. Gloria ad Allah, ben al di là di quanto Gli associano. [24] Egli è Allah, il Creatore, Colui che dà inizio a tutte le cose, Colui che dà forma a tutte le cose. A Lui [appartengono] i nomi più belli. Tutto ciò che è nei cieli e sulla terra rende gloria a Lui. Egli è l'Eccelso, il Saggio.

L'ESAMINATA

In nome di Allah, il Compassionevole, il Misericordioso.

1. O credenti, non prendetevi per alleati il Mio nemico e il vostro, dimostrando loro amicizia, mentre essi non hanno creduto alla verità che vi è giunta e hanno scacciato l'Inviato e voi stessi solo perché credete in Allah vostro Signore. Se siete usciti in combattimento per la Mia causa, bramando il Mio compiacimento, pensate di poter mantenere segreta la vostra relazione con loro [1], mentre Io conosco meglio [di chiunque altro] quel che celate e quel che palesate? Chi di voi agisse in questo modo si allontanerebbe dalla retta via.

2 Se vi incontrano in qualche luogo, saranno vostri nemici, vi aggrediranno con le loro mani e le loro lingue e si augureranno che diveniate miscredenti. 3 I vostri parenti e i vostri figli non vi saranno utili e nel Giorno della Resurrezione [Allah] deciderà tra di voi; Allah osserva quello che fate.

4 Avete avuto un bell'esempio in Abramo e in coloro che erano con lui, quando dissero alla loro gente: «Noi ci dissociamo da voi e da quel che adorate all'infuori di Allah: vi rinneghiamo. Tra noi e voi sono sorti inimicizia e odio [che continueranno] ininterrotti, finché non crederete in Allah, l'Unico», eccezion fatta per quanto Abramo disse a suo padre: «Implorerò perdono per te, anche se è certo che non ho alcun potere in tuo favore presso Allah!». – «Signore a Te ci affidiamo, a Te ci volgiamo pentiti e verso di Te è il divenire.

5 Signore, non fare di noi una tentazione per i miscredenti e perdonaci, o Signore! Tu sei l'Eccelso, il Saggio.» 6 Invero avete avuto in loro un bell'esempio, per chi spera in Allah e nell'Ultimo

Giorno. Quanto a chi invece volge le spalle, Allah basta a Se Stesso ed è il Degno di lode. [7] Forse Allah stabilirà amicizia tra voi e quanti fra di loro considerate nemici. Allah è onnipotente e Allah è perdonatore misericordioso.

[8] Allah non vi proibisce di essere buoni e giusti nei confronti di coloro che non vi hanno combattuto per la vostra religione e che non vi hanno scacciato dalle vostre case, poiché Allah ama coloro che si comportano con equità.

[9] Allah vi proibisce soltanto di essere alleati di coloro che vi hanno combattuto per la vostra religione, che vi hanno scacciato dalle vostre case, o che hanno contribuito alla vostra espulsione. Coloro che li prendono per alleati, sono essi gli ingiusti.

[10] O voi che credete, quando giungono a voi le credenti che sono emigrate, esaminatele; Allah ben conosce la loro fede. Se le riconoscerete credenti, non rimandatele ai miscredenti – esse non sono lecite per loro né essi sono loro leciti – e restituite loro ciò che avranno versato. Non vi sarà colpa alcuna se le sposerete versando loro il dono nuziale. Non mantenete legami coniugali con le miscredenti. Rivendicate quello che avete versato ed essi rivendichino quel che hanno versato. Questo è il giudizio di Allah, con il quale giudica fra voi, e Allah è sapiente, saggio.

[11] Se qualcuna delle vostre spose fugge verso i miscredenti, quando avete la meglio [su di loro] date a quelli le cui spose sono fuggite, quanto avevano versato. Temete Allah nel Quale credete.

[12] O Profeta, quando vengono a te le credenti a stringere il patto, [giurando] che non assoceranno ad Allah alcunché, che non ruberanno, che non fornicheranno, che non uccideranno i loro figli, che non commetteranno infamie con le loro mani o con i loro piedi e che non ti disobbediranno in quel che è reputato conveniente, stringi

il patto con loro e implora Allah di perdonarle. Allah è perdonatore, misericordioso.

¹³ O credenti, non prendetevi per alleati gente contro la quale Allah è adirato e che non hanno la speranza dell'altra vita, come i miscredenti che disperano [di rivedere] la gente delle tombe.

I RANGHI SERRATI

In nome di Allah, il Compassionevole, il Misericordioso.

¹ Glorifica Allah ciò che è nei cieli e sulla terra. Egli è l'Eccelso, il Saggio. ² O credenti, perché dite quel che non fate? ³ Presso Allah è grandemente odioso che diciate quel che non fate. ⁴ In verità Allah ama coloro che combattono per la Sua causa in ranghi serrati come fossero un solido edificio.

⁵ [Ricorda] quando Mosè disse al suo popolo: «O popol mio, perché mi tormentate nonostante sappiate che sono veramente il Messaggero di Allah a voi [inviato]?». Quando poi deviarono, Allah fece deviare i loro cuori. Allah non guida la gente malvagia.

⁶ E quando Gesù figlio di Maria disse: «O Figli di Israele, io sono veramente un Messaggero di Allah a voi [inviato], per confermare la Toràh che mi ha preceduto, e per annunciarvi un Messaggero che verrà dopo di me, il cui nome sarà Ahmad Ma quando questi giunse loro con le prove incontestabili, dissero: «Questa è magia evidente». ⁷ Chi è più iniquo di colui che inventa menzogne contro Allah, nonostante venga chiamato all'Islàm? Allah non guida gli ingiusti. ⁸ Vogliono spegnere la luce di Allah con le loro bocche, ma Allah completerà la Sua luce a dispetto dei miscredenti. ⁹ Egli è Colui Che ha inviato il Suo Messaggero con la Guida e la Religione

della verità, affinché essa prevalga su ogni religione a dispetto degli associatori.

¹⁰ O voi che credete, [volete che] vi indichi una transazione che vi salverà da un doloroso castigo? ¹¹ Credete in Allah e nel Suo Inviato e lottate con i vostri beni e le vostre persone sulla Via di Allah. Ciò è meglio per voi, se lo sapeste. ¹² [Allah] perdonerà i vostri peccati e vi farà entrare nei Giardini dove scorrono i ruscelli e nelle piacevoli dimore dei Giardini di Eden. Ecco il più grande successo! ¹³ E [vi darà] un'altra cosa che avrete desiderato: l'aiuto di Allah e una rapida vittoria. Danne [o Muhammad] la lieta novella ai credenti.

¹⁴ O credenti, siate gli ausiliari di Allah, così come Gesù figlio di Maria chiedeva agli apostoli: «Chi sono i miei ausiliari [nella causa di] Allah?». Risposero gli apostoli: «Noi siamo gli ausiliari di Allah». Una parte dei Figli di Israele credette, mentre un'altra parte non credette. Aiutammo coloro che credettero contro il loro nemico ed essi prevalsero.

SURA 62 : AL-JUMU'A

IL VENERDÌ

In nome di Allah, il Compassionevole, il Misericordioso.

¹ Glorifica Allah ciò che è nei cieli e sulla terra, il Re, il Santo, l'Eccelso, il Saggio.

² Egli è Colui Che ha inviato tra gli illetterati un Messaggero della loro gente, che recita i Suoi versetti, li purifica e insegna loro il Libro e la Saggezza, anche se in precedenza erano in errore evidente, ³ e ad altri che ancora non li hanno raggiunti [nella fede].

428 Sura 63 : Al-Munâfiqûn

Egli è l'Eccelso, il Saggio. [4] Questa è la Grazia di Allah, Egli la concede a chi vuole. Allah è il Detentore della Grazia immensa.

[5] Coloro cui fu affidata la Torâh e che non la osservarono, assomigliano all'asino che porta i libri. Quanto è detestabile la similitudine di coloro che tacciano di menzogna i segni di Allah: Allah non guida gli ingiusti. [6] Di': «O voi che praticate il giudaismo, se pretendete di essere gli alleati di Allah, ad esclusione degli altri uomini, auguratevi la morte, se siete veritieri». [7] Giammai se l'augureranno, a causa di quel che hanno commesso le loro mani. Allah ben conosce gli empi. [8] Di' [loro, o Muhammad]: «Invero, la morte che fuggite vi verrà incontro, quindi sarete ricondotti a Colui Che conosce l'invisibile e il palese, e vi informerà a proposito di quel che avrete fatto».

[9] O credenti, quando viene fatto l'annuncio per l'orazione del Venerdì, accorrete al ricordo di Allah e lasciate ogni traffico. Ciò è meglio per voi, se lo sapeste. [10] Quando poi l'orazione è conclusa, spargetevi sulla terra in cerca della grazia di Allah, e molto ricordate Allah, affinché possiate avere successo. [11] Quando vedono un commercio o un divertimento, si precipitano e ti lasciano ritto. Di': «Quel che è presso Allah, è migliore del divertimento e del commercio e Allah è il Migliore dei sostentatori».

SURA 63 : AL-MUNÂFIQÛN

GLI IPOCRITI

In nome di Allah, il Compassionevole, il Misericordioso.

[1] Quando vengono a te, gli ipocriti dicono: «Attestiamo che sei veramente il Messaggero di Allah», ma Allah attesta che tu sei il Suo Messaggero e attesta Allah, che gli ipocriti sono bugiardi, [2]

Si fanno scudo dei loro giuramenti e hanno allontanato altri dalla via di Allah. Quant'è perverso quello che fanno! [3] E questo perché prima credettero, poi divennero increduli. Sul loro cuore fu quindi posto un suggello, affinché non capissero.

[4] Quando li vedi, sei ammirato dalla loro prestanza; se parlano, ascolti le loro parole. Sono come tronchi appoggiati. Credono che ogni grido sia contro di loro. Sono essi il nemico. Stai in guardia. Li annienti Allah! Quanto si sono traviati! [5] E quando si dice loro: «Venite, il Messaggero di Allah implorerà il perdono per voi», voltano la testa e li vedi allontanarsi pieni di superbia. [6] Per loro è la stessa cosa, che tu implori perdono per loro o che non lo implori: Allah non li perdonerà mai. In verità Allah non guida gli empi.

[7] Essi sono coloro che dicono: «Non date nulla a coloro che seguono il Messaggero di Allah, affinché si disperdano». Appartengono ad Allah i tesori dei cieli e della terra, ma gli ipocriti non lo capiscono. [8] Dicono: «Se ritorniamo a Medina, il più potente scaccerà il più debole». La potenza appartiene ad Allah, al Suo Messaggero e ai credenti, ma gli ipocriti non lo sanno.

[9] O credenti, non vi distraggano dal ricordo di Allah i vostri beni e i vostri figli. Quelli che faranno ciò saranno i perdenti. [10] Siate generosi di quello che Noi vi abbiamo concesso, prima che giunga a uno di voi la morte ed egli dica: «Signore, se Tu mi dessi una breve dilazione, farei l'elemosina e sarei fra i devoti». [11] Ma Allah non concede dilazioni a nessuno che sia giunto al termine. Allah è ben informato a proposito di quello che fate.

SURA 64 : AT-TAGHÂBUN

IL RECIPROCO INGANNO

In nome di Allah, il Compassionevole, il Misericordioso.

¹ Glorifica Allah ciò che è nei cieli e sulla terra, Sua la Sovranità, Sua la Lode. Egli è onnipotente. ² Egli è Colui Che vi ha creati. Fra di voi vi è chi non crede e chi crede e Allah osserva quello che fate. ³ Egli ha creato i cieli e la terra in tutta verità, e vi ha plasmati in una forma armoniosa. Verso di Lui è il divenire. ⁴ Egli conosce quel che è nei cieli e sulla terra e conosce quello che celate e quello che palesate. Allah ben conosce quello che c'è nei petti.

⁵ Non vi è giunta notizia di coloro che furono miscredenti in passato? Gustarono le conseguenze della loro condotta e avranno doloroso castigo. ⁶ E ciò in quanto vennero ad essi con le prove i loro messaggeri, ma dissero: «Sarà un uomo a guidarci?». Non credettero e voltarono le spalle, ma Allah non ha bisogno [di loro]. Allah basta a Se Stesso ed è il Degno di lode.

⁷ Coloro che non credono affermano che non saranno affatto resuscitati. Di': «Invece sì, per il mio Signore: sarete resuscitati, quindi sarete informati di quel che avrete fatto. Ciò è facile per Allah». ⁸ Credete dunque in Allah e nel Suo Messaggero e nella Luce che abbiamo fatta scendere. Allah è ben informato a proposito di quello che fate. ⁹ Il Giorno in cui sarete riuniti per il Giorno del Raduno, sarà il Giorno del reciproco inganno. A chi avrà creduto in Allah e avrà compiuto il bene, Egli cancellerà i peccati e lo introdurrà nei Giardini dove scorrono i ruscelli, in cui rimarrà in perpetuo e per sempre. Ecco l'immenso successo. ¹⁰ Coloro invece che non credono e tacciano di menzogna i Nostri segni, saranno

i compagni del Fuoco in cui rimarranno in perpetuo. Qual tristo avvenire!

¹¹ Nessuna sventura colpisce [l'uomo] senza il permesso di Allah. Allah guida il cuore di chi crede in Lui. Allah è l'Onnisciente. ¹² Obbedite dunque ad Allah e obbedite al Messaggero. Se poi volgerete le spalle, [sappiate che] al Nostro Messaggero [incombe] solo la trasmissione esplicita. ¹³ Allah, non v'è dio all'infuori di Lui! Confidino dunque in Allah i credenti. ¹⁴ O voi che credete, nelle vostre spose e nei vostri figli c'è [talvolta] un nemico per voi. State in guardia. Se dimenticherete, lascerete cadere e perdonerete; in verità Allah è perdonatore, misericordioso. ¹⁵ I vostri beni e i vostri figli non sono altro che tentazione, mentre presso Allah c'è ricompensa immensa. ¹⁶ Temete Allah per quello che potete, ascoltate, obbedite e siate generosi: ciò è un bene per voi stessi. Coloro che si saranno preservati dalla loro stessa avidità saranno quelli che prospereranno.

¹⁷ Se fate ad Allah un prestito bello, Egli ve lo raddoppierà e vi perdonerà. Allah è riconoscente, magnanimo,

¹⁸ Conoscitore dell'invisibile e del palese, l'Eccelso, il Saggio.

SURA 65. AT-TALÂQ
....

IL DIVORZIO

In nome di Allah, il Compassionevole, il Misericordioso.

¹ O Profeta, quando ripudiate le vostre donne, ripudiatele allo scadere del termine prescritto e contate bene il termine. Temete Allah vostro Signore e non scacciatele dalle loro case, ed esse non se ne vadano, a meno che non abbiano commesso una provata indecenza. Ecco i termini di Allah. Chi oltrepassa i

termini di Allah, danneggia se stesso. Tu non sai: forse in questo periodo Allah farà succedere qualcosa. [2] Quando poi siano giunte al loro termine, trattenetele convenientemente o separatevi da esse convenientemente. Richiedete la testimonianza di due dei vostri uomini retti, che testimonino davanti ad Allah. Ecco a che cosa è esortato chi crede in Allah e nell'Ultimo Giorno. A chi teme Allah, Egli apre una via d'uscita, [3] e gli concede provvidenze da dove non ne attendeva. Allah basta a chi confida in Lui. In verità Allah realizza i Suoi intenti. Allah ha stabilito una misura per ogni cosa.

[4] Se avete qualche dubbio a proposito di quelle delle vostre donne che non sperano più nel mestruo, il loro termine sia di tre mesi. Lo stesso valga per quelle che non hanno ancora il mestruo. Quelle che sono incinte avranno per termine il parto stesso. A chi teme Allah, Egli facilita i suoi intenti. [5] Questo è l'Ordine che Allah ha fatto scendere su di voi. A chi teme Allah, Egli cancella i peccati e aumenta la sua ricompensa.

[6] Fatele abitare dove voi stessi abitate, secondo i vostri mezzi. Non tormentatele mettendole in ristrettezze. Se sono incinte, provvedete al loro mantenimento fino a che non abbiano partorito. Se allatteranno per voi, date loro un compenso e accordatevi tra voi convenientemente. Se andrete incontro a difficoltà, sia un'altra ad allattare per voi. [7] L'agiato spenda della sua agiatezza, colui che ha scarse risorse spenda di quello che Allah gli ha concesso. Allah non impone a nessuno se non in misura di ciò che Egli ha concesso. Allah farà seguire il benessere al disagio.

[8] Quante città si mostrarono orgogliose di fronte all'ordine del loro Signore e dei Suoi messaggeri! Le costringemmo ad un rendiconto rigoroso, e le castigammo di un orribile castigo. [9] Gustarono le conseguenze della loro condotta e l'esito della loro condotta fu la dannazione. [10] Allah ha preparato loro un severo

castigo. Temete dunque Allah, o dotati d'intelletto, voi che avete la fede. Invero Allah ha fatto scendere su di voi un Monito,

[11] un Messaggero che vi recita i versetti espliciti di Allah, per trarre dalle tenebre alla luce coloro che credono e compiono il bene. Chi crede in Allah e compie il bene, Egli lo farà entrare nei Giardini in cui scorrono i ruscelli, dove rimarrà in perpetuo. A costui Allah ha concesso buona provvidenza.

[12] Allah è Colui che ha creato sette cieli e altrettante terre. Scende il Suo Ordine tra di loro, affinché sappiate che in verità Allah è onnipotente e che Allah abbraccia nella Sua Scienza ogni cosa.

SURA 66 : AT-TAHRÎM
....

L'INTERDIZIONE

In nome di Allah, il Compassionevole, il Misericordioso.

[1] O Profeta, perché, cercando di compiacere le tue spose, ti interdici quello che Allah ti ha permesso? Allah è perdonatore, misericordioso. [2] Eppure Allah vi ha prescritto un modo per sciogliere i vostri giuramenti. Allah è il vostro Padrone, Egli è il Sapiente, il Saggio.

[3] Quando il Profeta confidò un segreto ad una delle sue spose, e questa lo andò a riferire [ad un'altra], Allah lo informò [ed egli] ne confermò una parte tenendone nascosta un'altra. Quando le chiese conto della sua indiscrezione, ella disse: «Chi te ne ha dato notizia?». Rispose: «Il Sapiente, il Ben informato me ne ha dato notizia». [4] Se entrambe ritornerete ad Allah, è segno che i vostri cuori si sono pentiti; se invece vi sosterrete a vicenda contro il Profeta, [sappiate] allora che il suo Padrone è Allah e che Gabriele e i devoti

tra i credenti e gli angeli saranno il suo sostegno. [5] Se vi ripudiasse, certamente il suo Signore vi sostituirebbe con del le spose migliori di voi, sottomesse ad Allah, credenti, devote, penitenti, adoranti, osservanti il digiuno, già sposate [in precedenza] o vergini.

[6] O credenti, preservate voi stessi e le vostre famiglie, da un fuoco il cui combustibile saranno uomini e pietre e sul quale vegliano angeli formidabili, severi, che non disobbediscono a ciò che Allah comanda loro e che eseguono quello che viene loro ordinato. [7] O miscredenti, non chiedete scusa oggi, sarete compensati solo per quel che avrete fatto.

[8] O credenti, pentitevi davanti ad Allah d'un pentimento sincero. Forse il vostro Signore cancellerà i vostri peccati e vi introdurrà nei Giardini in cui scorrono i ruscelli, nel Giorno in cui non imporrà umiliazione alcuna al Profeta e a coloro che avranno creduto insieme con lui. La loro luce correrà innanzi a loro e sulla loro destra ed essi diranno: «Signore, completa la nostra luce e perdonaci. In verità tu sei l'Onnipotente».

[9] O Profeta, combatti i miscredenti e gli ipocriti e sii severo nei loro confronti. Il loro asilo sarà l'Inferno, qual triste rifugio! [10] Allah ha proposto ai miscredenti l'esempio della moglie di Noè e della moglie di Lot. Entrambe sottostavano a due dei Nostri servi, uomini giusti. Entrambe li tradirono, ed essi non poterono in alcun modo porle al riparo da Allah. Fu detto loro: «Entrate entrambe nel Fuoco, insieme con coloro che vi entrano». [11] Allah ha proposto ai credenti l'esempio della moglie di Faraone, quando invocò: «Signore, costruiscimi vicino a Te una casa nel Giardino. Salvami da Faraone e dalle sue opere. Salvami dagli ingiusti».

[12] E Maria, figlia di 'Imràn, che conservò la sua verginità; insufflammo in lei del Nostro Spirito. Attestò la veridicità delle Parole del suo Signore e dei Suoi Libri e fu una delle devote.

SURA 67. AL-MULK
....

LA SOVRANITÀ

In nome di Allah, il Compassionevole, il Misericordioso.

[1] Benedetto Colui nella Cui mano è la sovranità, Egli è onnipotente; [2] Colui Che ha creato la morte e la vita per mettere alla prova chi di voi meglio opera, Egli è l'Eccelso, il Perdonatore; [3] Colui Che ha creato sette cieli sovrapposti senza che tu veda alcun difetto nella creazione del Compassionevole. Osserva, vedi una qualche fenditura? [4] Osserva ancora due volte: il tuo sguardo ricadrà, stanco e sfinito.

[5] Invero abbellimmo di luminarie il cielo più vicino, e ne abbiamo fatto strumenti; per lapidare i dèmoni per i quali abbiamo preparato la Fiamma. [6] Per coloro che non credono nel loro Signore, c'è il castigo dell'Inferno: qual tristo divenire! [7] Quando vi sono precipitati, ne sentono il fragore mentre ribolle: [8] manca poco a che scoppi di rabbia. Ogni volta che un gruppo vi è precipitato, i suoi guardiani chiedono: «Non vi è forse giunto un ammonitore?». [9] Risponderanno: «Sì, ci era giunto un ammonitore, ma noi lo tacciammo di menzogna e dicemmo: "Allah non ha fatto scendere alcunché, voi siete in evidente errore!"». [10] E diranno: «Se avessimo ascoltato o compreso, non saremmo tra i compagni della Fiamma». [11] Riconoscono il loro peccato. Che siano ridotti in polvere i compagni della Fiamma!

[12] Coloro che invece temono il loro Signore in ciò che è invisibile, avranno perdono e ricompensa grande. [13] Sia che nascondiate i vostri intenti o li palesiate, Egli ben conosce quello che contengono i petti. [14] Non conoscerebbe ciò che Egli stesso ha creato, quando Egli è il Sottile [2] , il Ben informato?

[15] Egli è Colui Che vi ha fatto remissiva la terra: percorretela in lungo e in largo, e mangiate della Sua provvidenza. Verso di Lui è la Resurrezione. [16] Siete forse sicuri che Colui Che sta nel cielo non vi faccia inghiottire dalla terra quando trema? [17] O siete sicuri che Colui Che sta nel cielo non scateni contro di voi un uragano? Conoscerete allora il Mio avvertimento. [18] Invero coloro che li precedettero già tacciarono di menzogna. Quale fu la mia riprovazione!

[19] Non hanno visto, sopra di loro, gli uccelli spiegare e ripiegare le ali? Non li sostiene altri che il Compassionevole. In verità Egli osserva ogni cosa. [20] Chi potrebbe costituire un esercito per voi, e [chi potrebbe] soccorrervi all'infuori del Compassionevole? I miscredenti sono in preda all'inganno. [21] Chi provvederà a voi, se Egli tratterrà la Sua provvidenza? No, essi persistono nell'insolenza e nel rifiuto.

[22] Colui che cammina con il volto rivolto al suolo è forse meglio guidato di colui che si erge camminando sulla retta via? [23] Di': «Egli è Colui Che vi ha creati e vi ha dato l'udito, gli occhi e i cuori». Quanto poco Gli siete riconoscenti! [24] Di': «Egli è Colui Che vi ha sparsi sulla terra e verso di Lui sarete riuniti».

[25] Dicono: «A quando questa promessa? [Ditecelo,] se siete veridici». [26] Di': «La conoscenza [di ciò] appartiene ad Allah. Io non sono altro che un ammonitore esplicito». [27] Quando la vedranno da vicino, saranno stravolti i visi dei miscredenti e sarà detto loro: «Ecco ciò che vi ostinavate a chiedere!». [28] Di': «Cosa credete? Sia che Allah faccia perire me e quelli che sono con me sia che ci usi misericordia, chi potrà proteggere i miscredenti da un doloroso castigo?». [29] Di': «Egli è il Compassionevole! Crediamo in Lui e in Lui confidiamo. Presto saprete chi è in errore evidente». [30] Di':

«Cosa credete? Se la vostra acqua rientrasse nelle profondità [della terra] chi vi procurerebbe acqua sorgiva?».

SURA 68 : AL-QALAM

IL CALAMO

In nome di Allah, il Compassionevole, il Misericordioso.

¹ *Nûn*.

Per il calamo e ciò che scrivono! ² Per Grazia di Allah tu non sei un folle, ³ e in verità ci sarà per te infinita ricompensa, ⁴ e in verità di un'immensa grandezza è il tuo carattere. ⁵ Vedrai, e pure loro vedranno ⁶ chi di voi ha perso la ragione. ⁷ Il tuo Signore ben conosce chi si allontana dalla Sua via e ben conosce coloro che seguono la retta via.

⁸ Non obbedire a coloro che tacciano di menzogna. ⁹ Vorrebbero che tu fossi accondiscendente e allora sarebbero accondiscendenti anche loro. ¹⁰ Non dare ascolto ad alcun miserabile spergiuro, ¹¹ al diffamatore, seminatore di maldicenza, ¹² a quel grande nemico del bene, trasgressore, peccatore, ¹³ arrogante e persino bastardo. ¹⁴ [Non dargli ascolto,] anche se possiede ricchezze e progenie. ¹⁵ Quando i nostri versetti gli sono recitati, dice: «Favole degli antichi!». ¹⁶ Lo marchieremo sul grugno.

¹⁷ Li abbiamo messi alla prova come abbiamo messo alla prova quelli del giardino che avevano giurato di fare il raccolto al mattino, ¹⁸ senza formulare riserva. ¹⁹ Venne un uragano, proveniente dal tuo Signore, mentre dormivano: ²⁰ e al mattino fu come se [il giardino] fosse stato falciato. ²¹ L'indomani si chiamarono gli uni con gli altri, di buon mattino: ²² «Andate di buon'ora alla vostra piantagione,

se volete raccogliere». 23 Andarono parlando tra loro a bassa voce:
24 «Che oggi non si presenti a voi un povero!». 25 Uscirono di
buon'ora, in preda all'avarizia, pur avendo i mezzi [per fare
l'elemosina]. 26 Quando poi videro [quel che era avvenuto], dissero:
«Davvero abbiamo sbagliato [strada]! 27 [Ma poi convennero:]
Siamo rovinati». 28 Il più equilibrato tra loro disse: «Non vi avevo
forse avvertito di rendere gloria ad Allah?». 29 Dissero: «Gloria al
nostro Signore, invero siamo stati ingiusti». 30 Si volsero poi gli
uni agli altri, biasimandosi a vicenda. 31 Dissero: «Guai a noi,
invero siamo stati iniqui. 32 È possibile che il nostro Signore ci
compensi di questo con qual cosa di migliore. Noi bramiamo il
nostro Signore». 33 Questo fu il castigo, ma il castigo dell'altra vita
è ancora maggiore, se solo lo sapessero!

34 I devoti avranno presso il loro Signore i Giardini della
Delizia. 35 Tratteremo i sottomessi come i criminali? 36 Che cosa
vi prende? Come giudicate? 37 Avete forse una Scrittura che vi
istruisca, 38 e in cui troviate quel che desiderate? 39 Ci siamo forse
legati a voi con solenni giuramenti che Ci impegnino fino al Giorno
della Resurrezione, a darvi quello che chiederete? 40 Interpellali su
chi di loro se ne faccia garante. 41 Oppure, hanno forse degli [dèi]
associati? Allora facciano venire i loro associati, se sono sinceri.

42 Il Giorno in cui affronteranno gli orrori, saranno chiamati a
prosternarsi, ma non potranno farlo: 43 saranno bassi i loro sguardi e
saranno coperti di ignominia. Eppure furono chiamati a prosternarsi
quando ancora erano sani e salvi. 44 LasciaMi solo con coloro che
tacciano di menzogna questo Discorso. Li condurremo passo passo
per vie che non conoscono. 45 Concedo loro una dilazione: in verità
il Mio piano è infallibile.

46 Forse chiedi loro un compenso che li gravi di un peso
insopportabile? 47 Forse possiedono l'invisibile e lo descrivono?

⁴⁸ Sopporta dunque con pazienza il Decreto del tuo Signore e non essere come l'uomo della balena, che invocò al colmo dell'angoscia. ⁴⁹ Se una grazia del tuo Signore non lo avesse toccato, sarebbe stato gettato sulla riva deserta, reietto. ⁵⁰ Poi il suo Signore lo scelse e ne fece uno dei giusti. ⁵¹ Manca poco che i miscredenti ti trapassino con gli sguardi, quando sentono il Monito; dicono: «Davvero è uno posseduto!». ⁵² Ma questo [Corano] non è che un Monito per il Creato.

SURA 69 : AL-HÂQQAH
....

L'INEVITABILE

In nome di Allah, il Compassionevole, il Misericordioso.

¹. L'Inevitabile! ² Cos'è l'Inevitabile? ³ Chi mai ti dirà che cos'è l'Inevitabile? ⁴ I Thamùd e gli 'Àd tacciarono di menzogna il cataclisma, ⁵ ma i Thamùd furono sterminati da un Grido tremendo, ⁶ mentre gli 'Àd furono distrutti da un vento mugghiante, furioso, ⁷ che Allah scatenò contro di loro per sette notti e otto giorni consecutivi. Allora avresti visto quella gente riversa in terra come tronchi cavi di palma. ⁸ Ne vedi forse uno sopravvissuto? ⁹ Anche Faraone e coloro che lo precedettero e le [città] stravolte commisero peccati. ¹⁰. Disobbedirono al Messaggero del loro Signore ed Egli li afferrò con estrema energia. ¹¹ Quando l'acqua dilagò vi caricammo sull'Arca, ¹² affinché essa diventasse un monito ricordato da ogni orecchio che ricorda.

¹³ Quando sarà soffiato nel Corno la prima volta, ¹⁴ e la terra e le montagne saranno sollevate e polverizzate in un sol colpo, ¹⁵ in quel Giorno avverrà l'Evento, ¹⁶ e si spaccherà il cielo, così fragile in quel Giorno. ¹⁷ Staranno gli angeli ai suoi orizzonti e in quel

Giorno otto [di loro] porteranno il Trono del tuo Signore. [18] Sfilerete [davanti ad Allah] in quel Giorno e niente di quel che celate potrà essere nascosto.

[19] Chi avrà ricevuto il libro nella mano destra, dirà: «Prendete, leggete il mio libro. [20] Invero sapevo che avrei avuto il mio rendiconto!». [21] Egli avrà piacevole esistenza [22] in un Giardino elevato, [23] i cui frutti saranno a portata di mano. [24] «Mangiate e bevete in pace, è il premio per quel che avete fatto nei giorni passati.» [25] Chi invece avrà ricevuto il suo libro nella mano sinistra, dirà: «Ahimè, se solo non mi fosse stato consegnato il mio libro [26] e non avessi conosciuto il mio rendiconto! [27]. Ahimè, quanto vorrei che essa fosse stata definitiva! [28] Quel che possedevo non mi ha giovato affatto. [29]. Ho perso il mio potere». [30] [Diranno:] «Afferratelo e mettetelo nei ceppi, [31] quindi sia precipitato nella Fornace, [32] e poi legatelo con una catena di settanta cubiti. [33] Non credeva in Allah, il Supremo, [34] e non esortava a nutrire il povero. [35] Oggi non avrà qui nessun amico sincero, [36] né altro cibo che sanie [37] che solo i colpevoli mangeranno.

[38] Lo giuro per quel che vedete, [39] e per quel che non vedete!». [40] Questa è in verità la parola di un Messaggero nobilissimo; [41] non è la parola di un poeta – [credetelo] per quanto poco crediate- [42] e neanche la parola di un indovino – per quanto poco riflettiate! [43] E una Rivelazione venuta dal Signore dei mondi. [44] Se [Muhammad] Ci avesse mendacemente attribuito qualche discorso, [45] lo avremmo certo afferrato per la mano destra, [46] e quindi gli avremmo reciso l'aorta [47] e nessuno di voi avrebbe potuto impedirCelo. [48] In verità questo è un Monito per i timorati [di Allah]! [49] Sappiamo che tra voi c'è chi lo tratta da bugiardo; [50] in verità ciò sarà un rimpianto per i miscredenti; [51] questa è l'assoluta certezza. [52] Allora glorifica il Nome del tuo Signore, il Supremo.

LE VIE DELL'ASCESA

In nome di Allah, il Compassionevole, il Misericordioso.

[1] Un tale ha chiesto un castigo immediato. [2] Per i miscredenti nessuno potrà impedirlo [3] [poiché proviene] da Allah, il Signore delle Vie dell'Ascesa. [4] Gli angeli e lo Spirito ascendono a Lui in un Giorno la cui durata è di cinquantamila anni. [5] Pazienta dunque di bella pazienza. [6] Essi lo considerano come fosse lontano, [7] mentre Noi lo vediamo vicino. [8] Il Giorno in cui il cielo sarà come metallo fuso [9] e le montagne come [fiocchi] di lana, [10] nessun amico sollecito chiederà dell'amico, [11] anche se sarà dato loro di vedersi. Il malvagio vorrebbe riscattarsi dal castigo di quel Giorno, offrendo i suoi figli, [12] la sua sposa e suo fratello, [13] e la sua gente che lo ospitava, [14] e tutto quel che è sulla terra, ogni cosa che potesse salvarlo.

[15] Niente [lo salverà]: sarà una fiammata [16] a strappargli brutalmente la pelle del cranio. [17] Essa chiamerà chi avrà volto le spalle e se ne sarà andato [18] [chi] accumulava e tesaurizzava. [19] In verità l'uomo è stato creato instabile; [20] prostrato quando lo coglie sventura, [21] arrogante nel benessere; [22] eccetto coloro che eseguono l'orazione, [23] e sono costanti nella loro orazione, [24] e sui cui beni c'è un riconosciuto diritto, [25] per il mendicante e il diseredato; [26] coloro che attestano la verità del Giorno del Giudizio [27] e coloro che temono il castigo del loro Signore – [28] ché in verità il castigo del loro Signore non è cosa da cui si possa trovare riparo – [29] e che si mantengono casti [30] eccetto che con le loro spose o con le schiave che possiedono – e in questo non sono biasimevoli, [31] mentre coloro che desiderano altro sono i trasgressori -; [32] coloro

che rispettano ciò che è loro stato affidato e i loro impegni, [33] che rendono testimonianza sincera, [34] e hanno cura della loro orazione. [35] Costoro saranno onorati nei Giardini.

[36] Cos'hanno mai da affrettarsi verso di te coloro che non credono, [37] [venendo] in gruppi da destra e da sinistra? [38] Ciascuno di loro desidera che lo si lasci entrare nel Giardino della Delizia? [39] No, mai! Invero li creammo di quello che già sanno.

[40] Lo giuro per il Signore degli Orienti e degli Occidenti, in verità abbiamo il potere [41]. di sostituirli con [altri] migliori di loro e nessuno potrebbe precederci. [42] Lascia dunque che disputino e giochino finché non incontreranno il Giorno che è stato loro promesso; [43] il Giorno in cui usciranno dalle tombe in fretta, come se corressero verso pietre drizzate, [44] con gli sguardi umili, coperti di vergogna: questo è il Giorno che è stato loro promesso.

SURA 71 : NÛH
....

NOÈ

In nome di Allah, il Compassionevole, il Misericordioso.

[1] In verità inviammo Noè al suo popolo: «Avverti il tuo popolo prima che giunga loro un doloroso castigo». [2] Disse: «O popol mio, in verità io sono per voi un ammonitore evidente: [3] adorate Allah, temeteLo e obbeditemi, [4] affinché perdoni una parte dei vostri peccati e vi conceda dilazione fino a un termine stabilito; ma quando giungerà il termine di Allah non potrà essere rimandato, se [solo] lo sapeste». [5] Disse: «Signore, ho chiamato il mio popolo giorno e notte, [6] ma il mio richiamo ha solo accresciuto la loro repulsione. [7] Ogni volta che li chiamavo affinché Tu li perdonassi, si turavano le orecchie con le dita e si avvolgevano nelle loro vesti,

pervicaci e tronfi di superbia. [8] Poi li ho chiamati ad alta voce. [9] Li ho arringati e ho parlato loro in segreto, [10]. dicendo: Implorate il perdono del vostro Signore, Egli è Colui Che molto perdona, [11] affinché vi invii dal cielo una pioggia abbondante, [12] accresca i vostri beni e i vostri figli e vi conceda giardini e ruscelli. [13] Perché non confidate nella magnanimità di Allah, [14] quando è Lui Che vi ha creati in fasi successive? [15] Non avete considerato come Allah ha creato sette cieli sovrapposti [16] e della luna ha fatto una luce e del sole un luminare. [17] E Allah che vi ha fatto sorgere dalla terra come piante. [18] Poi vi rimanderà [ad essa] e vi farà risorgere. [19] Allah ha fatto della terra un tappeto per voi, [20] affinché possiate viaggiare su spaziose vie».

[21] Disse Noè: «Signore, mi hanno disobbedito seguendo coloro i cui beni e figli non fanno che aumentarne la rovina; [22] hanno tramato un'enorme trama [23] e hanno detto: "Non abbandonate i vostri dèi, non abbandonate né Wadd, né Suwà, né Yaghùth, né Ya'ùq, né Nasr"'. [24] Essi ne hanno traviati molti; [Signore,] non accrescere gli ingiusti altro che nella perdizione». [25] A causa dei loro peccati sono stati affogati e poi introdotti nel Fuoco, e non trovarono nessun soccorritore all'infuori di Allah.

[26] Pregò Noè: «Signore, non lasciare sulla terra alcun abitante che sia miscredente! [27] Se li risparmierai, travieranno i Tuoi servi e non genereranno altro che perversi ingrati. [28] Signore, perdona a me, ai miei genitori, a chi entra nella mia casa come credente, ai credenti e alle credenti; non accrescere gli ingiusti altro che nella rovina».

SURA 72 : AL-JINN

I DÈMONI

In nome di Allah, il Compassionevole, il Misericordioso.

1 Di': «Mi è stato rivelato che un gruppo di dèmoni ascoltarono e dissero: "Invero abbiamo ascoltato una Lettura meravigliosa, 2 che conduce sulla retta via; abbiamo creduto in essa e non assoceremo nessuno al nostro Signore. 3 In verità Egli – esaltata sia la Sua Maestà – non si è preso né compagna, né figlio. 4 Uno stolto dei nostri diceva menzogne contro Allah. 5 Pensavamo che né gli uomini né i dèmoni potessero proferire menzogne contro Allah. 6 Invero c'erano degli uomini che si rifugiavano presso i dèmoni, e questo non fece che aumentare la loro follia: 7 anch'essi pensavano, come lo pensavate voi, che Allah non avrebbe resuscitato nessuno. 8 Invero abbiamo sfiorato il cielo, ma lo abbiamo trovato munito di temibili guardiani e di bolidi fiammeggianti. 9 Ci sedevamo [un tempo] in sedi appropriate, per ascoltare. Ma ora chi vuole origliare trova un bolide fiammeggiante in agguato. 10 Noi non sappiamo se sia stata decretata una sventura per coloro che stanno sulla terra, o se il loro Signore li voglia guidare [al bene]. 11 Tra noi ci sono dei giusti e altri che non lo sono: siamo in diverse sette. 12 Pensavamo che mai avremmo potuto annullare [la potenza di] Allah sulla terra e che non avremmo mai potuto sfuggire [a Lui]. 13 Quando udimmo la Guida, credemmo; e chi crede nel suo Signore non teme danno né offesa. 14 [Ora] tra noi ci sono i musulmani e i ribelli. I musulmani sono quelli che hanno scelto la Retta via. 15 I ribelli, invece, saranno combustibile dell'Inferno".

16 Se si manterranno sulla Retta via, Noi li disseteremo di acqua abbondante 17 per metterli colà alla prova. Allah condurrà ad un

castigo incessantemente più severo chi avrà trascurato il monito del suo Signore. [18] Le moschee appartengono ad Allah: non invocate nessuno insieme con Lui. [19] Quando il servo di Allah si levò per invocarLo, poco mancò che lo stringessero [fino a soffocarlo]!». [20] Di': «Non invoco altri che il mio Signore e non Gli associo alcunché». [21] Di': «In verità non posso né nuocervi, né giovarvi». [22] Di': «In verità nessuno potrà proteggermi da Allah e mai troverò rifugio all'infuori di Lui, [23] se non comunicando, in Nome di Allah, i Suoi messaggi». Coloro che disobbediranno ad Allah e al Suo Messaggero, avranno il fuoco dell'Inferno e vi rimarranno in perpetuo per sempre.

[24] Quando poi vedranno quello che è stato promesso loro, allora sapranno chi avrà avuto l'alleato più debole e [chi sarà stato] numericamente esiguo!

[25] Di': «Io non so se quello che vi è stato promesso è imminente o se il mio Signore vorrà ritardarlo:

[26] [Egli è] Colui Che conosce l'invisibile e non lo mostra a nessuno,

[27] se non a un messaggero di cui Si compiace, che fa precedere e seguire da una guardia [angelica],

[28] per sapere se [i profeti] hanno trasmesso i messaggi del loro Signore. Gli è ben noto tutto ciò che li concerne e tiene il conto di tutte le cose».

SURA 73 : AL-MUZZAMMIL

L'AVVOLTO

In nome di Allah, il Compassionevole, il Misericordioso.

[1] O tu l'avvolto [nelle tue vesti], [2] veglia una parte della notte, [3] la metà, oppure meno, [4] oppure poco più. E recita il Corano lentamente, distintamente. [5] Faremo scendere su di te parole gravi.

[6] In verità la preghiera della notte è la più efficace e la più propizia: [7] durante il giorno hai occupazioni impegnative. [8] Menziona il Nome del tuo Signore e consacrati totalmente a Lui. [9] Il Signore dell'Oriente e dell'Occidente: non c'è dio aH'infuori di Lui. Prendi Lui come Protettore. [10] Sopporta con pazienza quello che dicono e allontanati dignitosamente. [11] LasciaMi con coloro che tacciano di menzogna, che vivono nell'agiatezza e concedi loro un po' di tempo. [12] Invero presso di Noi ci sono catene e la Fornace [13] e cibo che soffoca e doloroso castigo, [14] nel Giorno in cui la terra e le montagne tremeranno e in cui le montagne diventeranno come dune di sabbia fina.

[15] In verità inviammo a voi un Messaggero, affinché testimoniasse contro di voi, così come inviammo un Messaggero a Faraone. [16] Ma Faraone disobbedì al Messaggero. Lo afferrammo allora con stretta severa. [17] Come vi difenderete, voi che già non credeste nel Giorno che trasformerà i bambini in vecchi canuti [18] [nel Giorno in cui] si spaccherà il cielo? La promessa [di Allah] si realizzerà. [19] In verità questo è un Monito. Chi vuole, intraprenda dunque la via che conduce al suo Signore.

[20]. In verità il tuo Signore sa che stai ritto [in preghiera] per quasi due terzi della notte, o la metà, o un terzo e che lo stesso [fanno] una parte di coloro che sono con te. Allah ha stabilito la notte e il

giorno. Egli già sapeva che non avreste potuto passare tutta la notte in preghiera ed è stato indulgente verso di voi. Recitate dunque, del Corano, quello che vi sarà agevole. Egli già sapeva che ci sarebbero stati tra voi i malati ed altri che avrebbero viaggiato sulla terra in cerca della grazia di Allah ed altri ancora che avrebbero lottato per la Sua causa. Recitatene dunque quello che vi sarà agevole. Assolvete all'orazione e versate la decima e fate ad Allah un prestito bello. Tutto il bene che avrete compiuto, lo ritroverete presso Allah, migliore e maggiore ricompensa. Implorate il perdono di Allah. In verità Allah è perdonatore, misericordioso.

SURA 74 : AL-MUDDATHTHIR

L'AVVOLTO NEL MANTELLO

In nome di Allah, il Compassionevole, il Misericordioso.

[1] O tu che sei avvolto nel mantello, [2] alzati e ammonisci, [3] e il tuo Signore magnifica, [4] e le tue vesti purifica, [5] allontanati dall'abiezione. [6] Non dar nulla sperando di ricevere di più, [7] ma sopporta con pazienza per il tuo Signore!

[8] Quando sarà soffiato nel Corno, [9] quello sarà un Giorno difficile, [10] niente affatto facile per i miscredenti. [11] LasciaMi solo con colui che ho creato, [12] cui ho concesso abbondanza di beni, [13] e figli al suo fianco, [14] al quale ho facilitato ogni cosa, [15] e che ancora desidera che gli dia di più. [16] No, invero è stato refrattario ai Nostri segni: [17] lo costringerò a una dura salita.

[18] Ha ponderato e l'ha definito. [19] Perisca per come l'ha definito, [20] sì, perisca per come l'ha definito! [21] Quindi ha guardato, [22] si è accigliato e rabbuiato. [23] Ha volto le spalle, si è fatto altero [24] e

ha detto: «Questo non è che magia appresa; 25 non è altro che un discorso di un uomo».

26 Lo getterò nel Calore che brucia. 27 Chi mai ti dirà cos'è il Calore che brucia? 28 Nulla risparmia, non lascia nulla; 29 carbonizza gli uomini. 30 Gli stanno a guardia diciannove [angeli], 31 Non ponemmo che angeli a guardia del fuoco, fissando il loro numero solo per tentare i miscredenti, affinché credessero con fermezza quelli cui è stato dato il Libro e aumentasse la fede dei credenti e non dubitassero coloro cui è stata data la Scrittura e i credenti, e affinché coloro che hanno morbo nel cuore e i miscredenti dicessero: «Cosa vuol significare Allah con questa metafora?». È così che Allah travia chi vuole e guida chi vuole. Non conosce le truppe del tuo Signore altri che Lui. Questo non è altro che un Monito per gli uomini.

32 No, per la luna, 33 per la notte quando volge al termine, 34 e per l'aurora quando si mostra, 35 il Calore è davvero uno dei segni più grandi, 36 un monito per gli uomini, 37 per chi di voi vuole avanzare [nella fede] o indietreggiare. 38 Ogni anima è pegno di quello che ha compiuto, 39 eccetto i compagni della destra; 40 [saranno] nei Giardini e si interpelleranno a vicenda 41 a proposito dei colpevoli: 42 «Cosa mai vi ha condotti al Calore che brucia?». 43 Risponderanno: «Non eravamo tra coloro che eseguivamo l'orazione, 44 né nutrivamo il povero, 45. e chiacchieravamo vanamente con i chiacchieroni 46 e tacciavamo di menzogna il Giorno del Giudizio, 47 finché non ci pervenne la certezza». 48 Non gioverà loro l'intercessione di intercessori.

49 Ma perché mai si scostano dal Monito? 50 Sembravano onagri spaventati 51 che fuggono davanti a un leone! 52 Ciascuno di loro vorrebbe che gli fossero dati fogli dispiegati. 53 No, non hanno invece alcun timore dell'altra vita! 54 No, in verità questo

è un Monito. [55] Se ne ricordi dunque chi vuole. [56] Ma non se ne ricorderanno altrimenti che se Allah vuole. Egli è il più Degno di essere temuto, è il Detentore del perdono..

LA RESURREZIONE

In nome di Allah, il Compassionevole, il Misericordioso.

[1] Lo giuro per il Giorno della Resurrezione, [2] lo giuro per l'anima in preda al rimorso. [3] Crede forse l'uomo che mai riuniremo le sue ossa? [4] Invece sì, possiamo persino riordinare le sue falangi. [5] Ma l'uomo preferisce piuttosto il libertinaggio! [6] Chiede: «Quando verrà il Giorno della Resurrezione?». [7] Quando sarà abbagliato lo sguardo, [8] ed eclissata la luna, [9] e riuniti il sole e la luna. [10] In quel Giorno l'uomo dirà: «Dove fuggire?». [11] No, non avrà rifugio alcuno. [12] In quel Giorno il ritorno sarà presso il tuo Signore. [13] In quel Giorno l'uomo sarà edotto di quel che avrà commesso. [14] Sì, l'uomo testimonierà contro se stesso, [15] pur avanzando le sue scuse.

[16] Non agitare la tua lingua con esso, per affrettarti [17] invero spetta a Noi la sua riunione e la sua recitazione. [18] Quando lo recitiamo, ascolta [attento] la recitazione. [19] Poi spetterà a Noi la sua spiegazione.

[20] No, voi amate l'effimero [della vita terrena], [21] e trascurate l'altra vita. [22] In quel Giorno ci saranno dei volti splendenti, [23] che guarderanno il loro Signore; [24] e in quel Giorno ci saranno volti rabbuiati, [25] al pensiero di subire un castigo terribile. [26] No, quando [l'anima] sarà giunta alle clavicole, [27] sarà gridato: «Chi è esorcista?». [28] Ed egli concluderà che è prossima la dipartita, [29] e

le gambe si irrigidiranno; [30] in quel Giorno il ritorno sarà verso il tuo Signore.

[31] Ma egli non credette e non eseguì l'orazione, [32] tacciò invece di menzogna e voltò le spalle, [33] ritornando poi verso la sua gente, camminando con alterigia. [34] Guai a te, guai, [35] e ancora guai a te, guai! [36] Crede forse l'uomo che sarà lasciato libero? [37] Già non fu che una goccia di sperma eiaculata, [38] quindi un'aderenza, poi [Allah] lo creò e gli diede forma armoniosa; [39] poi ne trasse una coppia, il maschio e la femmina. [40] Colui [che ha fatto tutto questo] non sarebbe dunque capace di far risorgere i morti?

SURA 76 : AL-INSÂN

L'UOMO

In nome di Allah, il Compassionevole, il Misericordioso.

[1] Non è forse trascorso un lasso di tempo in cui l'uomo non sia stato una creatura degna di menzione? [2] Invero creammo l'uomo, per metterlo alla prova, da una goccia di sperma eterogenea e abbiamo fatto sì che sentisse e vedesse [3] e gli abbiamo indicato la Retta Via, sia esso riconoscente o ingrato.

[4] In verità abbiamo preparato per i miscredenti catene, gioghi e la Fiamma. [5] In verità i giusti berranno da una coppa in cui è un miscuglio di [acqua e di] Kafûr, [6] [attinta da una] fonte da cui berranno i servi di Allah, che la faranno fluire con abbondanza, [7] coloro che assolvono ai loro voti e temono il giorno il cui male si propagherà ovunque, [8] [loro] che, nonostante il loro bisogno, nutrono il povero, l'orfano e il prigioniero; [9] [e interiormente affermano:] «È solo per il volto di Allah, che vi nutriamo; non ci aspettiamo da voi né ricompensa, né gratitudine. [10] Invero noi temiamo un

Giorno terribile e catastrofico da parte del nostro Signore». [11] Allah li preserverà dal male di quel Giorno e verserà su di loro splendore e gioia, [12] li compenserà del loro perseverare con il Giardino e la seta. [13] Adagiati su alti divani, non dovranno subire né il sole, né il freddo pungente. [14] Le sue ombre li copriranno e i suoi frutti penderanno a portata di mano. [15] Verranno serviti da un vassoio d'argento e coppe di cristallo, [16] di cristallo e d'argento, convenientemente riempite. [17] E berranno colà, da una coppa contenente una mistura di zenzero, [18] [attinta] da una fonte di quel luogo chiamata Salsabìl. [19] Saranno serviti da fanciulli di eterna giovinezza: vedendoli, ti sembreranno perle sparse. [20] Quando lo vedrai, vedrai delizia e un vasto regno. [21] Indosseranno abiti verdi di seta finissima e broccato. Saranno ornati con bracciali d'argento e il loro Signore darà loro una bevanda purissima. [22] In verità questo vi sarà concesso in ricompensa e il vostro sforzo sarà riconosciuto.

[23] In verità siamo stati Noi a far scendere gradualmente il Corano su di te. [24] Sii paziente [nell'attesa] del Decreto del tuo Signore e non obbedire al peccatore e all'ingrato dei loro. [25] Menziona il Nome del tuo Signore, al mattino e alla sera, [26] e durante la notte prosternati a Lui e glorificaLo a lungo nella notte. [27] Coloro che amano l'effimero trascurano un Giorno grave. [28] Siamo stati Noi a crearli e a consolidare le loro giunture. Se volessimo, li sostituiremmo con altri loro simili. [29] In verità questo è un Monito. Chi vuole, intraprenda dunque la via che conduce al suo Signore. [30] Ma voi lo vorrete solo se Allah lo vuole. Allah è sapiente e saggio. [31]. Introduce chi vuole nella Sua misericordia, mentre per gli ingiusti ha preparato un doloroso castigo.

SURA 77 : AL-MURSALÂT
·····································

LE INVIATE

In nome di Allah, il Compassionevole, il Misericordioso.

[1] Per le inviate in successione, [2] per quelle che impetuose tempestano,
[3] per quelle che si diffondono ampie, [4] per quelle che separano con
esattezza [5] e per quelle che lanciano un monito [6] [a guisa] di scusa o
di avvertimento! [7] In verità quello che vi è stato promesso avverrà,

[8] quando le stelle perderanno la luce [9] e si fenderà il cielo
[10] e le montagne saranno disperse [11] e sarà indicato il momento
ai Messaggeri ! [12] A quale giorno saranno rinviati? [13] Al Giorno
della Decisione [14] Chi mai ti dirà cos'è il Giorno della Decisione?
[15] Guai, in quel Giorno, a coloro che tacciano di menzogna! [16] Già
non facemmo perire gli antichi? [17] E non li facemmo seguire dagli
ultimi? [18] Così trattiamo i colpevoli. [19] Guai, in quel Giorno, a
coloro che tacciano di menzogna!

[20] Non vi creammo da un liquido vile, [21] che depositammo in
un sicuro ricettacolo [22] per un tempo stabilito? [23] Siamo Noi che lo
stabiliamo. Siamo i migliori nello stabilire [tutte le cose]. [24] Guai,
in quel Giorno, a coloro che tacciano di menzogna! [25] Non abbiamo
fatto della terra un luogo di riunione [26] dei vivi e dei morti? [27] Non
vi ponemmo alte montagne? Non vi demmo da bere un'acqua
dolce? [28] Guai, in quel Giorno, a coloro che tacciano di menzogna!

[29] [Sarà detto ai miscredenti] «Andate verso quel che tacciavate
di menzogna! [30] Andate verso un'ombra di tre colonne [31] che non
ombreggia e non ripara dalla vampa [infernale] [32] che proietta
scintille [grandi] come tronchi, [33] che sembrano invero lastre di
rame». [34] Guai, in quel Giorno, a quelli che tacciano di menzogna!
[35] Sarà il Giorno in cui non potranno parlare, [36] e non sarà dato loro il

permesso di scusarsi. [37] Guai, in quel Giorno, a coloro che tacciano di menzogna! [38] È il Giorno della Decisione, in cui riuniremo voi e gli antichi. [39] Se possedete uno stratagemma, usatelo dunque contro di Me. [40] Guai, in quel Giorno, a coloro che tacciano di menzogna!

[41] I timorati [di Allah] saranno tra ombre e sorgenti, [42] e frutti che brameranno. [43] [Sarà detto loro]: «Mangiate e bevete in pace, [compenso] per quello che avete fatto». [44] Compensiamo così coloro che compiono il bene. [45] Guai, in quel Giorno, a coloro che tacciano di menzogna! [46] [Sarà detto loro]: «Mangiate e godete un poco, voi che siete criminali». [47] Guai, in quel Giorno, a coloro che tacciano di menzogna! [48] Quando si dice loro: «Inchinatevi», non si inchinano. [49] Guai, in quel Giorno, a coloro che tacciano di menzogna! [50] A quale discorso mai crederanno, dopo di ciò?

SURA 78 : AN-NABÂ'

L'ANNUNCIO

In nome di Allah, il Compassionevole, il Misericordioso.

[1] Su cosa si interrogano a vicenda? [2] Sul grande Annuncio, [3] a proposito del quale sono discordi. [4] No, presto verranno e sapranno. [5] Ancora no, presto sapranno. [6] Non facemmo della terra una culla, [7] delle montagne pioli? [8] Vi abbiamo creato in coppie [9] e facciamo del vostro sonno un riposo, [10] della notte un indumento, [11] e del giorno un mezzo per le incombenze della vita. [12] Costruimmo sopra di voi sette solidi [cieli] [13] e vi ponemmo una lampada ardente; [14] facciamo scendere dalle nuvole un'acqua abbondante [15] per suscitare grano e vegetazione [16] e giardini lussureggianti. [17] Invero il Giorno della Decisione è stabilito.

[18] Il Giorno in cui verrà soffiato nel Corno, accorrerete a frotte;

¹⁹ sarà spalancato il cielo e [sarà tutto] porte, ²⁰ e le montagne saranno messe in marcia, diventando un miraggio. ²¹ Invero l'Inferno è in agguato, ²² asilo per i ribelli. ²³ Vi dimoreranno per [intere] generazioni, ²⁴ senza gustare né freschezza né bevanda, ²⁵ eccetto acqua bollente o liquido infetto. ²⁶ Giusto compenso, ²⁷ [poiché] non si aspettavano il rendiconto; ²⁸ sfrontatamente tacciavano di menzogna i Nostri segni, ²⁹ mentre di ogni cosa abbiamo tenuto conto per iscritto. ³⁰ E allora gustate [il tormento]! A voi non accresceremo null'altro che il castigo.

³¹ In verità avranno successo i timorati: ³² giardini e vigne, ³³ fanciulle dai seni pieni e coetanee, ³⁴ calici traboccanti. ³⁵ Non udranno colà né vanità né menzogna: ³⁶ compenso del tuo Signore, dono adeguato ³⁷ da parte del Signore dei cieli e della terra e di ciò che vi è frammezzo, del Compassionevole, Cui non oseranno rivolgere la parola. ³⁸ Il Giorno in cui lo Spirito e gli angeli si ergeranno in schiere, nessuno oserà parlare, eccetto colui cui il Compassionevole l'avrà permesso e che dirà cose vere. ³⁹ Quel Giorno [verrà] ineluttabilmente. Si rifugi quindi presso il suo Signore chi vuole. ⁴⁰ In verità vi abbiamo avvertito di un castigo imminente, il Giorno in cui l'uomo vedrà quello che le sue mani avranno preparato e dirà il miscredente: «Ahimè, fossi io polvere!».

SURA 79 : AN-NÂZI'ÂT
....

LE STRAPPANTI VIOLENTE

In nome di Allah, il Compassionevole, il Misericordioso.

¹. Per gli strappanti violenti! ². Per i correnti veloci! ³. Per i nuotanti leggeri! ⁴. Per i sopravanzanti con foga ⁵. per sistemare ogni cosa! ⁶. Il Giorno in cui risuonerà il Risuonante, ⁷. al quale

seguirà il successivo, [8]. in quel Giorno tremeranno i cuori [9]. e saranno abbassati gli sguardi. [10]. Dicono: «Saremo ricondotti [sulla terra] [11]. quando già saremo ossa marcite?». [12]. Dicono: «Sarebbe questo un disastroso ritorno!». [13]. Ci sarà un solo grido, [14]. ed eccoli risvegliati, sulla superficie [della terra].

[15]. Non ti giunse [o Muhammad] la storia di Mosè? [16]. Quando lo chiamò il suo Signore, nella valle santa di Tuwà: [17]. «Va' da Faraone, invero è divenuto un ribelle! [18]. E digli: "Sei disposto a purificarti, [19]. sicché io ti guidi verso il tuo Signore e tu [Lo] tema?"». [20]. Gli mostrò poi il segno più grande. [21]. Ma quello tacciò di menzogna e disobbedì, [22]. poi volse le spalle e si distolse. [23]. Convocò [i notabili] e proclamò: [24]. «Sono io il vostro signore, l'altissimo». [25]. Lo colpì Allah con il castigo nell'altra vita e in questa. [26]. In ciò vi è motivo di riflessione per chi è timorato [di Allah].

[27]. Sareste voi più difficili da creare o il cielo che [Egli] ha edificato? [28]. Ne ha innalzato la volta e le ha dato perfetta armonia, [29]. ha fatto oscura la sua notte e ha fatto brillare il chiarore del suo giorno. [30]. Dopo di ciò ha esteso la terra: [31]. ne ha tratto l'acqua e i pascoli, [32]. e le montagne le ha ancorate, [33]. sì che ne godeste voi e il vostro bestiame.

[34]. Poi, quando verrà il grande cataclisma, [35]. il Giorno in cui l'uomo ricorderà in cosa si è impegnato, [36]. e apparirà la Fornace per chi potrà vederla, [37]. colui che si sarà ribellato, [38]. e avrà preferito la vita terrena, [39]. avrà invero la Fornace per rifugio. [40]. E colui che avrà paventato di comparire davanti al suo Signore e avrà preservato l'animo suo dalle passioni, [41]. avrà invero il Giardino per rifugio. [42]. T'interpellano a proposito dell'Ora: «Quando giungerà?». [43]. Che [scienza] ne hai per informarli? [44]. Al tuo Signore il termine. [45]. Tu non sei che un ammonitore per coloro che la paventano. [46]. Il

Giorno in cui la vedranno, sarà come se fossero rimasti [sulla terra]
una sera o un mattino.

SI ACCIGLIÒ

In nome di Allah, il Compassionevole, il Misericordioso.

¹ Si acciglriò e voltò le spalle ² quando il cieco venne da lui.
³ Cosa ne puoi sapere? Forse voleva purificarsi ⁴ o riflettere, affinché
il Monito gli fosse utile. ⁵ Quanto a colui che invece pensa di bastare
a se stesso, ⁶ tu ne hai maggiore premura. ⁷ Cosa t'importa se non
si purifica? ⁸ Quanto a colui che ti viene incontro pieno di zelo,
⁹ essendo timorato [di Allah], ¹⁰ di lui non ti occupi affatto! ¹¹. In
verità questo è un Monito: ¹² se ne ricordi, dunque, chi vuole. ¹³ [È
contenuto] in Fogli onorati, ¹⁴ sublimi, purissimi, ¹⁵ tra le mani di
scribi ¹⁶ nobili, obbedienti! ¹⁷ Perisca l'uomo, quell'ingrato! ¹⁸ Da
cosa l'ha creato Allah? ¹⁹ Da una goccia di sperma. Lo ha creato
e ha stabilito [il suo destino], ²⁰ quindi gli ha reso facile la via,
²¹ quindi l'ha fatto morire e giacere nella tomba; ²² infine lo
resusciterà quando lo vorrà! ²³ No, non ha adempiuto a quello [che
Allah] gli ha comandato. ²⁴ Consideri l'uomo il suo cibo: ²⁵ siamo
Noi che versiamo l'acqua in abbondanza, ²⁶ poi spacchiamo la terra
in profondità ²⁷ e vi facciamo germinare cereali, ²⁸ vitigni e foraggi,
²⁹ olive e palmeti, ³⁰ lussureggianti giardini, ³¹ frutti e pascoli, ³² di
cui godete voi e il vostro bestiame. ³³ Ma quando verrà il Fragore,
³⁴ il Giorno in cui l'uomo fuggirà da suo fratello, ³⁵ da sua madre
e da suo padre, ³⁶ dalla sua compagna e dai suoi figli, ³⁷ poiché
ognuno di loro, in quel Giorno, avrà da pensare a se stesso, ³⁸ ci
saranno in quel Giorno volti radiosi, ³⁹ sorridenti e lieti. ⁴⁰ E ci
saranno, in quel Giorno, [anche] volti terrei ⁴¹ coperti di tenebre:
⁴² sono i miscredenti, i peccatori.

L'OSCURAMENTO

In nome di Allah, il Compassionevole, il Misericordioso.

¹ Quando sarà oscurato il sole, ² e spente le stelle, ³ e messe in marcia le montagne, ⁴ e neglette le cammelle gravide di dieci mesi, ⁵ e radunate le belve, ⁶ e ribollenti i mari, ⁷ e divise in gruppi le anime, ⁸ e quando verrà chiesto alla [neonata] sepolta viva ⁹ per quale colpa sia stata uccisa, ¹⁰ e quando saranno dispiegati i fogli, ¹¹ e scorticato il cielo, ¹² e attizzata la Fornace, ¹³ e avvicinato il Paradiso, ¹⁴ ogni anima conoscerà quel che avrà prodotto.

¹⁵ Giuro per i pianeti ¹⁶ che passano e che si occultano, ¹⁷ per la notte che si estende, ¹⁸ per l'aurora che esala il suo alito, ¹⁹ questa è la parola di un Messaggero nobilissimo, ²⁰. potente ed eccellente presso il Signore del Trono, ²¹ colà obbedito e fedele. ²² Il vostro compagno non è un folle: ²³ in verità l'ha visto sull'orizzonte luminoso, ²⁴ non è avaro dell'Invisibile. ²⁵ Questa non è parola di dèmone lapidato. ²⁶ Dove andate dunque? ²⁷ Questo non è che un Monito rivolto al creato ²⁸ per chi di voi voglia seguire la Retta Via. ²⁹ Ma voi lo vorrete solo se lo vorrà Allah, il Signore dei mondi.

LO SQUARCIARSI

In nome di Allah, il Compassionevole, il Misericordioso.

¹ Quando il cielo si squarcerà ² e saranno dispersi gli astri ³ e confonderanno le loro acque i mari ⁴ e saranno sconvolti i sepolcri, ⁵ ogni anima conoscerà quel che avrà fatto e quel che avrà trascurato!

⁶ O uomo, cosa mai ti ha ingannato circa il tuo Nobile Signore ⁷ Che ti ha creato, plasmato e t'ha dato armonia ⁸ e Che ti ha formato nel modo che ha voluto? ⁹ No, voi tacciate di menzogna il Giudizio, ¹⁰ nonostante [veglino] su di voi dei custodi, ¹¹ nobili scribi, ¹² ben consci di quello che fate. ¹³ In verità i giusti saranno nella Delizia, ¹⁴ e in verità i peccatori nella Fornace ¹⁵ in cui precipiteranno nel Giorno del Giudizio, ¹⁶ senza potervi sfuggire. ¹⁷ Chi mai ti farà comprendere cos'è il Giorno del Giudizio? ¹⁸ E ancora, chi mai ti farà comprendere cos'è il Giorno del Giudizio? ¹⁹ Il Giorno in cui nessun'anima potrà giovare ad un'[altra] anima in alcunché. In quel Giorno [tutto] il potere apparterrà ad Allah.

SURA 83 : AL-MUTAFFIFÌN

I FRODATORI

In nome di Allah, il Compassionevole, il Misericordioso.

¹ Guai ai frodatori, ² che quando comprano esigono colma la misura, ³ ma quando sono loro a misurare o a pesare, truffano. ⁴ Non pensano che saranno resuscitati, ⁵ in un Giorno terribile, ⁶ il Giorno in cui le genti saranno ritte davanti al Signore dei mondi? ⁷ No, in verità il registro dei peccatori è nella Segreta; ⁸ e chi mai ti farà comprendere cos'è la Segreta? ⁹ È uno scritto vergato. ¹⁰ Guai, in quel Giorno, a coloro che tacciano di menzogna, ¹¹ che tacciano di menzogna il Giorno del Giudizio. ¹² Non lo taccia di menzogna altri che il peccatore inveterato, ¹³ che, quando gli sono recitati i Nostri versetti, dice: «Favole degli antichi!». ¹⁴ Niente affatto: è piuttosto quello che fanno che copre i loro cuori. ¹⁵ Niente affatto: in verità in quel Giorno un velo li escluderà dal vedere il loro Signore, ¹⁶ e poi cadranno nella Fornace. ¹⁷ Sarà detto loro: «Ecco

quello che tacciavate di menzogna!». ¹⁸ Niente affatto: il registro dei caritatevoli sarà nelle Altezze. ¹⁹ E chi mai ti farà comprendere cosa sono le Altezze? ²⁰ È uno scritto vergato. ²¹ I ravvicinati ne renderanno testimonianza. ²² I giusti saranno nella delizia, ²³ [appoggiati] su alti divani guarderanno. ²⁴ Sui loro volti vedrai il riflesso della Delizia. ²⁵ Berranno un nettare puro, suggellato ²⁶ con suggello di muschio – che vi aspirino coloro che ne sono degni ²⁷ [un nettare] mescolato con Tasnîm, ²⁸ fonte di cui berranno i ravvicinati. ²⁹ Invero i malvagi schernivano i credenti; ³⁰ quando passavano nei loro pressi si davano occhiate, ³¹ ritornando dalla loro gente, si burlavano di loro; ³² e quando li vedevano, dicevano: «Davvero sono fuorviati!». ³³ Certo non hanno avuto l'incarico di vegliare su di loro. ³⁴ Oggi invece sono i credenti a ridere dei miscredenti: ³⁵ [appoggiati] su alti divani guarderanno. ³⁶ I miscredenti non sono forse compensati per quello che hanno fatto?

SURA 84 : AL-INSHIQÂQ

LA FENDITURA

In nome di Allah, il Compassionevole, il Misericordioso.

¹ Quando si fenderà il cielo ² e obbedirà al suo Signore e quel che deve fare farà; ³ quando la terra sarà spianata, ⁴ rigetterà quello che ha in seno e si svuoterà ⁵ e obbedirà al suo Signore e quel che deve fare farà, ⁶ o uomo che aneli al tuo Signore, tu Lo incontrerai. ⁷ Quanto a colui che riceverà il suo libro nella mano destra, ⁸ gli verrà chiesto conto con indulgenza, ⁹ e lietamente ritornerà ai suoi. ¹⁰ Quanto a colui che riceverà il suo libro da dietro le spalle, ¹¹ invocherà l'annientamento, ¹² e brucerà nella Fiamma! ¹³ Si rallegrava in mezzo ai suoi, ¹⁴ e pensava che mai sarebbe ritornato

[ad Allah]. ¹⁵ Invece sì, in verità il suo Signore lo osservava. ¹⁶ Lo giuro per il crepuscolo, ¹⁷ per la notte e per quello che essa avvolge, ¹⁸ per la luna quando si fa piena: ¹⁹ invero passerete attraverso fasi successive. ²⁰ Cos'hanno dunque, che non credono ²¹ e non si prosternano quando si recita loro il Corano? ²² I miscredenti invece tacciano di menzogna. ²³ Ma Allah ben conosce quel che celano. ²⁴ Annuncia loro un doloroso castigo, ²⁵ eccetto che per coloro che credono e compiono il bene: essi avranno ricompensa inesauribile.

LE COSTELLAZIONI

In nome di Allah, il Compassionevole, il Misericordioso.

¹ Per il cielo dalle costellazioni, ² per il Giorno promesso, ³ per il testimone e la [sua] testimonianza! ⁴ Sia maledetta la gente del Fossato ⁵ dal fuoco incessantemente attizzato, ⁶ quando se ne stavano seduti accanto, ⁷ testimoni di quel che facevano ai credenti. ⁸ E non li tormentavano che per aver creduto in Allah, il Potente, il Degno di lode, ⁹ Colui al Quale appartiene la sovranità dei cieli e della terra. Allah è Testimone di ogni cosa. ¹⁰ In verità coloro che perseguitano i credenti e le credenti e poi non se ne pentono, avranno il castigo dell'Inferno e il castigo dell'Incendio. ¹¹ In verità coloro che credono e compiono il bene avranno i Giardini dove scorrono i ruscelli. Questo è il grande successo. ¹² La risposta del tuo Signore è severa. ¹³ Invero Egli è Colui Che inizia e reitera. ¹⁴ Egli è il Perdonatore, l'Amorevole, ¹⁵ il Signore del Trono glorioso, ¹⁶ Colui che fa [tutto] ciò che vuole. ¹⁷ Non ti è giunta la storia delle armate ¹⁸ di Faraone e dei Thamùd? ¹⁹ I miscredenti continuano invece a tacciare di menzogna, ²⁰ nonostante che Allah sia dietro di loro e li circondi. ²¹ Questo è invece un Corano glorioso, ²² [impresso] su di una Tavola protetta.

SURA 86 : AT-TÂRIQ

L'ASTRO NOTTURNO

In nome di Allah, il Compassionevole, il Misericordioso.

¹ Per il cielo e per l'astro notturno, ² e chi mai ti dirà cos'è l'astro notturno? ³ È la fulgida stella. ⁴ Non c'è anima alcuna che non abbia su di sé un [angelo] guardiano. ⁵ Consideri dunque l'uomo da che cosa fu creato! ⁶ Da un liquido eiaculato, ⁷ che esce di tra i lombi e le costole. ⁸ [Allah] è certo capace di ricondurlo, ⁹ nel Giorno in cui i segreti saranno svelati, ¹⁰ e [l'uomo] non avrà più né forza né ausilio. ¹¹ Per il cielo che ritorna incessantemente ¹² e per la terra quando si fende: ¹³ in verità questa è Parola decisiva, ¹⁴ per nulla frivola. ¹⁵ Invero tramano insidie, ¹⁶ e Io tesso la Mia strategia. ¹⁷ Concedi una dilazione ai miscredenti, da' loro un po' di tempo.

SURA 87 : AL-ALÂ

L'ALTISSIMO

In nome di Allah, il Compassionevole, il Misericordioso.

¹ Glorifica il Nome del tuo Signore, l'Altissimo, ² Colui che ha creato e dato forma armoniosa, ³ Colui che ha decretato e guidato, ⁴ Colui che fa germinare i pascoli, ⁵ e ne fa poi fieno scuro. ⁶ Ti faremo recitare [il Corano] e non dimenticherai ⁷ se non ciò che Allah vuole. Egli conosce il palese e l'occulto. ⁸ Ti faciliteremo la [via] più facile. ⁹ Ricorda, ché il Ricordo è utile: ¹⁰ se ne ricorderà chi teme [Allah] ¹¹ e solo il malvagio se ne allontanerà: ¹² brucerà nel Fuoco più grande, ¹³ in cui non morrà e non vivrà. ¹⁴ Avrà successo chi si sarà purificato, ¹⁵ e avrà ricordato il Nome di Allah

e assolto all'orazione. [16] Ma voi preferite la vita terrena, [17] mentre l'altra è migliore e più duratura. [18] In verità ciò è nei Fogli antichi, [19] i Fogli di Abramo e di Mosè.

L'AVVOLGENTE

In nome di Allah, il Compassionevole, il Misericordioso.

[1] Ti è giunta notizia dell'Avvolgente? [2] Ci saranno in quel Giorno volti umiliati, [3] di spossati e afflitti, [4] che bruceranno nel Fuoco ardente, [5] e saranno abbeverati da una fonte bollente. [6] Per essi non ci sarà altro cibo che il darì', [7] che non nutre e non placa la fame. [8] Ci saranno in quel Giorno volti lieti, [9] soddisfatti delle loro opere, [10] in un Giardino elevato, [11] in cui non s'odono discorsi vani. [12] Colà vi è una fonte che scorre, [13] colà alti divani, [14] e coppe poste [a portata di mano] [15] e cuscini assestati [16] e tappeti distesi. [17] Non riflettono sui cammelli e su come sono stati creati, [18] sul cielo e come è stato elevato, [19] sulle montagne e come sono state infisse, [20] sulla terra e come è stata distesa? [21] Ammonisci dunque, ché tu altro non sei che un ammonitore [22] e non hai autorità alcuna su di loro. [23] Quanto a chi volge le spalle e non crede, [24] Allah lo castigherà con il castigo più grande. [25] In verità a Noi ritorneranno, [26] e allora spetterà a Noi chieder loro conto [delle loro azioni].

L'ALBA

In nome di Allah, il Compassionevole, il Misericordioso.

[1] Per l'alba, [2] per le dieci notti, [3] per il pari e per il dispari [4] e per la notte quando trascorre. [5] Non è questo un giuramento per chi ha

intelletto? 6 Non hai visto come il tuo Signore ha trattato gli 'Ad? 7 e Iram [3] dalla colonna, 8 senza eguali tra le contrade, 9 e i Thamùd che scavavano la roccia nella vallata 10 e Faraone, quello dei pali? 11 [Tutti] costoro furono ribelli nel mondo 12 e seminarono la corruzione, 13 e il tuo Signore calò su di loro la frusta del castigo. 14 In verità il tuo Signore è all'erta. 15 Quanto all'uomo, allorché il suo Signore lo mette alla prova onorandolo e colmandolo di favore, egli dice: «Il mio Signore mi ha onorato». 16 Quando invece lo mette alla prova lesinando i Suoi doni, egli dice: «Il mio Signore mi ha umiliato». 17 No, siete voi che non onorate l'orfano, 18 che non vi sollecitate vicendevolmente a nutrire il povero, 19 che divorate avidamente l'eredità 20 e amate le ricchezze d'amore smodato. 21 No, quando la terra sarà polverizzata, in polvere fine, 22 e verranno il tuo Signore e gli angeli schiere su schiere, 23 in quel Giorno sarà avvicinata l'Inferno, in quel Giorno l'uomo si rammenterà. Ma a cosa gli servirà rammentarsi? 24 Dirà: «Ahimè! Se avessi mandato avanti qualcosa per la mia vita [futura]!». 25 In quel Giorno nessuno castigherà come Lui castiga, 26 e nessuno incatenerà come Lui incatena. 27 «O anima ormai acquietata, 28 ritorna al tuo Signore soddisfatta e accetta; 29 entra tra i Miei servi, 30 entra nel Mio Paradiso.»

SURA 90.AL-BALAD
....

LA CONTRADA

In nome di Allah, il Compassionevole, il Misericordioso.

1 Lo giuro per questa contrada 2 – e tu sei un abitante di questa contrada – 3 e per chi genera e per chi è generato. 4 In verità abbiamo creato l'uomo perché combatta [2] . 5 Crede forse che nessuno possa

prevalere su di lui? [6] Dice: «Ho dilapidato una quantità di beni». [7] Crede forse che nessuno lo abbia visto? [8] Non gli abbiamo dato due occhi, [9] una lingua e due labbra? [10] Non gli abbiamo indicato le due vie? [11] Segua dunque la via ascendente. [12] E chi ti farà comprendere cos'è la via ascendente? [13] È riscattare uno schiavo, [14] o nutrire, in un giorno di carestia, [15] un parente orfano [16] o un povero prostrato [dalla miseria], [17] ed essere tra coloro che credono e vicendevolmente si invitano alla costanza e vicendevolmente si invitano alla misericordia. [18] Costoro sono i compagni della destra, [19] mentre coloro che non credono nei Nostri segni, sono i compagni della sinistra. [20] Il Fuoco si chiuderà su di loro.

SURA 91 : ASH-SHAMS
....

IL SOLE

In nome di Allah, il Compassionevole, il Misericordioso.

[1] Per il sole e il suo fulgore, [2] per la luna quando lo segue, [3] per il giorno quando rischiara [la terra], [4] per la notte quando la copre, [5] per il cielo e Ciò che lo ha edificato, [6] per la terra e Ciò che l'ha distesa, [7] per l'anima e Ciò che l'ha formata armoniosamente [8] ispirandole empietà e devozione. [9] Ha successo invero chi la purifica, [10] è perduto chi la corrompe. [11] I Thamùd, per arroganza, tacciarono di menzogna, [12] quando si alzò il più miserabile di loro. [13] Il Messaggero di Allah aveva detto loro: «[Questa] è la cammella di Allah, [abbia] il suo turno per bere». [14] Lo tacciarono di impostura e le tagliarono i garretti: li anniento il loro Signore per il loro peccato, [15] senza temere [di ciò] alcuna conseguenza.

LA NOTTE

In nome di Allah, il Compassionevole, il Misericordioso.

¹ Per la notte quando avvolge [con le sue tenebre], ² per il giorno quando risplende, ³ per Colui Che ha creato il maschio e la femmina. ⁴ Invero i vostri sforzi divergono. ⁵ A chi sarà stato generoso e timorato ⁶ e avrà attestato la verità della cosa più bella, ⁷. faciliteremo il facile; ⁸ a chi invece sarà stato avaro e avrà creduto di bastare a se stesso ⁹ e tacciato di menzogna la cosa più bella, ¹⁰ faciliteremo il difficile. ¹¹ Quando precipiterà [nell'abisso], a nulla gli serviranno i suoi beni! ¹² In verità spetta a Noi la guida! ¹³ In verità a Noi appartengono l'altra vita e questa vita. ¹⁴ Vi ho dunque messo in guardia da un fuoco fiammeggiante, ¹⁵ nel quale brucerà solo il malvagio, ¹⁶ che avrà tacciato di menzogna e avrà girato le spalle; ¹⁷ mentre ne sarà preservato il timorato, ¹⁸ che dà dei suoi beni per purificarsi, ¹⁹ che a nessuno avrà fatto un bene per ottenere ricompensa, ²⁰ ma solo per amore del suo Signore l'Altissimo. ²¹ Per certo sarà soddisfatto.

LA LUCE DEL MATTINO

In nome di Allah, il Compassionevole, il Misericordioso.

¹ Per la luce del mattino, ² per la notte quando si addensa: ³ il tuo Signore non ti ha abbandonato e non ti disprezza ⁴ e per te l'altra vita sarà migliore della precedente. ⁵ Il tuo Signore ti darà [in abbondanza] e ne sarai soddisfatto. ⁶ Non ti ha trovato orfano e ti ha dato rifugio? ⁷ Non ti ha trovato smarrito e ti ha dato la guida? ⁸

Non ti ha trovato povero e ti ha arricchito? [9] Dunque non opprimere l'orfano, [10] non respingere il mendicante, [11] e proclama la grazia del tuo Signore.

SURA 94 : ASH-SHARH
....

L'APERTURA

In nome di Allah, il Compassionevole, il Misericordioso.

[1] Non ti abbiamo forse aperto il petto [alla fede] [2] E non ti abbiamo sbarazzato del fardello [3] che gravava sulle tue spalle? [4] [Non abbiamo] innalzato la tua fama? [5] In verità per ogni difficoltà c'è una facilità. [6] Sì, per ogni difficoltà c'è una facilità. [7] Appena ne hai il tempo, mettiti dunque ritto, [8] e aspira al tuo Signore.

SURA 95 : AT-TÎN
....

IL FICO

In nome di Allah, il Compassionevole, il Misericordioso.

[1] Per il fico e per l'olivo, [2] per il Monte Sinai [3] e per questa contrada sicura! [4] Invero creammo l'uomo nella forma migliore, [5] quindi lo riducemmo all'infimo dell'abiezione, [6] eccezion fatta per coloro che credono e fanno il bene: avranno ricompensa inesauribile. [7] Dopo di ciò cosa mai ti farà tacciare di menzogna il Giudizio? [8] Non è forse Allah il più Saggio dei giudici?

SURA 96 : AL-'ALAQ
....

L'ADERENZA

In nome di Allah, il Compassionevole, il Misericordioso.

[1] Leggi! In nome del tuo Signore che ha creato, [2] ha creato l'uomo da un'aderenza. [3] Leggi, che il tuo Signore è il Generosissimo,

4 Colui Che ha insegnato mediante il calamo, 5 che ha insegnato all'uomo quello che non sapeva. 6 Invece no! Invero l'uomo si ribella, 7 appena ritiene di bastare a se stesso. 8 In verità il ritorno è verso il tuo Signore. 9 Hai visto colui che proibisce 10 al servo di eseguire l'orazione? 11 Pensi che segua la guida, 12 che comandi il timore [di Allah]? 13 Non pensi piuttosto che rinneghi e volga le spalle? 14 Non sa che, invero, Allah vede? 15 Stia in guardia: se non smette, Noi lo afferreremo per il ciuffo, 16 il ciuffo mendace peccaminoso. 17 Chiami pure il suo clan: 18 Noi chiameremo i guardiani. 19 No, non gli obbedire, ma prosternati e avvicinati.

SURA 97 : AL-QADR

IL DESTINO

In nome di Allah, il Compassionevole, il Misericordioso.

1 Invero lo abbiamo fatto scendere nella Notte del Destino. 2 E chi potrà farti comprendere cos'è la Notte del Destino? 3 La Notte del Destino è migliore di mille mesi. 4 In essa discendono gli angeli e lo Spirito, con il permesso del loro Signore, per [fissare] ogni decreto. 5 È pace, fino al levarsi dell'alba.

SURA 98 : AL-BAYYINA

LA PROVA

In nome di Allah, il Compassionevole, il Misericordioso.

1. I miscredenti fra la gente della Scrittura e gli associatori, non cesseranno, finché non giunga loro la Prova Evidente, 2 un Messaggero, da parte di Allah, che legge fogli purissimi, 3 contenenti precetti immutabili. 4 Coloro cui fu data la Scrittura non

si divisero, finché non giunse loro la Prova Evidente; [5] eppure non ricevettero altro comando che adorare Allah, tributandoGli un culto esclusivo e sincero, eseguire l'orazione e versare la decima. Questa è la Religione della verità. [6] In verità i miscredenti fra la gente della Scrittura e gli associatori, saranno nel fuoco dell'Inferno, dove rimarranno in perpetuo. Di tutta la creazione essi sono i più abbietti. [7] Quelli che invece credono e compiono il bene sono i migliori di tutta la creazione. [8] Presso il loro Signore, la loro ricompensa saranno i Giardini di Eden, dove scorrono i ruscelli, in cui rimarranno in perpetuo. Allah Si compiace di loro e loro si compiacciono di Lui. Ecco [cosa è riservato] a chi teme il suo Signore.

SURA 99 : AZ-ZALZALAH

IL TERREMOTO

In nome di Allah, il Compassionevole, il Misericordioso.

[1] Quando la terra sarà agitata nel terremoto, [2] la terra rigetterà i suoi fardelli, [3] e dirà l'uomo: «Cosa le succede?». [4] In quel Giorno racconterà le sue storie, [5] giacché il tuo Signore gliele avrà ispirate. [6] In quel Giorno gli uomini usciranno in gruppi, affinché siano mostrate loro le loro opere. [7] Chi avrà fatto [anche solo] il peso di un atomo di bene lo vedrà, [8] e chi avrà fatto [anche solo] il peso di un atomo di male lo vedrà.

SURA 100 : AL-'ÂDIYÂT

LE SCALPITANTI

In nome di Allah, il Compassionevole, il Misericordioso.

[1] Per le scalpitanti ansimanti [2] che fan sprizzare scintille, [3] che caricano al mattino, [4] che fanno volare la polvere, [5] che irrompono in mezzo [al nemico]. [6] Invero l'uomo è ingrato verso il suo

Signore, [7] invero è ben conscio di ciò. [8] Invero è avido per amore delle ricchezze! [9] Non sa che, quando sarà messo sottosopra quello che è nelle tombe [10] e reso noto quello che è nei petti, [11] il loro Signore, in quel Giorno, sarà ben informato su di loro?

SURA 101: AL-QÂRI'AH

LA PERCOTENTE

In nome di Allah, il Compassionevole, il Misericordioso.

[1] La Percotente, [2] cos'è mai la Percotente? [3] E chi potrà farti comprendere cos'è la Percotente? [4] Il Giorno in cui gli uomini saranno come falene disperse, [5] e le montagne come fiocchi di lana cardata, [6] colui le cui bilance saranno pesanti [7] avrà una vita felice; [8] colui che invece avrà bilance leggere, [9] avrà per dimora il Baratro. [10] E chi potrà farti comprendere cos'è? [11] E un Fuoco ardente.

SURA 102 : AT-TAKÂTHUR

IL RIVALEGGIARE

In nome di Allah, il Compassionevole, il Misericordioso.

[1] Il rivaleggiare vi distrarrà, [2] finché visiterete le tombe. [3] Invece no! Ben presto saprete. [4] E ancora no! Ben presto saprete. [5] No! Se solo sapeste con certezza... [6] Vedrete certamente la Fornace. [7] Lo vedrete con l'occhio della certezza, [8] quindi in quel Giorno, sarete interrogati sulla delizia.

SURA 103 : AL-'ASR

IL TEMPO

In nome di Allah, il Compassionevole, il Misericordioso.

[1] Per il Tempo! [2] Invero l'uomo è in perdita, [3] eccetto coloro che credono e compiono il bene, vicendevolmente si raccomandano la verità e vicendevolmente si raccomandano la pazienza.

SURA 104 : AL-HUMAZA

IL DIFFAMATORE

In nome di Allah, il Compassionevole, il Misericordioso.

[1] Guai ad ogni diffamatore maldicente, [2] che accumula ricchezze e le conta [3] pensa che la sua ricchezza lo renderà immortale? [4] No, sarà certamente gettato nella Voragine. [5] E chi mai ti farà comprendere cos'è la Voragine? [6] [È] il Fuoco attizzato di Allah, [7] che consuma i cuori. [8] Invero [si chiuderà] su di loro, [9] in estese colonne.

SURA 105 : AL-FÎL

L'ELEFANTE

In nome di Allah, il Compassionevole, il Misericordioso.

[1] Non hai visto come agì il tuo Signore con quelli dell'elefante? [2] Non fece fallire le loro astuzie? [3] Mandò contro di loro stormi di uccelli [4] lancianti su di loro pietre di argilla indurita. [5] Li ridusse come pula svuotata.

SURA 106 : QURAYSH

I COREISCITI

In nome di Allah, il Compassionevole, il Misericordioso.

[1] Per il patto dei Coreisciti, [2] per il loro patto delle carovane invernali ed estive. [3] Adorino dunque il Signore di questa Casa, [4] Colui Che li ha preservati dalla fame e li ha messi al riparo da [ogni] timore.

SURA 107 : AL-MÂ'UN

L'UTENSILE

In nome di Allah, il Compassionevole, il Misericordioso.

[1] Non vedi colui che taccia di menzogna il Giudizio? [2] È quello stesso che scaccia l'orfano, [3] e non esorta a sfamare il povero.

[4] Guai a quelli che fanno l'orazione [5] e sono incuranti delle loro orazioni, [6] che sono pieni di ostentazione [7] e rifiutano di dare ciò che è utile.

L'ABBONDANZA

In nome di Allah, il Compassionevole, il Misericordioso.

[1] In verità ti abbiamo dato l'abbondanza. [2] Esegui l'orazione per il tuo Signore e sacrifica! [3] In verità sarà colui che ti odia a non avere seguito.

I MISCREDENTI

In nome di Allah, il Compassionevole, il Misericordioso.

[1] Di': «O miscredenti! [2] Io non adoro quel che voi adorate [3] e voi non siete adoratori di quel che io adoro. [4] Io non sono adoratore di quel che voi avete adorato [5] e voi non siete adoratori di quel che io adoro: [6] a voi la vostra religione, a me la mia».

L'AUSILIO

In nome di Allah, il Compassionevole, il Misericordioso.

[1] Quando verrà l'ausilio di Allah e la vittoria, [2] e vedrai le genti entrare in massa nella religione di Allah, [3] glorifica il tuo Signore lodandoLo e chiediGli perdono: in verità Egli è Colui Che accetta il pentimento.

SURA 111 : AL-MASAD

LE FIBRE DI PALMA

In nome di Allah, il Compassionevole, il Misericordioso.

[1] Periscano le mani di Abû Lahab e perisca anche lui. [2] Le sue ricchezze e i suoi figli non gli gioveranno. [3] Sarà bruciato nel Fuoco ardente, [4] assieme a sua moglie, la portatrice di legna, [5] che avrà al collo una corda di fibre di palma.

SURA 112 : AL-IKHLÂS

IL PURO MONOTEISMO

In nome di Allah, il Compassionevole, il Misericordioso.

[1] Di': «Egli Allah è Unico, [2] Allah è l'Assoluto. [3] Non ha generato, non è stato generato [4] e nessuno è uguale a Lui».

SURA 113 : AL-FALAQ

L'ALBA NASCENTE

In nome di Allah, il Compassionevole, il Misericordioso.

[1] Di': «Mi rifugio nel Signore dell'alba nascente, [2] contro il male di ciò che ha creato, [3] e contro il male dell'oscurità che si estende [4] e contro il male delle soffianti sui nodi, [5] e contro il male dell'invidioso quando invidia».

SURA 114 : AN-NÂS

GLI UOMINI

In nome di Allah, il Compassionevole, il Misericordioso.

[1] Di': «Mi rifugio nel Signore degli uomini, [2] Re degli uomini, [3] Dio degli uomini, [4] contro il male del sussurratore furtivo, [5] che soffia il male nei cuori degli uomini, [6] che [venga] dai dèmoni o dagli uomini».